Geschichte

Brandenburg

Entdecken *und* Verstehen

7/8

Herausgegeben von
Dr. Thomas Berger-v. d. Heide
Prof. Dr. Hans-Gert Oomen

**Vom Zeitalter der Entdeckungen
bis zum Ersten Weltkrieg**

Herausgegeben von
Prof. Dr. Hans-Gert Oomen

Bearbeitet von
Dr. Thomas Berger-v. d. Heide
Wolfgang Humann
Ilse Lerch-Hennig
Karl-Heinz Müller
Prof. Dr. Hans-Gert Oomen
Dr. Dieter Potente
Martina Quill
Hans-Otto Regenhardt

Didaktische Beratung
Dr. Birgit Wenzel

Cornelsen

Redaktion: Dr. Uwe Andrae
Bildassistenz: Christina Sandig
Umschlaggestaltung: Klein & Halm Grafikdesign, Berlin
Layoutkonzept: Simone Siegel, Mike Mielitz
Technische Umsetzung: Mike Mielitz

Das Umschlagbild zeigt das sogenannte Herrenhaus
auf Krongut Bornstedt in Potsdam.

www.cornelsen.de

Die Links zu externen Webseiten Dritter, die in diesem Lehrwerk angegeben sind,
wurden vor Drucklegung sorgfältig auf ihre Aktualität geprüft. Der Verlag übernimmt
keine Gewähr für die Aktualität und den Inhalt dieser Seiten oder solcher,
die mit ihnen verlinkt sind.

1. Auflage, 3. Druck 2013

Alle Drucke dieser Auflage sind inhaltlich unverändert
und können im Unterricht nebeneinander verwendet werden.

Druck: Stürtz GmbH, Würzburg

ISBN 978-3-06-064064-5

Inhalt gedruckt auf säurefreiem Papier aus nachhaltiger Forstwirtschaft.

Liebe Schülerinnen und Schüler,
in diesem Geschichtsbuch könnt ihr einiges erfahren über die Geschichte der Menschheit vom Mittelalter bis in die Zeit der Industrialisierung. Ihr könnt erkunden, wie die Menschen früher gelebt haben, mit welchen Schwierigkeiten sie sich abmühten, was ihnen wichtig war, wofür sie gekämpft haben und wie sich ihr Leben auch immer wieder verändert hat.

Lernen macht natürlich mehr Spaß, wenn man etwas selber herausfinden kann. Ihr findet daher in diesem Buch neben den Texten auch zahlreiche Bilder und Berichte der damals lebenden Menschen. Wir bezeichnen sie als Quellen. Ihr erkennt sie an einem „Q" und einem Farbstreifen. Texte von Geschichtsforschern haben ein „M" und ebenfalls den Farbstreifen.
Außerdem gibt es noch viele spannende Seiten, z.B.:

Geschichte vor Ort:
Brandenburg wird verwüstet

1 Die Belagerung

Werkstatt Geschichte: Stellungnahme zum Krieg

In den folgenden Materialien findet ihr Stellungnahmen zum Krieg. Sie drücken sinngemäß aus, was Wissenschaftler aus Quellen erarbeitet haben.

1 Untersucht die Materialien 1 bis 7 und stellt fest, welches Kriegsziel jeweils genannt ist bzw. welche Einstellung zum Krieg der Sprecher oder die Sprecherin äußert.

2 Versucht die Frage zu beantworten, ob es sich bei dem Dreißigjährigen Krieg um einen Glaubenskrieg handelt oder um politische Machtkämpfe.

Methode: Historische Lieder analysieren

Die Gedanken sind frei

1 Noten und Text der ersten Strophe des Liedes „Die Gedanken sind frei".

Die „Macht des Liedes"   ellen Anlässen erklingt die 3. Stro-   Die Gedanken sind frei

Zum Weiterlesen: Ein schlimmer Verdacht

Basel um 1850. Lisa, ein 16-jähriges Mädchen, ist neu in der Stadt. Als Arbeiterin in einer Seidenbandfabrik lernt sie die ausweglose Lage vieler Arbeiterinnen kennen: geringe Löhne, harte Fabrikordnungen, Heiratsbeschränkungen und Gesetzesdruck. Elsa, eine ihrer Kolleginnen, gerät in einen schlimmen Verdacht.

In der engen, verrußten Küche herrschte gespannte Stille. Frau Grabers Kostgängerinnen hatten sich

Und jetzt – viel Spaß beim Lesen und Lernen mit eurem neuen Geschichtsbuch.

Inhaltsverzeichnis

Inhaltsverzeichnis

Inhaltsverzeichnis

Inhaltsverzeichnis

8. Natur und Umwelt in der Geschichte – ein Längsschnitt 226

9. Die Entstehung der Menschenrechte – ein Längsschnitt 244

1. Aufbruch in eine neue Welt

1400–1600

1450

1452–1519

RENAISSANCE

GUTENBERG
ERFINDET DEN
BUCHDRUCK

LEONARDO DA VINCI

Zwei Schiffe haben sich einer Küste genähert, Boote fahren auf das Land zu, am Ufer sind schon Bewaffnete gelandet. So stellte sich ein deutscher Zeichner um 1550 die Landung einer europäischen Expedition an einer unbekannten Küste vor. Im Hintergrund sieht man, welche Vorstellungen er sich von den neu entdeckten Ländern machte: Exotische Pflanzen, Goldschätze – und nackte Eingeborene.

Seit dem 15. Jahrhundert veränderte sich in Europa die Vorstellung der Menschen von der Welt. Sie erfanden viel Neues – in der Wissenschaft, in der Wirtschaft, in Technik und Kunst. Sie fanden heraus, dass die Erde eine Kugel ist, und entdeckten bis dahin unbekannte Länder. Die folgenden Seiten handeln von dieser Zeit der Erfindungen und Entdeckungen, aber auch von der Begegnung zwischen verschiedenen Völkern und Kulturen.

1492

1519–1534

KOLUMBUS ENTDECKT
AMERIKA

SPANIER EROBERN REICHE
DER AZTEKEN UND INKAS

Vom Mittelalter zur Neuzeit

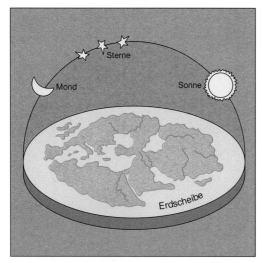

1 Bewegung der Planeten nach der mittelalterlichen Vorstellung (= geozentrisches Weltbild).

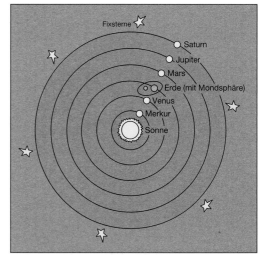

2 Bewegung der Planeten nach der Berechnung des Kopernikus (= heliozentrisches Weltbild).

geozentrisches Weltbild (griech. geo = Erde): Vorstellung, dass die Erde Mittelpunkt des Weltalls ist und dass sich die Planeten um die Erde drehen.

heliozentrisches Weltbild (griech. helios = Sonne): Erkenntnis, dass sich die Erde und die Planeten um die Sonne drehen.

Nikolaus Kopernikus (1473–1543) mit einem astronomischen Modell.

Ein neues Bild der Erde entsteht

Im Mittelalter bestimmte in Europa der christliche Glaube das gesamte Leben. Auch in wissenschaftlichen Fragen gab man sich mit Antworten aus der Bibel zufrieden. Im 15. Jahrhundert aber entstand eine neue Art des Denkens. Jetzt wollte man selbst nachprüfen und nach Beweisen suchen.

Der niederländische Gelehrte Agricola (1444 bis 1485) schrieb an einen Freund:

Q1 … Lass dir verdächtig sein, was du bisher gelernt hast. Verurteile alles und verwirf das, wofür du keine stichhaltigen Beweise findest. Auf dem Glauben beruht die Frömmigkeit, die wissenschaftliche Bildung aber sucht stets nach Beweisen …

1 Formuliert die Aufforderung des Agricola mit eigenen Worten.

2 Überlegt, worin das Neue dieser Forderung liegt.

Ein berühmtes Beispiel für diese neue Denkweise bietet uns der polnische Priester und Astronom Nikolaus Kopernikus. Als Geistlicher war er davon überzeugt, dass sich die Erde als flache Scheibe im Mittelpunkt des Weltalls befinde; Sonne und Planeten würden sich um die Erde drehen (Abbildung 1). Der Mensch – so glaubte er – lebe als „Krönung

der Schöpfung" natürlich im Zentrum dieses Weltalls.

Als Wissenschaftler gelangte Kopernikus zu einer ganz anderen Ansicht. Immer deutlicher erkannte er, dass die Erde und die Planeten sich um die Sonne drehen. Kopernikus wagte es nicht, seine Beobachtungen zu veröffentlichen, da sie den Lehren der Kirche widersprachen. Erst 30 Jahre später, am Tag seines Todes, erschien sein Buch, das von der Kirche sofort verboten wurde. Aber die neuen Erkenntnisse setzten sich dennoch durch. Die Autorität der Kirche wurde infrage gestellt.

3 Erklärt mithilfe der Abbildungen 1 und 2 den Unterschied zwischen dem mittelalterlichen Weltbild und dem des Kopernikus.

4 Wir sagen: „Die Sonne geht auf." Welches der beiden Weltbilder steht hinter dieser Aussage?

5 Prüft, ob es Ähnlichkeiten in der Auffassung Agricolas (Q1) und dem Vorgehen des Kopernikus gibt.

6 Spielt folgende Situation: Kopernikus berät sich mit einem anderen Priester, ob er seine Erkenntnisse veröffentlichen soll.

Der Beginn eines neuen Denkens

3 Galilei führt dem Senat von Venedig im Jahr 1609 sein Fernrohr vor. So stellte der Maler Luigi Sabatelli dieses Ereignis um 1820 dar. Fresko.

„Und sie bewegt sich doch"

Ähnlich wie Kopernikus beobachtete auch der italienische Mathematiker und Physiker Galileo Galilei (1564–1642) jahrelang den Lauf der Gestirne. Erleichtert wurden seine Forschungen durch ein Fernrohr mit 20-facher Vergrößerung, das er im Jahr 1609 gebaut hatte. Auch für Galilei war es bald klar, dass die Erde die Sonne umkreist und dass sie sich gleichzeitig um die eigene Achse dreht. So war auch der Wechsel von Tag und Nacht leicht zu erklären.

Im Jahr 1610 veröffentlichte er seine Beobachtungen. Sie lösten heftige und erbitterte Diskussionen in ganz Europa aus.

In dem Schauspiel „Leben des Galilei" von Bertolt Brecht (1898–1956) sagt ein Mönch zu Galilei:

M1 … Ich bin als Sohn von Bauern in der Campagna aufgewachsen. Es sind einfache Leute. Sie wissen alles über den Olivenbaum, aber sonst recht wenig …

Es ist ihnen versichert worden, dass das Auge der Gottheit auf ihnen liegt, … dass das ganze Welttheater um sie aufgebaut ist, damit sie … sich bewähren können.

Was würden meine Leute sagen, wenn sie von mir erführen, dass sie sich auf einem kleinen Steinklumpen befinden, der sich unaufhörlich drehend im leeren Raum um ein anderes Gestirn bewegt …

Wozu ist die Heilige Schrift noch gut, die alles erklärt … und die jetzt voll von Irrtümern befunden wird. …

7 Schaut euch die Abbildung 3 genau an. Notiert, mit welchen Worten Galilei sein Fernrohr angepriesen haben könnte.

8 Erzählt mithilfe des Textes M1, welche Ängste die Behauptungen Galileis bei vielen Menschen vermutlich ausgelöst haben.

9 Schreibt auf, welche Antwort Galilei dem Mönch gegeben haben könnte.

Galileo Galilei.
Ausschnitt aus einem Gemälde, um 1636.

Im Jahr 1633 musste sich Galilei in Rom vor einem kirchlichen Gericht verantworten. Er wurde gezwungen, seinen „Irrtümern" abzuschwören. Angeblich soll er dabei geflüstert haben: „Und sie (die Erde) bewegt sich doch."

Galilei wurde bis zu seinem Tod unter Hausarrest gestellt. Seine astronomischen Forschungen musste er einstellen. Im Jahr 1992 erklärte Papst Johannes Paul II., dass Galilei sich damals weitsichtiger gezeigt habe als seine theologischen Gegner.

10 Verfasst einen Brief an das Kirchengericht, in dem ihr Galilei verteidigt.

Die neue Denkweise war gar nicht so neu

1 Gemälde des italienischen Malers Raffael (1483–1520) aus dem Jahr 1510/11. Es zeigt große griechische Wissenschaftler und Gelehrte, die vom 6. bis zum 2. Jahrhundert v. Chr. gelebt haben: ① Plato, ② Aristoteles, ③ Sokrates, ④ Pythagoras, ⑤ Euklid (mit dem Zirkel), ⑥ Ptolemäus.

Antike*:
(lat. antiquus = alt); Bezeichnung für die alte griechische und römische Geschichte von etwa 1000 v. bis 500 n. Chr.

Renaissance*:
(ital. rinascita = Wiedergeburt); Begriff für die Wiederentdeckung der Antike durch Gelehrte, Künstler und Architekten (1300–1600).

Skulptur*:
Plastisches Werk der Bildhauerkunst, z. B. eine Statue.

Humanismus*:
Geistige Bewegung, die sich während der Renaissance von Italien aus in ganz Europa verbreitete. Die Humanisten waren überzeugt, dass die Menschen durch das Studium der antiken Vorbilder vollkommener würden.

Die „alten Griechen" sind wieder modern

Die griechischen Wissenschaftler fragten schon seit dem 6. Jahrhundert v. Chr. nach den Ursachen für alle Naturerscheinungen: Warum donnert es bei Gewitter? Warum wird es Tag und Nacht? Warum sieht man von einem Schiff am Horizont zuerst die Masten? Das Bild des Malers Raffael (siehe Abbildung 1), auf dem viele griechische Gelehrte und Wissenschaftler zu sehen sind, trägt deshalb die Inschrift: Erkenntnis der Ursachen. Nach den Ursachen begann man seit dem 15. Jahrhundert erneut zu fragen, wie z. B. Kopernikus, Galilei und viele andere. Wenn man Antworten auf naturwissenschaftliche Fragen nicht in der Bibel fand, dann vielleicht bei den „alten Griechen". So suchte man in Bibliotheken und in den Klöstern nach alten Büchern und Handschriften aus der Antike*. Jeder neue Fund wurde abgeschrieben und anderen Gelehrten zugeschickt. Man sprach von einer Wiedergeburt der Antike.

1 *Erklärt mithilfe von Sachbüchern oder des Internets die Bedeutung der griechischen Gelehrten, die ihr auf der Abbildung 1 seht.*

Wiedergeburt heißt Renaissance*

In dem Roman „Sofies Welt" fragt das Mädchen Sofie den Lehrer Alberto Knox:
M1 … „Hast du nicht gesagt, dass ‚Renaissance' Wiedergeburt bedeutet?" „Doch, und das, was wiedergeboren werden sollte, waren die Kunst und Kultur der Antike … Das Motto lautete: Zurück zu den Quellen! … Es wurde fast zum Volkssport, alte Skulpturen* und Handschriften aus der Antike auszugraben … Das führte zu einem erneuerten Studium der griechischen Kultur … Das Studium führte zur ‚klassischen Bildung', die den Menschen auf eine höhere Daseinsstufe heben sollte. ‚Pferde werden geboren', hieß es, ‚Menschen dagegen werden nicht geboren, sie werden gebildet.'" „Wir müssen also zum Menschen erzogen werden?" „Ja, das dachten sie damals." …

Man bezeichnet diese Menschen, die sich für eine umfassende Bildung einsetzten, als Humanisten* (von lat. humanus = menschenfreundlich, gebildet).

2 *Sprecht in der Klasse darüber, welche Erziehungsziele euch wichtig erscheinen.*

Künstler, Forscher und Erfinder

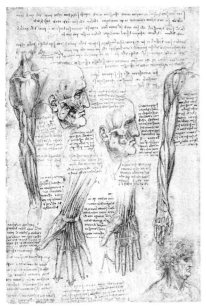

2 Leonardo da Vinci. Anatomische Studien, um 1515.

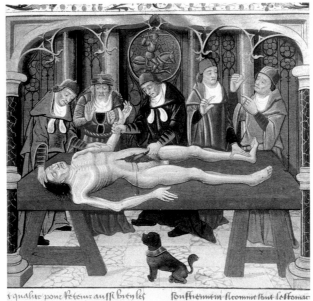

3 Ärzte öffnen einen menschlichen Leichnam. Französische Buchmalerei, 15. Jahrhundert.

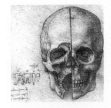

Geteilter Schädel, um 1490. Zeichnung aus den Skizzenbüchern Leonardo da Vincis.

Leonardo da Vinci (1452–1519); Selbstbildnis, um 1512–1515.

Leonardo – ein Mensch der Renaissance

Als Renaissance-Menschen bezeichnet man jemanden, der sich für alle Bereiche des Lebens, der Kunst und der Wissenschaft interessiert. Das berühmteste Beispiel hierfür ist sicherlich Leonardo, der 1452 in dem Dorf Vinci bei Florenz geboren wurde.

Jahrelang beschäftigte er sich intensiv mit dem Flug von Vögeln, Fledermäusen und Insekten. Genaue Beobachtungen waren die Grundlage für Konstruktionen von Flugapparaten, aber auch von Waffen und U-Booten. Begeistert dachte sich Leonardo Maschinen aus, die zur damaligen Zeit unvorstellbar erschienen. So finden wir in seinen Notizbüchern Entwürfe für einen Fallschirm, für ein Auto mit Federantrieb oder auch für eine Schwimmweste. Leonardo war aber nicht nur Künstler, genialer Forscher und Erfinder. Ihn interessierte beinahe alles. Obwohl das Sezieren* menschlicher Körper durch die Kirche verboten war, nahm Leonardo über 30 Leichenöffnungen selbst vor, um sich ein genaues Bild vom menschlichen Körper und seinen Organen sowie den Krankheitsursachen zu machen.

Seine Vorgehensweise begründete Leonardo mit folgenden Worten:

Q1 … Mir aber scheint, es sei alles Wissen eitel und voller Irrtümer, das nicht von der Erfahrung, der Mutter aller Gewissheit, zur Welt gebracht wird.

Hüte dich vor den Lehren jener Spekulanten, deren Überlegungen nicht von der Erfahrung bestätigt sind … Wir müssen von der Erfahrung ausgehen und mit dieser das (Natur-) Gesetz erforschen …

3 *Leonardo wendet sich gegen die „Lehre der Spekulanten". Was meint er damit?*
4 *Sucht Beispiele aus dem naturwissenschaftlichen Unterricht, in denen ihr durch genaue Beobachtung zur Erkenntnis eines Naturgesetzes kommt.*

Wie in der Mathematik und Physik, in der Medizin und Kunst, so wurde etwas Neues auch in der Architektur gewagt. Man begann z. B. in dieser Zeit den Petersdom in Rom zu bauen, 200 m lang und 130 m hoch. Eine neue Epoche schien angebrochen. Die vorhergehenden Jahrhunderte, die zwischen der Antike und der eigenen Zeit lagen, bezeichnete man jetzt als „Mittelalter", das man endlich überwunden hatte.

Sezieren:
Öffnen und Zergliedern des toten menschlichen Körpers zu Forschungszwecken.*

*CD-ROM-Tipp:
Der Codex über den Vogelflug. Die Multimedia-Manuskripte von Leonardo da Vinci. CD-ROM, 1999.*

Neue Perspektiven für die Seefahrt

1 **Globus des Martin Behaim, 1492.** Foto.

*Ein **Seeungeheuer** verschlingt ein Segelschiff. Die Seefahrer waren auf See großen Gefahren und scheinbar unerklärlichen Naturerscheinungen ausgeliefert. In ihrer Angst glaubten sie daher an Seeungeheuer und Geister, um sich diese Erscheinungen zu erklären. Holzschnitt, um 1550.*

2 **Kompass, um 1550.** Foto.

3 **Federzuguhr des Peter Henlein, 1510.** Foto.

Neue Erfindungen und Entdeckungen

Die neue Art des Denkens, das gründliche Untersuchen und Erforschen, breitete sich immer mehr aus.

Man übernahm also nicht mehr einfach die alten Überlieferungen, sondern suchte sich selbst ein Bild von der Erde zu machen.

Auf diese Weise wurden in kurzer Zeit zahlreiche Erfindungen und Entdeckungen gemacht.

Mit Globus und Kompass auf hoher See

Ganz neue Möglichkeiten für die Seefahrt eröffneten sich, als immer mehr Forscher die Ansicht vertraten, dass die Erde keine Scheibe, sondern eine Kugel sei.

Verdeutlicht wurde diese Entdeckung mit einem Globus (Abbildung 1), den der Kaufmann Martin Behaim 1492 in Nürnberg anfertigen ließ. Eine Kugel aus Pappe wurde mit Pergamentblättern beklebt. Auf die Blätter wurden die damals bekannten Länder eingezeichnet. Wenn die Erde eine Kugel ist, dann kann man sich auch auf das offene Meer hinauswagen, ohne befürchten zu müssen, hinunterzufallen. Wollte man aber auf das offene Meer hinausfahren, brauchte man gute Schiffe und Messinstrumente, um auch wieder zurückzufinden.

Es war daher sehr wichtig, dass gerade zu dieser Zeit ein Kompass (Abbildung 2) erfunden wurde, der auch bei rauer See zu verwenden war. Außerdem gab es jetzt Tabellen, die den täglichen Stand der Sterne angaben. Wusste man, wie hoch ein Stern zu einer bestimmten Zeit über dem Horizont stand, brauchte man nur in den Tabellen nachzusehen und fand dort, auf welchem Breitengrad man sich befand. Die Sternenhöhe über dem Horizont wurde mit dem Jakobsstab angepeilt.

Gebaut wurden jetzt auch neue Schiffe, die Karacke (etwa 30 m lang) und die Karavelle (etwa 20 m). Die gedrungene Form des Schiffskörpers machte sie sehr seetüchtig. Sie hatten in der Mitte den Hauptmast mit einem großen Viereckssegel, das bei Rückenwind für eine hohe Geschwindigkeit sorgte. Die kleineren Dreieckssegel am vorderen und hinteren Mast erlaubten aber auch ein Segeln

Reisen und Entdeckungen

4 Kogge, um 1350. Zeichnung.

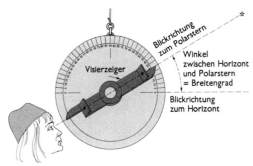

6 Astrolabium. Zeichnung.

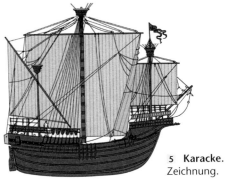

5 Karacke. Zeichnung.

7 Jakobsstab. Zeichnung.

Ein Seefahrer bei Eintragungen auf dem *Globus*. Holzschnitt, 1517.

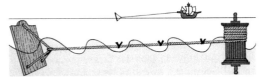

8 Log mit Knoten. Zeichnung.

fast gegen den Wind. Die Voraussetzungen für weite Seefahrten waren damit geschaffen. Eine große Hilfe bei der Seefahrt waren auch die neuen Federzuguhren, erfunden von Handwerkern in Nürnberg. Wenn man nämlich die genaue Zeit wusste, konnte man aus dem Stand der Sonne und der Sterne die genaue Position errechnen.

1 Besorgt euch einen Kompass und erklärt, wie er funktioniert.

2 Seht euch die Abbildungen 6 bis 9 an und findet heraus, welche Rolle die Instrumente bei der Seefahrt übernahmen.

3 Die Abbildung 10 zeigt einen Gegenstand, mit dem die Tiefenmessung vorgenommen wurde. Versucht zu erklären, wie der eigentliche Vorgang funktionierte.

4 Überlegt: Wann seid ihr täglich auf die genaue Uhrzeit angewiesen? Welche Rolle spielt die Zeit für euch heute?

5 Wenn man von Europa immer nach Westen oder Osten fährt, kommt man schließlich wieder am Ausgangspunkt an. – Überprüft diese Behauptung mithilfe eines Globus.

9 Sanduhr. Zeichnung.

10 Lot (Gewicht an markierter Leine). Zeichnung.

Mit dem Buchdruck in die Zukunft

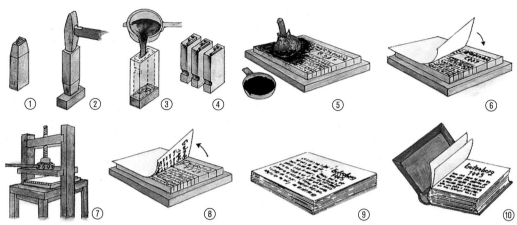

1 Ein Buch entsteht. So stellte Gutenberg eine Letter her: ① Er formte eine Musterletter aus hartem Material. ② Dann schlug er sie in ein Klötzchen aus weichem Kupfer. So entstand eine Matrize. ③ In die Matrize goss er flüssiges Blei. ④ Daraus entstand dann eine Bleiletter. ⑤ Die Lettern setzte er zu einer Druckform zusammen, die er schwarz färbte. ⑥ Darauf legte er einen Bogen Papier. ⑦ Er presste Papier und Druckform zusammen. ⑧ Nun war der Bogen bedruckt. ⑨ Die Bögen wurden zu einem Buch zusammengetragen. ⑩ Der Buchblock erhielt einen Einband.

*Johannes Gens-fleisch, genannt **Gutenberg** (1397 bis 1468), Erfinder des Buchdrucks. Holz-stich.*

*Das älteste deutsche **Verlagshaus** in Lübeck. Foto.*

Die Erfindung des Buchdrucks

Die Entdeckungen und Erfindungen hätten damals wohl kaum so schnell eine große Rolle gespielt, wäre nicht zu dieser Zeit auch der Buchdruck erfunden worden.

Im Mittelalter hatten sich neue Ideen oder Erfindungen nur langsam herumgesprochen. Zeitungen gab es nicht und Bücher auch nur sehr wenige. Bücher wurden nämlich – meist in Klöstern – mit der Hand geschrieben. Für die Anfertigung eines einzigen Buches brauchte man häufig viele Jahre. Bücher waren daher sehr teuer. Eine Bibel etwa kostete 60 Gulden; für diese Summe konnte man auch ein kleines Bauerngut erwerben. Nur Mönche und Nonnen, Fürsten oder sehr reiche Bürgerfamilien konnten sich überhaupt eigene Bücher leisten. Dies änderte sich beinahe schlagartig mit der Erfindung von Johannes Gutenberg.

Der Abt eines Klosters berichtete darüber:

Q1 … Zu dieser Zeit (1450) wurde in Mainz jene wunderbare und früher unerhörte Kunst, Bücher mittels Buchstaben zusammenzusetzen und zu drucken, durch Johannes Gutenberg, einen Mainzer Bürger, erfunden und ausgedacht …

Sie druckten zuerst ein Wörterbuch, indem sie die Buchstaben der Reihe nach in hölzerne Tafeln geschnitzt hatten. Allein mit diesen Tafeln konnten sie nichts anderes drucken, eben weil die Buchstaben nicht von der Tafel ablösbar und beweglich waren. Nach diesen Erfindungen erfolgten kunstreichere. Sie erfanden die Kunst, die Formen aller Buchstaben des Alphabets aus Metall zu gießen. …

Die Buchstaben konnten zu Wörtern, zu Seiten zusammengesetzt werden. Nach dem Druck wurden sie wieder auseinandergenommen. Dann konnten die Buchstaben für eine neue Seite wieder gesetzt werden.

1 *Erklärt anhand der Abbildung 1 das von Gutenberg erdachte Verfahren.*

2 *Erklärt den Vorteil beweglicher Metallbuchstaben gegenüber dem Druck mit Holztafeln.*

Bücher für alle

Die Druckerkunst verbreitete sich rasch über ganz Europa. Um 1500 gab es in Europa über 1100 Druckereien. Sie legten 40 000 verschiedene Werke mit einer Gesamtzahl von mehr als zehn Millionen Büchern auf.

An erster Stelle wurden Bibeln und religiöse Schriften gedruckt, aber auch wissenschaftliche oder politische Flugschriften. Bücher konnten sich jetzt viele Menschen leisten, denn sie wurden ständig billiger. Im Jahr 1522

Bewegliche Lettern aus Blei verändern die Welt

2 **Schriftsetzer in Gutenbergs Werkstatt.** Jugendbuchillustration.

Als im 15. Jahrhundert gedruckte Bücher eingeführt wurden, stieg die Nachfrage nach **Brillen** sprunghaft an.

betrugen z. B. die Kosten für eine Bibel nur noch 1 1/2 Gulden.

1740 hieß es in einer Rede zur Erfindung der Buchdruckerkunst:

Q2 ... Die vormals kostbaren, so seltenen Bücher der alten Weltweisen, Geschichtsschreiber, Redner und Dichter, Rechtsgelehrten und Ärzte wurden nunmehr auf erstaunende Weise vervielfältigt ... Für das Geld, wofür man sonst kaum zwei oder drei Bücher hatte kaufen können, konnte man jetzt ganze Büchersäle auffüllen. Was vorher nur die Großen der Welt und Begüterte im Volk hatten tun können, das war jetzt auch dem einfachen Volk nicht versagt ... Es mehrte sich die Zahl hoher und niederer Schulen. Kurz, ganz Europa ward mit Künsten und Wissenschaften erfüllt ...

Ein englischer Bischof hingegen schrieb:

Q3 ... Ich danke Gott, wir haben hier keine Freischulen und keine Buchdruckereien, und ich hoffe, es soll noch lange Zeit so bleiben, denn das Lernen hat nur Ungehorsam in die Welt gebracht, die Buchdruckerkunst aber war die Dienerin aller dieser Gräuel. Gott bewahre uns vor beidem! ...

3 **Auch die neue Methode der Papierherstellung senkte die Preise.** Leinenlumpen wurden zu einem Brei verkocht, der mit einem flachen Sieb abgehoben und ausgepresst wurde. Beim Trocknen verflochten sich die Fasern zu einem Papierbogen. Rekonstruktionszeichnung.

3 *Welche Vorteile des Buchdrucks werden in Q2 genannt? Welche Gefahren sieht der Bischof (Q3)?*

4 *Erklärt die Behauptung: „Mehr als das Gold hat das Blei die Welt verändert. Und mehr als das Blei in der Flinte das Blei im Setzkasten."*

Entdeckungsfahrten

Die „**Santa Maria**",
das Schiff des Kolumbus:
Länge: 21 m
Verdrängung: 240 t
Besatzung: 40 Mann

Die „**Jahre Viking**",
das derzeit größte
(Tank-) Schiff
der Welt:
Länge: 458 m
Verdrängung:
564 000 t
Besatzung:
ca. 40 Mann

Mit den Schiffen
„**Pinta**", „**Nina**" und
„**Santa Maria**" verließ Kolumbus 1492
Spanien.

Pinta

Nina

Santa Maria

Kartografie*:
Lehre und Technik,
Karten herzustellen.
Die ersten aussagekräftigen Karten
stammen von den
Griechen der Antike.
Mit den Entdeckungsfahrten des 15. und
16. Jahrhunderts erlebte die Kartografie
einen neuen Aufschwung.

1 Schnitt durch die Karavelle „Santa Maria", das Schiff des Kolumbus. ① Admiralskajüte, ② Steuerruder, ③ Kompass, ④ Luke zum Schiffsladeraum, ⑤ Entwässerungspumpe, ⑥ Hebevorrichtung für Anker und Segel, ⑦ Waffen- und Munitionskammer, ⑧ Essensvorräte, ⑨ Wasservorrat, ⑩ Lagerraum/Weinfässer, ⑪ Abstellkammer für Segel, Lagerraum für Taue, ⑫ Steine als Ballast.

Auf dem Seeweg nach Indien?

1 Seht euch die Zeichnung 1 an und erklärt, wozu die dort gezeigten Dinge auf die Seereise mitgenommen wurden.

2 Was fehlt aus heutiger Sicht für eine wochenlange Seereise?

3 Wäret ihr 1492 gern an Bord gegangen? Begründet.

Christoph Kolumbus, geboren 1451 in Genua, fuhr seit seinem 14. Lebensjahr zur See. Auf diesen Fahrten lernte er die technischen Neuerungen und Erfindungen seiner Zeit kennen. Gleichzeitig informierte er sich über die neuesten Erkenntnisse der Sternenkunde, Kartografie* und Seefahrt. Beides machte ihn zu einem erfahrenen Seefahrer.

Mit Waren aus Indien und China hatten europäische Kaufleute lange Zeit regen Handel getrieben. Begehrt waren vor allem Seidenstoffe sowie Gewürze. Die wichtigsten Handelswege verliefen dabei von Europa über Konstantinopel nach Indien. Im Jahr 1453 eroberten die Türken Konstantinopel. Sie konnten nun die Preise bestimmen. Wenn die Waren auf dem Landweg zu teuer wurden, musste man es eben auf dem Seeweg versuchen. Im Auftrag ihres Königs suchten portugiesische Seeleute jahrzehntelang nach einem Weg um die Südspitze Afrikas. Jedes Mal drangen sie ein Stück weiter vor.

Kolumbus sah eine andere Möglichkeit. Er wollte Indien erreichen, indem er nicht, wie sonst üblich, in östliche Richtung segelte, sondern westwärts fuhr. Bestärkt in seinem Vorhaben wurde er von Paolo Toscanelli, einem berühmten Arzt und Astronomen aus Florenz. Toscanelli schrieb an Kolumbus:

Q1 … Ich habe Kenntnis genommen von deinem hochherzigen und großartigen Plan, auf dem Weg nach Westen, den dir meine Karte anzeigt, zu den Ländern des Ostens zu segeln. Besser hätte es sich mithilfe einer runden Kugel klarmachen lassen. Es freut mich, dass du mich richtig verstanden hast. Der genannte Weg ist nicht nur möglich, sondern wahr und sicher …

4 Erläutert Toscanellis Brief an einem Globus.

Neun Jahre lang bemühte sich Kolumbus zunächst beim portugiesischen, dann beim spanischen König um Unterstützung. Im Jahr 1492 erhielt er vom spanischen König und der Königin drei Schiffe, von denen das größte, die „Santa Maria", 21 Meter lang und sechs Meter breit war.

Eine Fahrt bis an das Ende der Welt?

Vor seiner Abreise ernannte der spanische König Kolumbus zum Vizekönig sämtlicher Inseln und aller Länder, die er entdecken würde.

Kolumbus will nach Indien und landet in Amerika

2 Landung des Kolumbus auf der Insel Guanahani. Kolorierter Kupferstich des Niederländers Theodor de Bry, 1594.

Christoph Kolumbus (1451–1506) aus Genua in Italien wurde im Zuge seiner ersten Entdeckungsreise des Jahres 1492 zum spanischen Vizekönig der neu entdeckten Länder und zum Großadmiral ernannt. Bis 1504 unternahm er noch drei weitere Erkundungsreisen in die Karibik. Erst nach seinem Tod aber wurde erkannt, dass er nicht einen neuen Weg nach Indien, sondern einen neuen Kontinent entdeckt hatte.

Am 3. August 1492 verließ Kolumbus mit drei Schiffen den spanischen Hafen Palos (s. Karte S. 20).

In sein Bordtagebuch schrieb Kolumbus:

Q2 … Bevor ich die erste Zeile niederschreibe, weihe ich dieses Buch der allergnädigsten Jungfrau Maria. Sie möge meine Gebete erhören und mich das finden lassen, was ich suche: INDIEN …

Woche um Woche fuhren die Schiffe westwärts. Die Vorräte wurden langsam knapp, die Schiffsbesatzung unruhig. Weit und breit war kein Land zu sehen. War die Erde doch nur eine Scheibe, wie die Matrosen glaubten? „In ihren Augen" – so notiert Kolumbus in sein Tagebuch – „sehe ich nur Hass." Doch Kolumbus hielt unbeirrt an seinem Kurs fest. Endlich, am 12. Oktober 1492, wurde Land gesichtet. Im Namen des spanischen Königs ergriff Kolumbus von der Insel Besitz und nannte sie San Salvador, „Heiliger Erlöser". Die Bewohner nannten ihre Insel Guanahani.

Kolumbus schrieb über sie:

Q3 … Die Eingeborenen sind ohne Zweifel gutmütig und sanft. Da ich ihre Freundschaft gewinnen wollte, gab ich einigen von ihnen ein paar bunte Mützen und Halsketten aus Glasperlen und andere Dinge von geringem Wert, worüber sie sich ungemein freuten … Sie sind gewiss hervorragende Diener. Sie haben einen aufgeweckten Verstand, denn ich sehe, dass sie sehr schnell alles nachsagen können, was man ihnen vorspricht …

5 *Beschreibt Abbildung 2. – Wie werden die Inselbewohner, wie die Spanier dargestellt? Warum wird ein Kreuz errichtet? Beachtet bei euren Überlegungen, wann Kolumbus San Salvador entdeckte und wann das Bild gemalt wurde.*
6 *Erklärt den Satz: „Ein Irrtum verändert die Welt!"*

1492:
Kolumbus entdeckt Amerika.

Von Kolumbus bis Magellan

Amerigo und Amerika: 1508 ernannte der König von Spanien den Italiener **Amerigo Vespucci** zum obersten königlichen Seelotsen. Auf drei Fahrten erkundete er die „Neue Welt". Seine Karten waren so genau, dass die Seeleute die „Neue Welt" bald nur noch „Amerigos Land" oder Amerika nannten.

Ferdinand Magellan (1480–1521). Der Portugiese begann 1519 die erste Weltumsegelung in westlicher Richtung. Die Meeresstraße zwischen dem Atlantischen und dem Pazifischen Ozean ist nach ihm benannt worden.

Skorbut*: Krankheit durch Mangel an Vitamin C.

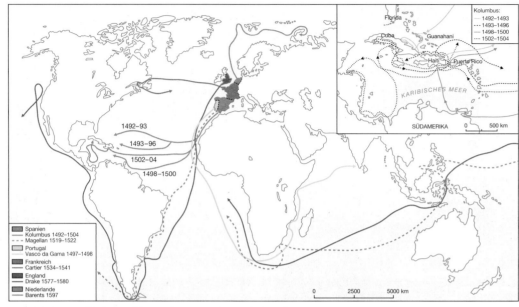

1   **Wichtige Entdeckungsfahrten im 15. und 16. Jahrhundert.**

Kolumbus' Rückkehr

In den nächsten Tagen und Wochen entdeckte Kolumbus weitere Inseln, z.B. Kuba und Haiti. Reich beladen mit Gold, Silber und Gewürzen und laut umjubelt kehrte er im April 1493 nach Spanien zurück. Die Menschen konnten über ihnen bisher unbekannte Pflanzen und Tiere – z.B. Papageien – staunen, über Gold in Körnern und rohen Stücken und über die Eingeborenen, die Kolumbus überredet hatte, mit nach Spanien zu reisen. Kolumbus nannte die Inselbewohner „Indianer", weil er glaubte, auf indischen Inseln gelandet zu sein. Bis zu seinem Tod 1506 hat Kolumbus nicht erfahren, dass er in Wahrheit einen neuen Erdteil entdeckt hatte.

Seeweg nach Indien

Nach Kolumbus gingen viele weitere Seefahrer auf Entdeckungsreisen. Einer von ihnen war Vasco da Gama (1469–1524). Er brach am 8. Juli 1497 mit vier Schiffen auf, um einen östlichen Seeweg nach Indien zu finden. Er segelte südwärts um Afrika herum, vorbei am Kap der Guten Hoffnung und dann in nordöstlicher Richtung weiter. Tatsächlich erreichte er schließlich am 20. Mai 1498 den indischen Hafen Caligut. Vasco da Gama hatte einen Seeweg nach Indien gefunden. Bei seiner Rückkehr nach Lissabon 1499 waren es noch drei Schiffe, voll beladen mit kostbaren Gewürzen und Seide. So wurde die Reise ein wirtschaftlicher Erfolg, den aber viele Seeleute mit dem Leben bezahlen mussten. Sie waren an Skorbut* gestorben.

Erste Weltumsegelung

Unter dem Kommando Ferdinand Magellans begann im Auftrag der spanischen Krone 1519 die erste Weltumsegelung in westlicher Richtung. Er umrundete die Südspitze Südamerikas, das Kap Hoorn, und erreichte im November 1520 die Südsee. Weil das Wetter mild und das Meer ruhig war, gab Magellan dem Ozean den Namen „mar pacifico" (= ruhiges Meer: Pazifik). Die Verluste dieser Weltumsegelung waren hoch: Magellan selbst starb am 27. April 1521 auf einer Insel der Philippinen; von den ehemals fünf Schiffen kehrte 1522 nur noch eines nach Spanien zurück.

1 *Nennt mithilfe der Karte 1 Namen weiterer Entdecker und beschreibt ihre Fahrtrouten.*
2 *Bildet Arbeitsgruppen. Jede Gruppe informiert sich in Lexika, Sachbüchern oder dem Internet über einen Entdecker und berichtet der Klasse darüber.*
3 *Stellt Vermutungen darüber an, wie sich das Leben der „Entdeckten" veränderte.*

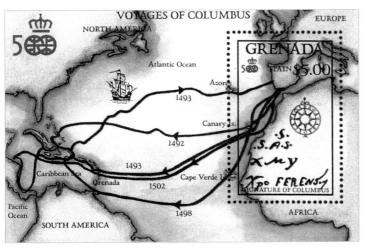

1 Die Routen der vier Reisen des Kolumbus (links); Bildnis des Kolumbus, das dem Maler Ghirlandajo (1483–1561) zugeschrieben wird. Aus einem Briefmarkenblock Grenadas, 1987.

Wo genau Kolumbus das erste Mal den Boden der „Neuen Welt" betrat, ist nicht genau bekannt. Einige meinen, es sei die Insel Guanahani gewesen, die später von den Spaniern in San Salvador umgetauft worden ist. Andere halten das 100 km südöstlich gelegene Samana Cay für wahrscheinlich.
Sicher ist nur, dass die vielen Inseln der Karibik noch heute mit dem großen Entdecker Kolumbus werben. Doch – sind die Inseln der karibischen See auch heute noch so paradiesisch, wie sie Kolumbus in seinem Bordbuch beschrieben hat? Bilder, wie wir sie aus Reiseprospekten kennen, und die tatsächliche wirtschaftliche und soziale Situation der Bewohner dieser Inselstaaten passen nicht so recht zusammen.

1 *Tragt Informationsmaterial über einzelne Karibikstaaten (z. B. St. Lucia, Grenada, Jamaika, Puerto Rico, Kuba) zusammen und versucht in Gruppen von drei bis vier Schülerinnen und Schülern Poster zu erstellen. Zeigt Licht- und Schattenseiten dieser Staaten auf und benennt Gründe dafür.*

2 Kinder auf Nahrungssuche. Foto, 2003. **3 Strand auf der Karibikinsel Aruba.** Foto, 2003.

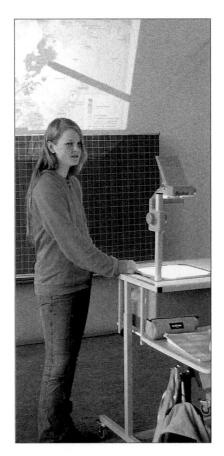

Um was geht es?

Im Unterricht habt ihr sicher schon oft erlebt, dass ein Referat vorgetragen wurde. Meistens wurde eine Arbeit vorgelesen. Dabei ist es oft schwierig, das mündlich Vorgetragene zu verstehen und zu behalten. Das Verstehen kann man den Zuhörern erleichtern, wenn eine Zusammenfassung oder eine Gliederung des Vortrages schriftlich vorliegt. Eingestreute Bilder, Karten, Tabellen oder Grafiken unterstützen die Aussagen des Vortrags und machen ihn interessanter. Um das Referat für die Zuhörer lebendiger werden zu lassen, kommt es auch auf die Redeweise an. Monotones Vorlesen des Textes lässt die Zuhörer ermüden. Ein Vortrag in möglichst freier Rede, in den auch spontane Gedanken eingeflochten werden können, stößt auf mehr Interesse.

Auf den Seiten davor habt ihr schon einiges über Entdeckungen und Erfindungen der Neuzeit erfahren. Sucht euch interessante Themen für ein Referat aus diesem Bereich, z. B.: Das Leben des Galileo Galilei, Die Entwicklung der Schifffahrtsinstrumente, Der Buchdruck und die Folgen.

Im Schulbuch findet ihr dazu schon Texte, Bilder, Karten und Tabellen. Aber für ein Referat reichen sie noch nicht aus. Denkt daran, dass die meisten Schülerinnen und Schüler ungefähr 70 Prozent ihrer Informationen über die Augen und nur etwa 30 Prozent mittels der Ohren aufnehmen. Ihr braucht also für die Referate viel anschauliches Material. So könnt ihr vorgehen:

1. Schritt:
Das Material sammeln und ordnen

Sucht in der Schul- und in der Stadtbibliothek unter bestimmten Stichwörtern nach Material. Achtet auf Bilder, Karten, Tabellen und Grafiken.

Notiert die Fundstellen und schreibt euch die Informationen auf. In vielen Bibliotheken stehen Kopiergeräte, dort könnt ihr eure Informationen kopieren. Selbstverständlich ist auch das Internet eine gute Informationsquelle.

2. Schritt:
Das Material gliedern

Die gesammelten Materialien müssen geordnet werden. Dafür bietet es sich an, die Texte, Bilder, Karten und Tabellen auf einem großen Tisch auszubreiten und darüber nachzudenken, welche Materialien zusammengehören. Legt sie nach Unterthemen zusammen. Damit ergibt sich eine erste Ordnung. Diese müsst ihr dann so überarbeiten, dass eine Gliederung für den Vortrag entsteht. Dazu findet ihr Vorschläge auf der folgenden Seite.

3. Schritt:
Eigene Texte formulieren

Die gesammelten und geordneten Materialien müssen dann durch eigene Texte verbunden werden. Achtet beim Formulieren darauf, dass die Sätze nicht zu lang, sondern klar und verständlich sind. Kurze Sätze sind nicht nur besser zu verstehen, auch das Sprechen fällt dabei leichter.

4. Schritt:
Den Vortrag zusammenstellen

Stellt euren Vortrag in der richtigen Gliederung zusammen, ordnet die vorgesehenen Medien in der richtigen Reihenfolge und sorgt dafür, dass Geräte, die ihr braucht, auch zur Verfügung stehen.

5. Schritt:
Den Vortrag üben

Sehr wichtig ist es, vor dem eigentlichen Vortrag das Referat laut und in freier Rede zu üben. Seht den fertigen Text durch und markiert die wichtigen Stellen. Schreibt euch dann für den freien Vortrag Stichworte auf einen Merkzettel. Am besten ist es, mehrmals für sich das Referat laut vorzutragen. Wenn ihr jemanden habt, der euch dabei zuhören kann, dann ist der Übungszweck noch größer. Laut, langsam und deutlich sprechen. Sprecht viel langsamer, als ihr gerne sprechen möchtet.

6. Schritt:
Den Vortrag präsentieren

Sorgt vor dem Vortrag dafür, dass alle Materialien und Medien vorhanden und in der richtigen Ordnung sind. Vergesst nicht, das Thema und die Planung deutlich vorzustellen. Tragt dann möglichst ruhig euer Referat vor. Haltet dabei immer Blickkontakt zu den Zuhörerinnen und Zuhörern und ermuntert sie, auch nachzufragen, wenn etwas unklar war.
Plant euer Referat so, dass nach dem Vortrag noch Zeit ist für Fragen oder eine Diskussion.

Gliederungsvorschlag 1

Hinführung zum Thema	*Ordnet die Informationen so, dass die Zuhörerinnen und Zuhörer gut folgen können. Gebt eine Inhaltsübersicht und benutzt Zwischenüberschriften.*
Hauptteil	*Überlegt, wie ihr bei den Zuhörerinnen und Zuhörern Interesse wecken könnt. Beginnt mit einem überraschenden Ergebnis eurer Arbeit oder nennt die wichtigste Leitfrage.*
Ergebnisse	*Fasst die wichtigsten Ergebnisse zusammen. Gebt eure persönlichen Beurteilungen dazu. Nennt die Fragen, die aus eurer Sicht noch offengeblieben sind.*
Diskussion	*Überlegt euch, welchen Impuls ihr für eine angeregte Diskussion geben könnt.*

Gliederungsvorschlag 2

3.2 Die Ur-Einwohner

3.1 Der neue Kontinent

3. Die Entdeckungsfahrten

2.2 Motive für Entdeckungsreisen

2.1 Der Mensch

2. Christoph Kolumbus

1.2 Globus, Kompass u. Co.

1.1 Die bis dahin bekannte Welt

1. Die Seefahrt im 15. Jahrhundert

Eine indianische Hochkultur

1 **Tenochtitlán.** Breite Straßendämme verbinden die Hauptstadt der Azteken, angelegt in einem Salzsee, mit dem Festland. Moderne Rekonstruktion.

So stellten sich die Europäer die Bewohner in den unbekannten Ländern vor. Aus einem französischen Reisebuch des 14. Jahrhunderts.

Konquistadoren*: *Die spanischen und portugiesischen Eroberer Mittel- und Südamerikas im 16. Jahrhundert. Durch ihre Expeditionen wurden die indianischen Reiche, etwa der Inkas und Azteken, erobert, ausgeplündert und zerstört. Bekannteste Konquistadoren waren u. a. Hernando Cortez und Francisco Pizarro.*

Tenochtitlán: Wie lebten die Azteken?

Die Europäer entdeckten in der Neuen Welt zwei große und blühende Reiche: das Reich der Azteken im heutigen Mexiko und das Reich der Inkas im heutigen Peru (siehe Karte S. 29).

Die Hauptstadt des Aztekenreiches hieß Tenochtitlán (siehe Abbildung 1), das heutige Mexiko City. Die Stadt lag in einer Höhe von 2260 m in einem Salzsee. Sie war durch Dämme mit dem Festland verbunden. Einige Süßwasserleitungen versorgten die ungefähr 300 000 Einwohner mit frischem Wasser.

Über die Stadt Tenochtitlán berichtete der spanische Konquistador* Hernando Cortez 1520:

Q1 … Die Hauptstadt Tenochtitlán liegt in einem salzigen See. Sie hat vier Zugänge, alle über Steindämme führend, die von Menschenhand erbaut sind. Sie sind etwa zwei Lanzen breit. An einem der Dämme laufen zwei Röhren aus Mörtelwerk entlang, jede etwa zwei Schritte breit und eine Mannslänge hoch. Durch eine Röhre kommt ein Strom süßen Wassers bis in die Mitte der Stadt. Alle Menschen nehmen davon und trinken es. Die andere Röhre wird benutzt, wenn die erste gereinigt wird …

Die Stadt hat viele öffentliche Plätze, auf denen ständig Markt gehalten wird. Dann hat sie noch einen anderen Platz …, wo sich täglich mehr als 60 000 Einwohner treffen: Käufer und Verkäufer von Lebensmitteln, Kleinodien aus Gold, Silber, Blech … Außerdem verkauft man Steine, Bauholz, Kalk und Ziegelsteine …

… Es gibt Apotheken …, es gibt Häuser, wo man für Geld essen und trinken kann. Es gibt Leute zum Lasttragen …

Es gibt in dieser Stadt viele sehr gute und große Häuser, weil alle großen Herren des Landes … ihre Häuser in der Stadt haben …

An allen Eingängen der Stadt, wo die Kähne ausgeladen werden, also an den Stellen, durch die der größte Teil der Lebensmittel in die Stadt gelangt, sind Hütten gebaut. In ihnen halten sich Wachtposten auf, die eine Abgabe von allem erheben, was in die Stadt gebracht wird. Ich weiß aber nicht, ob diese Beträge für den Herrscher oder für die Stadt erhoben werden …

1 *Beschreibt die Abbildung 1 mithilfe von Q1.*
2 *Hernando Cortez schildert eigentlich nichts für ihn Ungewöhnliches und dennoch ist er sehr beeindruckt. Wie ist das zu erklären?*

Die Azteken

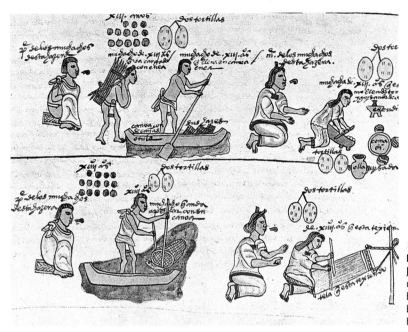

2 Aztekische Kindererziehung. Jungen bei der Feldarbeit und Fischfang, Mädchen bereiten Essen und weben. Aztekische Bilderhandschrift um 1535.

Der aztekische Staat

An der Spitze des aztekischen Staates stand ein mächtiger Herrscher. Er war Oberbefehlshaber der Armee und oberster Priester. Ihm zur Seite standen Adlige. Sie waren tätig als königliche Ratgeber, Richter, Offiziere oder Priester. Außerdem gab es Architekten und Künstler, die für den religiösen Kult prachtvolle Pyramiden bauten. Ihre Söhne lernten in den Priesterschulen Lesen, Schreiben, die Kalenderkunde und vor allem auch Geschichte. Zusammen mit den Jungen der übrigen Bevölkerung wurden sie zudem in Kampfsportarten unterrichtet. Die Töchter erlernten die Haushaltsführung.

Die große Mehrheit der Bevölkerung bestand aus Handwerkern, Bauern, Fischern oder Sklaven. Ihre Frauen mussten ebenso wie sie selbst hart arbeiten.

Viele Stunden brachten die Frauen täglich damit zu, den Mais für die Tortillas zu mahlen. Die Kleidung für die ganze Familie stellten sie auf Webrahmen her. Außerdem wurden sie regelmäßig zu Arbeiten im Palast eines Adligen verpflichtet.

3 *Entwerft ein Schaubild, das die Rangordnung des Aztekenreiches zeigt. – Kennt ihr schon ähnliche Schaubilder?*

Kindererziehung

Für die Erziehung ihrer Kinder, ob adlig oder nicht, gab es bei den Azteken ganz klare Anweisungen, welche die Eltern ihren Kindern von frühester Jugend an immer wieder vorsprachen.

Anweisungen der Eltern für ihre Kinder:

Q2 … In Frieden mögest du mit anderen Leuten leben. Sei nicht unüberlegt, handle nicht überstürzt.

Habe Respekt und Ehrfurcht vor jedem anderen. Sei nicht anmaßend gegenüber anderen Menschen. Sei nicht unverschämt und verneige dich, wie du dich verneigen sollst.

Sei nicht hochmütig.

Widersprich den Leuten nicht.

Sei geduldig und beherrscht, denn dich sieht unser Herr, denn er wird dir zürnen, er wird sich rächen (wenn du diese Gebote nicht befolgst) …

4 *Stellt selber eine Liste mit Erziehungszielen zusammen, die euch bei der Kindererziehung wichtig erscheinen. – Vergleicht sie mit den Erziehungszielen bei den Azteken. Gibt es Übereinstimmungen und Unterschiede?*

Goldgierige Eroberer

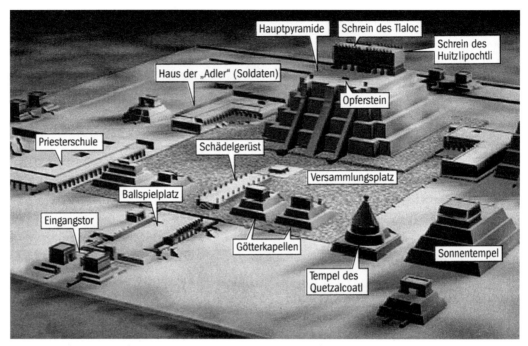

Hauptpyramide
Schrein des Tlaloc
Schrein des Huitzlipochtli
Haus der „Adler" (Soldaten)
Opferstein
Priesterschule
Schädelgerüst
Versammlungsplatz
Ballspielplatz
Eingangstor
Götterkapellen
Sonnentempel
Tempel des Quetzalcoatl

1 **Das etwa 500 Meter lange, religiöse Zentrum von Tenochtitlán.** Rekonstruktion.

1519:
*Im Auftrag der spanischen Krone landete **Hernando Cortez** im heutigen Mexiko. Im Landesinnern entdeckte er das mächtige Reich der Azteken, das er mit seinen Truppen innerhalb von zwei Jahren völlig zerstörte.*

Ankunft der „Götter"

Es gab bei den Azteken eine alte Sage von dem Gott Quetzalcoatl, der den Menschen den Ackerbau und das Handwerk gebracht hatte. Er lebte – so hieß es in der Überlieferung – vor einigen Hundert Jahren als König der Azteken, bis er vertrieben wurde. „Am Tage der Wiederkehr meiner Geburt werde ich wiederkommen", so hatte er damals gesagt. Das konnte nach dem Kalender der Azteken nur das Jahr 1363, 1467 oder 1519 sein. Es war das Jahr 1519, als ein einfacher Mann zu Moctezuma, dem König der Azteken, kam.

Er sagte zum König:

Q1 … Herr und König. Vergib mir meine Kühnheit … Als ich an die Küste des großen Meeres ging, schwamm da eine Reihe von Bergen mitten auf dem Wasser. Mein Herr, wir haben nie zuvor so etwas gesehen …

Die „Berge" waren die Schiffe des spanischen Eroberers Cortez. Er landete 1519 an der mexikanischen Küste. Von dort marschierte er mit 300 Soldaten nach Tenochtitlán. Moctezuma erschrak. Waren das die Boten des Gottes? Er schickte ihnen Gesandte entgegen, die sie zur Umkehr drängen sollten. Doch Cortez ließ sich nicht aufhalten. Wenige Tage später erreichte er Tenochtitlán.

Voller Ehrfurcht wurde er von Moctezuma begrüßt und nach seinen Wünschen gefragt. Cortez entgegnete ihm: „Ich und meine Gefährten leiden an einer Krankheit des Herzens, die nur mit Gold geheilt werden kann." Moctezuma führte sie zum Schatzhaus.

In einem aztekischen Bericht hieß es:

Q2 … Alles Gold rafften die Spanier zu einem Haufen … Das ganze Schatzhaus durchwühlten sie, drängten und fragten und griffen nach allem, was ihnen gefiel … Nur nach Gold hungerten und dürsteten sie. Gefräßig wurden sie in ihrem Hunger nach Gold, wie hungrige Schweine wühlten sie nach Gold …

1 *Warum verhielt sich Moctezuma gegenüber den Spaniern so ehrfurchtsvoll?*

Die Religion der Azteken

2 **Menschenopfer.** Illustration aus einer zeitgenössischen aztekischen Handschrift.

3 **Mönche stecken Götterfiguren der Azteken mit Fackeln in Brand.**

Menschenopfer

Mittelpunkt Tenochtitláns war aber nicht das Schatzhaus, sondern der große Tempel im Zentrum der Stadt. Die Religion spielte nämlich im Leben der Azteken eine sehr große Rolle. Sie glaubten an viele Götter, die in das Leben der Menschen immer wieder eingriffen. Der wichtigste Gott war der Sonnengott Huitzlipochtli, denn die Sonne galt den Azteken als Voraussetzung für alles Leben auf der Erde.

Eine Wissenschaftlerin schrieb:

M1 … Man stellte sich Huitzlipochtli als jungen Krieger vor, der von der Erdgöttin Coatlicue jeden Morgen geboren wird, aber jeden Abend stirbt und in der Erde verschwindet.

Als Krieger muss er täglich seine Brüder, die Sterne, und seine Schwester, den Mond, besiegen. Um den alltäglichen Kampf zu bestehen, musste er von den Menschen ausreichend ernährt werden, was ausschließlich mit „köstlicher Flüssigkeit", d. h. Menschenblut, möglich war. …

Da auch die übrigen aztekischen Götter mit menschlichem Blut versorgt werden mussten, wurden jedes Jahr Tausende im „Großen Tempel" geopfert.

Tenochtitlán wird zerstört

Als die Spanier begannen, die aztekischen Götterbilder und Statuen zu zerstören, kam es im Jahr 1520 zum Aufstand. Cortez musste mit seinen Soldaten fliehen, er kam aber im folgenden Jahr schon zurück und schloss die Stadt ein. Die Belagerung dauerte 93 Tage. Dann wurde Tenochtitlán erstürmt und dem Erdboden gleichgemacht.

In einem Bericht heißt es:

Q3 … In den Häusern, im See und auf dem Land, in den Kanälen und auf vielen Plätzen lagen überall Leichen und Totenköpfe. Cortez selbst war übel geworden …

Die Luft war so verpestet, dass die Azteken darum baten, den Abzug sämtlicher Einwohner zu gestatten. Drei Tage und drei Nächte waren die Ausfallstraßen und die Dämme mit langen Zügen von erbärmlichen Gestalten bedeckt. Männer, Frauen und Kinder schleppten ihre entkräfteten Körper aus der Stadt, ein jammervoller Leichenzug …

Es hat wohl kaum ein Volk gegeben, das so viel Hunger, Durst und Kriegsnot ausstehen musste …

2 Beschreibt, welche Gefühle die Abbildungen 2 und 3 bei den Spaniern bzw. den Azteken hervorgerufen haben könnten.

*Die **Götter des Feuers und des Wassers** waren die ältesten Götter der Azteken. Der Gott des Feuers trug eine Schale für die Flammen auf seinem Rücken. Der Regengott Tlaloc war bei allen Völkern Mexikos ein übermächtiger Herr. Jeder Berg hatte seinen Tlaloc, der die Regenwolken einsammelte und sie über den Himmel verteilte.*

***Moctezuma** wird als Gefangener in Eisen gelegt. Holzstich.*

Das spanische Weltreich

1 Die Ankunft von Cortez in Veracruz. Gemälde des Mexikaners Diego Rivera, 1930.

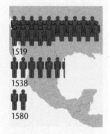

1519 lebten in Mexiko 25 Millionen Menschen.

1538 waren es noch 6,3 Millionen Menschen.

Um 1580 war die Bevölkerung auf unter zwei Millionen gesunken.

Eroberer und Missionare

Für den spanischen König war es selbstverständlich, dass seine Untertanen Christen waren. Mit den Eroberern kamen daher auch viele Mönche. Sie führten, notfalls mit Gewalt, überall den christlichen Glauben ein. Die Tempel der Azteken wurden zerstört, die Götterstatuen verbrannt. Wer sich weigerte, den christlichen Glauben anzunehmen, wurde mit dem Tod bestraft.

Das Hauptziel der Spanier war aber nicht die Christianisierung; viel stärker waren sie daran interessiert, möglichst viel Gewinn aus den eroberten Gebieten herauszupressen. Unter unmenschlichen Bedingungen mussten die Indianer in den Bergwerken oder auf den großen Landgütern, den Latifundien, arbeiten, bis sie zusammenbrachen.

Entsetzt schrieb der Dominikanermönch und spätere Bischof von Mexiko Bartolomé de las Casas (1484–1566) an den spanischen König:

Q1 … Über diese sanftmütigen Menschen kamen die Spanier, und zwar vom ersten Augenblick an wie grausame Wölfe, Tiger und Löwen, die man tagelang hatte hungern lassen … Als ziemlich sicheres Ergebnis kann man annehmen, dass in den genannten 40 Jahren durch die tyrannischen und teuflischen Taten der Christen mehr als zwölf Millionen Männer, Frauen und Kinder getötet worden sind. …

Als las Casas erkennen musste, dass sich an der Lage der Indianer nicht viel änderte, machte er den Vorschlag, schwarze Sklaven aus Afrika zu holen. Weil sie angeblich kräftiger waren, sollten sie die Indianer im Bergwerk und bei den Feldarbeiten ersetzen. Millionen Afrikaner wurden in den nächsten Jahrhunderten aus ihrer Heimat in die Sklaverei verschleppt.

1 Beschreibt Abbildung 1. Wie sind die Indianer, wie die Eroberer dargestellt? – Überlegt, was der mexikanische Maler, der das Bild 1930 gemalt hat, aussagen wollte.

2 Schreibt zu diesem Bild eine kurze Geschichte, einmal aus der Sicht der Spanier, dann aus der Sicht der Indianer.

Die „Neue Welt" wird europäisch

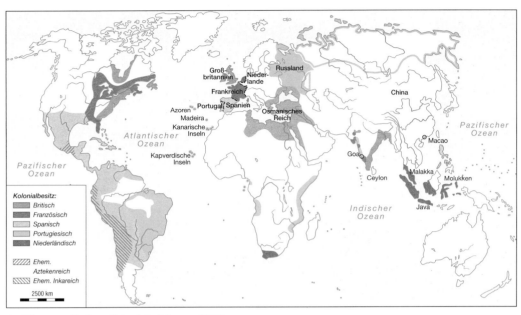

2   Die europäischen Kolonialreiche um 1760.

Englische Kolonien in Nordamerika

Der Reichtum Spaniens verlockte auch andere europäische Staaten dazu, Kolonien* zu gründen. Vor allem Frankreich, die Niederlande und England sahen darin eine Möglichkeit, in kurzer Zeit große Gewinne zu erzielen. Da Südamerika von Spanien und Portugal bereits in Besitz genommen war, wandten sich diese Staaten jetzt Nordamerika zu.

Im Jahr 1590 schrieb z. B. Richard Hakluyt, ein englischer Geograf:

Q2 … England ist in den vergangenen einhundert Jahren dank einer besonderen Ware, der Wolle, zu größerem Reichtum aufgestiegen … Und nun geschieht es, dass aufgrund der großen Anstrengung zur Ausdehnung des Wollhandels in Spanien und Westindien die Wolle aus England und die daraus gefertigte Kleidung an Wert verliert.

Falls das englische Königreich nicht in die alte Bedeutungslosigkeit zurücksinken soll, dann muss es in Nordamerika eine Niederlassung gründen, um dort seine Wollwaren zu verkaufen. Diese Unternehmung mag den spanischen König davon abhalten, seine Macht über das ganze weite Festland von Amerika auszudehnen … Mit unserer Niederlassung werden wir den Ruhm des Evangelismus verbreiten und aus England die wahre Religion mitbringen …

3   Nennt alle Argumente, die Hakluyt in seinem Aufruf anführt. Welches sind seiner Ansicht nach die wichtigsten?

Hakluyt fand mit seinem Aufruf in England viel Zustimmung. Schon lange forderten die großen Handelsgesellschaften, an der Ausbeutung der Kolonien teilnehmen zu können. Wichtigste Voraussetzung hierfür war die Beherrschung der Weltmeere. Im Jahr 1588 wurde die spanische Großflotte, die Armada*, vernichtend geschlagen. Damit war der Weg frei für die Gründung eines großen englischen Kolonialreiches. Zielstrebig wurden jetzt Kolonien angelegt, und zwar in

– Nordamerika, wo mit Jamestown im Jahr 1607 die erste englische Niederlassung gegründet wurde;
– Indien, wo man Franzosen, Holländer und Portugiesen nach und nach verdrängte, um den Handel allein zu kontrollieren;
– Afrika, um am gewinnbringenden Sklavenhandel teilnehmen zu können.

4   Nennt mithilfe der Karte 2 die europäischen Kolonialmächte und ihre Besitzungen.

Kolonien*/ Kolonialismus:
Die Eroberung zumeist überseeischer Gebiete durch militärisch überlegene Staaten (vor allem Europas) seit dem Ende des 15. Jahrhunderts bezeichnet man als Kolonialismus. Die Kolonialmächte errichteten in den unterworfenen Ländern Handelsstützpunkte und Siedlungskolonien. Sie verfolgten vor allem wirtschaftliche und militärische Ziele.

Armada*:
Mit dem Untergang der spanischen Armada 1588 begann der Aufstieg Englands zur See- und Kolonialmacht.

Stoffe und Schnaps gegen Sklaven und Gold

Laderaum eines Sklavenschiffes.

Geschätzte Sklaventransporte

16. Jahrhundert:
900 000 Menschen

17. Jahrhundert:
2 750 000 Menschen

18. Jahrhundert:
7 000 000 Menschen

19. Jahrhundert:
4 000 000 Menschen

1 Austausch zwischen Amerika und Europa.

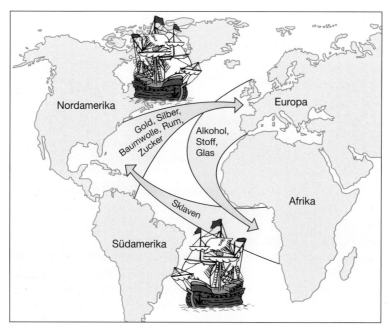

2 Warenströme des Dreieckshandels.

Der Dreieckshandel im Atlantik

Die Abhängigkeit der Kolonien von ihren Mutterländern zeigte sich besonders in der Wirtschafts- und Handelspolitik. Die Kolonien waren ganz auf die Wünsche der europäischen Staaten ausgerichtet. Damit der heimischen Wirtschaft keine Konkurrenz entstand, wurde die Produktion von Eisenwaren, Stoffen, Glas, Büchern und Papier in vielen Kolonien verboten, selbst der Abbau von Eisenerzen wurde eingeschränkt. Rohstoffe und landwirtschaftliche Produkte mussten nach Europa geliefert werden. Das führte in den Kolonien zu Monokulturen und für die entsprechende Plantagenwirtschaft benötigte man viele Sklaven.

Die Kaufleute entwickelten einen Dreieckshandel, der in allen Schritten in der Hand der Europäer war und vor allem den Engländern hohe Gewinne einbrachte.

1 *Beschreibt anhand der Abbildung 2 die einzelnen Schritte des Dreieckshandels und die Gewinnmöglichkeiten.*

2 *Erläutert die Folgen des Sklavenhandels sowohl für die Menschen in Afrika wie in Amerika.*

3 *Listet auf, welche Waren durch die Entdecker in Europa bekannt und welche in Amerika eingeführt wurden.*

4 *Vergleicht eure Vermutungen aus Arbeitsauftrag 3, S. 20 mit den Informationen dieser Seite.*

Mexiko heute

3 Die Familie von Yoni Santiago aus Veracruz. Foto.

4 Die Familie von Jorge Roiz aus Villa Jana. Foto.

Wann hört die Unterdrückung auf?

In Mexiko leben heute etwa 100 Millionen Menschen. Davon sind etwa 75 Prozent Mestizen*, 14 Prozent Indígenas* und zehn Prozent Weiße. Wie vor 500 Jahren kämpfen die Indigenas noch immer um Gerechtigkeit und ein menschenwürdiges Leben.

So könnte Yoni Santiago über ihr Leben berichten:

M1 … Wir Indianer haben ein schweres Leben. Wir haben zu wenig Land und die Böden sind schlecht.

In meiner kleinen Hütte gibt es keinen elektrischen Strom und keine Wasserleitung. Dort lebe ich mit meinem Mann, meinen sechs Kindern und meinem Schwiegervater.

Täglich essen wir Mais, Bohnen und Kürbis, die wir hier auf unseren kleinen Äckern selbst anbauen. Oft reicht das aber nicht für uns alle aus. Dann müssen wir hungern. Milch, Fleisch und Obst können wir uns nur sehr selten leisten.

Wir müssen alle arbeiten gehen: Mein Mann ist Landarbeiter auf einem riesigen Gut. Die größeren Kinder arbeiten als Küchenhelfer und Näherin in der Stadt, die kleineren helfen mir bei der Feldarbeit auf unseren kleinen Äckern. Während der Kaffeeernte gehe ich nachmittags für ein paar Stunden auf eine Kaffeeplantage. Es sind zwar nur ein paar Cents, die ich dort verdiene. Doch so kann ich für uns ab und zu Kleidung kaufen.

Durch das viele Arbeiten sind meine Kinder oft zu müde, um die Schule zu besuchen. …

So könnte Jorge Roiz über sein Leben berichten:

M2 … Ich bin der Sohn eines Großgrundbesitzers. Schon mein Urgroßvater besaß diese riesigen Ländereien. Wir haben eine Rinderzucht, auf der 1500 Milchkühe gehalten werden. Die Milchproduktion beträgt pro Tag 50 000 Liter.

Meine Frau und meine drei Kinder wohnen in einem großen Gutshaus, in dem alle erdenklichen technischen Neuerungen vorhanden sind.

Wir können uns täglich eine gute und ausgewogene Nahrung leisten.

Um die Arbeiten auf dem großen Besitz zu überwachen, bin ich von frühmorgens bis in die Nachmittagsstunden mit meinem Geländewagen unterwegs. Ich überwache die Arbeit meiner 300 Angestellten sowie die der Indianer und Mestizen, die bei mir zu Hunderten für einen geringen Lohn arbeiten.

Einen Teil des von mir verdienten Geldes investiere ich in den Kauf der neuesten technischen Geräte für die Milchproduktion. Natürlich gebe ich auch einiges für die Erziehung meiner Kinder aus. Sie besuchen die besten und teuersten Privatschulen und später werden sie natürlich studieren. Wir leisten uns Markenkleidung und Reisen. …

5 Vergleicht die Schilderungen in M1 und M2. Worin seht ihr die entscheidenden Unterschiede?
6 Beschafft euch weitere Informationen im Internet über das Leben der mexikanischen Ureinwohner heute.

Spanien feierte die Entdeckung Amerikas 1992 mit großem Aufwand. Das Motto der Feierlichkeiten lautete: „Begegnung zweier Welten". Doch gegen die 500-Jahr-Feier meldete sich starker Protest. Die Gegner stellten dem offiziellen spanischen Symbol der Feiern ein eigenes, verfremdetes Symbol aus Lateinamerika entgegen.

Mestizen*:
Mischlinge zwischen Weißen und Indianern.

Indígenas*:
Ureinwohner.

Die Zapatistas in Chiapas

Auszug aus einem Bericht von Mariano Gómez Negocio, einem Indígena, aus dem Bundesstaat Chiapas für eine deutsche Monatszeitschrift

Steil und grün ragen die Berge in die Wolken. Land der Maya …, denen mehr als ein Drittel der Bevölkerung von Chiapas angehört. Fruchtbares Land, jahrzehntelang in kleine Parzellen unveräußerlichen Gemeindebodens aufgeteilt. Kaffee, Mais, Bohnen wachsen hier, so wie einst nur mit Hacke, Machete und Rechen bearbeitet. Dicht an dicht, wie Waben, kleben Holzhütten darauf. Reiches Land, unter dessen Krume Öl-, Uran- und Metallreservoire liegen. Armes Land von Bauern, die kaum Schulen noch Krankenhäuser kennen und in deren Häusern meist kein elektrisches Licht brennt. Spekulationsland. Als die Regierung 1993 … die Gemeindefelder in verkäuflichen Boden umwandel-

te und das als „Befreiung der Bauern" pries, stieg auch in Mariano ein nie gekannter Groll auf. Warum wohl sollte er Eigentümer von Feldern werden, für die er bis dahin ein unbefristetes, vererbbares Nutzungsrecht hatte? Das neue Gesetz – so sah er voraus – würde einzig viele der verarmten Nachbarn und vielleicht nach zwei, drei Missernten auch ihn dazu zwingen, das Land zu verkaufen. In kurzer Zeit könnten alle Felder in den Schoß reicher Leute fallen, während die Bauern dann als … Tagelöhner dort arbeiten müssten … Wie Tausende anderer Bauern griff auch er schließlich zu den Waffen.

Zapatistas nannten sich die aufgebrachten Bauern – nach dem Anführer der großen mexikanischen

Revolution Anfang des 20. Jahrhunderts, Emiliano Zapata, der vor allem für diese Gemeindefelder gekämpft hatte. Sie banden sich ihre rot gemusterten Halstücher vor das Gesicht oder vermummten sich mit schwarzen Wollmasken und stürmten – Frauen und Kinder voran – am 1. Januar 1994 die Provinzstadt San Cristobal …

Jahrelang erlittenes Unrecht und ertragene Demütigungen entluden sich in einem … Genug jetzt! Ihr reiches Chiapas sollte ein autonomer, von Indianern verwalteter Bundesstaat werden.

Nach zehn Tagen zogen sich die Zapatistas zurück, weil sie keinen Bürgerkrieg wollten.

1 **Lebensbedingungen von Indígenas in Cuchumatan, Chiapas.**

2 **Comandante Ester von den Zapatistas auf der Rednertribüne des mexikanischen Parlaments, 28. März 2001.**

Methode: Texte sinnerfassend lesen

3 Schüler und Schülerinnen beim Erarbeiten eines Textes. Foto.

Eine wichtige Voraussetzung für selbstständiges Lernen ist das Lesen und Verstehen von Texten. Dabei geht es darum, dass ihr den inhaltlichen Aufbau eines Textes erfasst, Gedankengänge und Argumentationen nachvollziehen und euch ein Urteil über eine bestimmte Sache bilden könnt.

Die Fünf-Schritt-Lesemethode stellt ein gutes Hilfsmittel dar, Sachtexte sinnerfassend zu lesen. Mit dieser Methode könnt ihr euch den Inhalt des Gelesenen besser und länger merken. Probiert sie gleich einmal aus an dem Text aus einer Monatszeitschrift über die Zapatistas auf Seite 32.

1. Schritt
Text überfliegen/Thema erfassen
Lest den Text einmal ganz durch.
– Um welches Thema geht es?
– Was wisst ihr schon darüber?
– Was möchtet ihr noch wissen?

2. Schritt
Fragen stellen
Um welche Sorte von Text handelt es sich?
W-Fragen: Wer? – Was? – Wann? – Wo? – Wie? – Warum?

3. Schritt
Text lesen und Schlüsselwörter unterstreichen
– Unterstreicht auf einer Kopie die wichtigsten Wörter im Text.
– Unterstreicht sparsam und verwendet verschiedenfarbige Stifte.
– Markiert schwierige/unklare Textstellen. Klärt ihre Bedeutung.

4. Schritt
Zwischenüberschriften finden
– Findet Überschriften für die einzelnen Abschnitte, die ihren Inhalt knapp zusammenfassen.
– Passt die Überschrift zum Inhalt des Abschnitts und zur Art des Textes?

5. Schritt
Inhalt wiedergeben
– Gebt mithilfe der Zwischenüberschriften und unterstrichenen Wörter den Inhalt des Textes wieder (in Stichworten oder in wenigen kurzen Sätzen).
– Legt auch einen Cluster an.

1 Findet heraus, wie die Indígenas in Chiapas jahrzehntelang lebten.
2 Nennt die Gründe, weshalb Mariano Gómez Negocio Zapatista wird.
3 Klärt, woher der Name „Zapatista" kommt.
4 Auf den letzten Seiten habt ihr verschiedene Begriffe kennengelernt, Einheimische, Ureinwohner, Eingeborene. Wissenschaftler sprechen von „indigenen Völkern". Warum gibt es die verschiedenen Begriffe? Erkundigt euch nach ihrer Bedeutung.

Aus alten Schulbüchern oder Zeitschriften könnt ihr prima Karteikarten für einen Karteikasten im Unterricht herstellen.

Dazu benötigt ihr
- Karteikarten
- Schere
- Kleber
- Schreibstifte
- alte Schulbücher
- alte Zeitschriften

1 Schneidet Texte, Bilder und Illustrationen aus, die ihr auf eure Karteikarten kleben wollt.
2 Unterteilt die einzelnen Karteikarten in Epochen – Altertum, Mittelalter, Neuzeit – und diese noch einmal in Jahrhunderte, sodass ihr euer Material genau zuordnen könnt.
3 Nehmt eine DIN-A5-Karteikarte und schreibt darauf zunächst eine Überschrift.

4 Klebt dann den Text, das Bild oder die Illustration auf eure Karteikarte und schreibt dazu, woher ihr die Materialien habt.
5 Notiert auf der Rückseite der Karteikarte den dazugehörigen Infotext.
6 Ordnet zum Schluss eure Karteikarte in den Karteikasten ein. Somit habt ihr die Möglichkeit, Geschichtsdaten wie in einem Lexikon nachzuschlagen.

Zusammenfassung

Die Wende zur Neuzeit

Das 15. Jahrhundert ist die Zeit, in der sich ein neues Denken durchsetzt. Bisher hatte man sich in naturwissenschaftlichen Fragen mit Antworten aus der Bibel zufrieden gegeben. Doch jetzt wollte man alles selbst nachprüfen. So wurde das 15. Jahrhundert zu einer Zeit zahlreicher Entdeckungen und Erfindungen.

Entdeckungen und Erfindungen

Eine der wichtigsten Erfindungen dieser Zeit war der Buchdruck durch Johannes Gutenberg. Erfunden wurden auch der Kompass, die mechanische Uhr, der Jakobsstab und hochseetaugliche Schiffe. Dies waren die Voraussetzungen für die Entdeckung Amerikas durch Christoph Kolumbus im Jahr 1492.

Vernichtete Hochkulturen

In Mittel- und Südamerika gab es einige indianische Hochkulturen, z. B. bei den Azteken in Mexiko und den Inkas in Peru. Diese Hochkulturen wurden zu Beginn des 16. Jahrhunderts von den Spaniern auf ihrer Suche nach Gold und Reichtümern zerstört.

Die Bemühungen des Bischofs Bartolomé de las Casas, die Unterdrückung und Ausbeutung der Indianer zu beseitigen, hatten zunächst nur geringen Erfolg.

Um das Leben der Indianer zu schonen, soll Bartolomé de las Casas vorgeschlagen haben, afrikanische Sklaven in die spanischen Kolonien zu holen. Zwischen 1550 und 1800 wurden vermutlich an die 15 Millionen Menschen in die Sklaverei geführt.

Die „Neue Welt" wird europäisch

Dem Beispiel Spaniens und Portugals folgten bald noch weitere europäische Staaten wie Frankreich, die Niederlande und England. Ein Dreieckshandel, bei dem billige Waren nach Afrika befördert wurden, Sklaven von dort nach Amerika und von Amerika wiederum wertvolle Edelmetalle und Rohstoffe nach Europa, brachte den europäischen Staaten hohe Gewinne. Auch Handel und Wirtschaft in den Kolonien wurden ganz auf die Bedürfnisse der „Mutterländer" abgestimmt. Schon bald hielt auch die europäische Lebensweise Einzug in die Kolonien – die „Neue Welt" wurde europäisch.

1450

Johannes Gutenberg erfindet den Buchdruck.

1492

Christoph Kolumbus sucht einen westlichen Seeweg nach Indien und entdeckt Amerika.

1521

Cortez erobert Mexiko. Die Spanier errichten ihre Herrschaft in den Kolonien.

Seit 1550

Der Dreieckshandel zwischen Europa, Afrika und Amerika beginnt.

Arbeitsbegriffe

✓ Buchdruck
✓ Globus
✓ Entdeckungsfahrten
✓ Fernhandel
✓ Großkaufleute
✓ Humanismus
✓ Renaissance
✓ 15.–17. Jahrhundert

Was wisst ihr noch?

1 Führt Beispiele dafür an, dass der Mensch der Renaissance anders lebte und dachte als die Menschen im Mittelalter.

2 Erklärt den Unterschied zwischen geozentrischem und heliozentrischem Weltbild.

3 Welche Entdeckungen brachten der Seefahrt ganz neue Möglichkeiten?

4 Erklärt, warum die Erfindung des Buchdrucks von so großer Bedeutung war.

5 Kolumbus nannte die Ureinwohner der Insel Guanahani „Indianer". Warum?

6 Erläutert die Folgen für die Ureinwohner in der „Neuen Welt", die nach der Landung der Europäer entstanden sind.

7 Nennt andere europäische Staaten außer Spanien, die im 16. und 17. Jahrhundert Kolonien gegründet haben. Gebt an, wo sie die Kolonien anlegten.

Tipps zum Weiterlesen

Peter Gissy: 1492 – Das geheime Manuskript. Bertelsmann, München 2006

Albrecht Gralle: Der Gürtel des Leonardo. Bajazzo Verlag, Zürich 2003

Renée Holler: Tatort Geschichte: Gefahr auf der Santa Maria. Ein Ratekrimi um Christoph Kolumbus. Loewe Verlag, Bindlach 2006

Rainer Köthe: Entdecker und ihre Reisen. Tessloff Verlag, Nürnberg 2006

Neil Morris: Mayas, Azteken, Inkas. Alltagsleben damals. Tessloff Verlag, Nürnberg 2003

Heinrich Pleticha: Kolumbus 1492. Südwest Verlag, München 1992

1 Ergänzt die Erklärung oder den Begriff. Schreibt aber nicht ins Buch, sondern macht euch zuerst eine Kopie von dieser Seite.

Begriff	Erklärung
....	Er sagte: „Und sie bewegt sich doch!"
Renaissance	....
....	alte griechische und römische Geschichte
....	Eroberer Mexikos
Johannes Gutenberg	....
....	Krankheit durch Mangel an Vitamin C
....	umsegelte als Erster die Welt

2 Schreibt den folgenden Text in euer Heft ab. Der Schreiber hat sich einen Spaß erlaubt und in Spiegelschrift geschrieben.

Wer bin ich?

Ich wurde 1452 in dem Dorf Vinci bei Florenz geboren. Mein Vater war ein erfolgreicher Notar, meine Mutter ein Bauernmädchen. Ich wuchs bei der Familie meines Vaters auf, da meine Eltern nicht verheiratet waren.

Ich habe nur die Grundschule besucht und war kein ausgesprochen guter Schüler. Ich hatte aber eine große künstlerische Bega- bung und ging bei dem Maler und Bildhauer Verrochio in die Lehre.

Später war ich nicht nur Maler, sondern auch Forscher, Wissenschaftler, Ingenieur, Schrift- steller und Philosoph. Meine Erfindungen waren Flugmaschinen, Schleusen, Kugella- ger und Festungsanlagen. Großes Interesse hatte ich aber auch am Sezieren von Leichen, alle Ergebnisse hielt ich in Skizzen fest.

Mein berühmtestes Bild ist eine lächelnde Frau – weißt du ihren Namen? Dann ist dir mein Name sicher auch nicht unbekannt?

3 Ihr habt einiges über das Leben der Indios erfahren. Stellt einen Cluster zusammen.

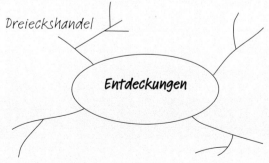

Dreieckshandel

Entdeckungen

2. Reformation und Glaubenskriege

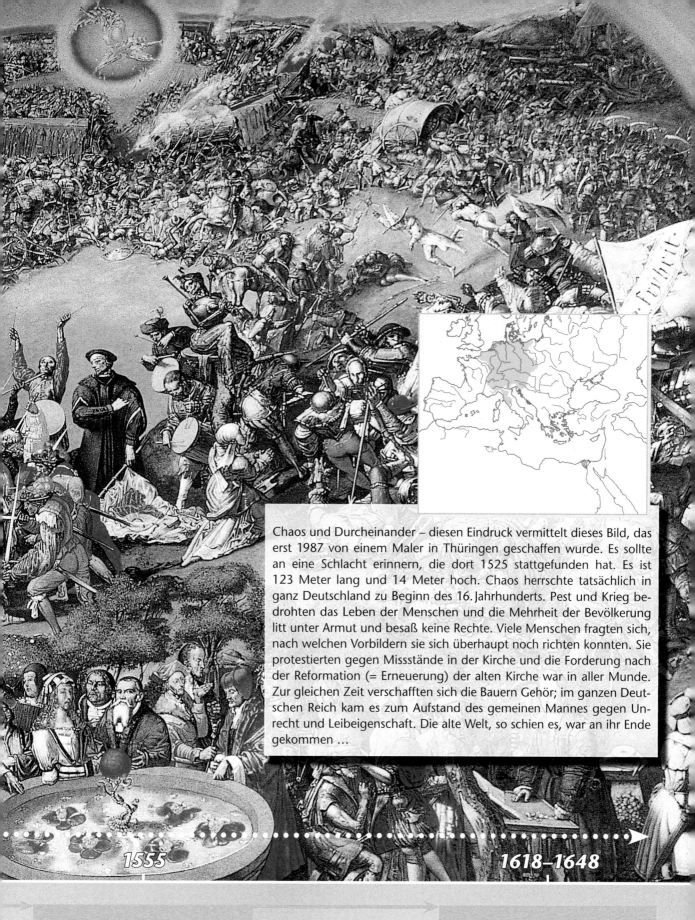

Chaos und Durcheinander – diesen Eindruck vermittelt dieses Bild, das erst 1987 von einem Maler in Thüringen geschaffen wurde. Es sollte an eine Schlacht erinnern, die dort 1525 stattgefunden hat. Es ist 123 Meter lang und 14 Meter hoch. Chaos herrschte tatsächlich in ganz Deutschland zu Beginn des 16. Jahrhunderts. Pest und Krieg bedrohten das Leben der Menschen und die Mehrheit der Bevölkerung litt unter Armut und besaß keine Rechte. Viele Menschen fragten sich, nach welchen Vorbildern sie sich überhaupt noch richten konnten. Sie protestierten gegen Missstände in der Kirche und die Forderung nach der Reformation (= Erneuerung) der alten Kirche war in aller Munde. Zur gleichen Zeit verschafften sich die Bauern Gehör; im ganzen Deutschen Reich kam es zum Aufstand des gemeinen Mannes gegen Unrecht und Leibeigenschaft. Die alte Welt, so schien es, war an ihr Ende gekommen …

1555

1618–1648

AUGSBURGER
RELIGIONSFRIEDE

DREISSIGJÄHRIGER KRIEG

Am Vorabend der Reformation

1 **Vorzeichen des Jüngsten Gerichts.** Ausschnitte aus einem Altarbild von Wolfram Rinke aus der Liebfrauenkirche in Oberwesel, um 1500.

König Tod.
Darstellung aus
einem Holzschnitt,
um 1500.

Jüngstes Gericht*:
Begriff aus der Bibel
für das Weltgericht
Gottes. Es erfolgt am
Ende der Welt mit
der Auferstehung der
Toten und der Ver-
geltung der guten
und bösen Taten
der Menschen.

Höllenangst und Todesfurcht

Das 15. Jahrhundert war eine Zeit der Un-
sicherheit. Kriege, Pest, Seuchen und Hungersnöte bedrohten die Menschen mit dem baldigen Tod. Maler schufen zahlreiche Bilder
vom Jüngsten Gericht*, wie es in der Bibel an-
gekündigt ist. An vielen Orten traten Volkspre-
diger auf. Sie verkündeten das Ende der Welt
und forderten die Gläubigen zu Umkehr und
Buße auf. Wer dem nicht folge, der habe
schreckliche Höllenstrafen auszustehen.

In ihrer Not pilgerten die Menschen in großen
Zügen zu den christlichen Wallfahrtsorten und
beteten. Die Menschen glaubten, dass eine
solche Wallfahrt zur Vergebung ihrer Sünden
beitragen könne und ihnen möglicherweise
einen Platz im Himmel verschaffen würde.
1 *Beschreibt die einzelnen Bilder von Abbil-*
dung 1. – Welche Ereignisse werden hier dar-
gestellt? Beachtet auch die Reaktionen der
Menschen. – Wovor fürchteten sie sich?

Am Vorabend der Reformation

2 Nonnen und ein Abt überqueren auf dem Heimweg von einem Trinkgelage einen zugefrorenen See. Auf dem Spruchband rechts oben steht: „Geschwollen und voll." Die Personen im Vordergrund fordern noch mehr zu trinken. Holzschnitt, um 1450.

Wallfahrer. Rekonstruktionszeichnung.

Missstände in der Kirche

Trost, Hilfe und Hoffnung erwarteten die Menschen in ihrer Not und Angst von der Kirche. Doch viele Geistliche vernachlässigten ihre Aufgaben. Sie sorgten sich mehr um ihr eigenes Wohlergehen, kümmerten sich nicht um ihre Pflichten und führten ein ausschweifendes Leben.

Über diese Priester heißt es in einem Bericht:

Q1 … Vor allem die Bauern auf dem Lande drohen in aller Öffentlichkeit, sie wollten alle Pfaffen totschlagen. Sie sagen, dass die Priester so unpriesterlich und unordentlich leben, dass es wider den christlichen Glauben wäre, sie länger zu ertragen. Die Priester – so heißt es – liegen Tag und Nacht in den öffentlichen Wirtshäusern, trinken mit den Laien und lassen sich volllaufen. Sie machen dann Lärm, schlagen sich und raufen miteinander. Oftmals gehen sie nach solchem Trinken und Lärmen, ohne zu schlafen oder ins Bett zu gehen, zum Altar, um die Messe zu lesen …

Wie diese Priester, so kümmerten sich auch einige Bischöfe und Päpste mehr um weltliche Vergnügungen als um die Verkündigung des christlichen Glaubens.

In einer heutigen Darstellung über Papst Leo X. (1513–1521) heißt es:

Q2 … Leos Hofstaat mit 683 Menschen, vom Erzbischof bis zu den Hofnarren, erforderte Unsummen. Oft war Leo wochenlang auf Jagden, an denen bis zu 2000 Reiter teilnahmen, darunter Kardinäle, Spaßmacher und Hofschauspieler. Dauernd mussten bei ihm Komödien aufgeführt werden. Und im Karneval von 1521 wurden alle Regierungsgeschäfte überhaupt eingestellt, weil die Aufführung eines Balletts wichtiger war …

Zu der allgemeinen Lebensangst kam jetzt noch eine weitere Sorge hinzu: Konnte diese Kirche den Menschen überhaupt noch die Gnade Gottes vermitteln und für das Seelenheil sorgen? Der Ruf nach einer Reform der Kirche wurde immer stärker.

2 *Versetzt euch in die Situation der Menschen damals. Schreibt einen Brief an den Bischof, in dem ihr die Missstände in der Kirche benennt und außerdem sagt, welche Veränderungen ihr fordert.*

Abzeichen aus Metall oder Stoff kauften die Wallfahrer, wenn sie das Ziel ihrer Reise erreicht hatten. Sie wurden auf den Mantel genäht und bewiesen, dass der Pilger tatsächlich auf Wallfahrt gewesen war.

Der Ablasshandel: Geschäfte mit der Seele

1 Holzschnitt von Lucas Cranach zum Ablasshandel aus dem Jahr 1521. Der Text lautet: „Christus hat alle Geldwechsler aus dem Tempel getrieben und gesagt: Macht euch davon. Aus meines Vaters Haus sollt ihr kein Kaufhaus machen. Dein Geld sei mit dir verdammt."

2 Holzschnitt von Lucas Cranach zum Ablasshandel aus dem Jahr 1521. Der Text lautet: „Hier sitzt der Feind Christi, der Ablässe verkauft. Er befiehlt, seiner Stimme mehr zu gehorchen als der Stimme Gottes."

Johann Tetzel (1465–1519). Kupferstich.

Die Kirche handelt mit Ablassbriefen

Nicht nur das zügellose Leben mancher Geistlicher löste bei den Gläubigen große Empörung aus. Es gab daneben auch noch andere Ärgernisse. So hatte man im Jahr 1506 in Rom mit dem Bau der Peterskirche begonnen. Sie sollte an Größe, Reichtum und Schmuck alle anderen Gebäude übertreffen. Um diesen Bau bezahlen zu können, schrieb der Papst einen Ablass aus. Mit einem Ablass werden nach katholischer Lehre die Strafen für begangene Sünden nachgelassen. Was bedeutet das?

Ein Christ kann die Vergebung seiner Sünden erlangen, wenn er in der Beichte seine Sünden bekennt, aufrichtige Reue zeigt und bereit ist, Buße zu tun. In der Zeit des frühen Christentums war die auferlegte Buße häufig sehr hart. Sie konnte darin bestehen, mehrere Jahre lang bei Wasser und Brot zu fasten oder eine lange und anstrengende Wallfahrt auf sich zu nehmen. Seit dem 11. Jahrhundert setzte sich allmählich der Brauch durch, an die Stelle dieser Buße eine Geldzahlung treten zu lassen. Wer diese Geldbuße leistete, erhielt den Ablassbrief. Damit wurde ihm der Nachlass der Sündenstrafen bestätigt.

Johann Tetzel, ein Dominikanermönch, pries den Ablass mit den Worten:

Q1 … Du, Adliger, du, Kaufmann, du, Frau, du, Jungfrau, du, Braut, du, Jüngling, du, Greis! Wisse, dass ein jeder, der gebeichtet, bereut und Geld in den Kasten getan hat, eine volle Vergebung seiner Sünden haben wird. Habt ihr nicht die Stimmen eurer Verstorbenen gehört, die rufen: „Erbarmt euch, denn wir leiden unter harten Strafen und Foltern, von denen ihr uns gegen eine geringe Gabe loskaufen könnt." …

Wie Tetzel betonten auch andere Ablassprediger die Wichtigkeit des Geldopfers. Bald hieß es im Volke nur noch: „Wenn das Geld im Kasten klingt, die Seele aus dem Fegefeuer springt."

Zahlen oder büßen? Martin Luther und der Ablass

1 *Seht euch die Abbildungen 1 und 2 an. – Erklärt zunächst die Darstellungen und überlegt dann, warum der Künstler beide Bilder nebeneinander stellte.*

Martin Luther – Mönch und Theologe

Nicht alle Geistlichen waren mit den Reden Tetzels einverstanden. Zu den Gegnern Tetzels gehörte auch der Mönch und Theologieprofessor Martin Luther. Luther war im Jahr 1505 in das Kloster der Augustinermönche in Erfurt eingetreten. Immer wieder stellte er sich hier die Frage: Wird Gott mir Sünder gnädig sein? Gott, so hatte Luther als Kind gelernt, ist ein strenger und zorniger Richter über alle Sünder. Vor diesem Richter-Gott hatte er Angst.

In der folgenden Erzählung berichtete Luther von dieser Angst:

Q2 … Jedes Mal beim Verlassen unserer Klosterkirche blickte ich auf ein Bild, das Gott als den Richter über die Menschen zeigte. Einmal dachte ich voll Schrecken daran, dass ich heimlich über Bruder Albertus gelacht hatte, der wieder während des Morgengebetes eingenickt war. In meiner Zelle kniete ich daraufhin nieder und bat Gott wegen dieser Sünde um Vergebung. Häufig geißelte ich mich, bis ich blutete, um Gott zu zeigen, wie ernst ich es meinte. Immer wieder tauchte das Bild über unserer Kirchentür auf und ich fragte mich voller Angst: Stünde ich jetzt vor Gottes Gericht, welche Strafe hätte ich wohl zu erwarten? …

3 Die Seele zwischen Himmel und Hölle. Ausschnitt aus dem Gemälde „Der Sterbende" von Lucas Cranach d. Ä., 1518.

Martin Luther (1483–1546). Kupferstich.

2 *Beschreibt Abbildung 3. Erklärt, warum Bilder wie dieses Luther Angst einflößten.*

3 *Arbeitet aus Q2 heraus, wie Luther versuchte, Gott gnädig zu stimmen.*

Luther verurteilt den Ablasshandel

Dem Einfluss, den Tetzels Predigten ausübten, begegnete Luther in Wittenberg. Hier hatte er 1512 eine Bibelprofessur an der Universität übernommen.

In einer heutigen Darstellung heißt es:

Q3 … 1517 kamen etliche mit den gekauften Ablassbriefen zu Martin nach Wittenberg und beichteten. Als sie dabei aber sagten, dass sie weder von Ehebruch, Wucher noch unrechtem Gut und dergleichen Sünde und Bosheit ablassen wollten, da sprach sie Martin Luther nicht frei von ihren Sünden … Da beriefen sie sich auf die Ablassbriefe. Diese wollte Luther nicht anerkennen. Er berief sich auf die Aussagen der Bibel: Wenn ihr eure Sünden nicht bereut und Buße tut, werdet ihr alle umkommen …

4 *Vergleicht die Abbildungen in den Randspalten auf dieser Doppelseite. Erklärt, warum Tetzel den Geldkasten in der Hand hält, Luther die Bibel.*

Die Wittenberger Thesen: Luther greift die Kirche an

1 Luthers Thesen gegen den Missbrauch des Ablasses werden an der Schlosskirche in Wittenberg angeschlagen. Lithografie, 1835.

Die Schlosskirche zu Wittenberg. Holzschnitt von Lucas Cranach, 1509.

Die Wittenberger Thesen

Am 31. Oktober 1517 veröffentlichte Luther in Wittenberg eine Schrift gegen den Missbrauch des Ablasses durch die Kirche:

Q1 ... 21. Es irren die Ablassprediger, die da sagen, dass durch des Papstes Ablässe der Mensch von aller Sündenstrafe losgesprochen und erlöst werde.

27. Eine falsche Lehre predigt man, wenn man sagt: Sobald das Geld im Kasten klingt, die Seele aus dem Fegefeuer springt.

32. Wer glaubt, durch Ablassbriefe das ewige Heil erlangen zu können, wird auf ewig verdammt werden samt seinen Lehrmeistern.

36. Jeder Christ, der wahrhaft Reue empfindet, hat einen Anspruch auf vollkommenen Erlass der Schuld auch ohne Ablassbrief.

43. Man soll die Christen lehren, dass, wer den Armen gibt und dem Bedürftigen leiht, besser tut, als wer Ablassbriefe kauft ...

1 *Stellt eine Liste auf. Tragt in die linke Spalte ein, was Luther verurteilt, in die rechte, was er fordert.*

Luther wollte mit seinen 95 Thesen zunächst keine neue Glaubenslehre aufstellen, sondern nur Missstände aufdecken. Erst in den nun folgenden Streitgesprächen mit anderen Theologen zeigte sich, dass Luther nicht nur den Ablasshandel verwarf. Als man ihn aufforderte, die Autorität des Papstes in Glaubensdingen bedingungslos anzuerkennen, erwiderte er: Papst und Konzilien haben schon mehrfach geirrt. Für den Gläubigen verpflichtend ist allein das Wort Christi in der Heiligen Schrift. Der Papst kann keine endgültigen Entscheidungen in Glaubensfragen treffen.

Luthers Aussagen verbreiteten sich innerhalb kürzester Zeit in ganz Deutschland. Das war möglich, weil in vielen Orten neue Druckereien entstanden, die Luthers Schriften immer wieder nachdruckten.

Vor dem Reichstag in Worms: Luther wird angeklagt

Jntitulentur libri

Hier stehe ich, ich kann nicht anders. Got helffe mir. Amen.

2 Martin Luther vor dem Reichstag in Worms. Der Text auf dem unteren Bildrand lautet: „Hier stehe ich, ich kann nicht anders, Gott helfe mir. Amen." Kolorierter Holzschnitt, 1557.

Der Papst verhängt den Kirchenbann

Gegen diese Schriften wandte sich Papst Leo X. In einem Schreiben forderte er Luther auf, innerhalb von 60 Tagen seine Lehre zu widerrufen. Andernfalls werde über ihn der Kirchenbann verhängt.

Luther meinte dazu:

Q2 ... Was mich angeht, so sind die Würfel gefallen. Ich will nie und nimmer Versöhnung oder Gemeinschaft mit ihnen. Mögen sie meine Schriften verdammen und verbrennen, ich meinerseits werde das päpstliche Recht öffentlich verbrennen ...

Am 10. Dezember 1520 verbrannte Luther öffentlich Bücher über das katholische Kirchenrecht und das Schreiben, in dem der Papst Luther mit dem Bann gedroht hatte.

1521 wurde Luther vom Papst gebannt. Der Kaiser war nun verpflichtet, über Luther die Reichsacht* zu verhängen. Auf Bitten seines Kurfürsten, Friedrichs des Weisen von Sachsen, erhielt Luther aber die Möglichkeit, sich vor dem Reichstag in Worms zu verteidigen.

„Hier stehe ich, ich kann nicht anders"

Die Reise nach Worms wurde für Luther zum Triumphzug. Überall winkten und jubelten ihm die Menschen zu. Am 18. April 1521 stand Luther schließlich vor dem Kaiser. Vor fast einhundert Fürsten des Reiches und weiteren einhundert Zuhörern ließ der Kaiser Luther auffordern, seine Schriften sofort zu widerrufen. Dieser bat um Bedenkzeit. Einen Tag später hielt er vor dem Kaiser eine Rede, in der er sich zu seinen Lehren bekannte und den Widerruf verweigerte. Unmittelbar nach dem Reichstag sprach Kaiser Karl V. die Reichsacht über Luther aus (Wormser Edikt vom 8. Mai 1521). Zudem wurde es ihm verboten, seine Lehren weiterhin öffentlich zu vertreten und zu verbreiten.

2 Stellt Vermutungen darüber an, woher Luther die Sicherheit nahm, in Worms nicht zu widerrufen.

3 Findet Beispiele aus der heutigen Zeit, in denen Menschen trotz Gefahr für ihre Überzeugung einstehen.

Reichsacht*:
Bei schweren Verbrechen konnten der König oder ein vom König beauftragter Richter den Täter ächten. Dieser war damit aus der Gemeinschaft ausgestoßen und vogelfrei. Jeder hatte das Recht, ihn zu töten. Der Geächtete verlor seinen Besitz und wer ihn aufnahm, verfiel selbst der Reichsacht.

Junker Jörg übersetzt die Bibel

1 Luther als Junker Jörg. Gemälde von Lucas Cranach, 1521.

2 Katharina von Bora. Ehefrau von Martin Luther. Gemälde von Lucas Cranach, nach 1523.

Titelblatt des ersten Drucks der Luther-Bibel, 1534.

evangelisch*:
Für Luthers Anhänger waren nicht der Papst und die Konzilien verpflichtend, sondern allein das Wort Christi in der Heiligen Schrift, dem Evangelium. Die Anhänger Luthers bezeichnete man daher als Evangelische.

Die Entführung Luthers

Das kaiserliche Gebot hatte Luther noch 21 Tage freies Geleit für seine Rückkehr zugesichert. So gelangte er im Mai 1521 nach Möhra zu seinen Verwandten. Dort wurde er im Wald nahe Altenstein auf Anweisung des sächsischen Kurfürsten Friedrich des Weisen zum Schein entführt und auf die Wartburg gebracht. Der Kurfürst wollte dadurch das Leben Luthers vor dem Papst und dem Kaiser schützen. Kurz vor Mitternacht stand Luther mit seinen „Entführern" vor der Zugbrücke der Wartburg. Burghauptmann Hans von Berlepsch empfing ihn mit der Weisung, dass er nun ein Ritter werden müsse und im Rittergefängnis der Burg zu verweilen habe.

Junker Jörg übersetzt die Bibel

Luther lebte nun mehrere Monate unerkannt auf der Wartburg und wurde Junker Jörg genannt. Er hatte die Kutte abgelegt, trug volles Haupthaar, einen Bart und ein Lederwams. Seinen Aufenthalt nutzte er, um einen Teil der Bibel, das Neue Testament, aus dem Latei-

nischen in die deutsche Sprache zu übersetzen. Die Bibelübersetzung und die von Luther neu gedichteten Kirchenlieder sollten den evangelischen* Glauben allgemein verständlich machen. Doch noch gab es keine einheitliche deutsche Sprache, sondern nur verschiedene Mundarten. Luther gelang es, seine Übersetzung in eine Sprache zu fassen, die alle verstanden und die sehr anschaulich war, da er – wie er sagte – „dem Volk aufs Maul schaute". Mithilfe des Buchdrucks wurde die Luther-Bibel zum meistgelesenen Buch in Deutschland. Die Bibelübersetzung und Luthers Kirchenlieder wurden entscheidend für die Entwicklung einer einheitlichen, neuhochdeutschen Sprache.

Die Ausbreitung der Reformation

Das Wormser Edikt konnte die Reformation nicht aufhalten. Bücher und Flugblätter verbreiteten Luthers Lehre. Laienprediger zogen durch die Orte und predigten in deutscher Sprache. In vielen Kirchen wurden die bisherigen Priester verjagt. Oft kam es zu hand-

Eine neue Lehre entsteht

3 Bild vom sogenannten Reformationsaltar in Wittenberg. Luther zeigt seiner Gemeinde die Grundlagen des neuen evangelischen Glaubens. Gemälde, 1547.

Titelblatt einer von Luther überarbeiteten Leipziger Ausgabe des Katechismus (= Lehrbuch des christlichen Glaubens).

greiflichen Auseinandersetzungen, wenn ein Priester den Gottesdienst in lateinischer Sprache abhielt und die Anhänger Luthers dagegen laut deutsche Kirchenlieder sangen. Auch Landesfürsten und zahlreiche Reichsstädte beachteten die Befehle des Kaisers nicht. Sie förderten die Reformation und erließen neue Kirchenordnungen für ihre Territorien. In der weiteren Entwicklung entstand so – gegen den ursprünglichen Willen Luthers – eine neue, evangelische Kirche. Als Luther nach Wittenberg zurückgekehrt war, heiratete er 1523 die ehemalige Nonne Katharina von Bora, die ihm den umfangreichen Haushalt führte. Sie hatten sechs Kinder.

1 *Benennt wichtige Unterschiede zwischen der neuen Lehre Luthers und der alten, römischen Kirche. Berücksichtigt hierzu auch die Abbildung 3.*

Evangelische Landeskirchen entstehen

An seinen Landesherrn, Kurfürst Friedrich den Weisen, schrieb Luther 1525:

Q1 *… Die Pfarreien liegen überall elend; da gibt es niemand, da bezahlt niemand. So achtet der gemeine Mann weder Predigt noch Pfarrer. Wenn hier nicht eine tapfere Ordnung und staatliche Erhaltung der Pfarrer und Predigtstühle vorgenommen wird, gibt es in kurzer Zeit weder Pfarrhöfe noch Schulen und das Wort Gottes wird zugrunde gehen …*

Um diese Ordnung sollten sich – so Martin Luther – die evangelischen Landesherren kümmern: „Notbischöfe", so nannte er sie. Doch diese „Notbischöfe" ernannten sich selbst zu „obersten Bischöfen" in ihren Ländern. Sie überwachten die Durchführung der Reformation und sorgten für den Aufbau einer Landeskirche mit einer reformatorischen Kirchenordnung. In diesen Ordnungen hieß es z. B.:

– der Pfarrer wird vom Landesherrn eingesetzt,
– der Gottesdienst und die Predigt finden in der Landessprache statt,
– das Abendmahl wird mit Brot und Wein gereicht.

Als Landesherren und oberste Bischöfe regelten sie auch die Ausbildung der Pfarrer und gründeten Schulen und Universitäten. Da sie den Besitz der Klöster und katholischen Kirchen eingezogen hatten, konnten sie dies alles gut finanzieren.

2 *Nennt Gründe, warum die Landesherren gerne bereit waren, die Aufgaben der „Notbischöfe" zu übernehmen.*

3 *Informiert euch bei eurem Religionslehrer/ eurer Religionslehrerin, wie evangelische bzw. katholische Bischöfe heutzutage ernannt werden.*

4 *Erklärt folgende Aussage: „Die Reformation ist ohne die Entdeckung der Buchdruckerkunst nicht denkbar." Berücksichtigt dabei auch die Abbildungen in der Randspalte.*

„Ein feste Burg ist unser Gott." Handschrift des Liedes mit einer Notiz Luthers, 1527.

Von der Reformation zum Bauernkrieg

1 **Bauern beim Frondienst in der Scheuer (Scheune) eines Gutsherrn.** Kalenderbild für den Monat August von Hans Wertinger, um 1525.

Unruhe auf dem Land

Die Bauern fühlten sich durch den Erfolg der Reformation ermutigt, für bessere Lebensbedingungen zu kämpfen. Bereits 1520 hatte Luther eine Schrift veröffentlicht mit dem Titel: „Von der Freiheit eines Christenmenschen". Der Christ, so hatte Luther geschrieben, ist im Glauben nur an das Wort Gottes gebunden, sonst aber ein freier Herr und niemandem untertan. Die unterdrückten Bauern bezogen diese religiöse Aussage auf ihr Leben. Nicht nur die Kirche musste reformiert werden, auch ihr Leben sollte von Zwang und Willkür befreit werden.

Die Lage der Bauern

Im Deutschen Reich lebten zur Zeit Luthers etwa 16 Mio. Menschen, mehr als 12 Mio. davon waren Bauern. Ihre Lebensumstände hatten sich im 15. und 16. Jahrhundert drastisch verschlechtert.

In einem Bericht aus dem Jahr 1520 heißt es über die Lage der Bauern:

Q1 … Landleute heißen die, die das Land von Dorf zu Dorf und Hof zu Hof bewohnen und bebauen. Sie führen ein elendes und hartes Leben. Jeder von ihnen lebt demütig für sich, von anderen getrennt, mit seiner Familie und seinem Vieh. Ihre Wohnungen sind aus Lehm und Holz errichtete und mit Stroh bedeckte Hütten, die nur wenig über dem Erdboden hervorragen.

Hausbrot, Haferbrei, gekochtes Gemüse sind ihre Speisen; Wasser und geronnene Milch ihre Getränke, ein leinener Kittel, ein Paar Stiefel, ein farbiger Hut ihre Kleidung. Die Leute stecken alle Zeit in Arbeit, Unruhe und Dreck. In die benachbarten Städte schleppen sie zum Verkauf, was sie von ihren Feldern und ihrem Vieh gewinnen. Sie selbst kaufen sich dort, was sie eben brauchen … Den Herren müssen die Bauern oftmals im Jahr dienen: Das Feld beackern, säen, ernten und die Frucht in die Scheuern bringen, Holz fällen, Häuser bauen, Gräben ausheben. Es gibt nichts, wovon die Herren nicht behaupten, dass das geknechtete und arme Volk es ihnen nicht schulde. Die Leute können auch nicht wagen, einen Befehl nicht auszuführen, da sie dann schwer bestraft werden …

1 *Beschreibt Tätigkeiten und Haltung der Bauern und des Grundherrn auf Abbildung 1. Überlegt, mit welchen Bedingungen die Bauern wohl besonders unzufrieden waren.*

Der Bauernkrieg

2 Aufrührerische Bauern umringen einen Ritter. Holzschnitt.

Der Sturm bricht los

Immer wieder war es im 15. Jahrhundert zu Bauernaufständen gekommen. Doch den Fürsten und Herren war es gelungen, die örtlich begrenzten Aufstände niederzuschlagen. Der offene Aufruhr der Bauern begann 1524 im Südwesten. Seit der Jahreswende 1525 dehnten sich die Aufstände über das Deutsche Reich aus.

In „12 Artikeln" hat der Memminger Kürschnergeselle Sebastian Lotzer die Klageschriften der Bauern zusammengefasst:

Q2 … 1 Zum Ersten ist unser demütig Bitte und Begehr, dass in Zukunft jede Gemeinde ihren Pfarrer selbst wählen und auch wieder absetzen kann …

3 Zum Dritten ist es bisher Brauch gewesen, uns als Leibeigene zu halten, was zum Erbarmen ist … Es ergibt sich aus der Hl. Schrift, dass wir frei sind, und wir wollen es sein. Nicht, dass wir völlig frei sein und keine Obrigkeit haben wollen; das lehrt uns Gott nicht …

6 Die Frondienste müssen verringert werden.

11 Witwen und Waisen darf der Grundherr nichts von ihrem Erbe nehmen.

12 Sollte eine unserer Forderungen der Hl. Schrift widersprechen, wollen wir sie sofort fallen lassen …

2 *Der dritte und der letzte Artikel in Q2 zeigen den Einfluss Luthers. Erklärt diese Behauptung.*

Luther unterstützt die Herren

Da die adligen Herren nicht an Verhandlungen interessiert waren, griffen die Bauern zu den Waffen. In Schwaben, im Elsass, in Franken und Thüringen kam es zu blutigen Aufständen. Auf ihrer Seite, so glaubten die Bauern, stand Martin Luther mit seiner neuen Lehre. Im April 1525 äußerte sich Luther zu den „12 Artikeln":

Q3 … Die 12 Artikel handeln alle von weltlichen, zeitlichen Dingen. Ihr sagt, dass ihr nicht länger Unrecht leiden wollt. Das Evangelium handelt nicht von diesen weltlichen Dingen. Ihr Bauern habt gegen euch die Hl. Schrift und die Erfahrung, dass ein Aufruhr noch nie ein gutes Ende genommen hat. Denkt an das Wort der Bibel (Matth. 26, 52): Wer das Schwert nimmt, soll durch das Schwert umkommen …

3 *Arbeitet aus Q3 heraus, wie Luther seine ablehnende Haltung gegenüber den Bauern begründet.*

Die Niederlage der Bauern

Der Kampf zwischen Bauern und Herren dauerte nur wenige Wochen. Trotz verzweifelter Gegenwehr wurden die Bauern vernichtend geschlagen. Etwa 70 000 Bauern kamen ums Leben. Aus Sorge vor neuen Aufständen ließen die Herren die Forderungen der Bauern untersuchen und die schlimmsten Missstände abstellen.

1525:
Der Kürschnergeselle Sebastian Lotzer fasst die wichtigsten Forderungen der Bauern in zwölf Artikeln zusammen.

Bauernkriegssäule, die Albrecht Dürer 1525 entwarf und mit der er die Niederlage der Bauern beklagte.

Reformation und Gegenreformation

1 Karikatur auf Martin Luther und seine Frau Katharina von Bora. Antireformatorisches Flugblatt. Anonymer Kupferstich.

Das Konzil von Trient

Die Erfolge der Reformation veranlassten die katholische Kirche zu Gegenmaßnahmen. Der Papst berief deshalb 1545 eine große Kirchenversammlung, ein Konzil, nach Trient ein.

Zu Beginn des Konzils ließ der Papst durch seinen Gesandten eine Botschaft verlesen:

Q1 … Es werden, um es kurz und bündig zu sagen, für das Konzil folgende Aufgaben gestellt:
– die Ausrottung der kirchlichen Irrlehren,
– die Reform der kirchlichen Disziplin und Sitten, schließlich
– der ewige Friede der ganzen Kirche …

1 *Sagt mit eigenen Worten, welche Aufgaben das Konzil nach Meinung des Papstes haben sollte.*

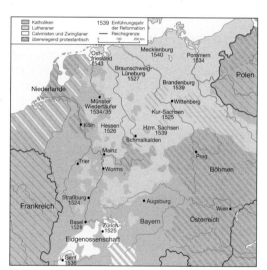

2 Konfessionen in Deutschland und Mitteleuropa 1555.

Kaiser Karl V. (1519 bis 1556). Gemälde von Tizian, 1548.

Konfession:*
Glaubensbekenntnis.

Kaiser Karl V. hatte 1521 in Worms geschworen (s. S. 45), die Einheit der Kirche zu erhalten und gegen Luther und seine Lehre vorzugehen. Als sich die evangelischen Reichsfürsten weigerten, an dem Konzil teilzunehmen, entschloss sich der Kaiser zum militärischen Einschreiten. Bei Mühlberg in Sachsen konnte er sie zwar besiegen, doch die evangelischen Reichsfürsten lehnten eine Rückkehr zum katholischen Glauben auch weiterhin ab.

Auf dem Reichstag zu Augsburg 1555 wurde schließlich folgende Einigung erzielt:

– Das katholische und das lutherische Bekenntnis sind gleichgestellt.
– Jeder Landesherr kann frei wählen, ob er katholisch bleiben oder evangelisch werden möchte.
– Die Untertanen müssen den Glauben ihres Landesherrn annehmen.
– Untertanen, die nicht die Konfession* ihres Landesherrn annehmen wollen, müssen auswandern.

Reformation und Gegenreformation

3 **Das Licht ist auf den Leuchter gestellt.** Holländischer Kupferstich, 1617. Um den Tisch sitzen neben Luther (E) und Johannes Calvin (H) noch weitere bedeutende Reformatoren.

Calvin und der Genfer Gottesstaat

Auch in anderen Ländern traten Männer für eine Erneuerung des christlichen Glaubens ein. Johannes Calvin (1509–1564) führte in Genf, das er zu einem „protestantischen Rom" machen wollte, eine strenge Kirchenordnung ein. Verboten waren zum Beispiel Wirtshausbesuche und Tanzveranstaltungen, Würfel- und Kartenspiele. Ein Sittengericht überwachte die Einhaltung der Ordnung. Verstöße wurden hart bestraft.

Calvin fand in Westeuropa zahlreiche Anhänger. In Schottland und England nannten sie sich Puritaner, in Frankreich hießen sie Hugenotten.

2 *Was bedeutet der Satz auf Abbildung 3 „Das Licht ist auf den Leuchter gestellt"?*

Jesuiten: rechter Glaube durch Bildung

Die Aufgabe, ein weiteres Vordringen der Reformation zu verhindern, übernahm vor allem der Jesuitenorden, gegründet von dem spanischen Offizier Ignatius von Loyola. Seine Mitglieder bezeichneten sich als „Soldaten Christi".

Ignatius schrieb im Jahr 1545:

Q2 … Die Protestanten verstehen es, ihre falsche Lehre mundgerecht zu machen, indem sie ihre Lehren in den Schulen verkünden und kleine Heftchen unter das Volk bringen, die leicht zu verstehen sind. Somit wäre die Errichtung von Schulen … das beste Mittel, um der katholischen Kirche zu Hilfe zu kommen …

Wie erfolgreich ihr Wirken war, zeigt ein Brief des Statthalters in den Niederlanden an seinen König:

Q3 … Eure Majestät haben den Wunsch geäußert, dass ich in Maastricht eine Zitadelle* bauen lassen soll. Ich war der Meinung, dass eine Jesuitenkirche viel geeigneter sei zur Verteidigung der Einwohner gegen die Feinde des Altars und des Thrones. Deshalb habe ich eine Schule bauen lassen …

3 *Was meinte der Statthalter mit dem Hinweis, dass eine Schule zur Verteidigung gegen die Feinde des Altars und des Thrones viel geeigneter sei als eine Zitadelle?*

Ignatius von Loyola (1491–1556) gründete 1540 den Jesuitenorden. Gemälde von Jacopino del Conte, 1556.

Zitadelle*:
Festung innerhalb einer Stadt.

24. August 1572:
In Paris wurden fast 20 000 Hugenotten bei der sogenannten Pariser Bluthochzeit ermordet. In den folgenden Jahrzehnten kam es immer wieder zu blutigen Verfolgungen.
Schließlich verließen Zehntausende Hugenotten ihre Heimat (vgl. S. 78/79).

Der Dreißigjährige Krieg

1 **Der Prager Fenstersturz am 23. Mai 1618.** Gemälde von Wenzel v. Brozik, 1889.

1618:
Prager Fenstersturz.
Er ging für die kaiser-
lichen Beamten zwar
glimpflich aus, wurde
aber zum zündenden
Funken für den Drei-
ßigjährigen Krieg.

Kriegsausbruch

Im Religionsfrieden von Augsburg (siehe S. 50) wurden Lutheraner und Katholiken als gleich-berechtigt anerkannt. Doch das Misstrauen blieb auf beiden Seiten bestehen. Zur Ver-teidigung ihrer Interessen schlossen sich 1608 die evangelischen Fürsten in einem Bündnis, der Union, zusammen. Nur ein Jahr später bil-deten die katholischen Fürsten ein Gegen-bündnis: die Liga. Katholische und evange-lische Fürsten standen sich nun, tief verfeindet, gegenüber.

Beide Bündnisse stellten Heere auf und suchten nach Verbündeten: Das katholische Frankreich unterstützte, aus Furcht vor dem deutschen Kaiser, die Union. Spanien, mit Frankreich verfeindet, unterstützte die Liga.

Im Jahr 1617 ereignete sich in Prag ein eigent-lich eher belangloser Zwischenfall: Protestan-ten errichteten eine Kirche auf einem Grund-stück, das Katholiken gehörte. Es kam zu einem Prozess, den die Protestanten verloren. Die Kirche musste 1618 wieder abgerissen werden.

Voller Empörung drangen protestantische Ad-lige in die königliche Burg, den Hradschin, ein und warfen voller Zorn zwei hohe Beamte und ihren Sekretär aus dem Fenster.

Dieser Vorfall heizte die ohnehin schon äu-ßerst gespannte Stimmung im Reich noch weiter an. Es genügte jetzt nur noch ein klei-ner Funke, um den Kriegsausbruch herbeizu-führen. Nur ein Jahr später war es so weit. Kaiser Ferdinand II., zugleich auch König von Böhmen, schränkte die Glaubensfreiheit der protestantischen Adligen in Böhmen erheblich ein. Die böhmischen Adligen setzten Ferdi-nand daraufhin als König ab. An seiner Stelle wählten sie Kurfürst Friedrich von der Pfalz zu ihrem König.

Kaiser Ferdinand, der um sein Ansehen und seine Macht fürchtete, gab die Parole aus: „Ich will lieber ein verwüstetes als ein ver-dammtes Land." Mit dem Kampf um die Vor-herrschaft in Böhmen begann ein Krieg, der dreißig Jahre dauern sollte.

1 *Fertigt in den nächsten Wochen eine Wand-zeitung für euer Klassenzimmer an mit dem Thema: „Religionskriege heute". – Erklärt mit-hilfe von Bildern und Texten, bei welchen Krie-gen auch heute noch religiöse Fragen eine wichtige Rolle spielen.*

In den folgenden Materialien findet ihr Stellungnahmen zum Krieg. Sie drücken sinngemäß aus, was Wissenschaftler aus Quellen erarbeitet haben.

1 Untersucht die Materialien 1 bis 7 und stellt fest, welches Kriegsziel jeweils genannt ist bzw. welche Einstellung zum Krieg der Sprecher oder die Sprecherin äußert.

2 Versucht die Frage zu beantworten, ob es sich bei dem Dreißigjährigen Krieg um einen Glaubenskrieg handelt oder um politische Machtkämpfe.

Ich kann nicht zulassen, dass die Fürsten immer mächtiger werden. Zuerst wollen sie über die Religion alleine bestimmen und demnächst wollen sie selbstständig sein. Da wird mein großes Reich, das ich von meinen Vätern geerbt habe, schnell auseinanderfallen. Denen muss ich ein für allemal zeigen, dass der Kaiser das Sagen hat. Ein Kaiser – eine Religion!

1 Kaiser Ferdinand II.

Bisher war Ferdinand König von Böhmen. Aber der kümmerte sich nicht darum, dass die Adligen in Böhmen das Recht hatten, bei der Regierung kräftig mitzubestimmen. Er hat sogar die Bauern auf seinen Gütern gezwungen, den katholischen Glauben anzunehmen. Da haben die böhmischen Adligen mich zu ihrem König erwählt. Diese Chance lasse ich mir nicht entgehen.

2 Friedrich von der Pfalz, genannt der „Winterkönig"

Wir Schweden werden in den deutschen Krieg eingreifen. Schließlich müssen wir unsere Glaubensbrüder, die Protestanten, unterstützen. Und außerdem ist das eine gute Gelegenheit, ein Stück Land dazuzubekommen. Wir sind an Norddeutschland interessiert.

3 König Gustav Adolf von Schweden

Dieser Krieg ist für Frankreich eine gute Gelegenheit, dafür zu sorgen, dass die Familie Ferdinands, die Habsburger, ihre Macht in Europa nicht noch weiter ausbauen. Für uns ist es günstig, wenn wir uns mit Schweden zusammentun. Der Gustav Adolf ist zwar Protestant, aber was soll's. Vielleicht können wir ja das Gebiet am Rhein erobern.

4 Kardinal Richelieu

Mein Mann war Händler. Er ist auf dem Weg nach Koblenz von Soldaten totgeschlagen worden. Die Waren und seinen Geldbeutel haben sie mitgenommen. Ich stehe jetzt mit meinen sieben Kindern ganz alleine da und weiß nicht, wie es weitergehen soll.

6 Eine Bürgerin

Ich will keinen Krieg! Wir Bauern wollen nur in Ruhe unsere Felder bestellen. Die Soldaten nehmen uns alles, die Vorräte und das Vieh. Viele von uns verhungern. Der Krieg wird auf unseren Rücken ausgetragen. Wir sind es doch, die die Zeche der hohen Herren bezahlen müssen.

5 Ein Bauer

Für mich ist es gut, wenn es Krieg gibt. Viele Eroberungen bedeuten viel Beute und deshalb gutes Einkommen. Schließlich muss der Krieg den Krieg ernähren. Ich bete nur immer, dass ich nicht verletzt werde, denn dann sorgt keiner für mich.

7 Ein Söldner

Der Dreißigjährige Krieg – ein europäischer Krieg?

1 **Söldner plündern einen Bauernhof.** Gemälde von Sebastian Vrancx, um 1620.

Krieg und Elend überziehen das Land

Ab 1618 zogen fast 30 Jahre lang deutsche, schwedische und französische Truppen durch Deutschland, plünderten, folterten und mordeten, steckten Dörfer und Städte in Brand. „Nehmen wir's nicht, so nimmt's der Feind" – nach dieser Devise handelten die Soldaten und verwüsteten, zerstörten oder schleppten hinweg, was immer sie bekommen konnten. Durch die Verwüstungen auf dem Land brach die Versorgung der Städte mit Lebensmitteln zusammen. Schnell breiteten sich Seuchen im Land aus.

Voller Verzweiflung heißt es in einem damaligen Bericht:

Q1 … Der wirtschaftliche Niedergang, ja Untergang der meisten deutschen Städte war aber nicht allein durch Brandschatzung, Plünderung und Brand hervorgerufen, sondern ebenso sehr, wenn nicht mehr, durch Hunger und Seuchen. Sie wüteten in ihren Mauern entsetzlicher als Kugel und Schwert. In Augsburg schoss man bei einer Belagerung 1634 jeden Vogel aus der Luft, der zur Stadt flog. Als alle gewöhnlichen Nahrungsmittel aufgezehrt waren, verkaufte man auf den öffentlichen Brücken Fleisch von Hunden, Pferden, Katzen. Die armen Leute, denen auch das noch zu kostbar war, kochten sich Leder, speisten Ratten und Mäuse.

Der wütende Reiz des Hungers vertilgte zuletzt den Schauder vor faulendem Aas und die Gier verschmähte selbst das Fleisch menschlicher Leichname nicht. Es wandelten lebendige Gerippe in verblichener Menschengestalt auf den Gassen und priesen das Glück der Toten …

Viele Opfer

Man schätzt heute, dass auf dem Land etwa 40 Prozent der Dorfbewohner dem Krieg, Hunger und Seuchen zum Opfer fielen. In manchen Städten Norddeutschlands ging die Bevölkerungszahl gar um 70 bis 80 Prozent zurück.

1 *Beschreibt mithilfe von Text und Abbildung 1 die Leiden der Bevölkerung. Versetzt euch dazu in eine Bäuerin oder einen Bauern, die gerade einer Plünderung entkommen sind.*

2 *Erkundigt euch, ob es in eurer Heimatstadt noch Spuren des Dreißigjährigen Krieges gibt.*

Der Dreißigjährige Krieg – ein europäischer Krieg?

2 **Der Friedensbote von Münster.** Kolorierter Holzschnitt von Max Anton Hannas, 1648.

1648:
Der Westfälische Friede beendet den Dreißigjährigen Krieg.

Westfälischer Friede

Keine der am Krieg beteiligten Parteien konnte den Krieg auf den Schlachtfeldern gewinnen. Das Land war ausgeblutet, die Heere erschöpft. Im Jahr 1643 begannen endlich die Friedensverhandlungen. Doch erst fünf Jahre später wurde der Friedensvertrag unterzeichnet. Dieser Friede hatte für das Deutsche Reich tief greifende Folgen:

– Die Rechte des Kaisers wurden stark eingeschränkt. Wollte der Kaiser im Reich neue Gesetze erlassen oder Steuern erheben, brauchte er dazu die Zustimmung der Fürsten.
– Die Fürsten wurden politisch völlig selbstständig. Damit zerfiel das Deutsche Reich in über 300 Einzelstaaten.
– Wechselte ein Fürst die Religion, mussten ihm die Untertanen nicht mehr folgen.

Die Nachricht von der Unterzeichnung des Friedensvertrages verbreitete sich wie ein Lauffeuer im Reich. Postreiter trugen sie von Ort zu Ort. Sie kündigten sich mit ihrem Horn an und machten den Zuhörern schon durch ihre Kleidung klar, dass sie im Auftrag des Kaisers unterwegs waren.

3 *Beschreibt detailliert die Abbildung 2. Was könnt ihr erkennen?*

Nachkriegszeit

Nach dreißig Jahren Krieg auf deutschem Boden wurde die Nachricht vom lang ersehnten Frieden mit Festen und Feuerwerken begrüßt. Der Westfälische Friede läutete eine Zeit des Friedens ein, die in Deutschland fast 150 Jahre dauerte. Das Deutsche Reich aber war durch die Aufsplitterung in zahlreiche Kleinstaaten handlungsunfähig geworden.

*Ein **Kriegsversehrter** der Nachkriegszeit.*

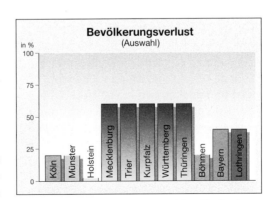

3 **Bevölkerungsverlust ausgewählter Territorien.**

4 *Sucht die in Abbildung 3 genannten Gebiete mit besonders hohen Verlusten im Atlas. Stellt Vermutungen über die längerfristigen Auswirkungen der Bevölkerungsverluste an.*

1 **Die Belagerung Frankfurts an der Oder durch König Gustav Adolf von Schweden, 27. März bis 3. April 1631.** Kupferstich von M. Merian.

Soldaten verwüsten das Land

Für Brandenburg hatte der Dreißigjährige Krieg katastrophale Folgen. Der regierende Kurfürst Friedrich Wilhelm (1619–1640) verfügte über kein schlagkräftiges Heer und war daher auf Neutralität bedacht. Brandenburg wurde trotzdem zum Spielball der in Europa streitenden Mächte und war dem wechselnden Durchzug von Truppen der Protestanten oder der kaiserlichen Katholiken ausgesetzt. Krieg, Plünderungen, Brandschatzungen und die von den Soldaten eingeschleppte Pest waren die Folgen. Der Krieg ruinierte das Land und die Wirtschaft und kostete fast 50 Prozent der damaligen Bevölkerung das Leben. So halbierte sich die Einwohnerzahl von Berlin von 12 000 bei Kriegsbeginn auf 6000 bei Kriegsende. Von 845 Häusern waren 300 zerstört, Handel und Handwerk lagen am Boden. Als Residenzstadt schien Berlin keine Zukunft mehr zu haben.

Ebenso düster war die Situation in der nahen Stadt Brandenburg. Hier hauste schon 1626 der skrupellose Ernst von Mansfeld mit seinen Söldnern. 1631 erschien der kaiserliche Feldherr Tilly, dann der gegnerische Schwedenkönig Gustav Adolf, dessen Leichnam nach der Schlacht von Lützen 1632 in der Katharinenkirche aufgebahrt wurde. Bilanz des Krieges: Von über 10 000 Einwohnern der Stadt hatten nur 3000 das Morden überlebt.

Auch in Frankfurt (Oder) wechselten die gegnerischen Truppen während des Krieges wie das Wetter. 1626 erschien Ernst von Mansfeld mit seinen Söldnern, 1627 Wallenstein mit seinem Privatheer, 1631 der kaiserliche Feldherr Tilly. Im April tauchte der Schwedenkönig Gustav Adolf persönlich vor der schlecht befestigten Stadt auf. Er nahm Frankfurt im Sturm und hielt die Stadt bis 1632 besetzt. Als der Kurprinz Friedrich Wilhelm 1644 das ausgeplünderte

Frankfurt besichtigte, fand er nur noch ein Sechstel der ursprünglichen Einwohnerzahl vor.

Doch nicht nur Städte, auch kleine Orte waren betroffen. In Lichterfelde, heute zu Berlin gehörend, beispielsweise beschlagnahmten die kaiserlichen Truppen unter General Gallas die gesamte Ernte, alle Pferde und Ochsen. Dann legten die Schweden das Gutsdorf in Asche und brannten auch die Seitenflügel des Schlosses nieder. Bei Kriegsende war das Dorf ein Trümmerhaufen, nur fünf Familien hatten überlebt.

1 *Informiert euch über den Verlauf und die Folgen des Dreißigjährigen Krieges in eurem Stadtteil. Heimatmuseen, Stadtbüchereien, Ortschroniken und -chronisten helfen euch weiter.*

2 *Erstellt mithilfe der Materialien ein Plakat oder macht eine kleine Ausstellung.*

Zusammenfassung

Reformation

In den Jahrzehnten vor der Reformation war das Lebensgefühl der Menschen von Angst geprägt. In ihrer Not erwarteten sie Trost und Hilfe von der Kirche. Doch viele Geistliche kümmerten sich nicht um die Sorgen der Menschen. Ihr zügelloses Leben und der Handel mit Ablassbriefen erbosten viele Gläubige. Die Kritik Martin Luthers, zunächst vor allem am Ablasshandel, leitete die Reformation ein.

In 95 Thesen machte Luther auf weitere Missstände in der Kirche aufmerksam. Im Jahr 1521 belegte ihn der Papst mit dem Kirchenbann, ein halbes Jahr später verhängte Kaiser Karl V. die Reichsacht über ihn.

Diese Maßnahmen konnten die Ausbreitung der neuen Lehre aber nicht verhindern: Der Gebrauch der deutschen Sprache im Gottesdienst und Luthers Übersetzung der Bibel ins Deutsche bewirkten, dass sich viele Menschen der Lehre Luthers anschlossen.

Bauernaufstände

Luthers Schrift „Von der Freiheit eines Christenmenschen" weckte bei den Bauern, die unter der Leibeigenschaft und hohen Abgaben an die Grundherren litten, die Hoffnung auf bessere Lebensbedingungen. Ihre Klagen und Forderungen fassten sie in zwölf Artikeln zusammen. Sie beriefen sich dabei auf die Bibel.

In verschiedenen Gebieten des Reiches kam es zu blutigen Kämpfen zwischen bewaffneten Bauernhaufen und Söldnerheeren der Fürsten. Auch Luther, der zunächst Verständnis für die Forderungen der Bauern gezeigt hatte, verurteilte die Gewaltanwendung der Bauern. In wenigen Wochen wurden die Bauern vernichtend geschlagen.

Gegenreformation und Dreißigjähriger Krieg

Alle Anstrengungen Kaiser Karls V., die Einheit der Christen zu bewahren, scheiterten am Widerstand der Landesfürsten. Auf dem Reichstag zu Augsburg im Jahr 1555 wurde schließlich die Gleichberechtigung der katholischen und der lutherischen Konfession beschlossen. Außerdem legte man fest, dass die Untertanen den Glauben des jeweiligen Landesherrn annehmen oder das Land verlassen mussten.

Am Streit um die böhmische Königskrone entzündete sich der Dreißigjährige Krieg, der Deutschland weithin verwüstete und zur Zersplitterung des Deutschen Reiches führte. Der Westfälische Friede 1648 legte fest, dass jeder Gläubige selbst entscheiden durfte, welcher Konfession er angehören wollte.

1517

Luthers Wittenberger Thesen zur Kirchenreform lösen die Reformation aus.

1521

Der Kaiser verhängt die Reichsacht über Luther (Wormser Edikt).

1. Hälfte des 16. Jh.

Die Reformation verbreitet sich rasch in Europa.

1618–1648

Der Dreißigjährige Krieg wütet in ganz Europa.

Arbeitsbegriffe

✓ Martin Luther
✓ Reformation
✓ Bauernkrieg
✓ Dreißigjähriger Krieg
✓ Westfälischer Friede
✓ 15.–17. Jahrhundert

Was wisst ihr noch?

1 Welche Missstände gab es in der Kirche vor der Reformation?

2 Was ist ein Ablass und was sagte Luther zum Ablasshandel?

3 Erklärt den Begriff „Reichsacht". Wer hat sie über wen verhängt?

4 Nennt wichtige Forderungen der Bauern im deutschen Bauernkrieg.

5 Nennt die Ursachen des Dreißigjährigen Krieges.

6 Welche Folgen hatte der Dreißigjährige Krieg für das Deutsche Reich?

Tipps zum Weiterlesen

Günther Bentele: Wolfsjahre. Bertelsmann, München 1999

Manfred Mai/Gabriele Hafermaas: Nichts als die Freiheit. Der deutsche Bauernkrieg. dtv junior, München 2004

Inge Ott: Verrat. Erlebnisse eines Jungen im Dreißigjährigen Krieg. Freies Geistesleben, Stuttgart 1993

1 Bevölkerungsverluste im Dreißigjährigen Krieg.

2 Plünderung bei den Bauern: Der Krieg ernährt den Krieg. Gemälde von Pieter Codde (1599–1678).

Die Reformation in Deutschland

Martin Luther wurde ✐ geboren und starb ✐. Am 31. Oktober veröffentlichte er seine ✐ in Witten-berg. ✐ erschienen mehrere Programmschriften von ihm, und die gegen ihn gerichtete Bannbulle wurde von ihm verbrannt. In den Jahren ✐ bis ✐ lebte Luther als „ ✐ " im Versteck auf der ✐, geschützt durch Kurfürst Friedrich den Weisen von Sachsen. 1522 begann er seine neuhochdeutsche ✐. In den Jah-ren ✐ bis ✐ erfolgte die Einführung der ✐ in Kursachsen, Hessen, Preußen, Ansbach-Bayreuth und in einigen Reichsstädten. In den Jahren ✐ bis ✐ folgte der ✐, von dem sich Luther allerdings dis-tanzierte („Wider die mörderischen und räuberischen Rotten der Bauern") und der schließlich mit der Nie-derlage der Bauern unter ihrem Führer Thomas Müntzer gegen das Fürstenheer endete. Seit ✐ begann der Aufbau der Landeskirchen.

1 Schreibt den Text in euer Heft ab und ergänzt dabei die Lücken.
2 Schreibt eine Erzählung über den Dreißigjährigen Krieg. Beachtet dabei Karte 1 und Bild 2.

3. Europa im Zeitalter des Absolutismus

1600–1750

1643–1715

1661

KUNSTSTIL DES
BAROCK IN EUROPA

KÖNIG LUDWIG XIV.

BAUBEGINN VON
VERSAILLES

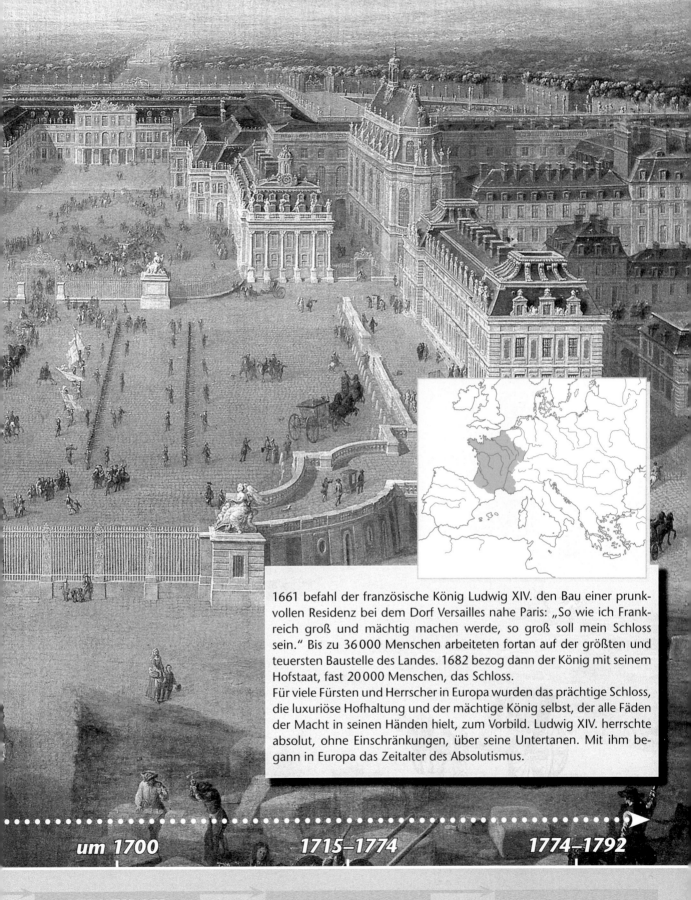

1661 befahl der französische König Ludwig XIV. den Bau einer prunkvollen Residenz bei dem Dorf Versailles nahe Paris: „So wie ich Frankreich groß und mächtig machen werde, so groß soll mein Schloss sein." Bis zu 36 000 Menschen arbeiteten fortan auf der größten und teuersten Baustelle des Landes. 1682 bezog dann der König mit seinem Hofstaat, fast 20 000 Menschen, das Schloss.

Für viele Fürsten und Herrscher in Europa wurden das prächtige Schloss, die luxuriöse Hofhaltung und der mächtige König selbst, der alle Fäden der Macht in seinen Händen hielt, zum Vorbild. Ludwig XIV. herrschte absolut, ohne Einschränkungen, über seine Untertanen. Mit ihm begann in Europa das Zeitalter des Absolutismus.

um 1700

1715–1774

1774–1792

ZEITALTER DER
AUFKLÄRUNG
BEGINNT

LUDWIG XV.

LUDWIG XVI.

Ludwig XIV.: „Der Staat bin ich!"

1 König Ludwig XIV. von Frankreich. Gemälde des königlichen Hofmalers Hyacinthe Rigaud, 1701.

Medaille Ludwigs XIV. von 1674.

Ludwig XIV. übernimmt die Regierungsgeschäfte

Dreißig Jahre lang hatte in Deutschland der Krieg getobt. Städte und Dörfer waren zerstört, Millionen Menschen umgekommen. Als endlich 1648 Frieden geschlossen wurde, teilte man Deutschland in mehr als 300 Fürstentümer auf. Die Macht des Kaisers war geschwächt. Während das Deutsche Reich politisch in Ohnmacht versank, wurde Frankreich immer mächtiger. Hier war 1643 im Alter von fünf Jahren Ludwig XIV. auf den Thron gekommen. Solange er noch ein Kind war, führte für ihn Kardinal Mazarin die Regierungsgeschäfte. Der Kardinal starb am 9. März 1661. Bereits am folgenden Morgen, um 7 Uhr früh, rief Ludwig XIV. den Staatsrat zu-

sammen. Nichts, so erklärte er den Ministern, dürfe von jetzt an ohne seinen Willen geschehen. Er allein werde in Zukunft die Befehle erteilen. Sache der Minister und Beamten sei es, diese auszuführen.

Zehn Jahre später schrieb Ludwig XIV. von sich selbst:

Q1 ... Ich entschloss mich, keinen „Ersten Minister" mehr in meinen Dienst zu nehmen. Denn nichts ist unwürdiger, als wenn man auf der einen Seite alle Funktionen, auf der anderen Seite nur den leeren Titel eines Königs bemerkt.

Ich wollte die oberste Leitung ganz allein in meiner Hand zusammenfassen ... Ich bin über alles unterrichtet, höre auch meine geringsten Untertanen an, weiß jederzeit über

Die Macht des absoluten Herrschers

2 Ludwig XIV. lässt sich und seine Familie in den Gestalten antiker Götter malen. Gemälde von Jean Nocret, um 1670.

Jacques Bénigne Bossuet (1627 bis 1704). Gemälde von Hyacinthe Rigaud, 1698. Der Bischof von Meaux war Erzieher Ludwigs XIV. und unterstützte ihn gegen die Protestanten.

Stärke und Ausbildungszustand meiner Truppen und über den Zustand meiner Festungen Bescheid. Ich gebe unverzüglich meine Befehle zu ihrer Versorgung, verhandle unmittelbar mit den fremden Gesandten, empfange und lese die Nachrichten und entwerfe teilweise selbst die Antworten, während ich für die übrigen meinen Sekretären das Wesentliche angebe. Ich regle Einnahmen und Ausgaben des Staates und lasse mir von denen, die ich mit wichtigen Ämtern betraue, persönlich Rechenschaft geben …

1 *Tragt in einer Tabelle die verschiedenen Aufgabenbereiche ein, um die sich der König selbst kümmert.*

2 *Schreibt dazu aus Q1 jenen Satz heraus, in dem der König zum Ausdruck bringt, dass er allein regieren möchte.*

Ludwig XIV.: „Der Staat – das bin ich!"

Diese – allerdings nicht verbürgte – Aussage Ludwigs XIV. entsprach seiner Vorstellung von einer absoluten* Herrschaft, die er direkt von Gott erhalten habe.

Sein Hofprediger, Bischof Jacques Bossuet, schrieb dazu:

Q2 … Gott setzt die Könige als seine Minister ein und regiert durch sie die Völker. Sie handeln als seine Diener und Stellvertreter auf Erden … Der königliche Thron ist nicht der Thron eines Menschen, sondern der Thron Gottes selbst. Aus all dem geht hervor, dass die Person des Königs geheiligt ist … Der König muss über seine Befehle niemandem Rechenschaft geben … Nur Gott kann über seine Maßnahmen urteilen …

3 *Wiederholt mit eigenen Worten, wer nach Bossuet die Könige einsetzt. Was ergibt sich daraus für die Herrschaft des Königs?*
4 *Überlegt zunächst, inwiefern sich die Gedanken Bossuets über die Stellung des Königs in den Gemälden (Abbildungen 1 und 2) widerspiegeln. Beschreibt anschließend Abbildung 1 noch einmal mithilfe der Arbeitsschritte auf der Seite 67.*

Absolutismus*:
(lat. absolutus = losgelöst). Bezeichnung für die Epoche vom 17. bis 18. Jahrhundert, in der Ludwig XIV. und seine Regierungsform in Europa als Vorbild galten. Der Monarch besaß die uneingeschränkte Herrschaftsgewalt. Er regierte losgelöst von den Gesetzen und forderte von allen Untertanen unbedingten Gehorsam.

Gottesgnadentum:
Als Herrscher „von Gottes Gnaden", als von Gott eingesetzte und nur ihm verantwortliche Herrscher rechtfertigten die Könige und Fürsten ihren absoluten Herrschaftsanspruch.

Im Schloss von Versailles

1 **Schloss Versailles. Blick aus dem königlichen Schlafzimmer.** Die Gartenfront des Schlosses ist 580 m lang und hat 375 Fenster. Gemälde von Pierre Denis Martin, 1722.

Ludwig XIV. im Gewand eines Sonnengottes.

Löhne und Preise zur Zeit des Baus von Versailles (in Livres):

Jahresgehalt des Gartenbaumeisters le Nôtre   14 000
Jahreslohn eines Maurers (13-Stunden-Tag)   ca. 180

Kosten für
– ein Leinenhemd 4
– ein Pfund Ochsenfleisch   0,15
– 450 g Weißbrot   0,10
– eine Perücke   42–100

Ein Schlafzimmer im Zentrum des Schlosses

Prinzessin Liselotte von der Pfalz, Tochter des Kurfürsten von Heidelberg, verheiratet mit einem Bruder des Königs, schrieb über Versailles:

Q1 … Es herrscht hier in Versailles eine Pracht, die du dir nicht ausdenken kannst. An Marmor und Gold wurde nicht gespart. Edelsteine, Spiegel, Edelhölzer, Teppiche, wohin du schaust. Köstliche Gemälde und Statuen an den Wänden. Und erst die Springbrunnen, Wasserkünste und Pavillons in dem riesigen Park. Denke dir nur, alle Alleen, Wege und Wasserläufe sind auf das Schlafzimmer des Königs, das im Zentrum des Schlosses liegt, ausgerichtet …

Versailles war ursprünglich eine sumpfige Einöde. In einem „Sumpf, in dem Nattern, Kröten und Frösche hausten" – so berichtet ein Zeitgenosse –, ließ der König das Jagdschlösschen seines Vaters zur glanzvollen Residenz erweitern. Von 1661 bis 1689 bauten bis zu 36 000 Arbeiter an der Schlossanlage. 6 000 Pferde waren zum Transport der Materialien eingesetzt. In den ausgedehnten Parkanlagen wurde ein See von 700 m Länge angelegt.

Um die 1400 Brunnen und Fontänen mit Wasser zu versorgen, musste ein kleiner Fluss gestaut werden. Im Zentrum der ganzen Anlage stand das Schloss. In ihm befanden sich fast 2000 Räume, dazu große Säle und riesige Flure. Bei den zahlreichen Festen, die der König veranstalten ließ, fanden hier über 20 000 Menschen Platz. In der Nacht leuchteten dazu über 200 000 Lampions. Der König zeigte sich auf diesen Festen bisweilen im Gewand eines römischen Sonnengottes.

Trotz all der Pracht herrschte im Schloss eine qualvolle Enge. Versailles beherbergte nahezu 20 000 Menschen. Der gesamte Hofstaat, adlige Herrschaften und ihre Familien, Minister und Beamte lebten seit dem Umzug im Jahr 1682 in einem Schloss, das höchst unpraktisch eingerichtet war. Nur wenige Räume waren beheizbar und es fehlten Bäder und Toiletten. Die Damen mussten den Körpergeruch mit starkem Parfum überdecken und die vornehmsten Herren verrichteten ihre Notdurft oft auf den Treppen. Doch wer in Frankreich etwas werden und bedeuten wollte, musste sich in die Nähe des Königs begeben und alles tun, um ihm aufzufallen.

1 *Überlegt, warum Ludwig XIV. in Versailles ein so prächtiges Schloss erbauen ließ.*

Ein König im Schlafrock

Wer darf dem König beim Anziehen helfen?

Schloss Versailles war das Zentrum Frankreichs. Der König bestimmte nicht nur über das Leben seiner Untertanen, sondern auch über das Leben am Hof. Die strenge Hofetikette* schrieb jedem Höfling den Tagesablauf genau vor.

Über die tägliche „Zeremonie des Ankleidens" berichtete ein Herzog:

Q2 … Morgens weckt den König der erste Kammerdiener. Dann treten der Reihe nach fünf verschiedene Gruppen von Menschen in das Schlafzimmer.

Zuerst kommt die „vertrauliche Gruppe": Das sind seine Kinder, der erste Arzt und der erste Chirurg. Es folgt die „große Gruppe": Zu ihr gehören der Meister der Garderobe, Friseure, Schneider, verschiedene Diener und die Kammerdamen der Königin. Man gießt dem König aus einer vergoldeten Schale Franzbranntwein über die Hände. Dann bekreuzigt sich der König und betet. Anschließend erhebt er sich aus dem Bett und zieht die Pantoffeln an. Der Großkämmerer reicht ihm den Schlafrock.

In diesem Augenblick wird die dritte Gruppe hereingelassen: verschiedene Diener, weitere Ärzte und Chirurgen und die königlichen Nachttopfträger. Der Kammer-Edelmann nennt dem König die Namen der vor der Tür wartenden Edelleute.

Diese treten als vierte Gruppe ein: Es sind dies die Mantel- und Büchsenträger, Kaplan und Hofprediger, Hauptmann und Major der Leibgarde, der Oberjägermeister, der Oberwolfsjäger und Oberbrotmeister, Gesandte und Minister. Der König verlangt jetzt sein Taghemd. Dies war der Höhepunkt der Zeremonie: Das Recht, dem König das Hemd zu reichen, stand dem Bruder des Königs zu; wenn er abwesend war, den Söhnen und Enkeln des Königs. War der König angezogen, betrat er das anliegende Gemach. Dort hielt er Rat mit den Ministern. …

Liselotte von der Pfalz berichtete über ihr Leben in Versailles. Sie schrieb nach Hause:

Q3 … Alle Montag, Mittwoch und Freitag versammeln sich alle Frauen um 18.00 Uhr in

2 Der König wird angekleidet. Farblithografie von Maurice Leloir, 19. Jahrhundert.

der Kammer der Königin. Dann gehen alle miteinander in einen Raum, wo die Violinen spielen für die, die tanzen wollen. Von da geht man in einen Salon, wo des Königs Thron ist. Da gibt es Musik, Konzerte und Gesang. Von da geht man in einen Saal, wo mehr als 20 Spieltische stehen. Dies alles dauert von 18.00 bis 22.00 Uhr, dann geht man zum Nachtessen …

2 *Beschreibt die Abbildung 2. Beachtet dabei die Haltung der einzelnen Personen. – Lest dazu auch Q2.*

3 *Überlegt, was der König über die Anwesenden gedacht haben könnte.*

4 *Wie verbringen adelige Damen ihr Leben am Hofe des Königs. – Woran sind sie offensichtlich nicht beteiligt?*

Etikette*:
Regeln, die beim Umgang mit anderen Menschen einzuhalten sind, besonders gegenüber Höhergestellten.

Adlige Frau *in der Mode zur Zeit des Absolutismus.*

Liselotte von der Pfalz (1652–1722) *war gegen ihren Willen mit einem Bruder Ludwigs XIV. verheiratet, sie lebte in Versailles und wurde bald eine enge Vertraute des Königs.*

Lesetipp:
Annie Pietri: Die Orangenbäume von Versailles. Bloomsbury, Berlin 2005. Der spannende Roman spielt am Hof des Sonnenkönigs.

Allongeperücke

Spitzenkragen

Orden des Hl. Geistes

Mantel aus Hermelinpelz
(innen) und Brokat mit
goldenen Lilien (Wappen
des Königshauses)

Thron

Schwert Karls des Großen

Zepter

Spitzenwäsche

Krone

Seidenstrümpfe

Schuhe mit Absatz

1 **Das Jahr 1701: In der Werkstatt des königlichen Hofmalers Hyacinthe Rigaud (1659–1743) wird ein Bild Ludwigs XIV. angefertigt.** Das große Gemälde (1,94 m x 2,77 m) zeigt den 63-jährigen König, der seit 40 Jahren Frankreich regiert.

Schon das Schloss und das Hofleben von Versailles haben uns viel über Ludwig XIV. erzählt, aus dem Herrscherbild können wir noch mehr über ihn erfahren. Vor der Erfindung von Radio, Film und Fernsehen waren nämlich Gemälde die wichtigste Möglichkeit von Herrschern, sich selbst ihrem Volk zu präsentieren. Kein Detail eines Bildes war deshalb dem Zufall überlassen, die Maler mussten genau nach Anweisung arbeiten.

Um die Darstellung eines Bildes und insbesondere die Botschaft, die es vermittelt, zu verstehen, müssen wir es uns genau anschauen, analysieren und interpretieren. Folgende Vorgehensweise kann uns dabei helfen:

■ Zuerst wollen wir das Herrschergemälde auf uns wirken lassen. Schaut es in Ruhe an und schildert dann den ersten Eindruck, den der König auf euch macht.

■ Wir wollen aber noch mehr über das Bild erfahren und es deshalb genauer untersuchen:

1. Schritt:
Wer ist dargestellt?
Die Namen und Lebensdaten des Herrschers sind euch ja schon bekannt. Ihr könnt aber überlegen, warum der König das Gemälde erst so spät hat anfertigen lassen.
Der König ist ganz alleine auf dem Bild. Warum hat der Maler keine weiteren Personen in das Bild gesetzt?

2. Schritt:
Was ist dargestellt?
Erstellt eine Liste mit den eurer Meinung nach drei bis vier wichtigsten Einzelheiten im Bild. Überlegt, warum der Maler diese darstellte.

3. Schritt:
Wie ist der Herrscher dargestellt?
Betrachtet genau die Kleidung, die Haartracht, die Gestik und Mimik des Königs. Was sagen sie aus?

4. Schritt:
An wen richtet sich die Darstellung?
Überlegt, wer sich dieses Bild angesehen hat. Immer waren es die Untertanen des Königs. Wie sehen sie ihren Herrscher? Schaut er sie an? Wie schaut er sie an? Sehen sie selbst den König eher von unten oder von oben an?

■ Wir können uns aber noch mehr auf das Bild einlassen und versuchen, kreativ mit ihm zu arbeiten, z. B. indem wir den Bildaufbau nachzeichnen. Klebt so viele Bogen Packpapier zusammen, bis ihr die Größe des Gemäldes erreicht habt. Befestigt diese Fläche an einer Wand im Klassenzimmer und skizziert die Person des Königs.

– Fügt Sprech- oder Denkblasen in das Bild ein. Überlegt, welcher Ausspruch Ludwigs XIV. am besten zu dem Gemälde passen würde.

– Formuliert einen Bildauftrag.

– Verfasst einen Brief, in dem Ludwig XIV. seinen Hofmaler Rigaud beauftragt, ein Porträt von ihm zu malen. Erläutert dem Maler eure Vorstellungen.

– Vergleicht historische Bilder miteinander. In welchem Zusammenhang stehen das Historienbild und die Karikatur (Abbildung 2)? Beachtet dabei auch dessen Titel.

Rex　　　　　Ludovicus　　　　Ludovicus Rex

2　Demaskierung. Karikatur von William Thackeray, um 1830. Der Zeichner schrieb zu der Karikatur: „Man sieht sofort, dass die Majestät aus der Perücke gemacht ist, den hochhackigen Schuhen und dem Mantel … So stellen Barbiere und Flickschuster die Götter her, die wir anbeten."

Der König und seine Untertanen

Geistlicher

Adliger

Bürger

Bauer

Stände*:
Gesellschaftliche Gruppen, die sich voneinander durch Herkunft, Beruf und eigene Rechte abgrenzen. Im Mittelalter unterschied man drei Stände: erster Stand: Geistlichkeit; zweiter Stand: Adel; dritter Stand: Bürger und Bauern.

Hugenotten*:
Bezeichnung für die französischen Protestanten. Ihr Glaube war geprägt von der Lehre Johannes Calvins.

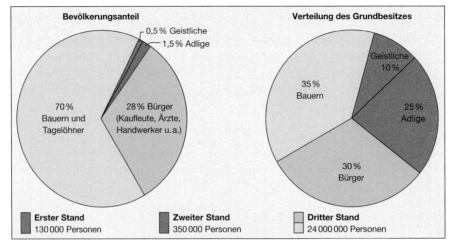

1 Die ständische Gliederung und die Verteilung des Grundbesitzes um 1780.

Die ständische* Gesellschaft

Die Bevölkerung Frankreichs war – ähnlich wie im Mittelalter – in drei Stände eingeteilt: Klerus, Adel und dritter Stand.

Den ersten Stand bildeten die Geistlichen, den zweiten die Adligen. Zusammen machten sie gerade mal zwei Prozent der Bevölkerung aus (vgl. Abbildung 1). Die Angehörigen dieser beiden Stände genossen alle Vorrechte: Sie mussten keine Steuern zahlen, wurden bei der Vergabe hoher Ämter in Armee, Verwaltung und Kirche bevorzugt und lebten von den Abgaben, die von ihnen abhängige Bauern an sie entrichten mussten.

Der König verlangte, dass die Adligen sich an seinem Hof in Versailles aufhielten. So hatte er sie allezeit unter Kontrolle.

Fast alle Steuern, die der König einnahm, wurden vom dritten Stand bezahlt. Hierzu zählten Bankiers, Großkaufleute, Rechtsanwälte und Ärzte, die in den Städten lebten. Den größten Teil des dritten Standes aber stellte die Landbevölkerung, leibeigene Bauern und ihre Familien sowie Tagelöhner. Trotz ihrer unbeschreiblichen Armut mussten auch sie hohe Steuern für das luxuriöse Leben in Versailles entrichten. Steuereintreiber zogen durchs Land. Konnte ein Bauer seine Steuern nicht bezahlen, holten sie ihm das Vieh aus dem Stall oder rissen sogar die Türen heraus, um sie zu verkaufen.

1 *Entwerft mithilfe des Textes und der Abbildung 1 eine Ständepyramide.*

Ein König, ein Gesetz, ein Glaube

Um in der Verwaltung des Landes nicht auf den guten Willen des Adels angewiesen zu sein, setzte Ludwig XIV. in allen Provinzen königliche Beamte ein, die von ihm besoldet wurden. Gegenüber dem König waren sie zu absolutem Gehorsam verpflichtet.

Die Beamten überwachten die Steuereinziehung, die Gerichte, die Polizei und das Militär ebenso wie den Straßenbau, die Lebensmittelversorgung und die Religionsgemeinschaften.

Viele Franzosen gehörten damals zu den Hugenotten*. Ihnen war im Jahr 1598 die freie Ausübung ihrer Religion zugesichert worden. Ludwig XIV. aber erneuerte die alte Forderung der französischen Könige: „Ein König, ein Gesetz, ein Glaube". Im Jahr 1685 verbot er daher den protestantischen Glauben und ließ alle protestantischen Kirchen niederreißen. Zugleich wurde den Hugenotten verboten, aus Frankreich auszuwandern. Viele Hugenotten traten aus Angst vor dem König zum katholischen Glauben über oder flohen trotz des königlichen Verbots ins Ausland.

Königliche Beamte übernahmen die Aufsicht über das Vermögen der katholischen Kirche. Die Bischöfe ernannte der König selbst.

2 *Erklärt die Abbildung 2: „Stützen der absolutistischen Macht."*

Stützen der königlichen Macht

2 Stützen der absolutistischen Macht. Schaubild.

Ludwig XIV. und sein stehendes Heer*

Mit Energie betrieb der König auch den Ausbau der Armee: Der Dreißigjährige Krieg hatte gezeigt, dass mühsam zusammengetrommelte und gekaufte Landsknechtsheere unzuverlässig waren. Daher schuf Ludwig XIV. jetzt ein sogenanntes „stehendes Heer". Die Soldaten wurden für längere Zeit gegen einen festen Sold angeworben und waren ständig einsatzbereit.

Die Ernennung von ihm besonders ergebenen Offizieren nahm der König selber vor. Nur die Adligen konnten in die höheren Dienstränge aufsteigen. Damals wurde in der französischen Armee auch die einheitliche Uniform eingeführt.

Schon wenige Jahre nach der Regierungsübernahme durch Ludwig XIV. war Frankreich zur stärksten Militärmacht Europas geworden. Von 1664 bis 1703 stieg die Zahl der Soldaten von 45 000 auf 400 000 Mann.

Dieses gewaltige Heer war die wichtigste Basis für die Herrschaft Ludwigs XIV.: In Frankreich selber sollte es Adlige, aber auch Bauern und Bürger von der Auflehnung gegen seine Herrschaft abhalten. Nach außen hin wollte der König mithilfe dieser großen Armee seine Machtansprüche gegenüber den anderen europäischen Staaten durchsetzen. Mit diesem Heer führte der König in mehr als der Hälfte seiner Regierungszeit Kriege gegen verschiedene Nachbarstaaten, so gegen Spanien,

England, Holland und Österreich. Sie kosteten etwa 1 200 000 Menschen das Leben.

3 Zahlreiche militärische Bezeichnungen wurden im 17. und 18. Jahrhundert von anderen europäischen Armeen übernommen (Randspalte). Informiert euch über Begriffe, die ihr nicht kennt, in einem Lexikon.

Wer soll das bezahlen?

Der Unterhalt einer großen Armee und die häufigen Kriege hatten aber auch ihren Preis. Bewaffnung, Ernährung und Unterkünfte verschlangen riesige Summen – in Friedenszeiten ein Drittel, im Krieg über zwei Drittel der Staatseinnahmen. Der König wollte daher die Staatseinnahmen weiter erhöhen. Doch das Land war ausgeblutet.

In dem Bericht eines königlichen Beamten aus dem Jahr 1678 hieß es:

Q1 … Von allen Seiten kommt man zu mir mit der Bitte, dem Könige vorzustellen, wie man ganz außerstande ist, die Abgaben zu bezahlen. Es ist sicher, und ich spreche davon, weil ich es genau weiß, dass der größte Teil der Einwohner unserer Provinz während des Winters nur von Eichel- und Wurzelbrot gelebt hat und dass man sie jetzt das Gras der Wiesen und die Rinde der Bäume essen sieht …

4 Spielt folgende Szene: Der König und der Finanzminister beraten, wie sie die Staatseinnahmen erhöhen können.

stehendes Heer*:
In der frühen Neuzeit wurden Heere nur für einen Krieg aufgestellt. Die Söldner und die Landsknechte wurden nach Kriegsende wieder entlassen. Ludwig XIV. schuf jedoch Armeen, die auch in Friedenszeiten einsatzbereit unter Waffen standen.

***Beispiele für militärische Bezeichnungen** aus der französischen Armee, die von anderen europäischen Armeen übernommen wurden:*
– Infanterie
– Artillerie
– Kavallerie
– Leutnant
– Munition
– General
– Proviant

Merkantilismus – die neue Wirtschaftspolitik

Anwerbung von
Fachkräften

Einfuhr von Roh-
stoffen

Ausfuhrverbot
von Rohstoffen

Ausfuhr von
Fertigwaren

Einfuhrverbot
von Fertigwaren

1 Die Wirtschaftsform des Merkantilismus*.

Merkantilismus*:
(lat. mercator =
Kaufmann). Staatlich
gelenkte Wirtschafts-
form des Absolutis-
mus. Durch inten-
siven Handel sollte
möglichst viel Geld in
das Land kommen,
möglichst wenig Geld
das Land verlassen.
Die Regierung er-
höhte daher die Aus-
fuhr von Fertigwaren
und erschwerte die
Einfuhr ausländischer
Waren durch hohe
Zölle.

1678: Französischer
Staatshaushalt
Einnahmen:
*   99,5 Mio. Livres*
Ausgaben:
für das Heer
*   98,0 Mio. Livres*
für den Hof
*   29,0 Mio. Livres*
für Sonstiges
*   2,5 Mio. Livres*

Der König am Ende?

Nur wenige Jahre nach dem Regierungsantritt Ludwigs XIV. war der französische Staat bereits restlos verschuldet. Colbert, der Finanzminister des Königs, erkannte, dass die normalen Steuereinnahmen niemals ausreichen würden, um die hohen Ausgaben des Königs zu decken. Um den immer neuen Geldforderungen nachkommen zu können, entwickelte er daher ein neues Wirtschaftssystem, den Merkantilismus. Schon diese Bezeichnung lässt deutlich erkennen, dass Colbert in der Förderung des Handels und Gewerbes seine Hauptaufgabe sah.

Wie funktioniert die neue Wirtschaftspolitik?

Um möglichst viel Geld hereinzubekommen, schlug Colbert folgendes Verfahren vor: Frankreich importiert billige Rohstoffe; diese werden von französischen Handwerkern zu Fertigwaren verarbeitet und anschließend ins Ausland verkauft. Um den Handel innerhalb

Frankreichs zu erleichtern, wurden Maße, Gewichte und das Münzwesen vereinheitlicht. Außerdem ließ er zahlreiche Straßen und Kanäle bauen.

Da die kleinen Handwerksbetriebe nicht in der Lage waren, Fertigwaren in höherer Stückzahl zu produzieren, förderte Colbert den Aufbau von Manufakturen*; das waren handwerkliche Großbetriebe. Hier arbeiteten viele Menschen. Die Arbeit war in Einzelschritte zerlegt und jeder Arbeiter machte nur einen Handgriff. So konnten sie sich spezialisieren und schneller arbeiten. In diesen Großbetrieben wurden dadurch mehr Waren hergestellt als in den alten Handwerksbetrieben.

1 *Tragt mithilfe von Abbildung 1 in eine Liste ein:*
– alles, was von Colbert gefördert wurde (linke Spalte),
– alles, was von Colbert verboten wurde (rechte Spalte).
Erläutert die einzelnen Maßnahmen.

Fortschrittliche Produktionsstätten: Manufakturen

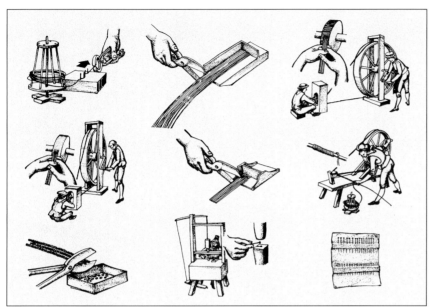

2 Wichtige Arbeiten in einer Stecknadelmanufaktur. Schaubild.

In einer Stecknadelmanufaktur

Über die Arbeit in einer Stecknadelmanufaktur wurde berichtet:

Q1 … Einer zieht den Draht, ein anderer richtet ihn ein, ein Dritter schrotet ihn ab, ein Vierter spitzt ihn zu, ein Fünfter schleift ihn am oberen Ende, damit der Kopf angesetzt wird … So wird das wenig wichtige Geschäft der Stecknadelfabrikation in ungefähr 18 verschiedene Verrichtungen verteilt … Ich habe eine kleine Fabrik dieser Art gesehen, wo nur zehn Menschen beschäftigt waren und manche daher zwei oder drei verschiedene Verrichtungen zu erfüllen hatten. Obgleich nun diese Menschen sehr arm und darum nur leidlich mit den nötigen Maschinen versehen waren, so konnten sie doch, wenn sie sich tüchtig daranhielten, zusammen zwölf Pfund Stecknadeln täglich liefern …

2 *Ein Pfund Stecknadeln enthielt über 4000 Nadeln mittlerer Größe. Rechnet aus, wie viele Nadeln jeder Mitarbeiter nach Q1 an einem Tag herstellen konnte.*

3 *Beschreibt mithilfe von Q1 die Arbeitsvorgänge auf der Abbildung 2. Erklärt die Vorteile dieser Arbeitsweise gegenüber einem herkömmlichen Handwerksbetrieb.*

Der Merkantilismus und seine Nachbarn

Colbert hatte mit seiner Wirtschaftspolitik Erfolg. Die Einnahmen des Staates verdoppelten sich in kurzer Zeit.

Der Botschafter Venedigs schrieb:

Q2 … Colbert unterlässt nichts, um die Industrien anderer Länder in Frankreich heimisch zu machen. Er versucht auf englische Art die französischen Häute zu gerben, damit sie die englischen Felle ersetzen. Holland hat man die Art der Tuchmacherei entlehnt wie auch die Kunst der Herstellung von Käse, die Butter und andere Besonderheiten. Deutschland hat man die Hutmacherei und die Fabrikation des Weißblechs und viele andere industrielle Arbeiten abgesehen, Italien die Spitzen und Spiegel. Das Beste, was man in allen Weltteilen hat, stellt man jetzt in Frankreich her, und so groß ist die Beliebtheit dieser Erzeugnisse, dass von allen Seiten die Bestellungen einlaufen …

4 *Sprecht über die Folgen des Merkantilismus für die übrigen Staaten Europas.*

Jean-Baptiste Colbert (1619–1683), Finanzminister Ludwigs XIV. und Vertreter des Merkantilismus.

Manufaktur*:
Produktionsstätte, in der viele Handwerker am gleichen Produkt arbeiten (vom lat. von der Hand gemacht). Anders als in der Fabrik werden noch keine Maschinen eingesetzt.

Absolutismus in Preußen

1 Feierliche Belehnung des Burggrafen Friedrich von Nürnberg mit der Mark Brandenburg und der Kurfürstenwürde am 18. April 1417 auf dem Konzil zu Konstanz; links Kaiser Sigismund, rechts Friedrich.

1417–1918:

Herrschaft der Hohenzollern in Brandenburg-Preußen

Friedrich Wilhelm, „der Große Kurfürst", herrschte von 1640–1688 in Brandenburg-Preußen. Gemälde von Adriaen Hannemann, um 1650.

1644:

Kurfürst Friedrich Wilhelm beginnt mit dem Aufbau eines stehenden Heeres, das zum ersten Mal nicht auf den Kaiser, sondern nur auf den brandenburgischen Landesherrn vereidigt wird.

Die Hohenzollern in Brandenburg

Es war der 18. April des Jahres 1417. An diesem Tag belehnte Kaiser Sigismund auf dem Konzil zu Konstanz den Nürnberger Burggrafen Friedrich VI. aus dem Geschlecht der Hohenzollern feierlich mit der Mark Brandenburg und dem Kurfürstentitel. „Friedrich I., Markgraf und Kurfürst von Brandenburg", so nannte der Burggraf sich jetzt stolz. Mit der Belehnung Friedrichs begann die fünfhundertjährige Herrschaft des Hauses Hohenzollern in der Mark Brandenburg, die erst 1918 durch die Novemberrevolution beendet wurde. Unter Friedrichs Nachfolgern konnte das Herrschaftsgebiet durch geschickte Heiratspolitik, durch Kauf und Eroberungen immer mehr erweitert werden. 1618 (endgültig ab 1647) kamen schließlich im Westen noch Kleve, Mark und Ravensberg hinzu sowie 1618 (endgültig ab 1641) im Osten das Herzogtum Preußen als polnisches Lehen.

1 *Sucht die genannten Gebiete auf der Karte 2. Achtet dabei auf den Verlauf der Reichsgrenze.*

Ein Kurfürst als absoluter Herrscher

Die einzelnen Landesteile lagen weit zerstreut auseinander. Alle Gebiete, auch unmittelbar benachbarte, hatten eigene Rechtsprechungen und Verwaltungen. Ein Gefühl der Zusammengehörigkeit der kurfürstlichen Untertanen untereinander gab es nicht. Doch unter dem Kurfürsten Friedrich Wilhelm, der fast ein halbes Jahrhundert lang regierte (1640–1688), änderte sich dies und daneben auch vieles andere.

Friedrich Wilhelm, der schon zu Lebzeiten den Beinamen „der Große Kurfürst" erhielt, wurde zu einem absoluten Herrscher. Er setzte durch, dass in allen seinen Ländern ohne Unterschied nur noch ein Wort galt, nämlich sein eigenes. Er schaffte die bis dahin geltenden Sonderrechte des Adels und der Städte ab – vor allem das Recht der Steuerbewilligung – und unterstellte sein gesamtes Herrschaftsgebiet einer einheitlichen Verwaltung. Alle Anordnungen traf er selbst, nach Zustimmung des Adels und der Städte in Brandenburg, Pommern, Preußen oder anderswo fragte er nicht mehr. Die

Preußens Aufstieg zur Großmacht

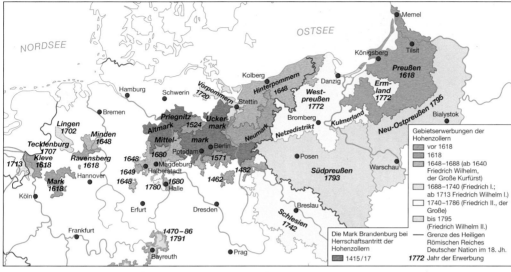

1   Die Entwicklung Brandenburg-Preußens von 1415 bis 1795.

1688–1713:
Friedrich III. herrscht seit 1688 als Kurfürst von Brandenburg-Preußen und zwischen 1701 und 1713 als König in Preußen, als solcher nun Friedrich-I. genannt. Gemälde von Friedrich Wilhelm Weidemann.

Ansammlung der einzelnen Länder, über die der Kurfürst am Anfang regiert hatte, wurde so zu einem gemeinsamen Ganzen, einem Staat.

Natürlich gab es dagegen Widerstand, vor allem unter den Adligen, die erklärten, es müsse alles so bleiben, wie es vorher gewesen war. Doch der Kurfürst gab nicht nach, er ließ einen Adligen zum Tode verurteilen und andere einsperren. Auch den Bürgermeister der Stadt Königsberg ließ er ins Gefängnis werfen, weil die Stadt sich geweigert hatte, ihre Tore für kurfürstliche Soldaten zu öffnen.

Soldaten aber waren für den Kurfürsten besonders wichtig. Er wollte seinen Staat in Europa „gewaltig" machen, damit nicht wieder, wie im Dreißigjährigen Krieg, alle Heerführer durch Brandenburg ziehen und das wehrlose Land verwüsten könnten. Hierfür brauchte er das Geld aus den Steuern seiner Untertanen. Anders als seine Vorgänger stellte er schon in Friedenszeiten ein stehendes Heer von fast 30-000 Berufssoldaten auf, die das Land verteidigen konnten, aber viel Geld kosteten.

Krieg führte der Kurfürst jedoch nur ein einziges Mal: 1674 eilte er den Niederländern zu Hilfe, die sich gegen Ludwig XIV. von Frankreich verteidigen mussten. Und als ein Jahr später die mit Frankreich verbündeten Schweden nach Brandenburg einfielen, konnte die neue Armee des Kurfürsten sie in der Schlacht von Fehrbellin aus dem Land vertreiben. Auch darüber, ob er Krieg führen oder Frieden schließen würde, entschied der Kurfürst in seinem Land allein. Einzig über die Religion seiner Untertanen wollte er nicht bestimmen.

2 *Erkläre, inwiefern Friedrich Wilhelm absolut regierte.*

Kurfürst Friedrich III. wird König in Preußen
Nachfolger des Großen Kurfürsten wurde sein Sohn Friedrich III. (1688–1713). An der weiteren Ausdehnung seines Herrschaftsgebiets war er nicht besonders interessiert. Sein ganzes Streben ging vielmehr dahin, den französischen König Ludwig XIV. nachzuahmen. Im Jahr 1701 ließ er sich als Friedrich I. in Königsberg zum „König in Preußen" krönen. Der Name „Preußen" setzte sich bald als Bezeichnung für das gesamte Herrschaftsgebiet durch und verdrängte den Namen „Brandenburg". Einen Namen machte sich Friedrich durch den Bau des Schlosses Charlottenburg und die Gründung der Universität Halle im Jahr 1694. Als der König im Jahr 1713 starb, hinterließ er seinem Sohn einen völlig verschuldeten Staat.

König „in" oder „von" Preußen?
Ein Herrschertitel ist üblicherweise an ein Territorium gebunden – König von Frankreich, Markgraf von Brandenburg usw. Der Titel ist wiederum abhängig vom Status des Territoriums – Frankreich als Königreich, Brandenburg eine Mark. Als die Mark Brandenburg Kurfürstentum wurde, wurde auch aus dem Markgrafen ein Kurfürst. Dieser war später gleichzeitig Herzog von Preußen. Als dieses 1701 zum Königtum erhoben wurde, war der Kurfürst von Brandenburg nun gleichzeitig König in Preußen. Erst als Friedrich II. 1772 Preußen und Brandenburg auch räumlich zu einer geschlossenen Herrschaft vereinigen konnte, nannte er sich König von Preußen.

Friedrich Wilhelm I. – der „Soldatenkönig"

1 Geselligkeit am Hof König Friedrich Wilhelms I.: Das Tabakskollegium. Der König mit seinen Beratern beim „abendlichen Stammtisch", wo es derb zuging. – Rechts neben dem König sitzt der Kronprinz, der spätere König Friedrich II. Gemälde, 1737/38.

Friedrich Wilhelm I., Sohn König Friedrichs I., herrschte von 1713 bis 1740 als König in Preußen.

Der König löst den Hofstaat auf

Mit eiserner Strenge brachte König Friedrich Wilhelm I. (1713–1740) den Staatshaushalt wieder in Ordnung. Kaum war sein Vater zu Grabe getragen, verkaufte Friedrich Wilhelm dessen Krönungsmantel. Jeder einzelne Diamantenknopf hatte damals 30000 Dukaten gekostet.

Über die weiteren Sparmaßnahmen hieß es in einer Darstellung:

M1 … Der größte Teil des Hofstaates wurde aufgelöst; die kostbaren Weine des Hofkellers wurden versteigert. Die zahlreichen Lustschlösser ließ der König vermieten oder in Dienstwohnungen oder Lazarette verwandeln. Das kostbare Silber- und Goldgerät aus den Schlössern – über 7000 Zentner, sagt man – wurde nach Berlin gebracht und für die Münzprägung benutzt. Der Erlös aus all diesen schönen Dingen trug dazu bei, die Schulden zu bezahlen oder militärische Augaben zu bestreiten. …

Der König war nicht nur ein sparsamer, er war auch ein sehr strenger Herrscher. Das bekamen vor allem auch seine Beamten zu spüren. Sie waren zu unbedingtem Gehorsam verpflichtet. Selbstloser Einsatz und Sparsamkeit wurden von ihnen verlangt, die selber nur einen geringen Lohn erhielten bei einem zwölfstündigen Arbeitstag.

Was er unter Sparsamkeit und Strenge verstand, lebte der König seinen Untertanen vor. Er selber überwachte das Familienleben; für jedes kleine Vergnügen musste man zunächst bei ihm die Erlaubnis einholen. Die Kinder durften ihre Mutter nur in seinem Beisein sehen.

Seine Tochter Wilhelmine (1709 bis 1758) schrieb:

Q … Wir führten das traurigste Leben von der Welt. Früh, so wie es sieben schlug, weckte uns die Übung von dem Regimente des Königs auf. Sie fand vor unseren Fenstern, die zu ebenem Boden waren, statt. Das ging unaufhörlich: Piff, puff, und den ganzen Morgen hörte das Schießen nicht auf. Um zehn Uhr gingen wir zu meiner Mutter und begaben uns mit ihr in die Zimmer neben denen des Königs, wo wir den ganzen Morgen verseufzen mussten. Endlich kam die Tafelstunde. Das Essen bestand aus sechs kleinen, übel zubereiteten Schüsseln, die für vierundzwanzig Personen hinreichen mussten, sodass die meisten vom Geruche satt werden mussten. Am ganzen Tisch sprach man von nichts als von Sparsamkeit und Soldaten …

1 *Diskutiert, wie diese Lebensweise der königlichen Familie zu bewerten ist. Unterscheidet dabei zwischen der Sichtweise der Tochter, des Königs und eurer eigenen.*

Preußen wird Militärstaat

Zwangsdienst im preußischen Heer

König Wilhelm I. regierte insgesamt 27 Jahre. In dieser Zeit vergrößerte er das Heer von 38 000 Mann auf über 82 000 Soldaten. Von den Staatseinnahmen gingen über 50 Prozent an das Militär. Die Vorliebe des Königs für das Heer war im ganzen Land so bekannt, dass man ihn nur noch den „Soldatenkönig" nannte. Die Ausbildung war außerordentlich hart. Der tägliche, oft stundenlange Drill auf dem Exerzierplatz gehörte zum Alltag der Soldaten, die als erste auch den militärischen Gleichschritt einübten. Da es nicht genügend Freiwillige gab, führte der König die Zwangsrekrutierung ein. Jeder Soldat musste eine zweijährige Dienstzeit ableisten und außerdem noch 18 Jahre lang jährlich zwei Monate zum Militärdienst.

2 *Erläutert anhand der Tabelle die Entwicklung Preußens zum Militärstaat.*

Die Flucht des Kronprinzen

Der König wollte mit aller Gewalt aus seinem Sohn auch einen „tüchtigen Soldaten und einen sparsamen Haushalter" machen. Doch der Kronprinz verachtete den Militärdienst und fürchtete das strenge Regiment seines Vaters. Im Jahr 1730 flüchtete er nach England zusammen mit seinem Freund, dem Leutnant Hans Hermann von Katte. Sie wurden unterwegs gefangen genommen und vor ein Kriegsgericht gestellt. Die Richter weigerten sich, den Thronfolger zu verurteilen, verhängten aber über den Leutnant eine lebenslängliche Freiheitsstrafe. Der König selber änderte sie in ein Todesurteil und zwang seinen Sohn, der Hinrichtung seines Freundes zuzusehen.

3 *Seht euch das Bild 2 an und besprecht das Verhalten des Königs.*

2 **Kronprinz Friedrich muss der Hinrichtung seines Freundes zusehen.** Kupferstich, um 1740.

Das Vermächtnis des Königs

Friedrich Wilhelm I. starb am 31. Mai 1740 im Stadtschloss zu Potsdam. Über seine Regierungszeit heißt es in einer heutigen Darstellung:

M2 … Bescheidenheit und Selbstlosigkeit, Härte bei der Erfüllung der Pflicht sind als preußische Tugenden verstanden worden und wohl nicht das schlechteste Vermächtnis eines Königs. Wo gibt es heute einen Staat, der schuldenfrei wirtschaftet oder sogar Überschüsse erzielt. …

4 *Welche Position wird in M2 deutlich? – Wie beurteilt ihr sie?*

5 *Lest den Text „Zwangsdienst" und die Chronik in der Randspalte. Welche Auswirkungen hatte die Militärpolitik des Königs?*

Auszug aus einer Chronik zur Geschichte Brandenburgs

3. Juli 1713:
Mit Erstaunen beobachtet die Bevölkerung Potsdams den Einzug der 600 Soldaten der „Roten Grenadiere", der Leibwache des Königs, in ihre Stadt. Durch den beginnenden Ausbau Potsdams als Garnisonstadt steigt die Einwohnerzahl von 1500 (1713) auf über 11 000 (1738).

1718:
Direktor und Landrat der Uckermark beschweren sich über anhaltende gewaltsame Rekrutierungen für das preußische Heer durch die Werber Friedrich Wilhelms I. Die Bauern würden in der Einbringung der Ernte stark behindert, die nächste Saat sei durch Arbeitskräftemangel gefährdet.

1722:
In der Garnisonstadt Potsdam wird ein Waisenhaus für die zahlreichen Militärwaisen und Soldatenkinder gegründet. Es dient auch als Rekrutierungsanstalt für das Heer und die Potsdamer Gewehrmanufaktur, in der zeitweilig 50 Kinder täglich bis zu zehn Stunden arbeiten müssen.

Das Heer in Brandenburg-Preußen			Heeresstärken in Europa 1740		Soldaten je 1000 Einw. 1740	
Jahr	Bevölkerung	Heer	Frankreich	200 000	Frankreich	10
1660	(?)	8000	Preußen	82 000	Preußen	37
1688	1,50 Mio.	30 000	England	36 000	England	5
1740	2,24 Mio.	82 000	Österreich	110 000	Österreich	8
1786	5,43 Mio.	188 000	Russland	170 000	Russland	9
			Sachsen	26 000	Sachsen	15

3 **Militär in Brandenburg-Preußen und in Europa.**

Europa im Barock

1 **Neues Palais im Park Sanssouci in Potsdam.** Der spätbarocke Bau stammt aus den Jahren 1763–1769.

*Putte,
Rekonstruktion.*

Barock*
*(portug. = schief-
rund): Der ursprüng-
lich italienische
Kunststil setzte sich
gegen Ende des
17. Jahrhunderts in
ganz Europa durch.
Es entstanden zahl-
reiche barocke
Schloss- und Kirchen-
bauten mit prunk-
vollen Verzierungen,
die Kraft und Fülle
ausdrücken sollten.*

Kleine „Versailles" in ganz Europa

Voller Bewunderung blickten viele Fürsten und Könige in Europa nach Frankreich. Versailles und Ludwig XIV. waren ihre großen Vorbilder und sie bemühten sich, die Lebensweise und die Baukunst des französischen Absolutismus nachzuahmen.

So wurden in vielen kleineren und größeren Fürstentümern prächtige Schlösser gebaut. Umgeben waren sie von großflächigen Parkanlagen mit Blumenbeeten und Rasenflächen in geometrischen Formen; auch die Natur hatte sich dem Herrscherwillen unterzuordnen. Künstlich angelegte Seen und Kanäle sowie zahlreiche Brunnen mit hoch aufschießenden Fontänen erfreuten jeden Besucher.

Diese Gartenarchitektur und den neuen Baustil bezeichnete man als Barock*. „Barocco" nannte man in Portugal minderwertige Perlen mit unregelmäßiger Oberfläche. Das Wort „Barock" steht also für das Verschnörkelte, auch das Überladene, für das Unregelmäßige, das von der vorausgegangenen Kunst abweicht. Von außen gesehen waren die Barockbauten oft recht einfach gehalten, umso mehr Wert wurde auf die Ausgestaltung der Innenräume gelegt. Große Festsäle, die sich bisweilen über zwei Stockwerke erstreckten, und prächtige Treppenhäuser waren Zeichen der fürstlichen Macht und des Reichtums.

Beeindruckende Beispiele dieser herrschaftlichen Bauten sind u.-a. der Zwinger in Dresden und das nicht mehr existente Berliner Schloss.

In barocker Bauweise entstanden auch viele katholische Kirchen. Helle Räume mit warmen Goldtönen, große Gemälde mit liebenswürdigen Heiligen und kleine lustige Engelchen (Putten) vermittelten den Menschen den Eindruck, zwischen Himmel und Erde bestehe eine enge, glückliche Verbindung. Die Menschen sollten vor dem Himmelreich, vor Gott, keine Angst haben, sondern durch diesen Prunk frohe Hoffnung auf das prächtige Jenseits schöpfen.

1 *Informiert euch, welche Barockbauten es in eurer Nähe gibt. Schreibt an die betreffenden Verkehrsämter und bittet um die Zusendung von Informations- und Bildmaterial.*

2 *Erklärt anhand dieses Materials die Besonderheiten des neuen Kunststils.*

3 *Schlagt eurer Kunstlehrerin / eurem Kunstlehrer ein Projekt über den Barock vor.*

2 **Das Zisterzienserkloster in Neuzelle.**

3 **Stiftskirche St. Marien.** Mittelschiff – Blick auf den Hochaltar.

Das Zisterzienserkloster Neuzelle
Das Kloster Neuzelle wurde 1268 von dem Meißner Markgrafen Heinrich dem Erlauchten gegründet. Die Mönche, die in Neuzelle lebten, gehörten dem Zisterzienserorden an. Dieser hatte sich seit 1098 über ganz Europa verbreitet und war dabei vor allem wirtschaftlich sehr erfolgreich gewesen.

Je wohlhabender und einflussreicher die Zisterzienser wurden, desto mehr waren sie daran interessiert, ihre Klöster und Kirchen möglichst herrschaftlich und prachtvoll zu gestalten, damit ihr Äußeres der Stellung des Ordens entsprach.

In Neuzelle geschah dies in der Zeit des Barock, besonders unter dem Abt Martinus Graff (1727–1741).

Die ehemals gotische Kirche wurde umgestaltet. Sie erhielt ihre heutige prunkvolle Gestalt, die dem Kloster auch seinen Beinamen bescherte – Barockperle der Mark Brandenburg.

1   *Plant eine Exkursion nach Neuzelle und bereitet euch entsprechend vor. Nähere Informationen bekommt ihr unter folgender Adresse:*
Tourismus-Information Neuzelle
Stiftsplatz 7
15898 Neuzelle
Tel.: (03 36 52) 61 02

2   *Sucht in Neuzelle nach typischen Merkmalen des Barock in der Architektur, in der Malerei, in der Skulptur oder auch in der Gesamtanlage. Fertigt Skizzen oder Fotografien an und stellt damit eine Wandzeitung zusammen.*

Vielleicht macht ihr daraus sogar eine Art Schnitzeljagd. Das müsst ihr aber mit eurem Lehrer vereinbaren, denn die Vorbereitungen für eine Schnitzeljagd sind sehr zeitaufwändig!

3   *Versucht vor Ort, noch mehr über die Geschichte des Klosters in Erfahrung zu bringen. Vielleicht könnt ihr sogar kurze Interviews mit Menschen machen, die in Neuzelle wohnen. Fragt sie, was sie über Kloster und Ort wissen und wie sie ihre „Barockperle" sehen.*

Einwanderungsland Brandenburg

1 **Der Große Kurfürst empfängt 1685 vor dem Potsdamer Stadtschloss eine Abordnung der Hugenotten.** Lithographie nach einem Gemälde von Hugo Vogel, 1885.

Reformierte*:
Sammelname für die protestantischen Kirchen, deren Lehre u. a. auf die Reformatoren Zwingli und Calvin zurückgeht. Die Reformierten betonen (im Gegensatz zu Luther) die Lehre von der göttlichen Vorherbestimmung der einzelnen Menschen (Prädestinationslehre).

Manufaktur*:
Die Frühform des industriellen Betriebs zur Erzeugung von Massenwaren. Die im Wesentlichen handwerkliche Fertigung (z. B. von Teppichen oder Porzellan) ging mit starker Arbeitsteilung sowie geringem Einsatz von Maschinen einher.

Viel Sand, wenige Menschen

Das relativ kleine Brandenburg war ein Gebiet ohne nennenswerte Rohstoffe und mit nährstoffarmen Sandböden. Anfang des 17. Jahrhunderts hatte Brandenburg ca. 700 000 Einwohner. Nach dem Dreißigjährigen Krieg war diese ohnehin geringe Zahl nochmals um etwa ein Fünftel gesunken. Um sich das Heer von zirka 30 000 Mann, eine zahlenmäßig große Beamtenschaft und barocke Prunkbauten in Berlin leisten zu können, benötigten die brandenburgischen Landesherren dringend Menschen, die die Wirtschaft beleben und damit das Steueraufkommen des Staates erhöhen würden.

Toleranz – nicht nur eine Glaubensfrage

In Brandenburg lebten seit dem 17. Jahrhundert vor allem Lutheraner und Reformierte*. Aber auch Katholiken und Juden durften sich zu ihrem Glauben bekennen, ohne deshalb verfolgt zu werden. Brandenburg-Preußen galt als Land der Glaubensfreiheit und der Toleranz. Die Wurzel dieser preußischen Toleranz war allerdings nicht nur das Ideal christlicher Nächstenliebe, sondern vielmehr die Bevölkerungsarmut und die innerstaatliche Notwendigkeit zum Ausgleich zwischen den Glaubensgemeinschaften.

Die Juden aus Wien

Als 1671 unmittelbar nach der Vertreibung der Juden aus Wien deren Gemeindevorsteher beim Vertreter Brandenburgs in Wien um Aufnahme baten, stießen sie auf Interesse, da die Wiener Juden als wohlhabend galten. Es durften aber nur in begrenzter Zahl vermögende Juden ins Land kommen. Sofort nach ihrer Ankunft mussten sie Schutzgelder zahlen. Die Aufenthaltsgenehmigungen waren auf 20 Jahre begrenzt. So siedelten sich 50 Familien in der Berliner Altstadt hinter der Marienkirche an.

Bereits 1672 erwarb die jüdische Gemeinde Bauland außerhalb der Stadtmauern hinter dem Spandauer Tor zum Bau verschiedener Gemeindeeinrichtungen (Spandauer Vorstadt). Neben den allgemeinen Steuern wur-

Einwanderungsland Brandenburg

den Abgaben für die Militärkasse gefordert, weiterhin fielen Stempelgebühren, Konzessionsgelder, Gebühren für Trauungen und Scheidungen an, auch für Reisen und für jüdische Gemeindewahlen musste bezahlt werden. Die Verbrauchssteuer, die so genannte Akzise, war für Juden doppelt so hoch wie für Christen.

1 *Diskutiert, inwieweit die preußische Toleranz von Nützlichkeitsgedanken getragen war.*

Das Toleranzedikt von Potsdam (1685)

In Frankreich wurden die Anhänger des reformierten Bekenntnisses Hugenotten genannt. Sie hatten nach langen und blutigen Glaubenskämpfen für etwa 100-Jahre eine begrenzte Glaubensfreiheit erlangt. König Ludwig XIV. ging aber von dem Grundsatz aus „Ein König, ein Gesetz, ein Glaube". Er verbot daher 1685 die Religionsgemeinschaft der Hugenotten. Trotz des Verbots auszuwandern, verließen etwa 200 000 Hugenotten ihre Heimat.

Zu den Staaten, die die Flüchtlinge aufnahmen, gehörte auch Brandenburg/Preußen. Im so genannten Toleranzedikt von Potsdam (1685) versprach ihnen der Große Kurfürst „aus aufrichtigem Mitleid mit unseren Glaubensgenossen … eine sichere und freie Zufluchtsstätte".

2 *Betrachtet Abbildung 1 und überlegt, was der Maler mit der Anordnung der Personen und ihrer jeweiligen Körperhaltung zum Ausdruck bringen wollte.*
3 *Diskutiert die Motive des Großen Kurfürsten, die Glaubensflüchtlinge aufzunehmen.*

Hugenotten sind willkommen – bei allen?

In einem kurfürstlichen Befehl aus dem Jahr 1685 wurde angeordnet:

Q Es hat sich herausgestellt, dass die in unserem Land durchgeführte Kollekte (Spendensammlung während des Gottestdienstes) zugunsten der aus Frankreich geflüchteten Evangelisch-Reformierten nur sehr wenig eingebracht hat, obwohl es zur Schuldigkeit aller Christen gehört, dass jeder dazu seinen Beitrag gibt. … Deshalb befehlen wir hiermit, … dass jeder Bürger je nach Größe seines Vermögens etwa acht Groschen bis zu einem Taler … gibt. Dieser Beitrag soll durch vertrauenswürdige … Leute eingesammelt werden.

4 *Vermutet, wofür die gesammelten „Spenden" (Quelle) verwendet worden sind.*
5 *Führt aus, welche Wertschätzung den französischen Glaubensflüchtlingen durch diese Geldsammlung zuteil wurde.*
6 *Vermutet, wie z. B. die Potsdamer auf diese befohlenen Spendenaktionen reagiert haben werden.*

20 000 Hugenotten kamen aus Frankreich nach Brandenburg, obwohl sehr viele der Flüchtlinge in die wirtschaftlich fortschrittlichen Niederlande oder nach England gingen. Die Hugenotten waren als erfolgreiche Kaufleute und geschickte Handwerker berühmt. Damit möglichst viele von ihnen sich in Brandenburg-Preußen ansiedelten, wurden ihnen staatliche Hilfen in Aussicht gestellt. Sie erhielten unentgeltlich Baumaterial zur Errichtung oder Wiederherstellung von Gebäuden. Weiterhin durften sie Güter und Waren zollfrei einführen. Die Eröffnung einer Manufaktur* wurde ebenfalls finanziell unterstützt. Die Hugenotten erhielten das Recht, Gottesdienste in ihrer Sprache (Französisch) zu halten.

Die Furcht der Einheimischen

Viele Einheimische waren mit dem Zuzug der Hugenotten gar nicht einverstanden, weil vor allem Handwerker die neue Konkurrenz fürchteten. Auch mangelte es an Unterbringungsmöglichkeiten. Versorgungsengpässe führten zu Preissteigerungen bei Lebensmitteln. Im Lauf der Zeit nahm der Widerstand der Einheimischen gegen die Franzosen aber ab. Vor allem in Berlin gehörten die Französisch sprechenden Neu-Berliner zum Alltag. Das Französische ging bald in den Berliner Jargon* mit ein.

7 *Diskutiert, wie sich heute Menschen verhalten, wenn fremde Zuwanderer kommen. Wie begründen sie ihr Empfinden und Auftreten?*

Das Französische im Berliner Jargon*: Im 17./18. Jahrhundert sprach man an deutschen Fürstenhöfen französisch – so auch in Berlin und Potsdam. Das Bildungsbürgertum war bemüht, es den Fürsten gleichzutun. Die zugewanderten Hugenotten sprachen anfangs ebenfalls ausschließlich in ihrer Muttersprache. Die einfache Bevölkerung dagegen kam nur am Rande mit dieser Sprache in Berührung, verstand sie falsch, kürzte ab oder vereinfachte. Noch heute isst der Berliner eine Wurst „aus der lameng" (la main = die Hand). Wenn er in der Bredulje ist (la bredouille = Matsch), hat er schnell „die Neese pläng" (plein = voll), aber plärren (pleurer = weinen) wird er deshalb nicht. Wenn der Berliner etwas abgesprochen hat, ist es „abjemacht Seefe", was nichts mit Seife zu tun hat, sondern ein verstümmeltes „c'est fait" ist. Und seitdem sich die Hugenotten um die Berliner Mode bemüht haben, sind eben eine Menge Damen totschick (tout chic = völlig modisch).

Das Zeitalter der Aufklärung

Salon*:
Als Salon bezeichnete man vom 17. bis 19. Jahrhundert Gesellschafts- bzw. Empfangszimmer, in denen sich Bürgerinnen und Bürger, Gelehrte und Künstler, regelmäßig trafen. Salons wurden von wohlhabenden Frauen gegründet, die hier die Möglichkeit nutzten, sich gleichberechtigt mit ihren Gästen über politische und kulturelle Themen sowie Ideen der Aufklärung auszutauschen. Für Frauen, die damals nicht studieren durften, war dies eine der wenigen Gelegenheiten, Wissen zu erwerben und die eigene Gelehrsamkeit zu zeigen. Dies förderte auch die gesellschaftliche Anerkennung von gebildeten Frauen.

Aufklärung*:
Reformbewegung, die im 18. Jahrhundert in fast allen Lebensbereichen zu neuen Ideen und Denkweisen führte. In der Politik richteten sich die Aufklärer gegen die uneingeschränkte Macht des Königs. Die Aufklärer traten ein für Meinungsfreiheit, für Offenheit gegenüber anderen Meinungen und ein von Vernunft geprägtes Handeln.

Der Mensch: Bürger oder Untertan?

Der Hofprediger Ludwigs XIV. hatte 1682 geschrieben:

Q1 … Die Menschen werden allesamt als Untertanen geboren. Der Fürst blickt von einem höheren Standpunkt aus. Man darf darauf vertrauen, dass er weiter sieht als wir. Deshalb muss man ihm ohne Murren gehorchen. Derjenige, der dem Fürsten den Gehorsam verweigert, wird als Feind der menschlichen Gesellschaft zum Tode verurteilt …

War diese Auffassung wirklich richtig? Wurden alle Menschen als Untertanen geboren? Waren sie nur dazu da, um einem König zu dienen und zu gehorchen? Je mehr sich der Absolutismus in Frankreich und Europa durchsetzte, desto lauter wurde die Kritik an dieser Herrschaftsform. Es waren vor allem französische Dichter, Philosophen und Schriftsteller, die sich zu Beginn des 18. Jahrhunderts hiergegen zur Wehr setzten. Das Zeitalter der Aufklärung* begann.

So schrieb der französische Philosoph Denis Diderot (1713–1784):

Q2 … Kein Mensch hat von der Natur das Recht erhalten, über andere zu herrschen. Die Freiheit ist ein Geschenk des Himmels und jedes Mitglied des Menschengeschlechtes hat das Recht, sie zu genießen, sobald es Vernunft besitzt …

„Alle Menschen", so betonten auch andere aufgeklärte Gelehrte, „sind von Natur aus frei und gleich." Es ist höchste Zeit, dass jeder Bürger, jeder Bauer seine alten Rechte zurückgewinnt.

1 *Vergleicht die Äußerung des Hofpredigers (Q1) mit der Auffassung Diderots (Q2).*

Gewaltenteilung statt Alleinherrschaft

Die Freiheit des Menschen ist immer dann bedroht, wenn zu viel Macht in der Hand eines Einzelnen vereint ist.

Der Philosoph Charles de Montesquieu (1689 bis 1755) schlug deshalb vor, die Macht im Staat aufzuteilen:

Q3 … In jedem Staat gibt es drei Arten von Gewalten: die gesetzgebende, die ausführende und die richterliche Gewalt.

Um den Missbrauch der Gewalt unmöglich zu machen, müssen die Dinge so geordnet sein, dass die eine Gewalt die andere im Zaum hält.

Wenn die gesetzgebende Gewalt mit der ausführenden in einer Person vereinigt ist, dann gibt es keine Freiheit. Man muss dann nämlich befürchten, dass ein Herrscher tyrannische Gesetze gibt, um sie als Tyrann auch auszuführen.

Es gibt keine Freiheit, wenn die richterliche Gewalt nicht von der gesetzgebenden und von der ausführenden Gewalt getrennt ist:

Das Zeitalter der Aufklärung

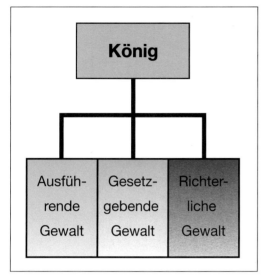

2 **Die Staatsordnung des Absolutismus.** Schaubild.

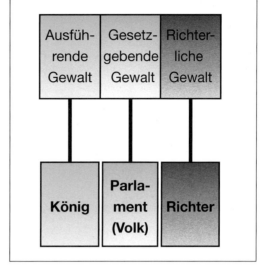

3 **Die Staatsordnung nach Montesqieu.** Schaubild.

Wenn die richterliche Gewalt mit der gesetzgebenden vereinigt wäre, so würde die Gewalt über Leben und Freiheit der Bürger willkürlich sein; denn der Richter wäre zugleich Gesetzgeber.

Wäre die richterliche Gewalt mit der ausführenden Gewalt verbunden, dann könnte der Richter die Macht eines Unterdrückers besitzen …

2 Erklärt mithilfe von Q3 die Schaubilder 2 und 3. Überlegt, worin das Neue gegenüber dem Absolutismus liegt.

Beweise statt Glauben

Die Aufklärer stellten die Macht des Königtums ebenso infrage wie den Anspruch der Kirche, Entwicklungen im Bereich der Wissenschaft oder im Erziehungswesen bestimmen zu können. Nicht der Glaube und ungeprüfte Überzeugungen, sondern die Vernunft und der Beweis sollten die Grundlage aller Erkenntnisse sein.

Der deutsche Philosoph Immanuel Kant (1724–1804) beschrieb Aufklärung folgendermaßen:

Q4 … Aufklärung ist der Ausgang des Menschen aus seiner selbst verschuldeten Unmündigkeit. Selbst verschuldet ist diese Unmündigkeit, wenn die Ursache derselben nicht am Mangel des Verstandes, sondern am Mangel des Mutes liegt … Habe den Mut, dich deines Verstandes zu bedienen …

3 Wie kann man sich den „Mangel an Mut" der Menschen damals erklären? Findet ihr dazu auch Beispiele aus heutiger Zeit?

Die neuen Ideen der Aufklärung fanden schnell Anklang. In Frankreich, vor allem in Paris, trafen sich wohlhabende Bürger und Bürgerinnen in Salons und hörten dort Vorträge von Gelehrten. Zugleich entstanden zahlreiche Akademien, an denen Wissenschaftler gemeinsam forschten und experimentierten. Um exakter messen und beobachten zu können, erfanden sie zahlreiche neue Instrumente, wie z.B. das Mikroskop. Die Ergebnisse der Forschung wurden in Enzyklopädien* zusammengefasst, um sie allen Menschen zugänglich zu machen. Die Aufklärer wollten die Menschen durch Bildung und Erziehung dazu anleiten, die Vernunft richtig zu gebrauchen. Sie waren außerdem der Überzeugung, dass jeder Mensch das Recht auf Bildung habe, und forderten daher die Einführung der Schulpflicht.

4 Beschreibt Verhalten und Mimik der Personen auf der Abbildung 1.

Enzyklopädie:*
Ein Nachschlagewerk, das französische Gelehrte im 18. Jahrhundert herausgaben. Das gesammelte Wissen der Menschheit sollte hier umfassend dargestellt werden. Viele führende Wissenschaftler arbeiteten an der Enzyklopädie mit, die zu einem Standardwerk der Aufklärung wurde.

Aufgeklärter Absolutismus in Preußen

1 **Friedrich II. mit dem französischen Aufklärer Voltaire im Schloss Sanssouci in Potsdam.** Ausschnitt aus einem Gemälde von Christian Peter Jona Haas, um 1790.

Preußen*:
Das Herzogtum Preußen entstand 1525 aus einem Teil eines Deutschordens-landes. Später kam es als Lehen zum Kurfürstentum Bran-denburg hinzu. Im Jahr 1701 wurde Brandenburg-Preu-ßen zum Königreich Preußen erhoben. Das Königreich stieg im 18. und 19. Jahr-hundert zu einer europäischen Groß-macht auf. Bedeu-tende Herrscher im 17. und 18. Jahr-hundert waren: Friedrich Wilhelm (1640 bis 1688), genannt „der große Kurfürst", Friedrich Wilhelm I., der „Soldatenkönig", und Friedrich II., der Große.

Internettipp:
Viele Informationen zu Preußen findet ihr auf der Homepage www.preußen-chronik.de.

„Der erste Diener des Staates"

Nicht nur in Frankreich, auch in Deutschland gab es im 18. Jahrhundert Könige und Fürsten, die ihr Land absolut regierten. So hatte sich Preußen* vor allem unter seinem König Friedrich Wilhelm I. (1713–1740), dem Solda-tenkönig, zu einem militärisch schlagkräftigen und wirtschaftlich starken Land entwickelt.

Nach dem Tod König Friedrich Wilhelms I. wurde sein Sohn als Friedrich II. am 31. Mai 1740 zum König gekrönt. Der junge Königs-sohn war seinen Zeitgenossen nur bekannt als ein Mann, der die Musik liebte und selbst Flö-te spielte, sich für die Wissenschaften und Künste interessierte, alles Soldatische aber verachtete.

Friedrich hatte schon 1739 geschrieben:

Q1 … Der Fürst von echter Art ist nicht da zum Genießen, sondern zum Arbeiten. Das erste Gefühl, das er haben muss, ist das der Vater-landsliebe, und das einzige Ziel, auf das er seinen Willen zu richten hat, … ist: für das Wohl seines Staates Großes und Heilsames zu leisten. …
Die Gerechtigkeit muss die Hauptsorge eines Fürsten sein, das Wohl seines Volkes muss je-dem anderen Interesse vorangehen. Der Herrscher, weit entfernt, der unbeschränkte Herr seines Volkes zu sein, ist selbst nichts an-deres als sein erster Diener. …

1 *Vergleicht die Aussage Friedrichs II. über die Stellung eines Herrschers mit der Auffassung Ludwigs XIV. (vgl. S. 62).*
Worin seht ihr die wichtigsten Unterschiede?

„Ohne Ansehen der Person"

Eine der ersten Regierungsmaßnahmen Fried-richs II. bestand darin, die Folter abzuschaf-fen, mit der man bisher fast jedes Geständnis erzwingen konnte. Noch wichtiger aber wur-de seine Forderung nach einer Trennung der Gewalten in der Rechtsprechung.
So schrieb er 1752:

Q2 … Ich habe mich entschlossen, niemals in den Lauf des gerichtlichen Verfahrens einzu-greifen, denn in den Gerichtshöfen sollen die Gesetze sprechen und der Herrscher schwei-gen. …

Nur ein einziges Mal verstieß Friedrich II. ge-gen diesen Entschluss. Anlass war der „Fall Müller Arnold". Der Landrat von Gerstorf hat-te 1779 dem Müller Arnold das Wasser abge-graben, durch das die Mühle angetrieben wurde. Der Müller weigerte sich daraufhin, noch länger die Pacht an den Landrat zu be-zahlen. Ein Gericht verurteilte ihn deshalb zur Prügelstrafe. Außerdem wurde er von seiner Mühle vertrieben und ins Gefängnis gewor-fen. Der König setzte die Richter ab und ließ sie ins Gefängnis werfen.

Aufgeklärter Absolutismus in Preußen

2 Ein Kind will seinen Ball zurückhaben, der unter den Schreibtisch des Königs gerollt ist.
Kupferstich aus der Regierungszeit Friedrichs II.

3 In seinem Hut bietet ein Offizier dem erschöpften König Wasser zum Trinken an.
Kupferstich aus der Regierungszeit Friedrichs II.

In der Zeitung vom 14. Dezember 1779 veröffentlichte er folgenden Text, der sich in ganz Europa wie ein Lauffeuer verbreitete:
Q3 … Die Richter müssen nun wissen, dass der geringste Bauer, ja was noch mehr ist, der Bettler, ebenso wohl ein Mensch ist wie seine Majestät. Vor der Justiz sind alle Leute gleich, es mag ein Prinz sein, der gegen einen Bauern klagt, oder umgekehrt. Bei solchen Gelegenheiten muss nach der Gerechtigkeit verfahren werden, ohne Ansehen der Person. …

In den folgenden Tagen zogen Tausende von Bauern nach Berlin vor das Schloss, mit Bittbriefen in den Händen und dem Ruf: „Es lebe der König, der dem armen Bauern hilft."
2 *Der gesamte Adel Berlins ergriff Partei für das Vorgehen des Landrats und die Richter. – Überlegt, wie sie ihre Haltung begründet haben könnten. – Was würdet ihr ihnen antworten?*
3 *Kupferstiche mit Anekdoten aus dem Leben Friedrichs II. waren im Volk weit verbreitet und beliebt. Zeigt anhand der Abbildungen 2 und 3, wie Friedrich II. als Herrscher dargestellt wird. Warum waren solche Bilder im Volk so beliebt?*

„Alle Religionen müssen toleriert werden"
Als aufgeklärter Herrscher trat der preußische König auch dafür ein, tolerant gegenüber allen Religionen zu sein. Auf die Anfrage, ob auch ein Katholik das Bürgerrecht erwerben dürfe, schrieb er:
Q4 … Alle Religionen sind gleich und gut, wenn nur die Leute, die sie bekennen, ehrliche Leute sind. Und wenn Türken und Heiden kämen und wollten sich in diesem Land niederlassen, so wollen wir ihnen Moscheen und Kirchen bauen. Ein jeder kann bei mir glauben, was er will, wenn er nur ehrlich ist. …

Die Reformen und Anordnungen des Königs riefen immer wieder Erstaunen hervor.
In einer heutigen Darstellung heißt es:
M1 … Der Preußenkönig hob die Zensur für den nicht politischen Teil der Presse auf, er schaffte die Folter bei Verhören ab und untersagte die Prügelstrafe in den Kadettenanstalten; er kurbelte die Wirtschaft an und befahl den Bau einer Oper in Berlin und förderte in seinem Land Kunst und Wissenschaft. … Die Sonne der Aufklärung ging nicht mehr in Paris, sondern in Berlin auf. …

Deutschland, ja ganz Europa blickte nach Schloss Sanssouci in Potsdam. Dichterlesungen wurden gehalten, Konzerte veranstaltet. Die Tafelrunde des Königs, an der gebildete Männer zum Meinungsaustausch eingeladen wurden, war in ganz Europa berühmt.

Machtkämpfe in Europa

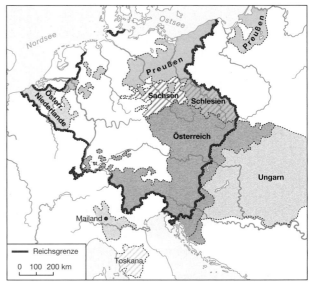

1 Kaiserin Maria Theresia
(1740–1780). Gemälde von Carl Blaas.

2 Preußen und Österreich im Jahr 1740.

Friedrich II. fällt in Schlesien ein

Vor dem Hintergrund der musischen und philosophischen Interessen Friedrichs II. war man sehr überrascht, als der junge König, kaum hatte er den Thron bestiegen, Österreich sofort den Krieg erklärte. – Sein Ziel hieß Schlesien, das bislang von Österreich besetzt war. „Wenn man im Vorteil ist, soll man ihn ausnutzen, oder nicht?", so hatte er seine Minister gefragt. Der Vorteil schien im Jahr 1740 auf seiner Seite zu liegen. Der habsburgische Kaiser Karl VI. war gestorben. Nachfolgerin wurde seine Tochter Maria Theresia, erst 23 Jahre alt. Aus dieser Schwächung Österreichs, wie Friedrich meinte, wollte er jetzt seinen Vorteil ziehen. Fünf Jahre dauerte der Kampf. Endlich, am Weihnachtsabend 1745, kam es in Dresden zum Friedensschluss. Friedrich erhielt ganz Schlesien und erkannte dafür Franz I., den Gatten Maria Theresias, als deutschen Kaiser an.

Würde sich Österreich mit seiner Niederlage abfinden? Diese Frage beschäftigte Friedrich II. immer wieder.

1 *Versucht zusammenzufassen: Wie dachte wohl Maria Theresia über Friedrichs Vorgehen? Wie beurteilt ihr das Vorgehen Friedrichs?*

2 *Beschreibt mithilfe der Karte 2 die Lage der eroberten Gebiete.*

1740–1742:
Erster Schlesischer Krieg

1744–1745:
Zweiter Schlesischer Krieg

Am Vorabend eines europäischen Krieges

Ständig ließ sich Friedrich II. von seinen Spionen über Maria Theresia berichten. Voller Sorge vernahm er die Nachricht, dass das österreichische Heer immer größer werde. Mit den europäischen Herrschern schloss die österreichische Kaiserin Bündnisse gegen Preußen, und zwar mit Frankreich, Russland, Polen und Schweden. Friedrich schloss deshalb im Januar 1756 ein Bündnis mit England. Schon zuvor war er ständig bestrebt gewesen, die Armee zu stärken, die bis 1756 auf 150-000 Mann anwuchs.

Exerzieren für den Krieg

Tag für Tag wurden Preußens Soldaten gedrillt. Viele suchten zu fliehen, bis zu 9000 Mann im Jahr. Wer beim Fluchtversuch erwischt wurde, musste mit harten Strafen rechnen.

Ulrich Bräker, ein Schweizer, der in der preußischen Armee diente, berichtete:

Q1 … Wir mussten zusehen, wie man Deserteure durch 200 Mann achtmal die lange Gasse auf und ab Spießruten laufen ließ, bis sie atemlos dahinsanken – und des folgenden Tages aufs Neue dranmussten. Die Kleider wurden ihnen vom zerhackten Rücken heruntergerissen und wieder frisch drauflosge-

Der Siebenjährige Krieg

2 **König Friedrich II. bei der Wachparade in Potsdam.** Gemälde von Vigée-Lebrun, 1778.

hauen, bis Fetzen geronnenen Blutes ihnen über die Hosen herabhingen.

Was auf dem Exerzierplatz vorging, war nicht viel anders. Auch da war des Fluchens und Prügelns der prügelsüchtigen Offiziere und des Gejammers der Geprügelten kein Ende. Oft mussten wir fünf Stunden lang in unserer Montur eingeschnürt wie geschraubt stehen, in die Kreuz und Quere pfahlgerad marschieren und ununterbrochen blitzschnelle Handgriffe machen. …

3 *Überlegt: Welche Gründe mag es für die Desertation gegeben haben? Welches Ziel wurde mit dieser harten Bestrafung und dem Exerzieren verfolgt?*

Preußen überfällt Sachsen

Am 29. August 1756 überfielen die preußischen Truppen das mit Österreich verbündete Sachsen. Dies war der Beginn des Siebenjährigen Krieges (1756–1763). Es ging in diesem Krieg zwischen Preußen und Österreich um die Vorherrschaft in Europa. Gleichzeitig kämpften auch Frankreich und England gegeneinander; der Sieger – so glaubten die beiden Mächte – würde dann auch alleine die nordamerikanischen Kolonien beherrschen. Waren die Feldzüge Friedrichs II. anfangs noch erfolgreich, so sollte sich dies bald ändern. Im August 1759 erlitt das preußische Heer in der Schlacht von Kunersdorf eine vernichtende Niederlage.

Noch am gleichen Abend schrieb Friedrich II. an einen Minister:

Q2 … Mein Rock ist von Schüssen durchlöchert, zwei meiner Pferde sind getötet, mein Unglück ist, dass ich noch lebe. Alles flieht und ich bin nicht mehr Herr meiner Leute. Man wird in Berlin gut tun, an seine Sicherheit zu denken-… Ich habe keine Hilfsmittel mehr, und um nicht zu lügen, ich halte alles für verloren. Den Untergang meines Vaterlandes werde ich nicht überleben. Leben Sie wohl für immer. …

So weit sollte es allerdings nicht kommen. Auch die gegnerischen Kräfte waren langsam erschöpft. Nach dem Tod der Zarin Elisabeth schied 1762 Russland aus dem Krieg aus. Nun waren alle beteiligten Mächte so geschwächt, dass es im Jahr 1763 zum Friedensschluss kam. Der Besitz von Schlesien wurde dabei Friedrich II. endgültig zugesprochen.

4 *Diskutiert: Für Friedrich II. hatte sich dieser Krieg gelohnt. – Wie werden darüber ein Soldat, eine Kriegerwitwe, ein Bauer gedacht haben?*

1756–1763:

Dritter Schlesischer Krieg,

Siebenjähriger Krieg

Ein Staat wird geteilt ...

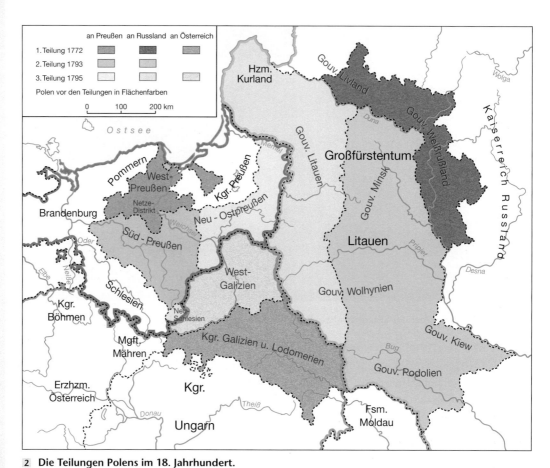

2 Die Teilungen Polens im 18. Jahrhundert.

Der Adler im Wappen Polens – das älteste polnische Staatssymbol

Drei Großmächte teilen Polen unter sich auf

Erbittert hatten Friedrich II. und Maria Theresia um den Besitz Schlesiens gekämpft. Bei der Aufteilung Polens hingegen waren sie sich weitgehend einig. Polen – so dachte die österreichische Regierung – könnte einen Ersatz darstellen für das verlorengegangene Schlesien. Polnische Gebiete zu erobern, schien auch Russland erstrebenswert zu sein. Auf diese Weise konnte es seine Grenze weiter nach Westen verschieben. An polnischen Gebieten interessiert war auch Preußen, um eine Landverbindung mit Ostpreußen herzustellen. Mit heftigem polnischen Widerstand brauchten die Großmächte nicht zu rechnen, da Polen auf Grund vorausgegangener Unruhen und Einmischungen von außen geschwächt war. Schon 1731 hatte Friedrich II., damals noch Kronprinz, geschrieben:

Q1 ... Da die preußischen Länder ... so zerschnitten und getrennt sind, halte ich es für die notwendigste Maßnahme, sie einander anzunähern oder die abgetrennten Teile zu sammeln, die natürlicherweise zu den Teilen gehören, die wir besitzen. So das polnische (Ost-)Preußen, das immer zum Königreich gehört hat und davon nur durch die Kriege der Polen gegen den Deutschen Orden getrennt wurde ...

Wenn dieses Land gewonnen ist, hat man damit nicht nur einen völlig freien Weg von Pommern zum Königreich Preußen, man hält auch die Polen im Zaum, man kann ihnen Gesetze vorschreiben ...

Im Jahr 1772 teilten die drei Großmächte etwa ein Drittel des polnischen Staatsgebietes unter sich auf (Karte 1).

... und verschwindet von der Landkarte?

2 „Die Lage des Königreichs Pohlen im Jahr 1773." Die Kaiserin von Russland (links), der Kaiser von Österreich und der preußische König (rechts) zeigen auf der polnischen Karte ihre Gebietsansprüche. In der Mitte der polnische König, Stanislaus II., der auf die göttliche Gerechtigkeit verweist. Zeitgenössischer Kupferstich von Johann E. Nilsson.

In einem Brief an den österreichischen Reichskanzler schrieb Maria Theresia:

Q2 ... In dieser polnischen Sache, bei der das offenbare Unrecht himmelschreiend gegen uns ist, muss ich bekennen, dass ich mich zeitlebens noch nie so geschämt habe. Bedenken Sie, was wir in aller Welt für ein Beispiel geben, wenn wir um ein elendes Stück Polens unsere Ehre und unseren Ruf aufs Spiel setzen. ...

1 *Lest den Text von Q1 und Q2. – Spielt folgende Situation: Maria Theresia und Friedrich II. unterhalten sich über die Teilung Polens. Was könnten sie gesagt haben?*

2 *Erklärt und vergleicht die Körperhaltungen der Monarchen in Bild 2.*

3 *Der polnische König zeigt in Bild 2 auf die göttliche Gerechtigkeit. – Was will er damit zum Ausdruck bringen?*

Das Ende des polnischen Staates

Friedrich II. sah in den dazugewonnenen Gebieten „eine ausgezeichnete und sehr vorteilhafte Erwerbung", um die er sich in den nächsten Jahren auch kümmerte. Über 12 000 Kolonisten wurden in den teilweise nur schwach bewohnten Gebieten angesiedelt, mehr als fünfzig Dörfer gegründet. Überall entstanden Schulen, um die Ausbildung zu fördern und damit auch bessere Arbeitskräfte zu bekommen.

Nur gut zwanzig Jahre später griffen die drei Großmächte erneut in Polen ein, das 1793 gezwungen wurde, weitere Gebiete abzutreten. Drei Jahre später wurde ganz Polen besetzt und aufgeteilt:

Polens Staatsgebiet und Bevölkerung		
Jahr	1000 km²	Mio. Einwohner
1770	735	11,8
1772	525	7,3
1793	215	3,2
1795	0	0

1795/96:

Ganz Polen wird durch die Großmächte Österreich, Russland und Preußen besetzt und aufgeteilt.

Die polnische Bevölkerung bewahrte trotz der Teilungen ihre gemeinsame Sprache, ihre Kultur und ein Bewusstsein der Zusammengehörigkeit. Mehrfach erhoben sich die Polen gegen die Fremdherrschaft, vor allem nach der dritten Teilung, doch alle Aufstände wurden blutig niedergeschlagen. Es dauerte 123 Jahre bis zur Wiederherstellung des polnischen Staates im Jahr 1918.

4 *Vergleicht Karte 1 mit den Zielen, die Friedrich II. in Q1 nennt.*

5 *Fasst die Teilungen mithilfe des Textes und der Tabelle zusammen.*

6 *Friedrich II., die russische Zarin Katharina II. und der österreichische Kaiser Joseph II. verstanden sich als aufgeklärte Herrscher. Wie bewertet ihr dies im Zusammenhang mit den Teilungen Polens?*

Von der Verheerung zum Wiederaufbau

1 **Das Gemälde „Der König überall".** Es zeigt Friedrich II., der kontrolliert, ob seine Anweisungen zum Kartoffelanbau befolgt wurden. Den Anbau der nahrhaften Frucht befahl der König, weil hungernde Untertanen als Soldaten nicht zu gebrauchen waren. Gemälde von R. Warthmüller, 1886.

Die Besiedlung des Oderbruchs

„Künftig greife ich keine Katze mehr an, außer um mich zu verteidigen." Dieser Ausspruch des preußischen Königs nach dem Ersten und Zweiten Schlesischen Krieg (1740–1745) zeigte, dass er sich künftig ganz dem Aufbau seines Landes widmen wollte. Eine wichtige Aufgabe sah er dabei in der Urbarmachung sumpfiger Gebiete.

Er selber schrieb dazu im Jahr 1752:

Q1 … Ich habe es für meine Pflicht gehalten, für das Wohl des Staates zu sorgen, und das auf jede Weise … Nach dem Frieden [1745] nahm ich mir vor herauszufinden, wodurch die Provinzen wieder aufgerichtet werden könnten …

Längs der Oder und der Neiße zog sich ein Streifen unangebauten, wilden und unzugänglichen Sumpflandes. Ich begann damit, die Sümpfe von Damm bei Stettin zu entwässern. Man arbeitete an einem Deich, um die Oder einzudämmen und verteilte dann das neue Land an die Erbauer der dort angelegten Dörfer. Dieses Werk wird im nächsten Jahr vollendet und das Land mit ungefähr 4000 Seelen besiedelt sein.

Zwischen Freienwalde und Küstrin überschwemmt die Oder die schönsten Wiesen und setzt unaufhörlich ein herrliches Gebiet unter Wasser, das dadurch unbrauchbar wurde … Durch die Eindämmung des Flusses wird ein Gebiet gewonnen, wo 6000 Seelen ihre Nahrung, Ackerland und Viehweiden finden. Wenn ich am Leben bleibe, wird die ganze Besiedlung im Jahre 1756 beendet sein … Überall sind Dörfer angelegt, die in der Mehrzahl bereits fertig sind … Wenn ich alles seit 1746 zusammenzähle, bin ich jetzt beim 122. Dorf. …

Mit diesen Maßnahmen gewann Friedrich II. über 100 000 ha Acker- und Weideland hinzu. Immer wieder reiste der König selber durch das Land, um sich persönlich einen Eindruck von dem Erfolg seiner Bemühungen zu verschaffen. Um die urbar gemachten Ländereien bebauen zu können, ließ Friedrich II. in ganz Europa Kolonisten anwerben. Tausende folgten seinem Ruf. Sie erhielten etwas Geld als Startkapital und die Zusage, das Land an ihre Kinder weitergeben zu dürfen.

1 Findet mithilfe des Atlas heraus, wo die Gebiete liegen, von denen in Q1 die Rede ist.
2 Nennt die Maßnahmen, durch die Friedrich II. den Wohlstand des Landes vermehren wollte.
3 Beschreibt Bild 1. – Welches Gespräch zwischen dem König und den Bauern und Bäuerinnen könnte es gegeben haben?

1764:

Zur Verbesserung der Ernährungslage verfügt Friedrich II. einen Kartoffelanbauzwang. Die Kartoffelernte steigt in Brandenburg dadurch von 6,9 Millionen Kilogramm (1765) auf 25,1 Millionen Kilogramm (1773) und auf 152,4 Millionen im Jahr 1801. Bei vielen Menschen stieß die unbekannte Frucht zunächst auf Ablehnung. Anbau- und Zubereitungsmethoden mussten erst bekanntgemacht werden. Das änderte sich erst nach einigen Jahren.

Von der Verheerung zum Wiederaufbau

2 **Arbeit auf dem Land.** Auch unter Friedrich II. blieb die Leibeigenschaft der Bauern erhalten und ihre Verpflichtung, den Gutsherren auf dem Feld Gesindedienste zu leisten. Aquarell, 1802.

Willkür der Gutsherren – Frondienste der Bauern: „Eine widerwärtige Einrichtung"

Dass die Kolonisten das Land an ihre Kinder vererben durften, war in Brandenburg-Preußen damals keine Selbstverständlichkeit.

Häufig verfuhren die Gutsherren bei der Vergabe der Bauernhöfe recht willkürlich. Außerdem belasteten sie ihre Untertanen mit immer neuen Frondiensten. Auch körperliche Misshandlungen muss es immer wieder gegeben haben. „Unsere Grundherrschaft", so klagten z. B. einige Bauern, „hat uns immerfort gequält und von Jahr zu Jahr neue Bedrückungen ersonnen und durch Schläge, Gefängnis und Geldstrafen zu erzwingen gewusst." Immer wieder griff der König ein, um wenigstens die schlimmsten Missstände zu beseitigen. So ließ er z. B. das Bauernlegen* verbieten, denn schließlich sollten die Bauern auch in Zukunft Soldaten stellen und das Steueraufkommen gewährleisten. Insgesamt aber konnte sich der König mit seinen Bemühungen gegen den Adel kaum durchsetzen.

So schrieb er 1777:

Q1 … Sicherlich ist kein Mensch dazu geboren, der Sklave von seinesgleichen zu sein. Mit Recht verabscheut man diesen Missbrauch und meint, man brauche nur zu wollen, um diese barbarische Unsitte abzuschaffen. Dem ist aber nicht so: … Der Ackerbau ist auf der Bauern Frondienste zugeschnitten. Wollte man diese widerwärtige Einrichtung mit einem Male abschaffen, so würde man die ganze Landwirtschaft über den Haufen werfen. Der Adel müsste dann für einen Teil der Verluste, die er an seinen Einkünften erleidet, entschädigt werden. …

3 *Schreibt aus Q2 Begriffe heraus, die der König für die Leibeigenschaft der Bauern verwendet.*

4 *Erklärt mit eigenen Worten die Haltung des Königs zur Abschaffung der Leibeigenschaft.*

3 **Gutsherrliches Züchtigungsrecht.** Kupferstich, Ende des 18. Jahrhunderts

Bevölkerung in der Kurmark Brandenburg:

In der Kurmark leben um 1735 etwa 450 000 Menschen, davon mehr als die Hälfte auf dem Land. Die durchschnittliche Einwohnerzahl einer brandenburgischen Stadt beträgt nur 2647 Bewohner, die vornehmlich von Ackerbau, Brennerei und Brauerei leben. Nur in der „Großstadt" Berlin mit etwa 80-000 Einwohnern und in der Umgebung der Hauptstadt gibt es Manufakturen mit teilweise hohen Beschäftigungszahlen.

Bauernlegen:*
Bezeichnung für die bis in das 18. Jahrhundert übliche Vertreibung der Bauern von ihren Hofstellen durch den Grundherrn, der das Land in Besitz nahm

Von der Verheerung zum Wiederaufbau

1 Friedrich II. in seinen letzten Lebenstagen auf der Terrasse von Sanssouci. Rechts daneben der Kammerhusar.

Bettelnde Soldatenfrau.
In der verlustreichsten Schlacht des Krieges starben in sieben Stunden 35 000 Menschen: Soldaten im Dienst des preußischen Königs, der österreichischen Kaiserin und der russischen Zarin. Radierung von Daniel Chodowiecki, 1764.

Preußen nach dem Siebenjährigen Krieg

Die Bemühungen des Königs um den Aufbau des Landes erlitten durch den Siebenjährigen Krieg (vgl. S. 107) einen schweren Rückschlag. Als der Krieg vorbei war, waren ihm über 500 000 Menschen zum Opfer gefallen. In den Provinzen Preußen, Brandenburg, Schlesien und Pommern waren die Menschenverluste besonders hoch.

Friedrich II. schrieb über sein Land:

Q1 … Um sich einen Begriff von der allgemeinen Zerrüttung zu machen, muss man sich völlig verheerte Landstriche vorstellen: Städte, die von Grund auf zerstört, 13 000 Häuser, die bis auf die letzte Spur vertilgt waren. Nirgends bestellte Äcker, kein Korn zur Ernährung der Einwohner; 60 000 Pferde fehlten den Bauern zur Feldarbeit, und im Ganzen hatte sich die Bevölkerung um 500 000 Seelen gegenüber dem Jahre 1756 vermindert (bei 4,5 Millionen Einwohnern). Adel und Bauern waren so ausgeplündert, dass ihnen nur das nackte Leben blieb. …

Mehr als zwei Jahrzehnte widmete der König jetzt seine ganze Kraft dem Wiederaufbau des zerstörten Landes. Über 900 Dörfer wurden neu gegründet und fast 60 000 Siedlerstellen angelegt. Auf diese Weise konnten rund 300 000 Einwanderer aus aller Herren Länder angesiedelt werden. Über 15 000 Häuser ließ der König in den ersten 7 1/2 Jahren nach dem Krieg bauen. Allein in Schlesien wurden in sechs Jahren 750 Schulen errichtet, da in Preußen seit 1763 die allgemeine Schulpflicht für Kinder vom 5. bis zum 14. Lebensjahr galt.

Ehrgeizige Straßenbauvorhaben wurden in Angriff genommen und die Manufakturen wieder verstärkt gefördert. Die Erfolge konnten sich sehen lassen: Preußen hatte sich in langjährigen Kämpfen in Europa eine Großmachtstellung erobert. Durch die Maßnahmen Friedrichs II. wurde es auch zu einer starken Wirtschaftsmacht.

Noch kurz vor seinem Tod soll der König die Befreiung der Bauern aus der Leibeigenschaft ins Auge gefasst und entsprechende Anweisungen gegeben haben. Ihre Durchsetzung erlebte er nicht mehr. Friedrich II. starb am 17. August 1786.

1 *Friedrich II. bezeichnete sich als aufgeklärten Monarchen und als „ersten Diener des Staates". Welche Maßnahmen des Königs entsprachen diesem Anspruch, welche nicht?*

2 *Schreibt einen Bericht, in dem ihr den König aus eurer Sicht schildert. Berücksichtigt Vor- und Nachteile seiner Herrschaft für die Entwicklung Preußens und für die Auswirkungen seiner Politik auf die Menschen.*

Zusammenfassung

Absolutismus in Frankreich

Der französische König Ludwig XIV. (1643–1715) beseitigte das Mitspracherecht der Stände und konnte so absolute, d.-h. unumschränkte Herrschaft ausüben. Die Stützen seiner absolutistischen Macht bildeten das stehende Heer, die Kirche und der Beamtenapparat. Äußeres Zeichen seiner Machtfülle war das Schloss Versailles. Dessen Bau und Unterhalt, das aufwändige Leben am Hof und die Kosten für Bürokratie und Heer sowie vor allem die zahlreichen Kriege Ludwigs führten zu einer hohen Staatsverschuldung.

Absolutismus in Brandenburg-Preußen

Durch geschickte Heiratspolitik, Eroberungen und Kauf konnten die in Brandenburg ansässigen Hohenzollern ihr Herrschaftsgebiet maßgeblich erweitern. Wie Ludwig XIV., so herrschte auch Kurfürst Friedrich Wilhelm absolut: Er schaffte Sonderrechte des Adels und der Stände ab, insbesondere das Recht der Steuerbewilligung. Sein Herrschaftsgebiet unterstellte er einer einheitlichen Verwaltung und Rechtsprechung, und er schuf ein stehendes Heer mit Berufssoldaten. Sein Sohn Friedrich III. ließ sich somit 1701 erstmals zum „König in Preußen" krönen. Dessen Nachfolger, König Friedrich Wilhelm I., legte besonderen Wert auf Sparsamkeit, Pflichtbewusstsein und Disziplin. Einzig beim Heer sparte er nicht. Preußen verfügte damals über die viertstärkste, am besten ausgebildete Armee in Europa.

Friedrich II. (1740–1786):
„Erster Diener des Staates"

Friedrich II. fühlte sich den Prinzipien der Aufklärung verpflichtet und schaffte in der Folge Folter und Zensur ab, plädierte für Toleranz gegenüber anderen Glaubensbekenntnissen. Das hielt ihn jedoch nicht davon ab, 1740 Schlesien zu überfallen, um sein Herrschaftsgebiet zu erweitern. Dieser im Lauf des Siebenjährigen Krieges errungene Sieg und der territoriale und politische Machtgewinn verhalfen Preußen zur Großmachtstellung in Europa.

Die Kunst des Barock

Überall in Europa entstanden nach dem Vorbild von Versailles prächtige Schösser, die die Macht und den Reichtum der Erbauer zeigen sollten. In Brandenburg entstanden als Barockbauten z.-B. das Kloster Neuzelle und das Neue Palais in Potsdam. Als Barock bezeichnet man neben dem Baustil den gesamten Lebensstil dieser Zeit.

1643–1715

Herrschaft des französischen Königs Ludwig XIV.

1713–1786

Aufstieg Preußens zur europäischen Großmacht unter Friedrich Wilhelm I.

1740–1786

Friedrich II.

1600–1750

Schlösser, Klöster und Kirchen werden im barocken Stil gebaut.

Arbeitsbegriffe

- ✓ Ständegesellschaft
- ✓ Merkantilismus
- ✓ Ludwig XIV.
- ✓ Säulen der Macht
- ✓ Absolutismus
- ✓ Aufklärung
- ✓ Gewaltenteilung

Was wisst ihr noch?

1 Was bedeutet der angebliche Ausspruch Ludwigs XIV.: „Der Staat – das bin ich"?

2 Erklärt anschaulich die Bedeutung der Begriffe „Absolutismus" und „Gottesgnadentum".

3 Beschreibt die französische Ständegesellschaft unter Ludwig XIV.

4 Wodurch unterscheidet sich der Merkantilismus vom mittelalterlichen Handwerk?

5 Gewaltenteilung statt Alleinherrschaft. – Wie lautete die Kritik der Aufklärer am Absolutismus?

6 Erläutert den Begriff „aufgeklärter Absolutismus" am Beispiel von Preußen.

7 Was habt ihr über die Rolle von Frauen (z. B. als Bäuerin, Bürgerin oder Adliger) erfahren?

Tipps zum Weiterlesen

Alexandre Dumas: Die drei Musketiere.
Arena Verlag, Würzburg 2000

Pierre Marchand: Kaiser, Könige und Zaren.
Vom Sonnenkönig bis zu den ersten Siedlern
in Amerika. Lexikon-Verlag, Gütersloh 1992

Ludwig Hüttl: Schlösser. Wie sie wurden, wie
sie aussahen und wie man in ihnen lebte.
Droemer Knaur, München/Zürich 1992

1 Der dritte Stand trägt die Lasten. Kolorierte Radierung, 1789.

2 Das Austernfrühstück. Gemälde von Jean-François Troy (1679–1752).

?

3 Der deutsche Philosoph Immanuel Kant (1724–1804).

Absolutismus und Aufklärung

Von 1643 bis 1715 regierte in Frankreich König 🖊. Sein Schloss 🖊 und das Leben an seinem Hofe wurden zum 🖊 für viele europäische Herrscher. 🖊 und 🖊 ließen den französischen Staat schnell verarmen. Deshalb förderte sein Finanzminister 🖊 die 🖊. Man bezeichnet diese Wirtschaftsform als 🖊.

Gegen die 🖊 Herrschaft wandten sich viele Gelehrte. Man spricht vom Zeitalter der 🖊. Der Philosoph Montesquieu forderte die 🖊. Zu den wichtigsten Aufklärern zählte auch der deutsche Philosoph 🖊. „Habe den Mut, dich deines 🖊 zu bedienen", forderte er.

🖊 = Vorbild – Colbert – Versailles – Ludwig XIV. – Aufklärung – Manufakturen – Immanuel Kant – Merkantilismus – Verschwendungssucht – absolutistische – Verstandes – Gewaltenteilung – Luxus

1 Schreibt den Text in euer Heft ab und ergänzt dabei die Lücken.
2 Erklärt die Aussage der Karikatur 1 und beschreibt das Geschehen auf der Abbildung 2. Welcher Zusammenhang besteht zwischen diesen beiden Abbildungen?

4. Die Französische Revolution

1789

1791

1793

STURM AUF
DIE BASTILLE

1. VERFASSUNG

KÖNIG LUDWIG XVI.
WIRD HINGERICHTET

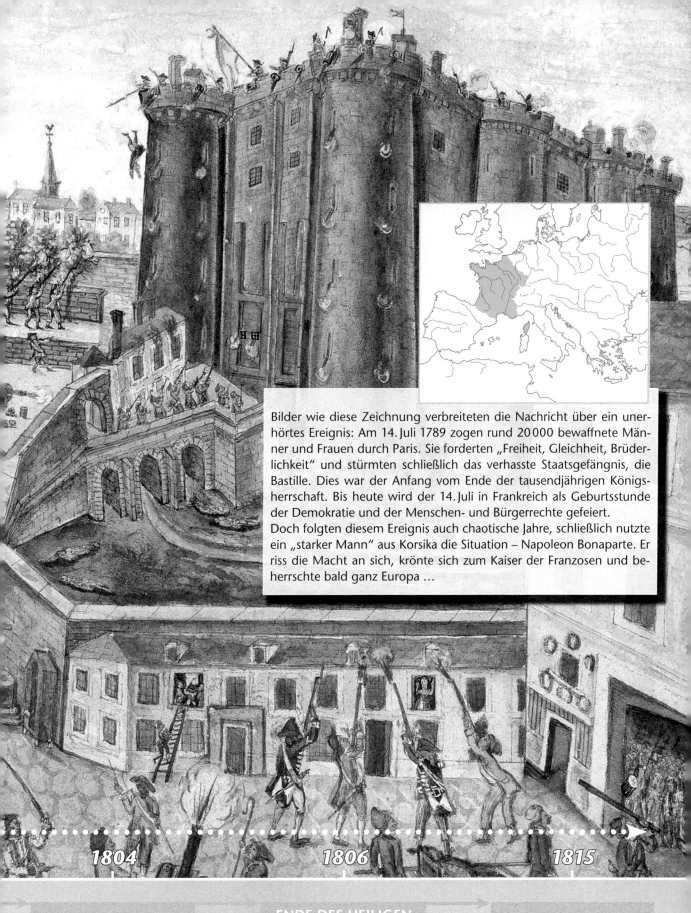

Bilder wie diese Zeichnung verbreiteten die Nachricht über ein unerhörtes Ereignis: Am 14. Juli 1789 zogen rund 20 000 bewaffnete Männer und Frauen durch Paris. Sie forderten „Freiheit, Gleichheit, Brüderlichkeit" und stürmten schließlich das verhasste Staatsgefängnis, die Bastille. Dies war der Anfang vom Ende der tausendjährigen Königsherrschaft. Bis heute wird der 14. Juli in Frankreich als Geburtsstunde der Demokratie und der Menschen- und Bürgerrechte gefeiert.

Doch folgten diesem Ereignis auch chaotische Jahre, schließlich nutzte ein „starker Mann" aus Korsika die Situation – Napoleon Bonaparte. Er riss die Macht an sich, krönte sich zum Kaiser der Franzosen und beherrschte bald ganz Europa …

1804

1806

1815

KAISERKRÖNUNG
NAPOLEONS

ENDE DES HEILIGEN
RÖMISCHEN REICHES
DEUTSCHER NATION

SCHLACHT
BEI WATERLOO

Die Krise des Absolutismus

1 Ein hoher Würdenträger huldigt dem französischen König Ludwig XVI. Gemälde von Gabriel François Doyen, etwa 1774.

Lebenshaltungs-kosten in Frankreich 1789:

Es kosteten
ein Vier-Pfund-Brot
14,5 Sous
0,5 Liter Wein
5,0 Sous
Miete täglich
3,0 Sous
250 g Fleisch
5,0 Sous
Tageslohn eines
Bauarbeiters 1789:
18 Sous

Verschwendung am Hof

Im Jahr 1774 wurde Ludwig XVI. König von Frankreich. Bedingt durch die Verschwendungssucht seiner Vorgänger übernahm er einen völlig verschuldeten Staat. Ganz Frankreich erhoffte sich von ihm eine Wende zum Guten: Würde der neue König die Staatsschulden tilgen und die Steuern senken? Würde er das ausschweifende Leben am Hof beenden? Doch die Hoffnungen wurden enttäuscht. Ludwig XVI. interessierte sich nicht für die Fachgespräche mit seinen Ministern. Lieber hielt er sich in seiner Schlosserwerkstatt auf oder ging auf die Jagd. Wie seine Vorgänger gab er das Geld mit vollen Händen aus und der Adel tat es ihm nach.

Die drei Stände

Seit Jahrhunderten war die Bevölkerung Frankreichs in Stände eingeteilt. Dem ersten Stand gehörten die höheren Geistlichen (Klerus) an. Der Adel (z. B. Freiherren, Grafen) bildete den zweiten Stand. Diesen 600 000 Menschen standen 24 Millionen Einwohner des dritten Standes gegenüber. Es konnten Anwälte oder

Professoren, Bauersleute, Ärzte, Verkäuferinnen, Handwerker oder Soldaten sein. Die Masse des dritten Standes lebte als Bauern oder Tagelöhner auf dem Land. Die Bauern waren Leibeigene eines Grundherrn. Sie hatten zahlreiche Dienste und Abgaben zu leisten. Wenn sie heiraten oder wegziehen wollten, mussten sie den Grundherrn um Erlaubnis fragen.

Der dritte Stand trägt die Lasten

Die Angehörigen des ersten und zweiten Standes genossen besondere Rechte (Privilegien). Sie waren weitgehend von der Zahlung der Steuern befreit. Sie wurden bei der Vergabe hoher Staatsämter in der Armee, in der Verwaltung oder der Kirche bevorzugt. Der dritte Stand hatte fast die gesamten Steuern zu bezahlen. Durch Missernten kam es zu Hungersnöten. 1789 verdiente ein Bauarbeiter 18 Sous pro Tag. Ein Vierpfundbrot kostete aber schon 14,5 Sous. Wie sollte man da noch seine Familie ernähren?

1 *Beschreibt die Personen auf Abbildung 1.*

Die Krise des Absolutismus

2 Wogegen protestiert der Zeichner der Karikatur (Abbildung 2)?
3 Vergleicht den Verdienst des Bauarbeiters und die damaligen Lebenshaltungskosten in Paris (Randspalte S. 96). – Für welche notwendigen Ausgaben fehlte dem Bauarbeiter das Geld?

Der Adel – eine göttliche Einrichtung?

Einige Angehörige des dritten Standes waren zu Reichtum und Ansehen gekommen. Sie besaßen oft mehr Bildung als die Adligen und Geistlichen. Dennoch hatten sie keinerlei politischen Einfluss. So sprachen sich Rechtsanwälte, Ärzte, Kaufleute und Gutsbesitzer immer deutlicher gegen ein absolutistisches Herrschaftssystem aus, das den Staat in den Ruin führte. Überall debattierten* die Menschen über Politik, über die Ideen der Aufklärung und die amerikanische Unabhängigkeitserklärung. In ihr hieß es: „Alle Menschen sind von Natur aus frei und gleich an Rechten geboren" (siehe S. 207). Eine solche Freiheit gab es aber in Frankreich noch nicht.
Gegen die massive Kritik setzte sich der Adel mit einer Schrift zur Wehr:

Q1 … Die Garantie der persönlichen Steuerfreiheit und der Auszeichnungen, die der Adel zu allen Zeiten genossen hat, sind Eigenschaften, die den Adel besonders hervorheben; sie können nur dann angegriffen werden, wenn die Auflösung der allgemeinen Ordnung erstrebt wird. Diese Ordnung hat ihren Ursprung in göttlichen Institutionen: Die unendliche und unabänderliche Weisheit hat Macht und Gaben ungleichmäßig verteilt …

In einem zeitgenössischen Theaterstück sagt hingegen ein Diener zu seinem adligen Herrn:

Q2 … Weil Sie ein großer Herr sind, bilden Sie sich ein, auch ein großer Geist zu sein. Geburt, Reichtum, Stand und Rang machen Sie stolz. – Was taten Sie denn, mein Herr, um so viele Vorzüge zu verdienen? Sie gaben sich die Mühe, auf die Welt zu kommen; das war die einzige Arbeit Ihres ganzen Lebens …

2 Der dritte Stand trägt die Lasten. Auf dem Stein steht: die Kopfsteuer, das Steuerwesen und die Fronarbeit(en). Kolorierter Kupferstich, 1789.

4 Stellt fest, welche Vorteile der Adel für sich in Anspruch nimmt. – Wie begründet er seine bevorzugte Stellung?
5 Entwickelt eine kleine Theaterszene, in der ein Adliger auf die Vorwürfe des Dieners in Q2 antwortet.

Von der Finanz- zur Staatskrise

Im Jahr 1788 stand der französische König Ludwig XVI. vor einer katastrophalen Situation. Die Schuldenlast des Staates hatte sich in den letzten 15 Jahren verdreifacht und betrug nun fünf Milliarden Livres. Sein Versuch, neue Steuern beim Adel oder dem hohen Klerus einzutreiben, scheiterte am entschlossenen Widerstand dieser beiden Gruppen.
6 Berechnet mithilfe der Angaben im Text und in der Randspalte, wie viele Jahre der französische Staat zur Tilgung seiner Schulden benötigen würde, wenn er nur Einnahmen wie 1788 hätte, aber keine Ausgaben.

debattieren*:
(franz.) erörtern, verhandeln.

Verteilung der Ausgaben

Militär 26 %

Hof 6 %

Schuldendienst 55 %

Sonstiges 13 %

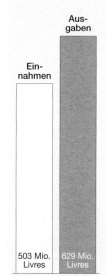

Ausgaben

Einnahmen

503 Mio. Livres   629 Mio. Livres

Der Staatshaushalt im Jahr 1788.

Der Beginn der Revolution

1 Als die Einberufung der Generalstände für den Mai 1789 bekannt wird, versammeln sich in jeder Gemeinde die Einwohner, um – dem Brauch entsprechend – ihren Beschwerdebrief zu diktieren. Buchillustration.

Erster Stand:
300 Abgeordnete

↑
•

Zweiter Stand:
300 Abgeordnete

↑
•••

Dritter Stand:
600 Abgeordnete

↑

• = 120 000 Einwohner

Der König beruft die Generalstände* ein

Der dritte Stand weitgehend verarmt, das Land dem Bankrott nahe und weit und breit keine Lösung der Finanzkrise in Sicht – das war die Situation Frankreichs zu Beginn des Jahres 1789.

In dieser verzweifelten Lage beschloss Ludwig XVI., die Vertreter aller drei Stände nach Versailles einzuberufen. Gemeinsam sollten sie über eine Lösung der Finanzkrise beraten, gemeinsam nach einer Lösung suchen. Am 5. Mai 1789 – so ließ er es im ganzen Land von den Kanzeln verkünden – treffen sich die Abgeordneten in Versailles. Im Februar und März fanden die Wahlen statt:

– Der erste Stand (120 000 Geistliche) wählte 300 Abgeordnete.
– Der zweite Stand (350 000 Adlige) wählte 300 Abgeordnete.
– Der dritte Stand (24 Mio. Franzosen) wählte 600 Abgeordnete. Wählen durfte nur, wer männlich war und Besitz hatte.

Schon Ende April trafen die ersten Abgeordneten in Versailles ein. Täglich brachten staubbedeckte Postkutschen Gruppen weiterer Abgeordneter aus dem ganzen Land herbei. In ihrem Gepäck führten die Vertreter des dritten Standes Beschwerdehefte mit, zusammengestellt von Bauern, Handwerkern, Landarbeitern und armen Landpfarrern. 60 000 Hefte waren es insgesamt. Alle enthielten immer wieder die gleichen Klagen, wie z. B.: Die Abgaben sind zu hoch, die Bauern werden von ihren Grundherren wie Sklaven behandelt, viele sind dem Verhungern nahe. Die Beschwerdebriefe sollten dem König gezeigt werden. Doch auch die Adligen hatten Briefe verfasst, in denen sie mehrheitlich erklärten, dass sie „der Abschaffung der von den Vorfahren ererbten Rechte niemals zustimmen" würden.

1 *Berechnet, wie viele Abgeordnete den ersten und zweiten Stand vertreten hätten, wenn für diese Stände das gleiche Zahlenverhältnis gültig gewesen wäre wie für den dritten Stand.*
2 *Versucht folgendes Gespräch zu führen: Vertreter des ersten und des zweiten Standes unterhalten sich über die Beschwerdehefte des dritten Standes.*

Von den Generalständen zur Nationalversammlung

2 20. Juni 1789: Der Schwur im Ballhaus. Gemälde von J. Louis David, um 1790.

Wer vertritt das Volk?

Alle Abgeordneten waren vollzählig versammelt, als am 5. Mai 1789 der König in einem Saal seines Schlosses die Sitzung der Generalstände eröffnete. Gespannt warteten vor allem die Vertreter des dritten Standes darauf, wie der König auf die Beschwerdehefte und die darin enthaltenen Forderungen reagieren würde. Doch der König sprach nicht von Reformen, er wünschte nur die Zustimmung zu neuen Steuern. Nach dem König sprach der Finanzminister noch drei Stunden über die Staatsschulden. Dann wurden die Abgeordneten entlassen. Sie sollten jetzt – jeder Stand für sich – über die Steuervorschläge des Königs beraten und abstimmen. Jeder Stand sollte eine Stimme haben.

Gegen diese Anordnung des Königs wehrten sich die Abgeordneten des dritten Standes. Sie verlangten eine gemeinsame Beratung aller Abgeordneten und eine Abstimmung nach Köpfen. Doch der König und fast alle Abgeordneten des ersten und zweiten Standes lehnten diese Forderungen ab.

Am 17. Juni 1789 erklärten schließlich die Abgeordneten des dritten Standes:

Q1 … Wir sind die Vertreter von 24 Millionen Franzosen. Wir sind die einzigen und wahren Vertreter des ganzen französischen Volkes. Deshalb geben wir unserer Versammlung den Namen „Nationalversammlung"*. Wir werden Frankreich eine Verfassung* geben, die allen Franzosen die gleichen Rechte garantiert …

3 *Gebt mit eigenen Worten wieder, warum der dritte Stand das Recht für sich in Anspruch nahm, sich zur Nationalversammlung zu erklären.*

Der Schwur im Ballhaus

Als der König aus Empörung über das Vorgehen des dritten Standes den Sitzungssaal sperren ließ, versammelten sich die Abgeordneten in einer nahe gelegenen Sporthalle, dem sogenannten Ballhaus. Hier schworen die Abgeordneten am 20. Juni 1789, sich nicht zu trennen, bis sie eine Verfassung für Frankreich verabschiedet hätten.

Als der König versuchte, die Nationalversammlung aufzulösen, riefen die Abgeordneten ihm zu: „Die versammelte Nation empfängt keine Befehle." Von der Entschlossenheit des dritten Standes beeindruckt, gab der König nach. Am 27. Juni 1789 forderte er die beiden anderen Stände auf, sich der Nationalversammlung anzuschließen. Damit war das Ende der Stände gekommen.

4 *Betrachtet Bild 2. Welche Wirkung wollte der Maler vermutlich erzielen und welche künstlerischen Mittel setzte er dafür ein?*

5. Mai 1789:
Der König eröffnet die Sitzung der Generalstände in Versailles.

17. Juni 1789:
Die Versammlung der Vertreter des dritten Standes erklärt sich zur Nationalversammlung.

27. Juni 1789:
Der König empfiehlt den Vertretern der beiden anderen Stände, sich der Nationalversammlung anzuschließen.

Nationalversammlung*:
Eine verfassunggebende Versammlung von Abgeordneten, die die ganze Nation vertritt.

Verfassung*:
Grundregeln, die für die Ordnung und Funktion des Staates gelten. Sie werden meistens schriftlich zusammengestellt.

Der dritte Stand erhebt sich

1 **Das Erwachen des dritten Standes.** Karikatur, 1789.

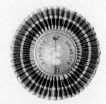

Eine blau-weiß-rote **Kokarde***, *das Abzeichen der Revolutionäre.*

14. Juli 1789: Eine große Menschenmenge stürmt in Paris die Bastille.

Der Sturm auf die Bastille

Die Pariser Bevölkerung verfolgte die Ereignisse in Versailles voller Ungeduld. In der Stadt herrschte seit Wochen Hunger. Die ersten Hungertoten hatte man schon begraben müssen. Es kam der Verdacht auf, Adlige würden Getreide hamstern, um den dritten Stand gefügig zu machen.

Alle Hoffnungen richteten sich daher auf die Abgeordneten der Nationalversammlung. Sie hatten gezeigt, dass sie sich für die Anliegen der Bevölkerung einsetzen wollten. Umso größer war dann aber die Wut der Bevölkerung, als sie erfuhr, dass der König Truppen um Paris zusammenzog, fast 20 000 Mann. Sie sollten, so hieß es, die Abgeordneten vertreiben. In ganz Paris ertönte daher der Schrei: „Zu den Waffen!" – Man brach die Läden der Waffenhändler auf. Alle Glocken läuteten Sturm. Stühle, Tische, Fässer, Pflastersteine wurden auf die Straße geworfen, um Barrikaden zu errichten.

Am 14. Juli 1789 versammelte sich die Menge vor der Bastille, dem verhassten Staatsgefängnis. Man forderte den Kommandanten zur Übergabe auf. Es kam zu einem Schusswechsel. Als die Belagerten das Tor öffneten, weil sie aufgeben wollten, ermordete die Menge einige Soldaten und den Kommandanten. Seinen Kopf spießte man auf eine Stange und trug ihn im Triumphzug durch die Stadt. Das Ereignis wurde als „Sturm auf die Bastille" zum Symbol der Revolution.

Ludwig XVI. zog die Truppen vollständig ab. Am 17. Juli kam er selbst nach Paris. Im Rathaus heftete er sich das Abzeichen der Revolutionäre an, die blau-weiß-rote Kokarde*. Blau und Rot waren die Farben der Stadt Paris, Weiß die Farbe des Königshauses. Dies sei – so versicherte der König – ein Zeichen für den ewigen Bund zwischen ihm und dem Volk.

1 *Lesen Sie nochmals nach, was der König bis jetzt gesagt oder angeordnet hat. – Beurteilen Sie dann seine Aussage von einem ewigen Bund zwischen ihm und dem Volk.*

2 *Stellen Sie sich vor, Sie wären damals Reporter gewesen. – Verfassen Sie einen kurzen Zeitungsbericht, in dem Sie auch die Stimmung in der Bevölkerung schildern.*

Die Revolution ergreift das Land

Die Nachricht von der Erstürmung der Bastille verbreitete sich wie ein Lauffeuer in ganz Frankreich. Sie löste vor allem bei den Bauern große Freude aus. Seit Monaten hatten sie auf die Beantwortung ihrer Beschwerdehefte gewartet. Nichts war geschehen. Die Erstürmung der Bastille war für sie das Zeichen, jetzt ebenfalls selbst zu handeln. Die Bauern verweigerten die weitere Zahlung von Abgaben und Steuern. Sie bewaffneten sich mit Sensen, Dreschflegeln, Mistgabeln und Jagdgewehren

Frauen zwingen den König nach Paris

2 5. Oktober 1789: Tausende von Frauen ziehen von Paris nach Versailles. Sie fordern vom König Brot und die Unterschrift unter die Beschlüsse der Nationalversammlung. Zeitgenössische Zeichnung eines Unbekannten.

Frauen und die Revolution:
Revolutionäre Aktionen bzw. Aufstände von Frauen entstanden häufig aus der direkten Betroffenheit heraus. Sie sorgten für die Ernährung der Familie und wollten die Versorgung mit Lebensmitteln erzwingen. Daneben gab es aber auch ab 1791 Frauenklubs mit ausschließlich weiblichen Mitgliedern: Sie besuchten das Parlament, organisierten Versammlungen und versuchten mit Veröffentlichungen politisch Einfluss zu nehmen. Doch schon 1793 wurden die Frauenklubs verboten.

und drangen gewaltsam in die Schlösser ihrer Grundherren ein. Um die Bauern zu beruhigen, beschloss die Nationalversammlung, sofort zu handeln.

In einer stürmischen Nachtsitzung vom 4. auf den 5. August 1789 wurde beschlossen:

Q1 ... 1. Die Leibeigenschaft wird abgeschafft.
2. Die Gerichtsbarkeit des Grundherrn wird beseitigt.
3. Die Sonderrechte für die Jagd, Taubenschläge und Gehege werden aufgehoben.
4. Der Zehnte und andere Rechte des Herrn können in Geld entrichtet oder durch Geldzahlungen abgelöst werden.
5. Mit Beginn des Jahres 1789 sind alle Bürger gleich steuerpflichtig ...

Nach diesen Beschlüssen beruhigte sich zunächst die Lage auf dem Land.

3 *Erklären Sie die Behauptung: Die Beschlüsse dieser Sitzung waren die Sterbeurkunde für die alte Gesellschaftsordnung.*

Der König: Freund oder Feind der Revolution?

Die Nationalversammlung forderte den König auf, ihre Beschlüsse zu unterschreiben. Ludwig XVI. weigerte sich mit der Bemerkung: „Nie werde ich einwilligen, meine Geistlichen und meinen Adel zu berauben." Gleichzeitig

4./5. August 1789:
Die Nationalversammlung beschließt die Abschaffung der Leibeigenschaft und die Aufhebung aller Privilegien.

ließ er erneut Truppen in der Nähe von Versailles zusammenziehen. Die Empörung hierüber war bei der Bevölkerung in Paris grenzenlos. Hinzu kamen Wut und Enttäuschung darüber, dass sich die Versorgung mit Brot noch immer nicht gebessert hatte.

Am Morgen des 5. Oktober 1789 versammelten sich zahlreiche Frauen vor dem Rathaus von Paris. Sie verlangten Brot, doch es gab keines. Spontan beschlossen sie, nach Versailles zu ziehen. Über 7000 Frauen waren es schließlich, die sich auf den Weg machten: Brot und Unterschrift des Königs – so lauteten ihre Forderungen. Am Abend erreichten sie Versailles, am folgenden Morgen drangen sie in das Schloss ein. Immer lauter wurden die Rufe: „Der König nach Paris!" Ludwig XVI. gab nach. Abends trafen die Massen mit dem König in Paris ein. Die Frauen riefen: „Wir bringen den Bäcker*, die Bäckerin und den kleinen Bäckerjungen." Dies war der letzte Tag des Königs im Schloss zu Versailles, dem Zentrum des französischen Absolutismus. Schließlich unterschrieb er die Beschlüsse der Nationalversammlung.

4 *Was könnten die Frauen mit dem Satz „Wir bringen den Bäcker!" gemeint haben?*
5 *Überlegen Sie, warum gerade so viele Frauen an dem Marsch nach Versailles beteiligt waren.*

Bäcker*:
Das Volk von Paris gab dem König den Spitznamen „der Bäcker", der Königin Marie Antoinette, einer Tochter Maria Theresias, den Spitznamen „die Bäckerin", weil diese auf den Hinweis, dass es in Paris kein Brot mehr zu essen gäbe, gesagt haben soll: „Dann sollen die Leute doch Kuchen essen."

„So kann es nicht weiter-gehen." Zeitgenössischer Stich.

Die meisten Menschen im 18. Jahrhundert konnten weder lesen noch schreiben. Deshalb wurde die Kritik am Absolutismus nicht nur in Büchern geäußert, sondern auch in Zeichnungen zum Ausdruck gebracht. Solche Zeichnungen werden Karikaturen genannt. Es gab sie schon seit dem 16. Jahrhundert, aber jetzt kamen sie richtig in Mode. Karikaturen zeigen Personen, Ereignisse oder Zustände häufig in übertriebener, verzerrter Darstellung, die oft (aber nicht immer) komisch wirkt und den Betrachter zum Lachen bringt. Dabei geht es dem Zeichner darum, seine Meinung zu einer Sache darzustellen. Eine Karikatur beschreibt nicht nur, sondern urteilt. Um verstanden zu werden, bedienen sich Karikaturisten bestimmter Stilmittel. Dazu gehört häufig die Übertreibung, z.B. von körperlichen Eigenschaften bestimmter Personen (übergroße Ohren, lange Nasen usw.).

Oft werden historische Personen (z.B. Könige), Figuren aus Sagen oder Märchen (z.B. „Hans im Glück") oder Tiere (z.B. „Berliner Bär") als Symbolfiguren herangezogen, um etwas zu verdeutlichen. Die folgenden Arbeitsschritte können euch dabei helfen, eine Karikatur zu deuten.

1. Schritt:
Beobachten
Betrachtet die Karikatur so genau wie möglich und notiert euren ersten Eindruck.

2. Schritt:
Beschreiben
Beschreibt so genau wie möglich, was abgebildet ist (Personen, Tiere, Gegenstände) und wie es abgebildet ist (z.B. Mimik, Gestik). Was geschieht?
Wird eine Handlung deutlich? Welche Texte gehören zum Bild? Was sagen sie aus?

3. Schritt:
Deuten
Welche Bedeutung haben die abgebildeten Personen, Tiere oder Gegenstände? Welche Bedeutung hat die Handlung?

4. Schritt:
Einordnen
Auf welche Situation oder welches Ereignis beziehen sich die Aussagen der Karikatur?

5. Schritt:
Werten
Welche Position bezieht der Karikaturist zum Thema? Wie seht ihr das Problem?

1 *Beschreibt und deutet die Karikaturen auf dieser Doppelseite mithilfe der Arbeitsschritte.*

2 / 3   **„Hoffentlich ist bald Schluss."** Kolorierte Radierungen, 1789.

4 / 5   **„Ich wusste doch, dass wir auch noch an die Reihe kommen."** Kolorierte Radierungen, 1789.

„Freiheit, Gleichheit und Brüderlichkeit"

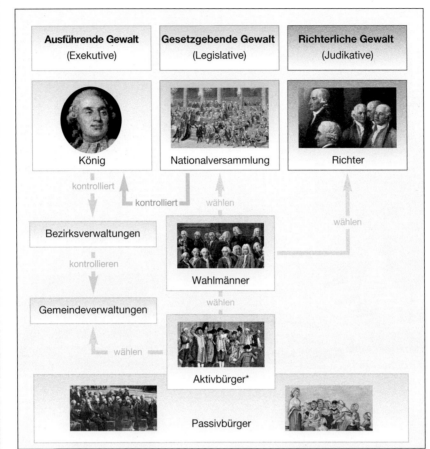

Ausführende Gewalt (Exekutive)	Gesetzgebende Gewalt (Legislative)	Richterliche Gewalt (Judikative)
König	Nationalversammlung	Richter

kontrolliert

kontrolliert

wählen

wählen

Bezirksverwaltungen

kontrollieren

Wahlmänner

wählen

Gemeindeverwaltungen

wählen

Aktivbürger*

Passivbürger

1 Der Staatsaufbau Frankreichs nach der Verfassung von 1791. Schaubild.

Aktivbürger*:
Nur Männer, die ein höheres Einkommen hatten und entsprechende Steuern zahlten, konnten wählen. Von ca. 24 Millionen Franzosen waren etwa vier Millionen Aktivbürger.

26. August 1789:
Erklärung der Menschen- und Bürgerrechte.

3. September 1791:
Die neue Verfassung wird verkündet. Mit der Annahme der Verfassung durch den König am 13. September wird Frankreich eine konstitutionelle Monarchie.

konstitutionelle Monarchie*:
Bezeichnung für eine Herrschaftsform, bei der die Macht des absoluten Königs durch eine Verfassung (= Konstitution) eingeschränkt wird.

Freiheit – Gleichheit – Brüderlichkeit

Am 26. August 1789 verkündete die Nationalversammlung die Menschen- und Bürgerrechte.

Aus der Erklärung der Menschenrechte:

Q1 ... 1. Die Menschen werden frei und gleich an Rechten geboren und bleiben es.

2. Diese Rechte sind: Freiheit, Eigentum, Sicherheit und Widerstand gegen Unterdrückung.

3. Der Ursprung jeder Herrschaft liegt beim Volk.

4. Die Freiheit besteht darin, alles tun zu können, was einem anderen nicht schadet. ...

6. Alle Bürger haben das Recht, an der Gestaltung der Gesetze persönlich oder durch ihre Vertreter mitzuwirken. ...

10. Niemand darf wegen seiner Ansichten oder Religion bestraft werden ...

Beschränkung der königlichen Macht

Im Jahr 1791 wurde die neue Verfassung beschlossen. Der Titel für König Ludwig XVI. lautete jetzt: „Durch Gottes Gnade und die Verfassungsgesetze König der Franzosen". Damit löste die konstitutionelle, d. h. an die Verfassung gebundene, Monarchie* die absolute Monarchie ab. Zu den Wahlen zugelassen wurden alle sogenannten Aktivbürger, Männer, die über ein bestimmtes Mindesteinkommen verfügten. Etwa 21 Millionen Franzosen wurden so vom Wahlrecht ausgeschlossen.

1 *In welchen Punkten stehen die Menschen- und Bürgerrechte im Gegensatz zur absolutistischen Herrschaft?*

2 *Beschreibt anhand von Schema 1, was sich mit der Verfassung von 1791 gegenüber der Zeit des Absolutismus verändert hat. Seht euch dazu auch die Seite 81 an.*

2 **Olympe de Gouges.** Zeitgenössische Darstellung.

3 **Freiheit und Gleichheit.** Kupferstich von Louis Charles Ruotte. 1793. Auf dem Steinquader in der Mitte stehen die Worte: Vaterland, Freiheit, Gleichheit, Brüderlichkeit, Menschlichkeit, Opferbereitschaft.

Am 3. September wurde die neue Verfassung von der Nationalversammlung beschlossen. Damit waren alle Frauen von der politischen Mitwirkung ausgeschlossen. Nur wenige Tage später erschien in Paris eine Schrift mit dem Titel: „Die Rechte der Frau – An die Königin." Verfasserin war Olympe de Gouges (1748–1793), Schriftstellerin und Vorkämpferin für die Rechte der Frauen.
Olympe de Gouges kritisierte immer wieder auch die Revolutionsregierung. Am 20. Juli 1793 wurde sie verhaftet, am 3. November hingerichtet.

„Mann, bist du fähig, gerecht zu sein? Eine Frau stellt dir diese Frage. Dieses Recht wirst du ihr zumindest nicht nehmen können. Sag mir, wer hat dir die selbstherrliche Macht verliehen, mein Geschlecht zu unterdrücken? Extravagant, blind, von den Wissenschaften aufgeblasen und degeneriert, will er in diesem Jahrhundert der Aufklärung und Scharfsichtigkeit … despotisch über ein Geschlecht befehlen, das alle intellektuellen Fähigkeiten besitzt."
Mit einer Kampfansage an den Mann beginnt Olympe de Gouges' legendäres Manifest „Die Rechte der Frau – An die Königin", eine der ersten feministischen Gleichheitsproklamationen der Ideengeschichte.
Kernstück der umfangreichen Schrift ist die „Erklärung der Rechte der Frau und Bürgerin", versehen mit dem Zusatz: „Von der Nationalversammlung am Ende dieser oder in der nächsten Legislaturperiode zu verabschieden." Damit bringt Olympe unmissverständlich zum Ausdruck, dass es ihr um praktische politische Konsequenzen geht. Und schon im ersten Satz der Präambel heißt es: „Die Mütter, die Töchter, die Schwestern, die Vertreterinnen der Nation, verlangen in der Nationalversammlung aufgenommen zu werden." …
Stolz verkündet ihr Artikel I: „Die Frau ist frei geboren und bleibt dem Manne gleich in allen Rechten." …

Anschaulich beschrieben wird das Leben dieser Frau in dem Buch von Lottemi Doormann: Ein Feuer brennt in mir. – Die Lebensgeschichte der Olympe de Gouges. Beltz & Gelberg, Weinheim 1993

Der König wird hingerichtet

1 **Die Verhaftung König Ludwigs XVI. auf der Flucht 1791.** Zeitgenössischer Stich eines Unbekannten.

Der König auf der Flucht

Am 20. Juni 1791 um Mitternacht verließ der König, als Kammerdiener verkleidet, zusammen mit seiner Familie heimlich Paris. Sein Ziel war die deutsche Grenze. Vor ihm waren schon mehr als 40 000 Adlige ins Ausland geflohen. Sie wollten sich nicht damit abfinden, keine Vorrechte mehr zu haben.

Vom Ausland aus bereiteten sie den Kampf gegen die Revolution vor. Der König wollte sich mit den geflohenen Adligen verbünden. Sein Ziel war es, mit einer Armee nach Paris zurückzukehren, um die absolute Macht wieder an sich zu reißen.

Nur einen Tag später konnte man in Paris auf Plakaten lesen:

Q1 ... Mitteilung an die Bürger, dass ein fettes Schwein aus den Tuilerien* entflohen ist. Wer ihm begegnet, wird gebeten, es in seinen Stall zurückzubringen. Eine angemessene Belohnung wird er dafür erhalten ...

Am gleichen Tag hieß es in einer Pariser Zeitung:

Q2 ... Volk, da hast du die Treue, die Ehre und die Religion der Könige. Misstraue ihren Eiden! In der letzten Nacht hat Ludwig XVI. die Flucht ergriffen ... Der absolute Machthunger, der seine Seele beherrscht, wird ihn bald zu einem wilden Mörder machen. Bald wird er im Blute seiner Mitbürger waten, die sich weigern, sich unter sein tyrannisches Joch zu beugen ...

Noch am gleichen Abend wurde der König auf der Flucht erkannt und gezwungen, nach Paris zurückzukehren. Als er am 25. Juni wieder in Paris eintraf, war es totenstill. Schweigend standen die Soldaten rechts und links der Straße, die Gewehre nach unten gekehrt.

1 *Beschreibt die Vorgänge auf der Abbildung 1. – Achtet auch auf die Haltung und den Gesichtsausdruck des Königs und der übrigen Personen.*

2 *Beschreibt die Gefühle und Stimmungen, die in Q1 und Q2 ausgedrückt werden. – Was wird dem König vorgeworfen?*

Die Revolution in Gefahr

Die Gefahr für die Französische Revolution war mit der Rückkehr des Königs aber noch nicht beseitigt. Die übrigen europäischen Herrscher fürchteten nämlich, dass die Revolution auch auf ihre Länder übergreifen könnte. Preußen und Österreich schlossen ein Militärbündnis gegen die Revolution. Um ihren Gegnern zuvorzukommen, erklärte die Nationalversammlung am 22. April 1792 den verbündeten europäischen Mächten den Krieg.

Tuilerien*:
Stadtschloss des Königs in Paris.

22. April 1792:
Die französische Nationalversammlung erklärt den verbündeten europäischen Mächten den Krieg.

Frankreich wird Republik

2   Auszug der Freiwilligen aus Paris 1792. Gemälde von Edouard Detaille, 1907.

Die französischen Soldaten zogen mit großer Begeisterung in diesen Krieg, aber sie waren schlecht ausgebildet. Außerdem ließ die Königin den feindlichen Generälen den französischen Feldzugsplan zuspielen. Es kam zu Niederlagen. Die gegnerischen Truppen drangen in Frankreich ein. Die Wut des Volkes gegen den König als einen Feind der Revolution kannte jetzt keine Grenzen mehr. Im August 1792 stürmte die Menge das Schloss. Der König floh in die Nationalversammlung. Hier wurde er für abgesetzt erklärt und verhaftet.

„Ludwig muss sterben, weil das Vaterland leben muss"

Noch am gleichen Tag wurden Neuwahlen ausgeschrieben. Bei dieser Wahl sollten alle Bürger stimmberechtigt sein. Nur einen Monat später, im September 1792, trat die neue Nationalversammlung zusammen. Sie bezeichnete sich jetzt als Nationalkonvent. Den größten Einfluss in diesem Konvent hatte eine Gruppe besonders radikaler Abgeordneter, die Jakobiner*. Einer ihrer mächtigsten Männer war Robespierre. Er wollte die Revolution mithilfe von Terror endgültig durchsetzen. Schon in seiner ersten Sitzung am 21. September verkündete der Nationalkonvent das Ende der Monarchie und den Beginn Frankreichs als Republik*.

Im Dezember befasste sich der Konvent* mit dem Schicksal des Königs.
In einer leidenschaftlichen Rede sagte Robespierre:

Q3 ... Was mich angeht, so verabscheue ich die Todesstrafe, und für Ludwig habe ich weder Hass noch Liebe, nur seine Missetaten verabscheue ich. Aber ein König, dessen Name allein schon für unsere Nation den Krieg bedeutet, stellt für das öffentliche Wohl eine Gefahr dar. Mit Schmerz spreche ich die verhängnisvolle Wahrheit aus: Es ist besser, dass Ludwig stirbt, als dass 100 000 tugendhafte Bürger umkommen: Ludwig muss sterben, weil das Vaterland leben muss ...

3   Wie begründet Robespierre in Q3 die Verurteilung des Königs?

Am 17. Januar 1793 fällte der Nationalkonvent mit 387 zu 334 Stimmen das Todesurteil. Vier Tage später wurde Ludwig hingerichtet. Frankreich wurde eine Republik.
4   Sammelt Argumente für und gegen das Todesurteil.

Jakobiner*:
Ein politischer Klub während der Französischen Revolution, dessen Mitglieder sich erstmals in dem ehemaligen Pariser Kloster St. Jacob trafen. Nach der Abspaltung der gemäßigten Gruppe der Girondisten (= Abgeordnete aus dem französischen Departement Gironde) wurde der Name nur noch für radikale Republikaner verwendet.

Republik*:
(lat. res publica = die öffentliche Sache). Begriff für eine Staatsform mit einer gewählten Regierung, in der das Volk oder ein Teil des Volkes die Macht ausübt.

Konvent*:
Das französische Parlament von 1792 bis 1795.

21. Januar 1793:
Hinrichtung Ludwigs XVI. Frankreich wird Republik.

1 Paris, 21. Januar 1793: Der französische König Ludwig XVI. wird hingerichtet. Die Rekonstruktionszeichnung enthält 20 Fehler bzw. Gegenstände, die erst später entstanden oder erfunden wurden.

Auf Fehlerjagd

Am 21. Januar 1793 wurde der französische König von den Revolutionären in Paris hingerichtet. Unser Zeichner hat dieses Ereignis festgehalten (Abbildung 1). Doch unser Zeichner ist kein Experte für Geschichte. Deshalb sind ihm einige Fehler unterlaufen, die ihr nun – als Reisende durch die Geschichte – aufspüren sollt.

Es geht um insgesamt 20 zeitverschobene Gegenstände, die erst nach 1793 erfunden wurden, die also nicht in das Bild und die Zeit passen.

So findet ihr die Fehler

1 Lest den nebenstehenden Text „Paris, 21. Januar 1793".
2 Sucht auf der Abbildung 1 die 20 zeitverschobenen Gegenstände und löst das Silbenrätsel.
3 Vergleicht eure Lösung mit der Lösung im Anhang (S. 288).
Hier findet ihr auch weitere Informationen zur Geschichte der zeitverschobenen Gegenstände.

Paris, 21. Januar 1793

Reisender, du befindest dich in Paris an einem kalten Januarmorgen des Jahres 1793. In Kürze wird eine Hinrichtung stattfinden. In dem dunstigen Morgenlicht erscheint das Gesicht des Verurteilten unter der Guillotine besonders blass. Er öffnet den Mund zum Sprechen. Doch sofort beginnt jeder Trommler auf dem Platz laut loszutrommeln, sodass die letzten Worte des Königs untergehen. Der Lärm ist ohrenbetäubend. Aber selbst wenn die Menge die Rede hören könnte, würde sie kaum eine Rettung versuchen. Dafür ist es längst zu spät.

Seit beinahe vier Jahren gibt es in Frankreich eine Revolution. Das Land hatte früher unter der Herrschaft des Königs und der reichen Adligen gestöhnt, die im Luxus lebten, während die meisten Menschen des Volkes unter bitterer Armut litten. Als der König daranging, die Steuern zu erhöhen, um seine Kriege im Ausland zu finanzieren, revoltierte das Volk. Einer der ersten Akte des Aufruhrs war der Sturm auf das Bastille-Gefängnis im Jahr 1789, der zum Ausbruch der Französischen Revolution führte.

Die imposanten Gebäude rundum sind mit Brettern vernagelt und diejenigen Reichen, die sich in Sicherheit bringen konnten, halten sich hinter verschlossenen Türen verborgen. Es ist nicht der Reichtum an sich, der den Zorn und Hass der Revolutionäre aufgestachelt hat, sondern die Tatsache, dass das Wohlleben der wenigen Reichen mit dem Elend von vielen erkauft wird. Die rund um den Platz wehenden Fahnen werden dir bekannt vorkommen. Die Revolutionäre zeigen ihre Unterstützung für die Sache durch das Tragen roter Kappen mit einer blau-weißen Ro-

sette. Die blau-weiß-rote Fahne ist noch heute die Nationalflagge Frankreichs, genannt die Trikolore.
Unter dem Dröhnen der Trommeln wartet die berühmte Guillotine auf ihr königliches Opfer. Auch die Welt

wartet. Zwar gibt es Rundfunk und Fernsehen noch nicht, doch die Zeitungen sind zu einem wichtigen Mittel für die schnelle Verbreitung von Nachrichten geworden. Diese Nachrichten verstärken das bereits vorhandene Gefühl in der ganzen westlichen Welt, dass die einfachen Menschen und nicht nur die Reichen und Mächtigen das Recht haben, über ihre Regierung und ihr Leben zu entscheiden. Die Revolutionäre um dich herum verleihen ihrem Glauben Ausdruck mit dem Ruf nach „Freiheit, Gleichheit, Brüderlichkeit".

In wenigen Tagen wird die Nachricht vom Tod des Königs aus Paris bis in die entferntesten Winkel Europas und der weiteren Welt hinausdringen. Jedenfalls so schnell, wie ein Reiter auf einem guten Pferd sie tragen kann. Täglich werden große wissenschaftliche Entdeckungen gemacht, doch für die merkwürdigen Funken mit dem Namen Elektrizität ist noch keine nützliche Verwendung gefunden. Und auch die Revolutionierung von Industrie und Verkehr durch die kürzlich erfundene Dampfmaschine steht noch bevor.

Weitere Fehlerrätsel findet ihr in dem Buch von Nicola Baxter und Mike Taylor: Auf Fehlerjagd quer durch die Geschichte. Christians-Verlag, München 1996.

Silbenrätsel

alarm – an – an – ball – band – band – base – ben – bur – chen – cher – de – fern – fla – ham – ge – ge – ge – ge – ge – gel – gen – ger – häu – hoch – hun – il – ka – ka – ke – kehrs – kehrs – ket – kran – la – la – laut – leit – lei – lus – ma – mera – mini – meln – mos – müt – ne – nen – nis – park – pla – rät – rock – sche – schi – seh – ser – spre – sprech – steel – te – te – ter – ther – ton – trier – trom – uhr – ver – ver – wehr – ze – zei – zin

Kopiert euch diese Seite.
Aus den Silben könnt ihr dann die Begriffe herausfinden, die die 20 zeitverschobenen Gegenstände bezeichnen.

Die Schreckensherrschaft

1793:
Mit der Einrichtung der Revolutionsgerichte und mit dem „Gesetz über die Verdächtigen" beginnt die „Schreckensherrschaft", eine Zeit des Terrors und der Willkür.

Sansculotten*:
(frz. = ohne Kniehosen). Bezeichnung für Pariser Revolutionäre, die aus den Unterschichten stammten. Die Männer trugen lange Hosen, um sich auch in der Kleidung vom Adel zu distanzieren.

1 „Hier ruht ganz Frankreich." Robespierre richtet als letzter Überlebender den Henker hin. Zeitgenössisches Flugblatt, 1793.

Der Terror beginnt:
„Wer nicht für uns ist, der ist gegen uns"

Der König hingerichtet, die französischen Truppen auf der Flucht vor feindlichen Heeren und immer wieder Hungersnöte – Frankreich kam nicht zur Ruhe. Viele Menschen wandten sich daher ab von der Revolution und den Revolutionären.

In einem Brief aus dieser Zeit heißt es:

Q1 … Es wird aufgerufen, sich freiwillig zur Armee gegen die Preußen zu melden. Tausende tun das. Bald werden die ersten 40 000 Mann abmarschieren. Sie sind voller Begeisterung. Aber sie fragen sich: „Was wird geschehen, wenn wir weg sind?" Es gibt Tausende von Gegnern der Revolution in Paris. Werden diese Gegner nicht unsere Abwesenheit benutzen, um unsere Frauen und Kinder zu ermorden? …

Um mit den vielfältigen Problemen fertig zu werden, übertrug der Nationalkonvent die Macht auf zwei Ausschüsse:

– Die Mitglieder des Wohlfahrtsausschusses waren zuständig für die Versorgung der Bevölkerung, die Errichtung von Rüstungsbetrieben, für das Militär und die Polizei. Vorsitzender dieses Ausschusses wurde Robespierre, der gegenüber den wahren oder auch nur angeblichen Gegnern der Republik keine Gnade walten ließ.

– Der Sicherheitsausschuss hatte die Aufgabe, „Feinde der öffentlichen Ordnung" aufzuspüren und verhaften zu lassen.

Beide Ausschüsse wurden von den Jakobinern beherrscht. Unterstützung fanden sie vor allem bei den Kleinbürgern, die man auch als Sansculotten* bezeichnete.

Einige unbedachte Äußerungen genügten bereits, um als „Feind der Republik" überführt zu werden.

Am 11. Oktober 1793 erließ der Sicherheitsausschuss folgende Bekanntmachung:

Q2 … Merkmale zur Kennzeichnung von Verdächtigen:

1. Wer Versammlungen des Volkes durch hinterhältige Reden und Zwischenrufe stört.

2. Wer die Großpächter und habgierigen Händler bedauert, gegen die Maßnahmen ergriffen wurden.

3. Wer dauernd die Worte Freiheit, Republik und Vaterland im Munde führt, aber mit ehemaligen Adligen verkehrt und an ihrem Schicksal Anteil nimmt.

4. Wer die republikanische Verfassung mit Gleichgültigkeit aufgenommen hat. …

1 *Vergleicht diese Liste mit Artikel 10 in der Erklärung der Menschen- und Bürgerrechte (siehe S. 104).*

Vor dem Revolutionsgericht

Noch im gleichen Jahr wurde ein besonderes Revolutionsgericht gebildet, das die Feinde der Republik aburteilen sollte. Gegen seine Entscheidungen gab es keine Einspruchsmöglichkeiten.

In einem zeitgenössischen Bericht steht über das Revolutionsgericht:

Die Revolution frisst ihre Kinder

2 Verhör vor dem Revolutionsgericht. Zeitgenössische Darstellung, 1792.

Q3 … Verhöre und Verteidigungen gibt es nicht mehr. Zeugen werden keine vernommen. Wer im Gefängnis sitzt, ist bereits zum Tode verurteilt.

Der öffentliche Ankläger kommt kaum mehr zur Ruhe. In einem Raum neben seinem Büro wirft er sich nachts für einige Stunden auf die Pritsche, um dann aufgeschreckt wieder an den Schreibtisch zu wanken … Es gibt Verhandlungen, wo 100 oder 150 Angeklagte schon vor der Verhandlung als schuldig in die Listen eingetragen wurden … Der eine Richter vertreibt sich die Zeit damit, Karikaturen der Angeklagten zu zeichnen, andere sind oft betrunken …

Ein Mitglied des Wohlfahrtsausschusses erklärte später: „Wir wollten nicht töten, um zu töten. Wir wollten unsere Vorstellungen um jeden Preis durchsetzen." Ungefähr 500000 Menschen wurden verhaftet, etwa 40000 hingerichtet, darunter auch Kinder im Alter von zehn bis zwölf Jahren.

2 Erklärt, welche Kritik die Abbildungen 1 und 2 an dem Vorgehen der Jakobiner und an dem Revolutionsgericht zum Ausdruck bringen.

3 Begründet, warum eine Einspruchsmöglichkeit gegen Gerichtsurteile notwendig ist.

4 Diskutiert, was die Überschrift dieser Seite aussagen will.

Der Erfolg der Revolutionstruppen und das Ende des Terrors

Im Jahr 1794 konnten die zahlenmäßig überlegenen französischen Truppen ihre Gegner aus Frankreich vertreiben. Die Revolution schien gerettet. Die Mehrzahl der Abgeordneten im Nationalkonvent sah jetzt in der Fortführung der Schreckensherrschaft keinen Sinn mehr. Am 27. Juli 1794 ließen sie Robespierre verhaften und bereits am nächsten Tag hinrichten.

Nur ein Jahr später beschloss der Nationalkonvent eine neue, die dritte Verfassung der Revolution. Als Erstes wurde die Gewaltenteilung, die Robespierre außer Kraft gesetzt hatte, wieder eingeführt. Außerdem erhielten die Bürger mit höherem Einkommen wieder größere Rechte bei den Wahlen. Die eigentlichen Regierungsgeschäfte wurden einem Direktorium von fünf Konventsmitgliedern übertragen. Den wirtschaftlichen Verfall konnte aber auch diese Regierung nicht aufhalten. Das Direktorium wurde daher bei der Bevölkerung immer unbeliebter. Schließlich konnte die allgemeine Ordnung nur noch mithilfe des Militärs aufrechterhalten werden.

5 Überlegt, warum das Direktorium als Erstes wieder die Gewaltenteilung einführte.

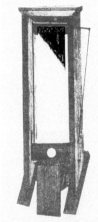

Die Guillotine, von Dr. Louis erfunden und von Dr. Guillotin für den Vollzug der Todesstrafe vorgeschlagen, erlangte während der Schreckensherrschaft traurige Berühmtheit. An einem Tag wurden einmal 54 Enthauptungen in 28 Minuten durchgeführt.

Lesetipp:
Inge Ott: Freiheit. Freies Geistesleben, Stuttgart 1996. – Sechs Freunde erleben die Französische Revolution.

111

Die Ereignisse in Frankreich wirken in Europa

1 Die Verkündung der polnischen Verfassung vom 3. Mai 1791. Gemälde von Jan Matejko (1838–1893).

Das Beispiel Polen

Die Aufklärung und die revolutionären Ideale wirkten sich nicht nur in Frankreich aus. Dies soll am Beispiel Polens verdeutlicht werden.

Polen kämpft für seine Verfassung

Als 1764 Stanislaus II. August zum König der „Adelsrepublik Polen-Litauen" gewählt wurde, begann er unverzüglich damit, ein Programm für die Stärkung seines Staates in die Wege zu leiten. Polen befand sich nämlich seit Beginn des 18. Jahrhunderts in einer schwierigen Lage: Obwohl es einen König gab, fehlte dem Staat eine starke Regierungsmacht, die innere Gegensätze ausgleichen und sich auch gegenüber ausländischen Staaten behaupten konnte. Die eigentliche politische Macht lag in der Hand der großen Adelsfamilien, die im polnischen Reichstag, dem „Sejm", für ihre Eigeninteressen kämpften. Mit der Zeit war Polen unter den zunehmenden Einfluss Russlands geraten, das eigene Vertreter in den Sejm entsenden konnte und Entscheidungen z. B. dadurch beeinflusste, dass es einzelne Abgeordnete bestach. Ein stabiles politisches System, so wie Stanislaus II. es plante, stand den machtpolitischen Überlegungen Russlands, aber auch denen der Nachbarstaaten Preußen und Österreich entgegen: 1772 verständigten sich deren Herrscher über die Besetzung und Aufteilung polnischer Gebiete. Diese (erste) Teilung (vgl. S. 86 f.) versetzte allen politischen Kräften in Polen einen Schock. Wie konnte Polen zu einer stabilen und handlungsfähigen Staatsform finden, die das Land gegen die absolutistischen Nachbarn stärkte? Am 3. Mai 1791 wurde in Warschau schließlich das Kernstück eines neuen Reformwerks verkündet: die erste geschriebene moderne Verfassung Europas. Polen wurde zur konstitutionellen Monarchie (vgl. S. 104) mit Erbkönigtum. Die Verfassung legte das Prinzip der Gewaltenteilung fest, und die Regierung sollte dem Parlament verantwortlich sein. In den Sejm konnten nun auch bürgerliche Abgeordnete gewählt werden. Weiterhin garantierte die Verfassung Religionsfreiheit.

Die Ereignisse in Frankreich wirken in Europa

... und wird erneut aufgeteilt

Die Hoffnungen, die Polen an seine Verfassung knüpfte, wurden von Russland und Preußen zunichte gemacht. Wieder schickten beide Staaten Truppen nach Polen und verständigten sich über die zweite Teilung (vgl. S. 86f.) des Landes, die nur noch einen Staat mit 3,5 Millionen Einwohnern übrig ließ. Ein nationaler Aufstand unter der Führung von Tadeusz Kościuszko 1794 kapitulierte nach einigen Monaten vor den Teilungsmächten: 1795 wurde der Rest Polens von Russland, Preußen und Österreich annektiert – ein selbstständiger polnischer Staat entstand erst wieder 1918.

2 Tadeusz Kościuszko. Zeitgenössische Darstellung.

Muss Preußen in Polen eingreifen?

In einer Erklärung der preußischen Regierung vom 16. Januar 1793 hieß es:

> Es ist in ganz Europa bekannt, dass die Revolution, die sich am 3. Mai 1791 in Polen ereignet hat ..., sofort die Unzufriedenheit und die Opposition eines großen Teils der [polnischen] Nation hervorgerufen hat ... Aber das, was noch mehr die ernsthafte Aufmerksamkeit [des Königs von Preußen] und die aller ihm benachbarten Mächte verlangt, ist die Tatsache, dass der Geist des französischen Demokratismus ... beginn[t], in Polen tiefe Wurzeln zu schlagen ... und dass sich schon mehrere revolutionäre Klubs gebildet haben, die offen ihre Ansichten bekennen ... Verpflichtet, den Krieg gemeinsam mit den anderen gegen Frankreich verbündeten Staaten zu führen, ... war Seine Majestät überzeugt, sich vorher mit den Höfen von Wien und Petersburg darüber beraten zu müssen, welche Mittel er ergreifen solle, und Ihre Kaiserlichen Majestäten haben nicht umhinkönnen, anzuerkennen, dass die gesunde Politik ihm nicht erlaubt, ... im Rücken einen Feind zu haben, dessen unberechenbare Unternehmungen eine neue Quelle der Unruhen werden könnten.

Tadeusz Kościuszko (1746–1817) wurde als Sohn einer litauischen Adelsfamilie geboren. Er nahm als Adjutant Washingtons am Nordamerikanischen Unabhängigkeitskrieg (vgl. S. 117f.) teil und stieg dort zum General auf.

Nach seiner Rückkehr nach Polen 1786 unterstützte er die Reformen König Stanislaus' II. und verteidigte die Verfassung von 1791. Nach der zweiten Teilung Polens 1793 lebte er in Sachsen, kehrte aber 1794 in seine Heimat zurück, um einen nationalen Aufstand aller Polen gegen die Teilungsmächte zu organisieren. Im März 1794 ernannte sich Kościuszko zum „Staatschef" und mobilisierte neben den regulären polnischen Einheiten auch adlige Freiwillige und die republikanisch eingestellten Bürgerwehren der Städte Warschau, Krakau und Wilna. Kościuszko gewann auch die Unterstützung der Bauern, denen er versprochen hatte, dass sie von den Lasten der Leibeigenschaft befreit würden. Nach der Niederlage des Aufstands und der dritten Teilung Polens lebte Kościuszko bis zu seinem Tod in Amerika, Frankreich und in der Schweiz.

1 *Erarbeitet die Auswirkungen der Französischen Revolution auf Polen, indem ihr folgende Punkte mithilfe der Materialien auf dieser Doppelseite untersucht:*
- *Äußere Situation/territoriale Veränderung (vgl. S. 86)*
- *Reformkräfte*
- *Ziele der Reformen*
- *Ergebnisse*

Tasse mit dem Bild Tadeusz Kościuszkos. Nach seinem gescheiterten Aufstand wurde Kościuszko in Polen als Nationalheld verehrt. Davon zeugt die immense Produktion von Erinnerungsstücken im 19. Jahrhundert. Die Tasse trägt die Aufschrift „Tod oder Sieg".

Der Aufstieg Napoleons

1 Zeitgenössische Darstellung Napoleons.

Hahn? Elefant? Löwe?
Die Wahl des Wappentiers für das Kaiserreich war Anlass für eine heftige Diskussion im Staatsrat. Im letzten Augenblick wählte Napoleon den Adler, der an das Wappen Karls des Großen und an die Feldzeichen der Römer erinnerte.

1799–1815:
Napoleon herrscht – zunächst als Konsul, dann als Kaiser – über Frankreich.

Marseillaise*:
Dieses Lied sangen republikanische Soldaten aus Marseille bei ihrem Einzug in Paris; heute französische Nationalhymne.

Napoleon: Vom unbekannten Offizier zum Kaiser der Franzosen

Nach dem Sturz Robespierres kehrte in Frankreich wieder Ruhe ein. Die Bevölkerung war allmählich der ständigen politischen Auseinandersetzungen überdrüssig. Man begann wieder dem gewohnten Alltagsleben nachzugehen.

Voller Erstaunen schrieb ein junger Mann aus Korsika, der sich zu dieser Zeit in Paris aufhielt, an seinen Bruder:

Q1 … Man lebt hier ziemlich ruhig. Im Theater wird ein wenig Lärm um die Melodien gemacht, die nach der Marseillaise* klingen. Die Jugend scheint dieses Lied nicht zu wollen. Dieses Volk gibt sich dem Vergnügen hin: Tänze, Theaterstücke, Frauen, die hier die schönsten der Welt sind, werden zur Hauptsache. Wohlhabenheit, Luxus, guter Umgangston, alles ist zurückgekehrt. An die Schreckensherrschaft erinnert man sich nur wie an einen Traum. Was mich angeht, so bin ich zufrieden; mir fehlt nur der Kampf …

Der junge Mann hieß Napoleon Bonaparte. Er wurde am 15. August 1769 auf Korsika geboren. Im Alter von neun Jahren wurde er auf eine Schule nach Frankreich geschickt. Da er nur schlecht Französisch sprach, galt er unter seinen Mitschülern nicht viel. Mit 15 Jahren besuchte er die Pariser Militärschule. Aufgrund seiner hervorragenden Kenntnisse schloss er bereits nach einem Jahr die Ausbildung ab und wurde – noch 16-jährig – zum Offizier ernannt.

Napoleon stand von Anfang an auf der Seite der Revolutionäre. In den Kriegen führte er seine Soldaten durch rücksichtslosen Einsatz von Sieg zu Sieg. Schnell wurde er zum General befördert. Im Jahr 1796 erhielt er das Kommando über eine Armee, die in Oberitalien gegen die Österreicher kämpfen sollte. Wiederum hatte er Erfolg. Die Soldaten waren von ihm restlos begeistert und verehrten ihn. Voller Selbstbewusstsein erklärte Napoleon 1797 einem Diplomaten:

Q2 … Glauben Sie vielleicht, dass ich eine Republik begründen will? Welcher Gedanke! Das ist eine Wahnvorstellung, in die die Franzosen vernarrt sind, die aber auch wie so manches andere vergehen wird. Was die Franzosen brauchen, das ist Ruhm, die Befriedigung ihrer Eitelkeiten; aber von Freiheit, davon verstehen sie nichts. Das Volk braucht einen Führer, einen durch Ruhm und Siege verherrlichten Führer, und keine Theorien übers Regieren, keine Phrasen und Reden der Ideologen.

Der Frieden liegt nicht in meinem Interesse. Sie sehen ja, was ich jetzt in Italien bin. Ist der Friede geschlossen und ich stehe nicht mehr an der Spitze des Heeres, so muss ich auf die Macht und auf die hohe Stellung, die ich erworben habe, verzichten.

Ich möchte Italien nur verlassen, um in Frankreich eine ebensolche Rolle zu spielen, wie sie mir hier zufällt. Dieser Augenblick ist aber noch nicht gekommen …

1 *Klärt mithilfe von Q2, welches Ziel Napoleon anstrebte.*

General Bonaparte beendet die Revolution

2 Die Kaiserkrönung Napoleons. Napoleon krönt seine Frau, nachdem er sich selbst zum Kaiser gekrönt hat. Gemälde von Louis David, 1804.

2 Napoleon sagte: „Das Volk braucht einen Führer." Was meint ihr dazu?

Napoleon I. – ein französischer Kaiser

Unbeirrbar verfolgte Napoleon sein Ziel, in Frankreich die gleiche Stellung zu erlangen, wie er sie bei der Armee hatte. Am 9. November 1799 drang er mit seinen Soldaten in das Parlamentsgebäude ein, setzte die Regierung ab und übernahm selbst die Regierungsgewalt. Nach diesem Staatsstreich wurde er zum Ersten Konsul ernannt, er hielt damit die Macht in seinen Händen.

Zu den ersten Maßnahmen Napoleons gehörte die Reform der Rechtsprechung. Zu seiner Zeit gab es noch mehr als 300 verschiedene Gesetzessammlungen, nach denen ein Fall vor Gericht entschieden werden konnte. Napoleon ersetzte sie durch ein einziges großes Gesetzeswerk, den sogenannten Code Napoléon*. Damit wurde die Forderung der Revolution nach Gleichheit aller männlichen Bürger vor dem Gesetz verwirklicht. Dieses Gesetzbuch wurde auch zur Grundlage des Bürgerlichen Gesetzbuches in Deutschland. Auch andere Ergebnisse der Revolution blieben unter seiner Herrschaft erhalten, so

- das Recht aller Bürger auf persönliche Freiheit,
- der Schutz des Eigentums,
- die Besteuerung nach dem Vermögen des Steuerpflichtigen.

Die wirtschaftliche Lage verbesserte sich zusehends. Das Verkehrsnetz wurde weiter ausgebaut, große Ausgaben wurden gemacht zum Aufbau einer starken Industrie, die außerdem durch hohe Einfuhrzölle vor Waren aus dem Ausland geschützt wurde. Nach weiteren militärischen Erfolgen ließ sich Napoleon schließlich im Jahr 1804 von seinen Anhängern zum Kaiser der Franzosen ausrufen.

3 Betrachtet die Abbildung 2 und überlegt, was sie über die Herrschaft Napoleons aussagt.
4 Vermutet, welche Erwartungen der neue Herrscher erfüllte und welche er enttäuschte. Denkt dabei auch an die Ziele der Revolutionäre und an Frauenrechtlerinnen wie Olympe de Gouges.

Code Civil/ Code Napoléon:*
Die Gesetzessammlung trat 1804 in Kraft und bildete einen der Hauptpfeiler, auf denen Napoleons Macht ruhte. Seine 2281 Artikel sicherten unter anderem die in der Revolution erworbenen Freiheiten und Rechte und dienten den meisten europäischen Staaten als Vorbild.

Europa und Napoleon

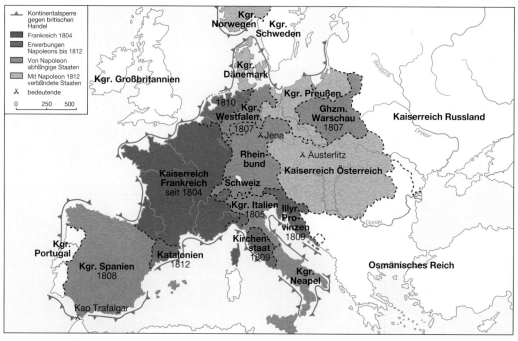

Kontinentalsperre gegen britischen Handel

Frankreich 1804

Erwerbungen Napoleons bis 1812

Von Napoleon abhängige Staaten

Mit Napoleon 1812 verbündete Staaten

Ⅹ bedeutende

0   250   500

1 Europa unter der Herrschaft Napoleons.

Der Engländer Horatio Nelson litt an der Seekrankheit, galt aber dennoch als der beste Admiral der „Royal Navy", der damals mächtigsten Flotte der Welt. Der unerbittliche Gegner der Franzosen musste seine Entschlossenheit zum Kampf teuer bezahlen. 1794 verlor er ein Auge, 1797 einen Arm. Er starb 1805 bei Trafalgar, als er seine Matrosen zum Sieg führte.

„Aus allen Völkern Europas muss ich ein Volk machen"

Mit der Krönung im Jahr 1804 trug nun zum ersten Mal seit über 900 Jahren nicht mehr ein deutscher Herrscher die Kaiserkrone, sondern der Franzose Napoleon. Und Napoleon ließ von Anfang an keinen Zweifel daran, dass er der Kaiser in ganz Europa sei.

Über seine außenpolitischen Ziele sagte er:

Q … Europa wird nicht zur Ruhe kommen, bevor es nicht unter einem einzigen Oberhaupte steht, unter einem Kaiser, der Könige als seine Beamte hat und der seinen Generalen Königreiche gibt.
Wir brauchen ein europäisches Gesetz, einen europäischen Gerichtshof, eine einheitliche Münze, die gleichen Gewichte und Maße. Wir brauchen dieselben Gesetze für ganz Europa … Aus allen Völkern Europas muss ich ein Volk machen und aus Paris die Hauptstadt der Welt. …

1 *Nennt die Ziele Napoleons, die er in der Quelle anspricht, und stellt einen Bezug zur Karte 1 her.*

2 *Ein „Vereintes Europa" ist auch heute ein wichtiges politisches Ziel. Berichtet, was ihr darüber wisst.*

Wirtschaftskrieg gegen England

Napoleons Truppen eilten von Sieg zu Sieg. Mit ihrem Ruf „Friede den Hütten, Krieg den Palästen" konnten sie die Bevölkerung der unterworfenen Gebiete zunächst sogar für Napoleon begeistern. Es dauerte nicht lange, bis ganz Mitteleuropa unterworfen war (Karte-1). Nur England vermochten Napoleons Soldaten nicht zu erobern. Eine französische Kriegsflotte wurde im Jahr 1805 von dem englischen Admiral Nelson bei Trafalgar sogar vernichtend geschlagen.

Um England dennoch gefügig zu machen, entschloss sich der Kaiser zu einem Wirtschaftskrieg. Im Jahr 1806 verordnete Napoleon die Kontinentalsperre: Er verbot den europäischen Ländern jeglichen Handel mit England. Um dieser Maßnahme Nachdruck zu verleihen, kontrollierten französische Beamte und Soldaten immer wieder Geschäfte und Haushalte. Alle Waren und Gegenstände, die aus England oder den englischen Kolonien

Frankreichs Expansion in Europa

2 **Kontinentalsperre.** Englische Waren werden verbrannt. Frankfurt a. M., 1810.

stammten, wurden beschlagnahmt. Vor den Städten wurde die Beute in großen Scheiterhaufen verbrannt. Die Briten wehrten sich gegen diese Maßnahmen. Sie kaperten alle europäischen Schiffe, die sie auf See antrafen. Der europäische Kontinent war damit abgesperrt. Seefahrt und Fernhandel kamen zum Erliegen. Während England sich jedoch neue Absatzmärkte in Südamerika erschließen konnte, litt der Kontinent unter mangelnden Absatzmöglichkeiten von Getreide und Holz. In Deutschland fehlten bald der englische Stahl und die Werkzeuge, die daraus hergestellt wurden. Zudem wurden die Kolonialwaren knapp, die man bisher aus England bezogen hatte, wie Kaffee, Tee, Zucker, Gewürze und Baumwolle. Viele Menschen wurden arbeitslos. Sein Ziel, England wirtschaftlich niederzuringen, erreichte Napoleon jedoch nicht.

3 *Nennt die Folgen der Kontinentalsperre für Matrosen, Kaufleute, Handwerker oder Hausfrauen. – Überlegt, wie die Stimmung gegen Napoleon dadurch beeinflusst werden konnte.*

3 **Französische Soldaten kontrollieren am Stadttor von Leipzig, dem Hauptumschlagplatz der Schmuggler, ob die Waren aus Großbritannien stammen.** Stadtgeschichtliches Museum Leipzig.

1806:
Napoleon erlässt die Kontinentalsperre gegen England.

Napoleon verändert Deutschland

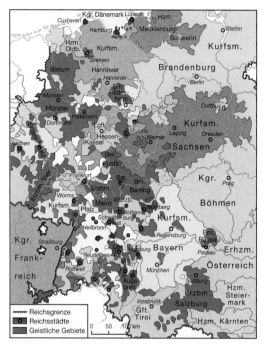

1 Mitteleuropa vor 1789.

2 Mitteleuropa zwischen 1806 und 1815.

Drei Millionen Menschen erhalten neue Herrscher

Mit dem siegreichen Vordringen der französischen Truppen begann eine völlige Umgestaltung des Deutschen Reiches. Schon im Jahr 1801 hatten die deutschen Fürsten sich damit einverstanden erklärt, dass die von Napoleons Soldaten eroberten Gebiete links des Rheins auf Dauer zu Frankreich gehören sollten. Für deutsche Fürsten, die hierdurch Gebietsverluste erlitten, wurde eine Entschädigung vereinbart. Nach zweijährigen Beratungen stand das Ergebnis fest:

- Enteignung aller geistlichen Landesherren; ihre Gebiete wurden an weltliche Fürsten verteilt, dieser Vorgang wird Säkularisierung* genannt.
- Fast alle Reichsstädte und zahllose Kleinstaaten wurden ebenfalls mächtigeren Territorialherren zugeordnet.

Etwa 300 kleine Herrschaftsgebiete verschwanden so von der Landkarte. Drei Millionen Menschen wurden neuen Herrschern unterstellt. Später erhob Napoleon den Kurfürsten von Bayern und den Herzog von Württemberg zu Königen.

1 *Vergleicht die Karten 1 und 2 und beschreibt die Veränderungen.*

2 *Vergleicht Karte 2 mit einer heutigen Karte Deutschlands. – Welche heutigen Bundesländer sind schon erkennbar?*

Das Ende des Deutschen Reiches

Im Jahr 1806 schlossen sich 16 deutsche Fürsten mit ihren neuen Gebieten unter der Vorherrschaft Napoleons zum Rheinbund* zusammen. Die Rheinbundstaaten erkannten Napoleon als ihren Schutzherrn an. Sie verpflichteten sich, Frankreich im Bedarfsfall mit Truppen zu unterstützen. Gleichzeitig erklärten sie ihren Austritt aus dem „Heiligen Römischen Reich Deutscher Nation".

Auf diese Nachricht hin und unter dem Druck Napoleons verzichtete Franz II. auf die deutsche Kaiserkrone und nannte sich nur noch „Kaiser von Österreich". Das war das Ende des Heiligen Römischen Reiches Deutscher Nation nach einer fast tausendjährigen Geschichte.

Französisches Recht in Deutschland

In zahlreichen Staaten des Rheinbundes und in Polen wurde zwischen 1806 und 1810 der

Der Triumph über Preußen

3 Napoleon zieht am 27. Oktober 1806 in das vom König verlassene Berlin ein. Zeitgenössische Zeichnung.

„Code Civil" – seit 1804 auch „Code Napoleon" genannt – eingeführt. Zahlreiche Artikel des Zivilgesetzbuches waren durch die Ideen der Französischen Revolution beeinflusst, wie z.-B. Freiheit des Eigentums, die Abschaffung des Zunftzwangs oder die Gleichheit der Bürger vor dem Gesetz. Viele Menschen im Rheinland und in Polen begrüßten das neue, einheitliche Recht.

3 Besprecht, welche Vorteile die Einführung des „Code Civil" mit sich brachte.

Preußen am Ende?

Außerhalb des Rheinbundes verblieben fast nur noch Preußen und Österreich. Doch auch diese beiden Großmächte wurden von Napoleon vernichtend geschlagen: Österreich 1805 und 1809, Preußen 1806 in der Doppelschlacht von Jena und Auerstedt. Bevor Napoleon am 27. Oktober 1806 in Berlin einrückte, besuchte er das Grab Friedrichs des Großen in Potsdam. Als Zeichen seines Triumphes ließ er dessen Degen, Orden und Schärpe nach Paris bringen. Im Friedensvertrag von Tilsit (1807) musste der preußische König alle Gebiete westlich der Elbe abtreten sowie die in den

polnischen Teilungen (vgl. S. 86) erworbenen Territorien. Außerdem blieb Preußen weiterhin von der französischen Armee besetzt und musste Kriegsentschädigungen und Requisitionen* bezahlen. Preußens führende Rolle in Europa schien beendet.

4 Lest die Bekanntmachung des Berliner Stadtkommandanten. Was sagt sie aus? Was überrascht euch?

5 Wie hätte die Bekanntmachung in ähnlicher Situation in Paris zur Zeit der Revolution ausgesehen? Entwerft ein Plakat.

> Der König hat eine Bataille * verlohren. Jetzt ist Ruhe die erste Bürgerpflicht. Ich fordere die Einwohner Berlins dazu auf. Der König und seine Brüder leben!
>
> Berlin, den 17. October 1806.
>
> Graf v. d. Schulenburg.

4 Aufruf des Gouverneurs von Berlin, Graf Wilhelm von Schulenburg. 1806.

Requisitionen:*
Beschlagnahmungen für Heereszwecke

14. 10. 1806:
Vernichtende Niederlage Preußens in Jena und Auerstedt gegen das französische Heer

1807:
Der Frieden von Tilsit besiegelt den Zusammenbruch Preußens.

Bataille:*
(veraltet) für Schlacht, Kampf

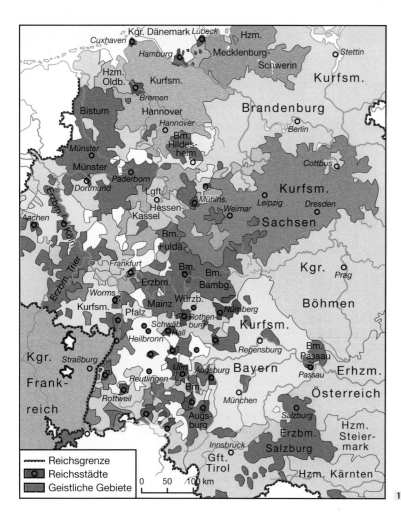

1 Mitteleuropa vor 1803.

Grenzen verändern sich

Unter der Herrschaft Napoleons hat sich die Landkarte Mitteleuropas stark verändert (siehe Karte 1 und 2). Während es vor 1803 unzählige kleine Flächenstaaten gab, sind es 1806 insgesamt größere Flächenstaaten. Diese Veränderungen wirken sich selbst auf Grenzen im heutigen Deutschland aus.

Um diesen Wandel genauer untersuchen zu können, benötigen wir historische Karten. Sie liefern uns viele Informationen. Dazu ist es notwendig, diese Informationen auch „lesen", d. h. verstehen zu können.

Ihr erhaltet hier einige Tipps, wie man eine geschichtliche Entwicklung aus verschiedenen Karten ablesen kann.

1. Schritt:
Thema klären
Welchen Titel, welche Überschrift haben die Karten? Um welches Thema und welche Zeiträume geht es?

2. Schritt:
Sich orientieren
Welche geografischen Gegebenheiten (Städte, Flüsse, Gebirge) zeigen die Karten?

3. Schritt:
Gemeinsamkeiten erkennen
Haben die Karten das gleiche Thema? Zeigen sie die gleiche Gegend? Wenn nicht, warum gibt es Abweichungen?

4. Schritt:
Legenden untersuchen
Was bedeuten die Farben und Zeichen? Liefern die gleichen Farben auch die gleichen Informationen?

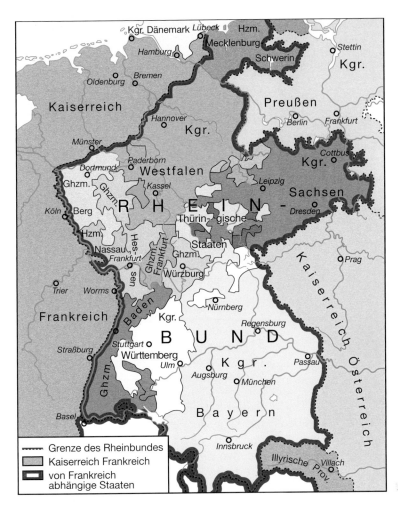

2 **Mitteleuropa nach 1806.**

5. Schritt:
Karten vergleichen
Was fällt auf? Hat sich ein Gebiet besonders vergrößert oder verkleinert? Welche Gebiete sind verschwunden, welche sind dazugekommen?

6. Schritt:
Fragen beantworten
Sind beim Vergleich der Karten Fragen aufgetaucht? Ist euch unklar, warum sich ein Gebiet z. B. stark vergrößert hat? Schreibt euch Fragen auf und begebt euch auf Entdeckungsreise.

Forscht in Lexika, in Zeitschriften, im Internet. Sucht auch in der Schüler- oder Stadtbibliothek nach Antworten. So bekommt ihr einen guten Überblick über das Thema, das euch in Form einer historischen Karte begegnet ist.

7. Schritt:
Aussage treffen
Jetzt könnt ihr Aussagen treffen, die die Karteninformationen in einen „Text" übersetzen.
1 *Untersucht die Karten 1 und 2 mithilfe dieser Arbeitsschritte.*

2 *Stellt fest, ob es für euren Wohnort eine politische Veränderung gab.*
3 *Überlegt, welche Folgen die Veränderung der Staaten für die Einwohner nach sich gezogen haben könnte (Beamte, Kaufleute, Handwerker, Bauern).*
4 *Überlegt: Welche wesentlichen Unterschiede gibt es zwischen einem Informationstext und Kartendarstellungen? Worin liegen die jeweiligen Vor- und Nachteile?*

121

Reformen für Preußen

1 **Der preußische Minister und Reformer Karl Freiherr vom und zum Stein.** Zeitgenössische Darstellung.

„Eine Revolution im guten Sinne"

Wie hatte dieser Untergang Preußens in den Schlachten von Jena und Auerstedt nur passieren können, so fragten sich jetzt verantwortliche Politiker. Die Antwort lag auf der Hand: Die meisten Untertanen fühlten sich für ihren Staat nicht verantwortlich. Es war den Menschen weitgehend gleichgültig, von wem sie regiert wurden. So kam es auch, dass viele Menschen Napoleon zugejubelt hatten, als er in Berlin einmarschiert war. Viele Politiker traten nun für grundlegende Reformen ein. Aus Untertanen sollten Bürger werden, die bereit waren, sich für den Staat einzusetzen.

Karl August von Hardenberg, einer der führenden Reformer, schrieb 1807, nur ein Jahr nach der Niederlage:

Q1 … Der Wahn, dass man der Französischen Revolution am sichersten durch Festhalten am Alten entgegentreten könne, hat geradezu dazu beigetragen, diese Revolution zu fördern …

Eine Revolution im guten Sinne – das ist unser Ziel. Demokratische Grundsätze in einer monarchischen Regierung: Dieses scheint mir die angemessene Form für den gegenwärtigen Zeitgeist …

1 *Was verstand Hardenberg wohl unter einer „guten Revolution" und was bedeutet der Begriff „Zeitgeist"? Berücksichtigt dabei, dass die preußischen Reformen auch als „Revolution von oben" bezeichnet werden.*

Karl Freiherr vom und zum Stein, der die Reformen schließlich auf den Weg brachte, sagte 1808:

Q2 … Mein Ziel [ist es], den Kampf der Stände unter sich zu vernichten, dass jeder im Volke frei seine Kräfte entfalten [kann] … Mein Wunsch ist, dass Deutschland groß und stark werde, um seine Selbstständigkeit und Unabhängigkeit wiederzuerlangen …

2 *Welche politischen Ziele verfolgte Freiherr vom Stein?*
3 *Napoleon erklärte vom Stein zum Feind Frankreichs und erließ einen Haftbefehl. Aus welchem Grund?*

Bauernbefreiung in Preußen

Die Lage der Bauern in Preußen war 1807 dringend reformbedürftig. Bauern, die in Preußen einem Gutsherrn unterstanden, durften das Land nicht verlassen. Sie mussten ihren Grundherrn um Erlaubnis bitten, wenn sie heiraten wollten, und konnten sogar verkauft werden. Als Freiherr vom Stein 1807 zum Ersten Minister ernannt wurde, erließ er nur zehn Tage später das Gesetz über die Bauernbefreiung (Oktoberedikt). Jetzt waren die Bauern freie Leute, da das Gesetz alle Gutsuntertänigkeit in Preußen abschaffte. Da die Bauern ihrem Gutsherrn jedoch eine Entschädigung zahlen mussten, reichte der Rest oft nicht zur Ernährung der Familie aus. Viele Bauern verdingten sich deshalb als Landarbeiter, gingen in die Städte oder wanderten in die USA aus.

4 *Beurteilt das Oktoberedikt aus der Perspektive des Gutsherrn und der Bauern.*

1807:
Beginn des Reformwerks: Preußische Bauern werden befreit.

Aus Untertanen werden Bürger

Aus einem Schreiben an den König 1811:

Q3 ... Wenn der Bauer Eigentümer wird, wo soll bei uns der Gutsherr die Arbeiter hernehmen, um sein Vorwerk zu bestellen? ... Und was das Gesinde betrifft, so wird der Bauer sich hüten, seine Kinder dienen zu lassen ... Unsere Güter werden für uns die Hölle werden, wenn unabhängige bäuerliche Eigentümer unsere Nachbarn sind ...

4 Überlegt, welcher Schicht der Absender dieses Schreibens angehört. Wie beurteilt ihr diese Argumente aus der damaligen und aus der heutigen Sicht?

Die Reformen ergreifen Stadt und Land

Das Oktoberedikt sah auch die freie Berufswahl für alle Stände vor, die durch die Einführung der Gewerbefreiheit 1811 verwirklicht wurde. Ziel war es, die Wirtschaft anzukurbeln und damit die Finanzkraft des Staates zu stärken.

Dem Ziel, aus Untertanen freie und verantwortungsvolle Bürger zu machen, diente auch die 1809 verkündete Städteordnung. Mit dem Gesetz erhielten die Städte ihre Selbstverwaltung zurück, die sie im Absolutismus verloren hatten. Wählen durfte allerdings nur Männer, die ein Haus besaßen oder mehr als 200 Taler im Jahr verdienten. Das waren z. B. in Berlin von ungefähr 150 000 Einwohnern nur etwa 10 000 Bürger.

Weil man überzeugt war, dass nur gut ausgebildete Bürger ihre Pflichten und Rechte wahrnehmen konnten, wurde auch das Unterrichtswesen reformiert. Man baute zahlreiche Volksschulen und Gymnasien, die Ausbildung der Lehrer wurde verbessert. In Berlin errichtete man die Friedrich-Wilhelms-Universität.

5 Überlegt, welche Vor- und welche Nachteile mit der Gewerbefreiheit verbunden waren.

6 Welche Veränderungen nimmt Freiherr vom Stein im Bereich der Stadtverwaltung vor (Schaubild 2)? Bewertet ihr die Neuerungen positiv oder negativ? Begründet eure Meinung.

7 Warum ist es eurer Meinung nach für den Staat wichtig, ein gutes Schulsystem zu haben?

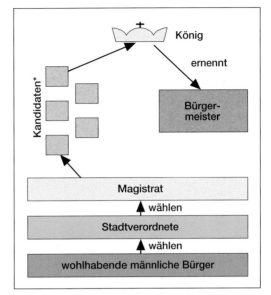

2 Die neue Städteordnung des Freiherrn vom Stein.

Das Volksheer ersetzt die Söldnerarmee

Die französischen Soldaten waren von Sieg zu Sieg geeilt, weil sie für ihr Vaterland kämpften. Anders die preußische Armee: Hier dienten viele Söldner, also bezahlte Soldaten, die mit falschen Versprechungen angelockt worden waren. Viele hatte man auch zum Kriegsdienst erpresst. Wer konnte, versuchte zu fliehen. Weil das Heer versagt hatte, führte man eine Heeresreform durch: Ein Volksheer mit einer allgemeinen Wehrpflicht sollte in Zukunft für das Land kämpfen. Die Prügelstrafe und das Spießrutenlaufen wurden ebenso abgeschafft wie die Vorrechte des Adels. Jeder tüchtige Soldat konnte Offizier werden. Der Militärdienst galt jetzt als „Ehrendienst an Staat und Nation".

8 Erklärt die Aussage: „Alle Bewohner des Staates sind geborene Verteidiger desselben."

Kandidaten:*
Bewerber um ein Amt

1808:
Die neue Städteordnung tritt in Kraft und stärkt die Selbstverwaltungsrechte der Bürger.

1813:
Einführung der allgemeinen Wehrpflicht

Preußen erklärt Napoleon den Krieg

1 Auszug deutscher Studenten in den Freiheitskrieg 1813. Wandgemälde von Ferdinand Hodler in der Friedrich-Schiller-Universität in Jena, 1909.

Russlandfeldzug Napoleons 1812/13*:
Feldzug, bei dem Napoleon vernichtend geschlagen wurde. Die russische Bevölkerung floh zunächst vor den französischen Truppen und hinterließ „verbrannte Erde", das bedeutet, die Soldaten konnten nicht mehr mit Nahrungsmitteln versorgt werden. Als diese durch Hunger und den eisigen Winter geschwächt waren, schlugen die russischen Truppen zurück. Von ehemals 600-000 Soldaten kehrten nur 30-000 in die französische Heimat zurück.

März 1813:
Der König von Preußen, Friedrich Wilhelm II., erklärt Frankreich den Krieg.

Nationalbewusstsein*:
Als Nationalbewusstsein wird das im 19. Jahrhundert aufkommende Denken bezeichnet, das für die Angehörigen einer Nation einen gemeinsamen Staat als die bestmögliche politische Organisationsform fordert.

Die preußischen Befreiungskriege

Mit der vernichtenden Niederlage Napoleons in Russland* war der Augenblick gekommen, den die Menschen in ganz Europa zunehmend herbeigesehnt hatten. Der Freiheitskampf brach los. Ein neues Nationalbewusstsein* wurde vor allem in Deutschland zur beherrschenden Kraft des Widerstands gegen Napoleon.

In einem Aufruf an alle Deutschen hieß es:

Q1 … Nicht Bayern, nicht Braunschweiger, nicht Hannoveraner, nicht Hessen, nicht Holsteiner, nicht Österreicher, nicht Preußen, nicht Sachsen und nicht Schwaben. Alles, was sich deutsch nennen darf – nicht gegeneinander, sondern: Deutsche für Deutsche …

Trotz der vernichtenden Niederlage Frankreichs konnte der preußische König nur widerwillig zum Krieg gegen Napoleon bewegt werden. Die öffentliche Stimmung drängte jedoch zum Kampf gegen Frankreich. An den Universitäten wurde die nationale Stimmung geschürt. Tausende junger Leute meldeten sich freiwillig zum Kriegsdienst, und Dichter feierten den bevorstehenden Krieg gegen Napoleon als „Heiligen Krieg". Schließlich konnte sich auch der König der nationalen Begeisterung nicht mehr entziehen. Nach längerem Zögern folgte der König von Preußen dem Drängen seiner Ratgeber, und im März 1813 erklärte Preußen Frankreich den Krieg.

Über die Stimmung in Preußen im März 1813 schrieb der russische Offizier Friedrich von Schubert:

Q2 … Es wurden … Freiwillige aufgerufen, die Untertanen beschworen, alle möglichen Opfer zu bringen, um das Vaterland vom Joche der Franzosen zu befreien, und diese Aufforderung fiel nicht auf taube Ohren. Alles strömte herbei. Der Landmann verließ seinen Pflug und stellte sich mit seinen Söhnen, um gegen den Feind zu fechten; die Jugend verließ die Universitäten, die Schulen, Beamte ihre einträglichen Posten …; jeder brachte, was er an Geld oder Geldeswert hatte …

1 Erklärt den Begriff „Nationalbewusstsein" mithilfe der Worterklärung in der Randspalte und von Q1. Welche Bedeutung hat der Begriff heute?
2 Erklärt anhand von Q2 folgende Behauptung: „Aus Untertanen wurden Bürger".

Die Völkerschlacht bei Leipzig

2 **Völkerschlacht bei Leipzig. Kampf vor dem „Grimmaischen Tor" am 19. Oktober 1813.** Gemälde von E. W. Straßberger, Museum für die Geschichte der Stadt Leipzig.

Napoleons Herrschaft wird abgeschüttelt

Vor der Kriegserklärung an Frankreich hatte der König von Preußen ein Neutralitätsabkommen mit Russland abgeschlossen. Österreich, England und Schweden traten dem Bündnis gegen Frankreich bei. Napoleon selbst zögerte keinen Augenblick, mit eilig zusammengezogenen Soldaten nach Deutschland zu ziehen, um den Widerstand im Keim zu ersticken.

Zur entscheidenden Schlacht kam es im Oktober 1813 bei Leipzig. Am 14. Oktober 1813 traf Napoleon hier mit einer Armee von fast 200 000 Soldaten ein. Zwei Tage später begann der Kampf mit einer stundenlangen Kanonade auf beiden Seiten, die – wie ein Beobachter schrieb – die Erde erbeben ließ. Nach vier Tagen erbitterter Kämpfe – 100 000 Soldaten starben allein in dieser Schlacht – hatten die Alliierten* den Sieg errungen.

Die Fürsten des Rheinbundes sagten sich von Napoleon los. Die verbündeten Heere konnten Napoleon aus Deutschland vertreiben und am 1. Januar den Rhein überschreiten. Ein halbes Jahr später zogen preußische und russische Truppen in Paris ein und zwangen Napoleon abzudanken. Er wurde auf die Mittelmeerinsel Elba in die Verbannung ge-

schickt. Die Macht übernahm jetzt König Ludwig XVIII., ein Bruder des hingerichteten Ludwig XVI.

„Der letzte Flug des Adlers"

Napoleon kehrte 1815 noch einmal nach Frankreich zurück. Völlig unerwartet landete er mit 1000 Soldaten in Südfrankreich. Die Bevölkerung jubelte ihm zu, die Truppen liefen zu ihm über und Ludwig XVIII. floh, als Napoleon Paris erreichte. Erneut konnte er ein Heer aufstellen, wurde aber in der Schlacht von Waterloo im heutigen Belgien von einem englisch-preußischen Heer endgültig besiegt. Erneut musste Napoleon abdanken. Man brachte ihn auf die kleine Insel St. Helena im Südatlantik, wo er 1821 starb.

3 *Betrachtet Bild 2. Welche Absicht verfolgt der Künstler?*

4 *Wiederholt nochmals die wichtigsten Etappen von Napoleons Aufstieg und Fall.*

5 *Stellt die Ursachen für Napoleons Untergang zusammen.*

6 *Diskutiert: Darf man Napoleon als großen Staatsmann bezeichnen?*

14. 10. 1813:
Völkerschlacht bei Leipzig

Alliierte:*
(frz.) Verbündete

1815:
Verbannung Napoleons

24. und 27. Oktober 1806

Mit dem Einzug Napoleons in Potsdam und Berlin rücken 130 000 Franzosen in die Mark ein und es beginnt für Brandenburg die napoleonische Fremdherrschaft. In Berlin kommt es in großem Umfang zu Einquartierungen französischer Truppen. Zwischen 12 000 und 30 000 Soldaten mussten täglich untergebracht und versorgt werden. Letzteres bedeutete Naturallieferungen für die Soldaten (Lebensmittel u. Ä.), aber auch Zahlungen (Kontributionen) für den Unterhalt der Besatzungstruppen (insgesamt ein Betrag von 2,7 Millionen Talern).

Dezember 1808

Die Mark wird von den Franzosen geräumt. Die Besetzung der Festung Küstrin währt bis zum 20. März 1813.

1 Französisches Heerlager bei Berlin-Charlottenburg. Stich, 1808.

1812

Brandenburg wird Durchmarschgebiet der Franzosen nach Russland. Von Anfang an regt sich der Widerstand gegen die Besetzer. Berlin wird zu einem Zentrum der antinapoleonischen Stimmung.

März 1813

Nach der Niederlage der Grande Armée verlassen die Franzosen Berlin. Die einrückenden russischen Truppen werden von der Bevölkerung aufs Freundlichste willkommen geheißen.

März bis Juli 1813

10 000 Männer und Jugendliche, vor allem Studenten und Gymnasiasten, folgen dem Aufruf des Königs und dienen in den preußischen Freiwilligenkompanien. Nach der Kriegserklärung des Königs an Napoleon melden

sich neben einfachen Bürgern viele Gelehrte und Künstler für den preußischen Landsturm. Sie wollen ein Beispiel des neuen Staats- und Nationalbewusstseins geben.
So schrieb die Schriftstellerin Bettina von Arnim:
M1 ... Es war seltsam anzusehen, wie bekannte Gelehrte und Freunde mit allen Arten von Waffen zu jeder Stunde über die Straße liefen, so mancher, von denen man vorher sich's kaum denken konnte, dass sie Soldaten wären. Stelle dir zum Beispiel Savigny vor, der mit dem Glockenschlag 3 wie besessen mit einem langen Spieß über die Straße rennt, der Philosoph Fichte, mit einem eisernen Schild und langem Dolch. ...

Doch zum Einsatz des Berliner Landsturms kommt es glücklicherweise nicht.

August bis Oktober 1813

Mehrmals versucht Napoleon Berlin zurückzuerobern und er setzt hierfür eine 65 000 Mann starke Armee in Marsch. Das Vorhaben aber scheitert vor den Toren Berlins in der Schlacht bei Großbeeren (23. August 1813). Im Vorfeld der Völkerschlacht zu Leipzig (Oktober 1813) muss die französische Armee weitere empfindliche Niederlagen auf brandenburgischem Gebiet hinnehmen, so in Hagelberg (27. August) und in Dennewitz (6. September), und sie wird schließlich aus der Mark verdrängt.
1 *Erstellt eine kleine Chronik für euren Heimatort mit den wichtigsten Ereignissen aus der Zeit der napoleonischen Besetzung. Informationen bekommt ihr in der Bücherei oder im Heimatmuseum.*

Zusammenfassung

Die bürgerliche Revolution

Obwohl der Staat, den Ludwig XVI. übernahm, hoch verschuldet war, gab er nicht weniger Geld aus als seine Vorgänger. Das Volk litt unter der hohen Abgabenlast. Immer häufiger erschienen Flugblätter, die darauf hinwiesen, dass das Volk frei und alle Menschen gleich seien.

Schließlich war Ludwig XVI. nicht mehr in der Lage, seine enormen Ausgaben zu decken. In seiner Not berief der König die Vertreter der drei Stände ein, um sich höhere Steuern bewilligen zu lassen. Die Vertreter des dritten Standes erklärten sich zur Nationalversammlung, da sie mehr als 95 Prozent der Bevölkerung zählten. Im August 1789 wurden die Menschenrechte verkündet. Nach einem gescheiterten Fluchtversuch 1791 galt der König als gefährlichster Feind der Revolution. Am 21. Januar 1793 wurde er auf Beschluss des Nationalkonvents hingerichtet.

Um ihre Ziele zu verwirklichen, gingen die Revolutionäre immer radikaler vor. Die Schreckensherrschaft der Jakobiner fand erst mit der Hinrichtung von Robespierre ein Ende. 1795 stellte eine neue Verfassung die Dreiteilung der Gewalten wieder her. Ein Direktorium führte die Regierungsgeschäfte.

Napoleon verändert Europa

Nachdem Napoleon sich zum Kaiser gekrönt hatte, ließ er keinen Zweifel an seinen außenpolitischen Zielen: Er wollte Europa unter seiner Führung vereinen. Deutschland wurde von Napoleon bezwungen, mit Truppen besetzt und umgestaltet. Aufgrund dieser Umgestaltung zerfiel 1806 das „Heilige Römische Reich Deutscher Nation" und Kaiser Franz II. verzichtete auf die deutsche Kaiserkrone.

Der Widerstand gegen die Herrschaft Napoleons regte sich seit 1808 überall in Europa. Napoleons Überfall auf Russland leitete schließlich seinen Untergang ein. Preußen, Russland, Schweden, England und Österreich schlossen ein Bündnis gegen Frankreich. Ein neues Nationalbewusstsein wurde vor allem in Deutschland zur beherrschenden Kraft des Widerstands gegen Napoleon. Nach der Völkerschlacht bei Leipzig (1813) konnte Napoleon aus Deutschland vertrieben werden.

1814 zogen preußische und russische Truppen in Paris ein und zwangen Napoleon, abzudanken. Er starb 1821 auf der Insel St. Helena in der Verbannung.

14. Juli 1789

Das Volk von Paris stürmt die Bastille.

1791

Die Nationalversammlung verabschiedet die neue Verfassung.

1803–1806

Das Heilige Römische Reich Deutscher Nation löst sich auf.

1812/13

Napoleons „Große Armee" wird in Russland besiegt. Die Befreiungskriege beginnen.

Arbeitsbegriffe

✓ Dritter Stand
✓ Nationalversammlung
✓ Sturm auf die Bastille
✓ Republik
✓ Verfassung 1791
✓ Terrorherrschaft der Jakobiner
✓ Direktorium
✓ Herrschaft Napoleons
✓ 1806: das Ende des Heiligen Römischen Reiches

Was wisst ihr noch?

1 Fasst die Missstände, die im 18. Jahrhundert in Frankreich herrschten, stichwortartig zusammen.

2 Warum berief Ludwig XVI. im Jahr 1789 die Generalstände ein?

3 Erklärt die Vorgänge, die sich am 20. Juni 1789 im Ballhaus von Paris zugetragen haben.

4 Welche Bedeutung hat der 14. Juli 1789 für die Franzosen?

5 Übersetzt und erklärt „liberté", „egalité" und „fraternité".

6 Wer übernahm nach der Hinrichtung Ludwigs XVI. die Macht in Frankreich?

7 Schreibt einen Steckbrief über Napoleon.

8 Beschreibt die Auswirkungen von Napoleons Herrschaft auf das Deutsche Reich.

9 Tragt zusammen, was mit den Preußischen Reformen gemeint ist, und erklärt, welche Wirkung sie hatten.

Tipps zum Weiterlesen

Georg Popp (Hg.): Die Großen der Menschenrechte. Arena, Würzburg 1996

Louisa M. Alcott: Betty und ihre Schwestern. Arena, Würzburg 1996

Josef Holub: Der Russländer. Oetinger, Hamburg 2002

Klas Ewert Everwyn: Für fremde Kaiser und kein Vaterland. Oetinger, Hamburg 2001

Karla Schneider: Die abenteuerliche Geschichte der Filomena Findeisen. Beltz & Gelberg, Weinheim 1996

Waltraut Lewin: Die letzte Rose des Sommers. Loewe, Bindlach 2005

Inge Ott: Im Schatten des Adlers. Freies Geistesleben, Stuttgart 1997

Dörte Damm: Daphne Wildermuth. Die Tochter des Jakobiners. Ueberreuter, Wien 2003

1 In den folgenden Text haben sich neun Fehler eingeschlichen. Findet sie und schreibt den Text richtig in euer Heft ab.

Als Ludwig XVI. König von Frankreich wird, ist das Land bereits hoch verschuldet. In den folgenden Jahren verringern sich die Schulden um das Dreifache.

Adel und hohe Geistlichkeit, die dem dritten Stand angehören, genießen alle Privilegien und führen ein aufwendiges Leben. Die dafür notwendigen Gelder werden vom ersten und zweiten Stand aufgebracht. Während Ludwig das Geld mit vollen Händen ausgibt, hungert das Volk. In Paris stürmen Arbeiter und Handwerker die Bäckerläden.

In dieser Situation beruft der König die Vertreter aller drei Stände nach Versailles ein. Sie sollen über eine Lösung der Finanzkrise beraten.

Die Vertreter des ersten und zweiten Standes wehren sich gegen das ungerechte Abstimmungsverfahren. Sie ziehen ins Ballhaus und erklären sich als die wahren Vertreter des französischen Adels zur Nationalversammlung.

Am 1. Mai 1789 stürmen die Pariser das Schloss des Königs. Im August 1789 wird der Code Napoléon verkündet. 1791 legt die Nationalversammlung eine neue Verfassung fest, die die Macht des Königs erweitert.

Obwohl der König 1791 zu fliehen versucht, darf er vorläufig im Amt bleiben. Im Januar 1793 wird er jedoch als Freund der Revolution hingerichtet.

Der Wohlfahrtsausschuss unter der Leitung Robespierres übt in der Folgezeit eine Terrorherrschaft aus. Sie endet erst mit der Hinrichtung Robespierres 1794. Ein Direktorium übernimmt nun die Regierung.

2 Welcher Begriff passt nicht in die Reihe?
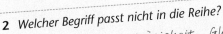
- Brüderlichkeit – Freizügigkeit – Gleichheit – Freiheit
- Versailles – Bastille – Ballhaus – Notre Dame
- Reichsregierung – Generalstände – Nationalversammlung – Wohlfahrtsausschuss
- Ludwig XVI. – Robespierre – Marie Antoinette – Colbert

4 Durch den Sturm auf die Bastille wurden nur sieben Gefangene befreit. Keiner der Häftlinge war aus politischen Gründen inhaftiert worden. Trotzdem ist der 14. Juli, der Tag der Erstürmung der Bastille, französischer Nationalfeiertag. Wie ist das zu erklären?

3 Ordnet die folgenden Ereignisse in der zeitlichen Reihenfolge und schreibt einen Bericht aus der Sicht eines Zeitzeugen:

Sturm auf die Bastille – Hinrichtung Ludwigs XVI. – Ballhausschwur – Forderungen des dritten Standes – ungleiche Verteilung der Rechte und Pflichten – Erklärungen der Menschenrechte – Reformbemühungen des Königs scheitern – Zeit des Terrors – Wahl der Nationalversammlung

5. Demokratischer Aufbruch in Deutschland

1814/15

1817

1832

WIENER KONGRESS

WARTBURGFEST

HAMBACHER FEST

In der Nacht vom 18. auf den 19. März 1848 ging das Volk in Berlin auf
die Barrikaden. Ein verlustreicher Kampf gegen das Militär begann.
Schließlich gab der preußische König den Barrikadenkämpfern nach. Er
ließ die Truppen aus Berlin abziehen und gestattete Pressefreiheit, Versammlungsfreiheit und Wahlen für eine Volksvertretung. Den gefallenen Freiheitskämpfern erwies der König die letzte Ehre, als diese auf
dem Schlossplatz in Berlin aufgebahrt wurden. Dabei trug er eine Arm-
binde in Schwarz-Rot-Gold, den Farben der Revolution.
In ganz Europa hatte sich im Frühjahr 1848 das Volk gegen die Fürsten
erhoben. Wie es dazu kam und ob der „Völkerfrühling" für die alten
Mächte und den Absolutismus das Ende bedeutete, erfahrt ihr in diesem Kapitel.

1848

1848/49

1849

BEGINN
DER REVOLUTION

NATIONALVER-
SAMMLUNG IN DER
PAULSKIRCHE

PREUSSEN SCHLAGEN
AUFSTÄNDE NIEDER

Eine neue Ordnung für Europa?

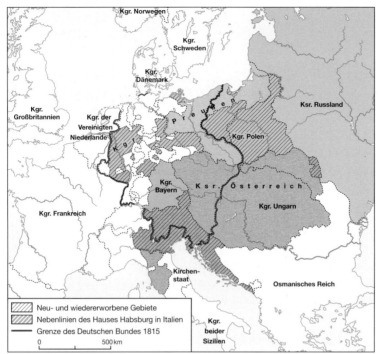

1 Europa 1815.

Legende:
- Neu- und wiedererworbene Gebiete
- Nebenlinien des Hauses Habsburg in Italien
- Grenze des Deutschen Bundes 1815
- 0 — 500 km

Fürst Klemens von Metternich*: (1773–1859); ab 1809 Innenminister in Österreich, danach Staatskanzler. Er stellte in der österreichischen und europäischen Politik entscheidende Weichen.

1814–1815: Wiener Kongress.

Wiederherstellung der alten Ordnung

Napoleons Herrschaft war zusammengebrochen. Wie sollte es jetzt weitergehen? Um diese Frage zu lösen, luden die Siegermächte Österreich, Russland, England und Preußen die Fürsten Europas zu einem Kongress nach Wien ein. Die Herrscher oder ihre Gesandten von fast 200 Staaten, Herzog- und Fürstentümern folgten der Einladung.

Jene Fürsten, die von Napoleon vertrieben worden waren, forderten jetzt die Rückgabe ihrer Gebiete. Gemeinsames Ziel aller Teilnehmer war es, die alte Ordnung wieder herzustellen.

Der Wiener Kongress begann am 18. September 1814. Über neun Monate zogen sich die Beratungen hin. Unter dem Vorsitz des österreichischen Staatskanzlers Fürst Metternich* einigte man sich auf folgende Grundsätze:

- keine der fünf europäischen Großmächte (Frankreich, Großbritannien, Österreich, Preußen, Russland) soll ein Übergewicht über eine andere Macht bekommen. Nur so könne man den Frieden sichern.
- Die von Napoleon beseitigten Monarchien werden wieder hergestellt.
- Frankreich wird wieder Königreich in den Grenzen von 1789.
- Preußen wird um die Rheinprovinz, Westfalen und Teile von Sachsen vergrößert.
- Die Vormachtstellung Frankreichs soll beseitigt werden. Deshalb werden an seinen Grenzen starke Staaten geschaffen: Die Niederlande und Belgien werden zu einem Königreich vereinigt.

Länder und Provinzen, Städte und Grenzstreifen wurden während der Verhandlungen zwischen den Fürsten hin und her geschoben. An die Folgen für die betroffenen Menschen dachte niemand.

1 *Beschreibt die Gebietsveränderungen für Preußen und Österreich anhand der Karte.*

2 *Überlegt, wer seine Interessen durchsetzte und wer mit seinen Interessen keine Berücksichtigung fand.*

Wiener Kongress und Deutscher Bund

2 Die Wiederkehr des allgemeinen Weltfriedens. Eine Frauengestalt, die Frankreich darstellen soll, überreicht dem König von Preußen, dem Kaiser von Österreich und dem russischen Zaren einen Lorbeerkranz. Deutsche Allegorie* auf den Wiener Kongress.

Allegorie:*
gleichnishafte
Darstellung.

Nationale Einheit oder Deutscher Bund?

Das Deutsche Reich war 1806 zerbrochen. Viele Deutsche hofften jetzt, dass nun endlich die Einheit Deutschlands geschaffen würde. In einem Flugblatt hieß es damals:

Q1 ... Europas Fürsten haben Deutschland von der Knechtschaft unter Napoleon befreit. Jetzt beraten sie in Wien. Welcher wahre Deutsche kann jetzt träge und schläfrig abwarten, was werden wird? Wer fühlt jetzt nicht voller Begeisterung, dass der Zeitpunkt da ist, wo der Deutsche an der Donau und am Rhein den an der Elbe und Weser als einen Mitbruder umarmen möchte?
Jetzt ist die Zeit, wo die Herrscher erkennen, dass die Völker nicht um ihretwillen, sondern dass sie um der Völker willen da sind. Jetzt ist die Zeit, wo nicht mehr wie bisher den Menschen die Hälfte des Arbeitsschweißes abgepresst wird, um elende Höflinge, ... kostbare Jagden, die Menge unnützer Schlösser und eine Kriegsmacht zu unterhalten, die nicht dem Schutz des Vaterlandes dient, sondern nur ... für die Großmannssucht des Herrschers. Diese Zeiten – wer zweifelt daran – sind vorbei. ...

Der Verfasser des Flugblattes irrte sich. Die Großmächte wollten kein mächtiges Deutsches Reich. Auch die deutschen Fürsten wollten keinen starken deutschen Kaiser über sich haben. So schuf man nur einen losen Deutschen Bund mit 35 Fürstentümern und vier freien Städten (Hamburg, Bremen, Lübeck und Frankfurt am Main). Die Gesandten der Fürsten bildeten die Bundesversammlung, auf der Beschlüsse nur mit Zweidrittelmehrheit gefasst werden konnten.
Ob die Beschlüsse dann auch tatsächlich durchgeführt wurden, lag im Ermessen der Einzelstaaten.

3 *Spielt folgende Szene: Der Verfasser der Flugschrift nimmt an den Beratungen der Fürsten teil. Was wird er sagen und was werden ihm die Fürsten antworten?*

4 *Betrachtet die Allegorie (Abbildung 2). Erklärt, was es bedeutet, dass Frankreich den Herrschern von Preußen, Österreich und Russland einen Lorbeerkranz überreicht.*

5 *Was verspricht sich der Künstler vom „wiedergekehrten Weltfrieden"?*

6 *Welche Symbole der Hoffnung findet ihr auf dieser Abbildung?*

1815:
Die 34 deutschen Einzelstaaten und vier freie Städte schließen sich im Deutschen Bund zusammen.

133

Aufbruch zur Freiheit?

31.10.1817:
Wartburgfest zum Gedenken an den Beginn der Reformation und die Völkerschlacht bei Leipzig.

1 Wartburgfest. Etwa 500 Studenten gedachten am 18. und 19. Oktober 1817 der Völkerschlacht bei Leipzig und des Beginns der Reformation (1517) mit einem Fest auf der Wartburg. Holzstich um 1880.

Zwei Jahre später lud die Burschenschaft der Universität Jena für den 31. Oktober 1817 zu einer Gedenkfeier auf die Wartburg ein. Gedacht werden sollte der 300-Jahr-Feier der Reformation und des vierten Jahrestages der Schlacht bei Leipzig. Aus allen deutschen Landen kamen die Studenten herbei. Man sprach von der Freiheit, der deutschen Einheit, von den Toten, die hierfür gefallen waren, und traf sich abends zu einem langen, feierlichen Fackelzug. Einige Studenten entzündeten nach der Feier noch ein Feuer, in das sie die Zeichen der Fürstenherrschaft warfen: eine preußische Polizeivorschrift, einen Husarenschnürleib und Bücher, die die Herrschaft der Fürsten verherrlichten (s. Abbildung 1).

1 Warum erschien den Studenten gerade die Wartburg und die Völkerschlacht geeignet zu sein, um gegen die bestehenden Verhältnisse zu protestieren?

2 Entwerft eine Rede, die ein Student während der Feier gehalten haben könnte und tragt sie vor.

3 Gegen welche Zustände oder Maßnahmen gibt es heutzutage Proteste?

Studenten auf der Wartburg

Von den Beschlüssen der Fürsten auf dem Wiener Kongress waren viele Menschen enttäuscht. Sollten sie dafür ihr Blut vergossen haben, waren dafür Hunderttausende in den zahlreichen Schlachten gefallen, dass jetzt alles so blieb wie vorher? Viele Bürger schlossen sich daher den Liberalen* an. Die „Liberalen" verlangten:
– eine Verfassung für jedes Land,
– die Anerkennung der Menschenrechte,
– die Beteiligung der Bürger an den politischen Entscheidungen.
Die Nationalen strebten die Bildung eines Nationalstaates an und setzten sich für ein geeintes Deutschland mit frei gewählten Volksvertretern ein.
Die Unzufriedenheit mit den bestehenden politischen Verhältnissen brachten vor allem die Studenten zum Ausdruck. Sie hatten sich 1815 in Jena zur Deutschen Burschenschaft zusammengeschlossen. Die Farben ihrer Verbindung waren Schwarz – Rot – Gold.

liberal*:
(lat. liber = frei): Die Freiheit betreffend, freiheitlich

Friedrich Ludwig Jahn*:
(1778–1852); der in der Prignitz geborene Jahn richtete 1811 den ersten Turnplatz in Berlin ein. Als Turnvater Jahn gilt er bis heute als der Begründer des allgemeinen Volkssportes zur körperlichen Ertüchtigung und zur vormilitärischen Erziehung der Jugend.

Reaktion der Fürsten

Für die Herrschenden war der Wunsch nach mehr Freiheit nichts anderes als ein Aufruf zur Gesetzeslosigkeit. Sie wollten Ruhe und Ordnung. Die deutschen Burschenschaften wurden deshalb auf der Ministerkonferenz in Karlsbad 1819 verboten. Die Universitäten wurden mit einem Netz von Spitzeln überzogen. Zeitungen und Flugblätter unterlagen einer strengen Zensur. In ganz Deutschland herrschte jetzt die Furcht vor Bespitzelung, Verhören, Verhaftungen. Die Fahndungslisten der Polizei wurden immer länger. Die Gefängnisse füllten sich mit Professoren und Studenten. Zu den Verhafteten zählte auch der „Turnvater" Jahn*. Er hatte bereits 1811 dazu aufgerufen, einen deutschen Nationalstaat zu errichten. Dafür erhielt er jetzt ohne Prozess sechs Jahre Haft.

Unterdrückung und Protest

2 „Der Denker-Club". Karikatur um 1820.

„Freiheit, Recht und Einheit" – das Hambacher Fest

Die Bürger ließen sich auf Dauer trotz aller Schikanen nicht kleinkriegen. Im Jahr 1832 versammelten sich über 30 000 Demonstranten beim Schloss Hambach in der Pfalz. Sie trugen schwarz-rot-goldene Fahnen (siehe die Abbildung in der Randspalte). Es war die erste politische Massenversammlung in Deutschland. Die Redner nahmen in Hambach kein Blatt vor den Mund.
Der badische Politiker Philipp Jakob Siebenpfeifer rief den Massen zu:

Q1 … Vaterland – Freiheit – ja! Ein freies deutsches Vaterland – dies ist der Sinn des heutigen Festes, dies die Worte, den Verrätern der deutschen Nationalsache die Knochen erschütternd. Seit das Joch des fremden Eroberers abgeschüttelt wurde, erwartet das deutsche Volk von seinen Fürsten die verheißene Wiedergeburt; es sieht sich getäuscht. Die Natur der Herrschenden ist Unterdrückung, der Völker Streben ist Freiheit. Es wird kommen der Tag, wo … der Bürger nicht in höriger Untertänigkeit den Launen des Herrschers, sondern dem Gesetz gehorcht, wo ein gemeinsames deutsches Vaterland sich erhebt. …

Die Bilder regierender Fürsten wurden verbrannt, die Teilnehmer sangen: „Fürsten zum Land hinaus, jetzt kommt der Völkerschmaus!"

4 Beschreibt, was der Zeichner der Karikatur (Abbildung 2) über die Zustände in Deutschland sagen will.

5 Vermutet, wen der Politiker Siebenpfeifer meint, wenn er von „Verrätern der deutschen Nationalsache" und dem „fremden Eroberer" spricht.

6 Benennt die Forderungen, die der Redner stellt. Welche Vorwürfe erhebt er gegen die Fürsten?

Unterdrückungsmaßnahmen werden verschärft

Wie schon zuvor, so antworteten die Fürsten auch jetzt mit noch härteren Unterdrückungsmaßnahmen. Die Zensur der Presse wurde weiter verschärft, die Rede- und Versammlungsfreiheit aufgehoben.
Erneut wanderten Hunderte ins Gefängnis, Tausende flohen ins Ausland, vor allem nach Amerika.

Die schwarz-rot-goldene Fahne wurde schon 1815 von der Jenaer Burschenschaft benutzt. Sie wurde in den folgenden Jahren zum Symbol der nationalen und demokratischen Bewegung in Deutschland.

Bürger oder Untertan?

1 „Mein Nest ist das Best". Zeichnung von Ludwig Richter von 1869.

„Die Menschen ziehen sich zurück"

1 *Beschreibt in Partnerarbeit je eines der beiden Bilder 1–3. Welche Stimmung, welche Gefühle werden dargestellt?*

Der Wunsch nach einem großen, geeinten Deutschland hatte sich in Wien nicht erfüllt. Auch die Forderung der Bürger nach mehr Mitbestimmung war von den Fürsten abgelehnt worden. Sie sahen in der Bevölkerung nicht mündige Bürger, sondern Untertanen, die regiert werden müssen, und legitimierten* so ihre Herrschaft. Das Ergebnis des Wiener Kongresses löste daher vor allem in Deutschland Enttäuschung und Verbitterung aus. Viele Menschen zogen sich jetzt in die eigenen vier Wände zurück. Außerdem fürchteten sie die Bespitzelung durch fürstliche Beamte. Von der Politik wollten die Bürger nichts mehr wissen, stattdessen genossen sie nach den Kriegsjahren die stille Behaglichkeit des eigenen Heimes und entwickelten eine Lebenseinstellung, die mit dem Begriff Biedermeier* bezeichnet wurde.

Der Rückzug ins Private zeigte sich auch in der bildenden Kunst. Einen Namen in der Malerei machten sich vor allem Caspar David Friedrich (1774–1840) und Ludwig Richter (1803 bis 1884). Beide waren in Dresden tätig, das zu den Zentren der deutschen Romantik* zählte. In den Bildern Richters (s. Abbildung 1) kommen seine Liebe zum Kleinen und Nahen, der Hang zur Idylle und seine Volksverbundenheit zum Ausdruck. Caspar David Friedrich war hingegen ein Vertreter der Romantik, die sich vor allem um den Ausdruck von Gefühlen bemühte und in ihren Bildern ein tiefes Empfinden für die Natur zum Ausdruck brachte. Weil Künstler wie Richter oder Friedrich durch ihre Art der Darstellung alles vermieden, was sie in einen Konflikt mit den Herrschenden hätte bringen können, höhnte jedoch der Schriftsteller Gottfried Kinkel:

Q1 ... Stets nur treu und stets loyal
Und vor allem stets zufrieden.
So hat Gott es mir beschieden.
Folglich bleibt mir keine Wahl.
Ob des Staates alte Karren
Weise lenken oder Narren,
Dieses geht mich gar nichts an;
Denn ich bin ein Untertan. ...

Biedermeier und Romantik

2 **„Mondaufgang am Meer".** Gemälde von Caspar David Friedrich, 1832.

3 **„Die gute alte Zeit".** Das Innere einer Bürgerwohnung im Biedermeierstil. Gemälde, um 1835.

Behaglichkeit statt Prunk:
Der Wunsch nach Bequemlichkeit im „trauten Heim" prägte auch die Wohnkultur im Biedermeier. Der Sekretär, das Polstersofa, die Fußbank oder der Vitrinenschrank, in dem die Schmuckstücke der Familie zur Schau gestellt wurden, sind typische Möbel dieser Zeit. Behaglichkeit, Schlichtheit statt Zierrat und Funktionalität hießen die Forderungen, die Biedermeiermöbel für den Mittelstand erfüllen mussten.

Die Revolution von 1848

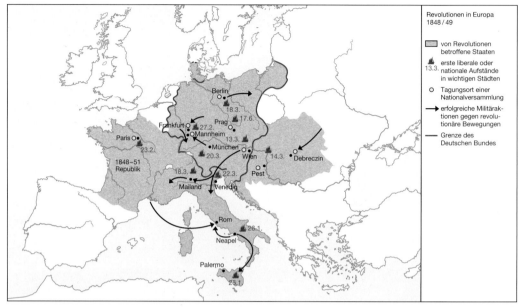

1 Revolutionen in Europa 1848/49.

März 1848:
Revolutionäre Aufstände in Europa. In Paris, Wien und Berlin treten die alten Regierungen zurück. Die Forderung nach Parlamenten, die eine Verfassung beraten sollen, wird erfüllt.

CD-ROM-Tipp:
1848 – „... weil jetzt die Freiheit blüht." Lieder aus der Revolution von 1848/49. CD Südwest Records, Bad Krozingen 1998.

Paris gibt das Signal für Erhebungen in Europa: Das Volk verjagt die Könige

Im Februar 1848 kam es in Paris zu Massendemonstrationen gegen den König und seine Regierung. Die Menschen forderten ein neues Wahlrecht. Denn nur wer über ein hohes Einkommen verfügte, durfte auch zur Wahl gehen. Den aufgebrachten Bürgern rief ein Minister daraufhin zu: „Werdet doch reiche Leute."

Die Arbeiter, Tagelöhner und Handwerker fühlten sich durch diesen Ausspruch verhöhnt. Sie stürmten Ende Februar 1848 den Königspalast. Der König musste gehen, die Republik wurde ausgerufen. Dies war das Signal zu zahlreichen Revolutionen in ganz Europa.

In Deutschland gaben viele Fürsten den Forderungen der Aufständischen sofort nach. Sie versprachen, Verfassungen ausarbeiten zu lassen und sich einzusetzen für die Einberufung eines Nationalparlaments.

Der Großherzog Leopold von Baden schrieb an den König von Preußen:

Q1 ... Meine Zugeständnisse sind teils von zweckmäßiger Art, teils von untergeordneter, teils von keiner nachträglichen Bedeutung. Die erste Aufgabe war, das Land zu beruhigen und zusammenzuhalten. ...

1 Stellt mithilfe der Karte fest, in welchen Städten im Frühjahr 1848 Aufstände ausbrachen.

2 Beurteilt mithilfe von Q1, wie ernst die Zugeständnisse des Großherzogs gemeint waren.

Barrikadenkämpfe in Berlin – Höhepunkt der Märzrevolution

Die Nachrichten von der Revolution in Paris und den erfolgreichen Erhebungen in anderen deutschen Staaten führten in Berlin zu zahlreichen politischen Versammlungen. Auf ihnen forderten die Arbeiter von der Regierung Maßnahmen gegen die Arbeitslosigkeit. Bürger, Studenten und Arbeiter forderten zudem gemeinsam Presse- und Redefreiheit, Versammlungsfreiheit, Freilassung der politischen Gefangenen, eine freiheitliche Verfassung und eine allgemeine deutsche Volksvertretung.

Die Lage spitzte sich immer mehr zu. Der preußische König war zunächst nicht bereit, den Forderungen nachzugeben. Er wehrte sich gegen eine geschriebene Verfassung: „Zwischen mich und mein Volk soll sich kein Blatt Papier drängen." Um die politischen Versammlungen auseinanderzutreiben, ließ der König sogar Truppen in die Stadt einrücken.

Das Volk geht auf die Barrikaden

2 Barrikadenkämpfe in Berlin, 18./19. März 1848. Aus der Bleiverglasung von Fenstern wurden Kugeln gegossen. Farblithografie von F. C. Nordmann, 1848.

Aber die Protestierenden ließen sich nicht einschüchtern. König Friedrich Wilhelm IV. gab schließlich nach und versprach, dem Lande eine Verfassung zu geben.

Um ihrem König für die Zusage einer Verfassung zu danken, versammelten sich am 18. März 1848 etwa 10 000 Berliner vor dem Schloss. Plötzlich fielen – vermutlich aus Versehen – zwei Schüsse. Die Bürger fühlten sich betrogen. In aller Eile bauten sie Straßenbarrikaden. Auf den Barrikaden wehten schwarz-rot-goldene Fahnen. Mit den primitivsten Waffen wurden die gut ausgebildeten Armeeeinheiten abgewehrt. Schließlich musste sich das Militär zurückziehen.

Am folgenden Tag wurden von den Bürgern die Leichen von 150 Barrikadenkämpfern vor das königliche Schloss getragen. Der König wurde gezwungen, sich vor den Särgen der Gefallenen zu verneigen. Mit einer schwarz-rot-goldenen Binde am Arm musste er durch die Straßen reiten. Am Abend erließ er einen Aufruf:

Q2 … Ich habe heute die alten deutschen Farben angenommen und mich und mein Volk unter das ehrwürdige Banner des Deutschen Reiches gestellt. Preußen geht fortan in Deutschland auf. …

Neue Freiheiten

Die Revolution sollte den Berlinern große und kleine Freiheiten bescheren. Presse- und Versammlungsfreiheit ließen ein lebhaftes öffentliches Leben zu. Von nun an durfte auf der Straße geraucht werden.

Berlin wurde mit Flugblättern, Maueranschlägen und Plakaten geradezu überschwemmt, politisch Gleichgesinnte schlossen sich in den sogenannten „Klubs" zusammen, den Vorläufern der politischen Parteien. Hatte die Revolution damit auch in Berlin endgültig gesiegt? Eine Antwort konnten erst die nächsten Monate geben.

3 *Erklärt, was es bedeutet, wenn der König von Preußen die Farben Schwarz-Rot-Gold annimmt.*

18./19. März 1848: Die Berliner Bevölkerung erzwingt in Straßenkämpfen den Abzug des Militärs. Der preußische König bekennt sich zu demokratischen Reformen und der deutschen Einigung.

Die erste deutsche Nationalversammlung

Die **Paulskirche** in Frankfurt am Main heute.

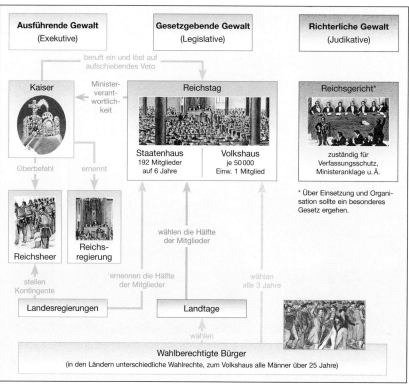

| Ausführende Gewalt (Exekutive) | Gesetzgebende Gewalt (Legislative) | Richterliche Gewalt (Judikative) |

beruft ein und löst auf
aufschiebendes Veto

Kaiser — Ministerverantwortlichkeit — Reichstag — Reichsgericht*

Staatenhaus
192 Mitglieder
auf 6 Jahre

Volkshaus
je 50000
Einw. 1 Mitglied

zuständig für Verfassungsschutz, Ministeranklage u. Ä.

* Über Einsetzung und Organisation sollte ein besonderes Gesetz ergehen.

Oberbefehl — ernennt

Reichsheer — Reichsregierung

wählen die Hälfte der Mitglieder

stellen Kontingente — ernennen die Hälfte der Mitglieder — wählen alle 3 Jahre

Landesregierungen — Landtage

wählen

Wahlberechtigte Bürger
(in den Ländern unterschiedliche Wahlrechte, zum Volkshaus alle Männer über 25 Jahre)

1 Verfassung der deutschen Nationalversammlung vom 28. März 1849. Schaubild.

Die Abgeordneten in der Paulskirche

Noch im Frühjahr 1848 wurden überall in Deutschland die Regierungen zum Rücktritt gezwungen. Erstmalig fanden nun in ganz Deutschland allgemeine und gleiche Wahlen zu einer verfassunggebenden Versammlung statt. Frauen hatten allerdings kein Wahlrecht. Fast zwei Drittel der 573 Abgeordneten waren Akademiker, vor allem Professoren, Beamte, Juristen und Ärzte. Die übrigen Abgeordneten waren Vertreter der Wirtschaft, wie zum Beispiel Gutsbesitzer, Kaufleute und Industrielle. Arbeiter und Frauen fehlten jedoch in dem Parlament, das am 18. Mai 1848 in der Paulskirche in Frankfurt am Main zu seiner ersten Sitzung zusammentrat.

Schon am Hambacher Fest 1832 hatten auch Frauen teilgenommen. An der Revolution von 1848 nahmen ebenfalls viele Frauen lebhaften Anteil. Sie besuchten regelmäßig die Sitzungen in der Paulskirche. Unter ihnen war auch die Frankfurter Bürgerin Clotilde Koch-Gontard. In ihrer Wohnung trafen sich zahlreiche Politiker und politisch interessierte Frauen, um über politische Probleme zu diskutieren.

18. Mai 1848:
Die erste Sitzung der deutschen Nationalversammlung in der Paulskirche in Frankfurt am Main.

An die „Deutsche Zeitung" schrieb sie in einem Brief:

Q1 … Doch höre ich die Männer sagen: Es ist mit dem Weibergeschwätz wieder kein Ende; in die Kinderstube und an den Strickstrumpf gehört die Frau, der Mann ist berufen zum Handeln nach außen.
Jetzt noch weniger als früher mag ich meine Stellung so zu begreifen und es macht mir recht viel Mühe, die Küche als den Hauptschauplatz meiner Tatkraft anzusehen. …

Am 28. Mai 1849 verabschiedete die Nationalversammlung die Reichsverfassung. Darin wurden die Grundrechte festgelegt:

Q2 … § 137 Vor dem Gesetz gilt kein Unterschied der Stände. Der Adel als Stand ist aufgehoben. Alle Standesvorrechte sind abgeschafft.
§ 138 Die Freiheit der Person ist unverletzlich.
§ 139 Die Wohnung ist unverletzlich. …
§ 143 Jeder Deutsche hat das Recht, durch Wort, Schrift, Druck oder bildliche Darstellung seine Meinung frei zu äußern. …

Ein König will kein Kaiser werden

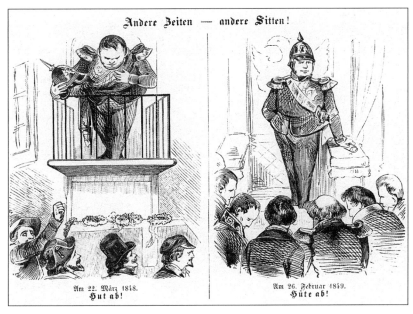

2 **Andere Zeiten – andere Sitten!** Karikatur, 1849.

§161 Die Deutschen haben das Recht, sich friedlich und ohne Waffen zu versammeln; einer besonderen Erlaubnis bedarf es nicht. …

1 *Seht euch das Verfassungsschema genau an. Spielt dann folgende Situation nach: In der Wohnung von Frau Koch-Gontard diskutieren Frauen und Männer über die neue Reichsverfassung.*
2 *Überlegt, ob die Reichsverfassung von 1849 (Abbildung 1) mit unseren Vorstellungen von Demokratie übereinstimmt.*

Der König lehnt die Kaiserkrone ab

Die Nationalversammlung diskutierte lange Zeit die Frage, ob das Deutsche Reich eine Republik oder eine Monarchie sein sollte. Man entschied sich schließlich für die Wahl eines Kaisers, der gemeinsam mit dem Parlament die Gesetze erlassen sollte.

Doch wer sollte Kaiser werden? Zwei Möglichkeiten boten sich an: ein großes Deutsches Reich unter der Führung Österreichs mit dem österreichischen Kaiser oder die „kleindeutsche" Lösung ohne Österreich unter der Führung Preußens.

Man einigte sich auf die kleindeutsche Lösung unter der Führung Preußens. „Kaiser der Deutschen" sollte Friedrich Wilhelm IV. von Preußen werden. Doch der preußische König lehnte ab. Selbstbewusst schrieb er im Februar 1849:

Q3 … Diese Krone ist nicht die tausendjährige Krone „deutscher Nation", sondern eine Geburt des scheußeligen Jahres 1848. … Untertanen können keine Krone vergeben. … Mit Gottes Hilfe werden wir „oben" wieder „oben" und „unten" wieder „unten" machen. Das ist es, was vor allem Not tut. …

Mit dieser Reaktion des preußischen Königs hatten die Abgeordneten nicht gerechnet. Die meisten Abgeordneten traten nun aus der Nationalversammlung aus, die über keinerlei Machtmittel verfügte, um ihre Beschlüsse durchzusetzen: Die Armee, Polizei und Beamtenschaft standen auf der Seite der Fürsten. Nur 100 Abgeordnete blieben zusammen und gründeten Anfang Mai in Stuttgart ein Rumpfparlament, das allerdings noch im Juli durch württembergische Truppen aufgelöst wurde.

3 *Warum boten die Frankfurter Abgeordneten dem preußischen König die Kaiserkrone an?*
4 *Nennt die Gründe für die Ablehnung der Kaiserkrone durch Friedrich Wilhelm IV. (Q3).*
5 *Erklärt, auf welche historischen Ereignisse die Karikatur (Abbildung 2) anspielt. Wie urteilt der Zeichner über den Verlauf der Revolution?*

April 1849:
Die Nationalversammlung wählt den preußischen König zum „Kaiser von Deutschland". Der König lehnt ab und die Nationalversammlung löst sich auf.

Lesetipp:
Dietlof Reiche: Der verlorene Frühling. Beltz & Gelberg, Weinheim 2002.

Das Scheitern der Revolution

Juni bis Oktober 1848:
Österreichische Truppen schlagen Aufstände in Wien, Prag und Oberitalien nieder.

Dezember 1848:
Gewaltsame Auflösung der preußischen Nationalversammlung durch Friedrich Wilhelm IV.

Mai 1849:
Erhebungen für die Reichsverfassung in den deutschen Kleinstaaten werden durch preußische Truppen niedergeworfen. Die Fürsten schränken das Wahlrecht und andere Grundrechte ein.

Immunität*:
Freiheit vor Strafverfolgung.

1 Erschießung Robert Blums am 9. November 1848 auf der Brittenau bei Wien. Blum lehnte die angebotene Augenbinde mit den Worten ab: „Ich möchte dem Tod frei ins Auge sehen!" Zeitgenössische Lithografie.

Die Fürsten wollen die Macht zurück

Während der langen Beratungen des Frankfurter Parlaments fanden die Fürsten genügend Zeit, den Widerstand zu organisieren. Eine entscheidende Niederlage mussten die Reformer zunächst in Wien hinnehmen. Im Oktober war es hier zu Unruhen gekommen. Zur Unterstützung der Aufständischen kamen zwei Abgeordnete der Frankfurter Nationalversammlung nach Wien: Robert Blum und Julius Fröbel.

An seine Frau schrieb Blum damals:

Q1 ... In Wien entscheidet sich das Schicksal Deutschlands, vielleicht Europas. Siegt die Revolution hier, dann beginnt sie von Neuem ihren Kreislauf, erliegt sie, dann ist wenigstens für eine Zeit lang Kirchhofsruhe in Deutschland. ...

Obwohl – wie Blum weiter schrieb – die Begeisterung und die Kampfeslust der Wiener unermesslich waren, wurden die Aufständischen in wenigen Tagen von den kaiserlichen Truppen besiegt. Die Anhänger der Revolution wurden gnadenlos verfolgt und 24 Todesurteile vollstreckt. Zu den Opfern

gehörte auch Robert Blum. Obwohl er als Mitglied der Frankfurter Nationalversammlung Immunität* genoss, wurde er am 9. November 1848 standrechtlich erschossen.

1 *Seht euch die Abbildung an. Beschreibt Haltung und Aussehen der dargestellten Personen. Versetzt euch in eine dieser Personen und schreibt mit wenigen Worten auf, was ihr gerade empfindet oder denkt.*

Nur drei Tage nach der Erschießung Robert Blums bei Wien wurde auch über Berlin der Ausnahmezustand verhängt. Die Presse- und Versammlungsfreiheit wurde eingeschränkt, politischen Vereinen und Klubs jegliche Tätigkeit verboten, alle Zivilisten wurden entwaffnet. Der preußische König erklärte dazu: „Nun bin ich wieder ehrlich." Noch im Dezember löste er die preußische Nationalversammlung auf. „Berlin" – so schrieb ein preußischer General an seine Frau – „ist ruhig wie ein Dorf."

2 *Blum schrieb von der Kirchhofsruhe in Deutschland, der preußische General von der Ruhe wie auf einem Dorf. Was meinten beide damit?*

Die Fürsten stellen die alte Ordnung wieder her

Rundgemälde*:
Panorama, Bild, auf dem alles zu sehen ist, was von einem bestimmten Standort wichtig ist.

Der deutsche Michel und seine Kappe im Jahr 1848. Karikatur aus dem Jahr 1848.

2 Rundgemälde* von Europa 1849. Die Revolutionäre werden verjagt: vom preußischen König in die Schweiz gefegt, vom französischen Herrscher nach Amerika verschifft. In Frankfurt a. M. verkümmert eine parlamentarische Vogelscheuche.

Frühjahr.

Sommer.

Spätjahr.

Die Wiederherstellung der alten Ordnung
Im Frühjahr 1849 versuchten revolutionäre Bürger durch Aufstände doch die Anerkennung der Reichsverfassung durchzusetzen. Zu solchen Aufstandsbewegungen kam es in Sachsen, im Rheinland, der Pfalz und Baden. Durch preußische Truppen wurden diese Aufstände in kurzer Zeit blutig niedergeschlagen. Viele Revolutionäre – vom preußischen König als „Bluthunde und aufrührerische Mörder" bezeichnet – wurden hingerichtet oder zu hohen Zuchthausstrafen verurteilt. Andere flüchteten vor dem Zugriff der Polizei ins Ausland, vor allem nach Amerika.
Die Fürsten stellten jetzt in den Ländern die alte Ordnung wieder her. Sie behinderten die Arbeit der Landesparlamente und schränkten das Wahlrecht ein. Friedrich Wilhelm IV. erließ für Preußen ohne weitere Absprache mit den gewählten Vertretern des Volkes eigenmächtig eine Verfassung, die dem König eine starke Stellung einräumte. 1850 vereinbarten Preußen und Österreich die Wiederherstellung des alten Deutschen Bundes (vgl. S. 133). Die von der Nationalversammlung beschlossenen

Grundrechte wurden 1851 durch den neu zusammengetretenen Frankfurter Bundestag aufgehoben.
Einer der Revolutionäre, Johann Jakoby, schrieb 1849 an einen Freund:
Q2 … (Die Revolution) … hat die Lehre erteilt, dass jede Revolution verloren ist, welche die alten, wohl organisierten Gewalten neben sich fortbestehen lässt …

Die Revolution von 1848 war gescheitert. Doch bestehen bleibt die Mahnung auf einem Stein für gefallene Revolutionäre in Berlin:
Q3 … Das Denkmal habt ihr selber euch errichtet. Nur ernste Mahnung spricht aus diesem Stein. Dass unser Volk niemals darauf verzichtet, wofür ihr starbt – einig und frei zu sein. …

3 Beschreibt mithilfe der Abbildungen in der Randspalte den Verlauf und die Folgen der Gegenrevolution.
4 Erklärt die Aussage von Jacoby (Q2). Besprecht, ob ihr dieser Aussage zustimmen könnt.

Internettipp:
Zur Revolution 1848/49 findet ihr viele interessante Informationen auf der Homepage der Erinnerungsstätte in Rastatt, Baden: www.erinnerungs staette-rastatt.de.

1 Noten und Text der ersten Strophe des Liedes „Die Gedanken sind frei".

Die „Macht des Liedes"

Es gibt verschiedenste Arten von Liedern. Sie sind für unterschiedliche Anlässe gedacht und haben eine darauf jeweils „zugeschnittene" Form. Märsche etwa sind in der Regel so stark rhythmisiert und mit so knapp geschnittenen Versen versehen, dass sie eine größere Gruppe von Menschen, also zum Beispiel ein Trupp Soldaten, während des Marschierens noch gut mitsingen kann. Ähnliches gilt für Hymnen, Vereins- oder Arbeiterlieder: Große Menschenmengen sollen gemeinsam singen können. Durch mitreißende Melodien und aufpeitschende Texte soll überhaupt erst ein Zusammengehörigkeitsgefühl entstehen.

Nicht anders ist das bei vielen historischen Liedern, die ebenfalls im Rahmen politischer, militärischer oder gesellschaftlicher Massenveranstaltungen gesungen wurden. Im Folgenden sind zwei berühmte Beispiele aus der Zeit des Vormärz beziehungsweise der deutschen Revolution von 1848 abgedruckt. Das Lied der Deutschen ist heute unsere Nationalhymne. Zu offiziellen Anlässen erklingt die 3. Strophe. Besonders die erste Strophe führte in der Vergangenheit zu Mißverständnissen, weil das „über alles in der Welt" als Machtanspruch verstanden wurde.

Das Lied der Deutschen
Hoffmann von Fallersleben (1841)

Deutschland, Deutschland über alles,
Über alles in der Welt,
Wenn es stets zum Schutz und Trutze
Brüderlich zusammenhält,
Von der Maas bis an die Memel,
Von der Etsch bis an den Belt –
Deutschland, Deutschland über alles,
Über alles in der Welt!

Deutsche Frauen, deutsche Treue,
Deutscher Wein und deutscher Sang
Sollen in der Welt behalten
Ihren alten schönen Klang,
Uns zu edler Tat begeistern
Unser ganzes Leben lang –
Deutsche Frauen, deutsche Treue,
Deutscher Wein und deutscher Sang!

Einigkeit und Recht und Freiheit
Für das deutsche Vaterland!
Danach lasst uns alle streben
Brüderlich mit Herz und Hand!
Einigkeit und Recht und Freiheit
Sind des Glückes Unterpfand –
Blüh im Glanze dieses Glückes,
Blühe, deutsches Vaterland!

Die Gedanken sind frei
Volksweise (19. Jahrhundert)

Die Gedanken sind frei,
wer kann sie erraten,
sie fliehen vorbei
wie nächtliche Schatten.
Kein Mensch kann sie wissen,
kein Kerker einschließen –
es bleibt dabei:
Die Gedanken sind frei!

Ich denke, was ich will
und was mich beglücket,
doch alles in der Still
und wie es sich schicket.
Mein Wunsch und mein Begehren
kann niemand verwehren.
Es bleibt dabei:
Die Gedanken sind frei!

Und sperrt man mich ein
im finsteren Kerker,
das alles sind rein
vergebliche Werke;
denn meine Gedanken
zerreißen die Schranken
und Mauern entzwei:
Die Gedanken sind frei.

1 *Lest beide Liedtexte und überlegt, bei welcher Gelegenheit sie gesungen worden sein könnten.*

2 *Erklärt mit eigenen Worten, was die Aussage dieser Lieder ist.*

3 *Überlegt, auf welche konkreten historischen Vorgänge bzw. Themen sich die Lieder beziehen.*

Zusammenfassung

Revolutionen im Jahr 1848

Die Beschlüsse des Wiener Kongresses waren für viele Menschen in Deutschland enttäuschend. Vor allem die Studenten brachten ihre Unzufriedenheit mit den politischen Verhältnissen zum Ausdruck. Auf dem Wartburgfest forderten sie 1817 Einheit und Freiheit. Von den Fürsten wurden sie dafür verfolgt und häufig zu harten Gefängnisstrafen verurteilt. Schließlich wurden die deutschen Burschenschaften verboten und die Universitäten mit einem Netz von Spitzeln überzogen.

Dennoch begehrten die Bürger weiterhin auf. Anlässlich des Hambacher Festes 1832 versammelten sich 30 000 Demonstranten beim Hambacher Schloss. Es war die erste politische Massenveranstaltung Deutschlands.

Die Unzufriedenheit mit den politischen Verhältnissen in fast allen Ländern führte schließlich 1848 zu Revolutionen. Ausgehend von Paris, wo im Februar 1848 der König vertrieben und eine Republik ausgerufen wurde, breiteten sie sich über ganz Europa aus.

In Deutschland traten noch im Frühjahr 1848 alle Regierungen zurück. Es kam im ganzen Land zu allgemeinen und geheimen Wahlen für die Nationalversammlung, die in Frankfurt am Main tagte. Sie erarbeitete die erste gemeinsame deutsche Verfassung. Dem ersten deutschen Parlament gehörten vor allem Akademiker, aber keine Arbeiter und Frauen an.

Dem preußischen König Friedrich Wilhelm IV. wurde die Kaiserkrone angeboten, doch dieser lehnte die Krone aus der Hand des Volkes ab.

Damit war die Arbeit der Nationalversammlung gescheitert.

Das Scheitern der Revolution

Noch 1848 begann in Preußen und Österreich die Gegenrevolution. Friedrich Wilhelm IV. ließ Berlin mit 40 000 Soldaten besetzen und bereits im Dezember löste der König die preußische Nationalversammlung auf.

Überall in Deutschland wurden die Aufstände durch preußische Truppen niedergeschlagen. Viele Menschen mussten ins Ausland fliehen.

1851 wurden schließlich die durch die Nationalversammlung in Kraft gesetzten Grundrechte wieder aufgehoben.

1817/1832

Wartburgfest und Hambacher Fest. Studenten und Bürger bekunden ihren politischen Willen.

1848

Die Revolution in Frankreich breitet sich über ganz Europa aus.

18. Mai 1848

Eröffnung der deutschen Nationalversammlung in der Frankfurter Paulskirche.

28. April 1849

Ablehnung der Kaiserkrone durch den preußischen König. Die alten Mächte erobern ihre verlorenen Machtpositionen zurück.

Arbeitsbegriffe

- ✓ Deutscher Bund
- ✓ Wiener Kongress
- ✓ Biedermeier
- ✓ 1848
- ✓ Nationalversammlung
- ✓ Verfassung von 1849

Was wisst ihr noch?

1 Was versteht man unter einer Burschenschaft?

2 Wer feierte wann und warum das Wartburgfest?

3 Was bedeutet Pressefreiheit und was ist Zensur?

4 Erklärt die Vorgänge, die sich am 18. und 19. März 1848 in Berlin zugetragen haben.

5 Was fand am 18. Mai 1848 in der Frankfurter Paulskirche statt?

6 Nennt einige wichtige Beschlüsse des Wiener Kongresses.

7 Nennt Gründe, warum die Revolution von 1848 gescheitert ist.

8 Tragt den Text der 3. Strophe des Deutschlandliedes vor und erklärt, warum heute nur die 3. Strophe als Nationalhymne gesungen wird.

Tipps zum Weiterlesen

Elke Hermannsdörfer: Lina Karsunke. dtv-junior, München 1987

Carlo Ross: Nur Gedanken sind frei. Arena, Würzburg 1992

Martin Selber: Ich bin ein kleiner König. Rotfuchs, Reinbek 1988

Ursula Wölfel: Jacob unterwegs. Bertelsmann, München 2004

Die Revolution von 1848/49 – Wer weiß was?

Das braucht ihr:
Zwei Würfel und Papierschnipsel, auf denen je eine Ziffer zwischen 1 und 12 steht.

Spielregeln:
1. Bildet Gruppen mit 3 bis 4 Spielern und Spielerinnen.
2. Alle Spieler würfeln. Wer die höchste Zahl in seiner Gruppe hat, darf beginnen. Dann geht es im Uhrzeigersinn weiter.
3. Spieler/-in eins würfelt (immer mit zwei Würfeln) und nimmt den Papierschnipsel mit der entsprechenden Zahl.

4. Die zur Zahl gehörige Frage wird vom Spieler/von der Spielerin beantwortet. Ist die Antwort richtig, darf er/sie den Schnipsel behalten, ist die Antwort falsch, muss der Schnipsel zurück in die Mitte.
5. Der/die nächste Spieler/Spielerin würfelt. Ist der Schnipsel mit der gewürfelten Zahl schon weg, kommt der/die nächste dran, ansonsten geht es wieder mit der Beantwortung der dazugehörigen Frage weiter.
6. Gewonnen hat:
   – der Spieler/die Spielerin mit den meisten Schnipseln und
   – die Arbeitsgruppe, die am schnellsten alle Fragen richtig beantwortet hat.

Quizfragen:

1 Der Begründer der deutschen Turnbewegung war zugleich ein Vorkämpfer für die Einheit Deutschlands. Sein Name lautet:
   ◎ Helmut Kohl
   ◎ Philipp Jakob Siebenpfeifer
   ◎ Friedrich Ludwig Jahn

2 1817 gedachten etwa 500 Studenten der Reformation und der Völkerschlacht bei Leipzig.
   Das Fest ging in die Geschichte ein als:
   ◎ Hambacher Fest
   ◎ Osterfest
   ◎ Wartburgfest

3 Welche Farben hatte die Fahne der Jenaer Burschenschaft?
   ◎ Schwarz-Rot-Weiß
   ◎ Rot-Blau-Weiß
   ◎ Schwarz-Rot-Gold

4 Name des Malers, der als Vertreter der Romantik gilt?
   ◎ Grimm
   ◎ Friedrich
   ◎ Biedermeier

5 Wer gab das Signal zu einer allgemeinen Erhebung im Europa des Jahres 1848?
   ◎ die Pariser Februarrevolution
   ◎ Aufstände in Baden
   ◎ Berliner Barrikadenkämpfer

6 Wie viele Berliner versammelten sich am 18. März 1848 vor dem Berliner Schloss?
   ◎ 1000
   ◎ 10 000
   ◎ 100 000

7 Vor wem verneigte sich Friedrich Wilhelm IV. am 21. März 1848?
   ◎ vor seiner Gemahlin, die ihren fünfzigsten Geburtstag feierte
   ◎ vor den Abgeordneten der preußischen Nationalversammlung, die in Berlin tagte
   ◎ vor den Särgen der gefallenen Barrikadenkämpfer, die vor seinem Schloss aufgebahrt waren

8 Wie hieß die Kirche, die zum Tagungsort für die erste deutsche Nationalversammlung wurde?
   ◎ Paulskirche
   ◎ Gedächtniskirche
   ◎ Nikolaikirche

9 Die Verfassung, die die Nationalversammlung 1849 verabschiedete, beinhaltete:
   ◎ das Wahlrecht für Frauen
   ◎ einen Katalog mit Grundrechten
   ◎ das Ende der Monarchie

10 Die Nationalversammlung machte König Friedrich Wilhelm IV. im April 1849 ein Angebot. Was wurde dem König angeboten?
   ◎ die Kaiserkrone
   ◎ ein Ministeramt
   ◎ eine angemessene Altersversorgung, falls er freiwillig als König von Preußen abdanke

11 Wie hieß der Abgeordnete der Frankfurter Nationalversammlung, der am 9. November 1848 in Wien erschossen wurde?
   ◎ Robert Blum
   ◎ Karl Ludwig Richter
   ◎ Johann Jakoby

12 In welches Land vor allem flohen die verfolgten Revolutionäre vor der Verhaftung?
   ◎ Österreich
   ◎ Schweiz
   ◎ Amerika

6. Industrialisierung und gesellschaftlicher Wandel

um 1700	1769	1835
INDUSTRIALISIERUNG IN ENGLAND BEGINNT	ERFINDUNG DER DAMPFMASCHINE	ERSTE EISENBAHNFAHRT NÜRNBERG–FÜRTH

Mit dem Gemälde „Eisenwalzwerk" von 1872 zeigt uns der Maler Adolph Menzel seinen Blick auf das Leben seiner Zeit. Der Siegeszug neuer Techniken und Maschinen, der Fabrikarbeit und der industriellen Massenproduktion veränderte im 19. Jahrhundert den Alltag, das Denken und Handeln der Menschen in Europa. Es entstanden neue soziale Gruppen und Probleme: Fabrikbesitzer, Angestellte und vor allem Arbeiter, die oft unter unmenschlichen Bedingungen in den Fabriken arbeiten und in den Städten leben mussten. Auf den folgenden Seiten könnt ihr erfahren, wie diese Umwälzungen in England begannen und schließlich Europa erfassten – mit all ihren positiven wie negativen Folgen für das Leben der Menschen.

1861

1875

1918

ERSTE
GEWERKSCHAFTEN

GRÜNDUNG DER
SOZIALDEMO-
KRATISCHEN PARTEI

EINFÜHRUNG DES
FRAUENWAHLRECHTS

Anfänge der industriellen Produktion

1 Heimarbeiterinnen in England um 1770. Wolle wird zu Garn verarbeitet. Die Fäden werden zunächst auf dem Spinnrad gesponnen und dann auf eine Garnwinde gewickelt. Buchillustration.

Jethro Tull (1674–1741).

Die Sämaschine, die Jethro Tull im Jahr 1701 erfand.

Die Revolution begann in England

Im Jahr 1845 beschrieb Friedrich Engels, ein deutscher Fabrikant, in seinem Buch über „Die Lage der arbeitenden Klasse in England" seine Eindrücke von einer Reise nach England:

Q1 ... Vor 60/80 Jahren ein Land wie alle anderen, mit kleinen Städten, wenig und einfacher Industrie und einer verhältnismäßig großen Ackerbaubevölkerung. Und jetzt: Ein Land wie kein anderes, mit einer Hauptstadt von dreieinhalb Millionen Einwohnern, mit großen Fabrikstädten, mit einer Industrie, die die ganze Welt versorgt und die fast alles mit den kompliziertesten Maschinen macht, mit einer fleißigen, intelligenten Bevölkerung, von der zwei Drittel von der Industrie in Anspruch genommen werden und die aus ganz anderen Klassen besteht, ja, die eine ganz andere Nation mit anderen Sitten und Bedürfnissen bildet als damals ...

1 *Informiert euch in einem Lexikon und im Internet über das Leben von Friedrich Engels und verfasst einen Bericht darüber.*

Voraussetzungen der Industriellen Revolution

Wie hatte es zu diesen raschen Veränderungen kommen können und warum gerade in England? Auf diese Frage gibt es mehrere Antworten, nämlich:

– Eine wichtige Voraussetzung war die Steigerung der Ernteerträge durch bessere Anbaumethoden und neue Maschinen. So erfand z. B. der Engländer Jethro Tull im Jahr 1701 die Sämaschine, mit der die Körner gleichmäßig in die Erde gesät werden konnten.

– Neue Früchte aus Nordamerika wie die Kartoffel, aber auch Tomaten und Erbsen ergänzten die Versorgungsmöglichkeiten. Bessere Ernährung sowie ein höheres Maß an Sauberkeit und Hygiene in den Haushalten führten zu einem Bevölkerungsanstieg. Zwischen 1700 und 1850 nahm in England die Bevölkerung um das Dreifache zu.

– Je mehr Menschen es gab, desto größer wurde der Bedarf an Kleidung aller Art, vor allem an preisgünstigen Stoffen. Die Garnproduktion der etwa 700 000 Heimarbeiterinnen (siehe Abbildung 1) reichte jetzt nicht mehr aus.

Anfänge der industriellen Produktion

2 **Die „Spinning Jenny" von 1764.** – Drehte man das Rad, zogen und drehten die Spindeln die Wolle automatisch zu Fäden. Ein Mensch konnte daran so viel Garn spinnen wie acht Leute mit herkömmlichen Spinnrädern. Buchillustration.

– Wegen der großen Nachfrage nach preisgünstigen Stoffen suchten Großhändler und Unternehmer nach technischen Möglichkeiten, die Produktion zu erhöhen und gleichzeitig preiswerte Waren zu produzieren.

– Technische Erfindungen und die notwendigen Industriebauten kosteten viel Geld. Doch daran herrschte kein Mangel, denn Kaufleute und Adlige hatten im Übersee- und Sklavenhandel große Reichtümer erworben und konnten die Arbeiten von Technikern und Ingenieuren finanzieren.

Innerhalb von nur einer Generation veränderte sich so in England die Arbeitswelt: Von der Heimarbeit, die auch nur in der „Freizeit" ausgeübt werden konnte, kam es jetzt zur Vollarbeitszeit in großen Fabriken* mit oft mehreren Hundert Arbeitern und Arbeiterinnen.

2 *Überlegt, warum man diese Entwicklung als eine „Revolution" bezeichnet.*

3 *Erklärt mit eigenen Worten, warum es zunächst in England zur industriellen Revolution kam. Berücksichtigt dabei die Abbildungen 1 und 2.*

Die „Spinning Jenny"

Im Jahr 1761 schrieb die „Gesellschaft zur Förderung des Handwerks und der Manufakturen" einen Wettbewerb aus. Fünfzig Pfund Sterling sollte derjenige erhalten, dem die Erfindung einer Maschine gelänge, „die sechs Fäden Wolle, Flachs, Hanf oder Baumwolle gleichzeitig spinnt, sodass nur eine Person zur Bedienung nötig ist".

Den Preis gewann schließlich James Hargreaves (1740–1778). Im Jahr 1764 stellte er seine Maschine, die er nach seiner Tochter „Spinning Jenny" nannte, der Öffentlichkeit vor. Mit dem Preisgeld richtete er sich eine kleine Werkstatt ein, die von aufgebrachten Webern und Spinnern der Umgebung jedoch schon bald gewaltsam zerstört wurde.

4 *Die Weber und Spinner rotten sich zusammen, um das Haus von Hargreaves zu überfallen. – Was könnten sie gesagt haben?*

Fabrik*:
(lat. fabrica = Werkstätte). Großbetrieb mit oft mehreren Hundert Arbeitern und Arbeiterinnen und maschineller Fertigung von Erzeugnissen. Der Aufstieg der Fabriken und der Niedergang des Heimgewerbes begann in England mit der Erfindung der „Spinning Jenny". Die Heimarbeiter mussten sich nun als Lohnarbeiter bei den Fabrikbesitzern verdingen.

„Mit Volldampf in die Zukunft"

1 **Die von James Watt 1769 konstruierte Dampfmaschine.** Rekonstruktionszeichnung.

James Watt (1736–1819). Gemälde, 1792.

Abschied vom Webstuhl

Mit den neuen Spinnmaschinen, die zudem ständig verbessert wurden, gab es Garn im Überfluss. Die Webereibesitzer verlangten daher nach leistungsfähigeren Webstühlen, um das Garn auch verarbeiten zu können. Edmund Cartwright (1743–1823), ein Landpfarrer, war es schließlich, der im Jahr 1785 die ersten mechanischen Webstühle konstruierte, die schon bald von Dampfmaschinen angetrieben wurden.

Dampfmaschinen gab es schon seit 1698, aber sie brachten nur geringe Leistung bei gleichzeitig sehr hohem Energieverbrauch. Den Durchbruch schaffte erst James Watt im Jahr 1769 mit einer Dampfmaschine, die die zehnfache Leistung eines Pferdes erbrachte (10 PS = 10 Pferdestärken). Im Jahr 1810 gab es allein in England schon über 5000 Dampfmaschinen. In den Bergwerken wurden sie eingesetzt zur Förderung der Kohle, sie standen in Wasserwerken, trieben Mühlen an und auf den Feldern zogen sie die schweren Stahlpflüge. Sie fehlten natürlich auch nicht bei den Spinn- und Webmaschinen und in der Landwirtschaft.

Für die ländlichen Textilarbeiter und -arbeiterinnen entstand durch die Fabriken eine mächtige Konkurrenz. Wie sich der Konkurrenzkampf über die Jahre entwickelte, zeigt die folgende Tabelle:

	Kraftgetriebene Webstühle	Ländliche Weber
1810	–	250 000
1813	2400	–
1820	14 150	250 000
1829	55 500	–
1833	100 000	–
1850	250 000	40 000
1860	–	3 000
(– = keine Angaben vorhanden)		

1 *Beschreibt die Entwicklung im Textilgewerbe, die in der Tabelle zum Ausdruck kommt. Stellt die Zahlenangaben zeichnerisch dar.*
2 *Sucht nach Gründen für diese Entwicklung.*

Dampf in Bewegung

Waren die ersten Dampfmaschinen noch so schwer, dass man sie nicht von der Stelle bewegen konnte, so baute bereits 1769 der Franzose Nicholas Cugnot einen Dampfwagen, dessen Wasser- und Brennstoffvorräte allerdings nur für eine Fahrt von 15 Minuten ausreichte. Nachdem der Wagen an einer

Dampfmaschinen im Einsatz

2 **Dampfgetriebene Pflüge konnten auf großen, ebenen Feldern am besten eingesetzt werden.** Rekonstruktionszeichnung.

Mauer zerschellte, wurde dieses Projekt nicht weiter verfolgt. Englische Techniker bauten leistungsfähigere Dampffahrzeuge, scheiterten aber an dem entschiedenen Widerstand von Fuhrunternehmern, Hufschmieden, Sattlern und Besitzern von Pferdestationen. Als es auch noch zu einigen Verkehrsunfällen kam, erließ das englische Parlament 1836 das „Anti-Dampfwagen-Gesetz". Die „pferdelosen mechanischen Wagen" durften nicht schneller als vier englische Meilen in der Stunde fahren. Außerdem musste 100 m vor jedem Dampfwagen ein Mann vorausgehen und durch das Schwenken einer roten Fahne die Fußgänger und Pferdefuhrwerke vor der „Gefahr" warnen. Dieses Gesetz war bis 1895 in Kraft und verhinderte die Weiterentwicklung der Straßenfahrzeuge.

Umso erfolgreicher waren die Dampflokomotiven des englischen Konstrukteurs George Stephenson (1781–1848). Im Jahr 1825 wurde die erste Bahnlinie der Welt eröffnet zwischen den Bergwerken in Darlington und der Hafenstadt Stockton-on-Tees. Für die 15 km lange Strecke brauchte die Lokomotive mit 34 Wagen insgesamt 65 Minuten.

Wie keine andere Erfindung dieser Zeit hat die Dampflokomotive die Welt verändert. Menschen und ungeheure Warenmengen konnten jetzt in kürzerer Zeit große Strecken überwinden, Rohstoffe konnten in die Industriezentren gebracht und die Bevölkerung in den Großstädten jederzeit mit Lebensmitteln ausreichend versorgt werden.

Der Dampfmaschine folgten im 19. Jahrhundert noch zahlreiche andere bedeutende Erfindungen und Entdeckungen:

Benz · Edison · Fulton · Daimler · Koch · Liebig · Otto · Pasteur · Siemens · Stephenson · Daguerre · Watt

Glühbirne · Bekämpfung der Cholera · Entdeckung der Bakterien · erstes Automobil · Dynamo · Viertaktmotor · Kunstdünger · Benzinmotor · Dampfmaschine · Fotografie · Lokomotive · Dampfschiff

3 *Ordnet den Personen die jeweilige Erfindung bzw. Entdeckung zu. Nehmt ein Lexikon oder das Internet zu Hilfe.*

George Stephenson baute seine erste *Dampflokomotive 1814. Das Nachfolgemodell, die Rocket, war mit einer Höchstgeschwindigkeit von 47 km/h als erstes Fahrzeug schneller als ein Pferd.*

Eine Baumwollfabrik

Die Textilindustrie wurde durch die Einführung von Maschinen, die mit Wasser- und Dampfkraft angetrieben wurden, völlig umgestaltet. In dieser Fabrik Anfang des 19. Jahrhunderts wurde die Baumwolle zuerst gekämmt, um die Fasern zu strecken. Die Baumwollfasern wurden dann mit einer Spinnmaschine zu Fäden zusammengedreht und auf Spulen gewickelt. Der Antrieb aller Maschinen erfolgte zentral über ein riesiges Wasserrad und ein System von Zahnrädern und

Oftmals mussten Kinder, da sie klein und gelenkig waren, unter die surrenden Spinnmaschinen kriechen und gerissene Fäden knoten. Kein Wunder, dass sie oft schwer und manchmal sogar tödlich verunglückten.

Wellen, die viele Gefahren für die Arbeiter bargen. Breite, lange Treibriemen und Räder, die sich schnell drehten, waren überall in der Fabrik zu finden, aber keine der Maschinen hatte trotz dieser zahlreichen beweglichen Teile Schutzschilde oder Sicherheitsbremsen.

Weitere Informationen findet ihr in dem Buch von Andrew Langley: Die Entwicklung der Industrie. Karl Müller Verlag, Erlangen 1994.

1	Wasserrad
2	Schulzimmer
3	Spinnmaschinen
4	Kämmmaschinen
5	Spul- und Wickelmaschinen
6	Welle

Eisen und Kohle

Zwischen 1770 und 1860 stieg die Kohleproduktion in Großbritannien von sechs auf 66 Millionen Tonnen. Kohle war als Brennstoff unerlässlich für den Betrieb der Dampfmaschinen und für die Eisengewinnung. Und ohne Eisen (später Stahl) hätte es z. B. keine Eisenbahnschienen, keine Ozeandampfer und keine Werkzeugmaschinen gegeben. Mit der steigenden Nachfrage brachten die Kohlebergwerke ihren Eigentümern hohe Gewinne, denjenigen aber, die in den Bergwerken arbeiten mussten, brachten sie nur Elend, Krankheit und oft sogar den Tod.

2 Hüttenarbeiter schieben einen glühend heißen Barren unter den Dampfhammer.

1 Kinderarbeit in einem englischen Steinkohlebergwerk. Lithografie, 1884.

Gefahren im Bergwerk

Zuerst wurde Kohle im Tagebau gefördert, aber später musste tiefer gegraben werden. Man legte senkrechte Schächte an, von denen aus dann seitwärts waagerechte Stollen in die Kohleflöze getrieben wurden. Je tiefer die Schächte und Stollen ins Erdinnere reichten, umso häufiger kam es vor, dass sich Wasser darin ansammelte.

Viele der Bergleute mussten ihre ganze Schicht lang im Wasser stehend arbeiten. Erst Anfang des 18. Jahrhunderts wurde das Wasser abgepumpt.

Viele andere Gefahren lauerten auf die Kumpel. Gase aus dem Erdinneren konnten sich entzünden und zu Explosionen führen, Schächte und Stollen einstürzen. Der Kohlestaub führte bei den Bergarbeitern zu Asthma- und Lungenkrankheiten. Die Arbeit selbst war hart, lang und schlecht bezahlt.

3 Ein Pferd wird in einem speziellen Geschirr in den Schacht hinuntergelassen. Grubenpferde zogen die Loren über die Gleise in den Stollen.

Folgen der Industrialisierung in England

1 Häuser mit separaten Kellerwohnungen in Merthyr Tydfil (Wales). Zeitgenössische Darstellung.

*In den **Abwasserkanälen** der englischen Großstädte wimmelte es von Ratten. Manche Männer verdienten sich damit ihren Lebensunterhalt, diese Ratten zu fangen. Gelegentlich verkauften sie lebendige Ratten an Leute, die mit ihren Hunden Jagd darauf machten.*

Die Lage der Arbeiter

Um 1700 lebten in England 85 Prozent der Bevölkerung auf dem Land, etwa 150 Jahre später nur noch 40 Prozent. Millionen Menschen waren in dieser Zeit vom Land in die Städte abgewandert. Die Mechanisierung in der Landwirtschaft hatte sie arbeitslos gemacht. In den Industriestandorten suchten sie jetzt als ungelernte Arbeiter ihren Lebensunterhalt zu verdienen. Ihre Unterkünfte waren klein, dunkel und feucht. Rheuma, Gicht und andere Krankheiten gehörten zu ihrem Alltag. Der Verdienst war schlecht, denn es gab genügend Menschen, die bereit waren, auch für einen geringen Lohn zwölf Stunden und mehr am Tag zu arbeiten; Frauen und Kinder mussten ebenfalls arbeiten. War die Auftragslage des Unternehmers schlecht, wurden die Arbeiter sofort entlassen; eine Arbeitslosenunterstützung gab es nicht.

In einem Bericht des Ingenieurs Max Eyth aus dem Jahr 1861 heißt es:

Q1 ... Was die Industrie Gutes und Böses leistet, lernt man in Manchester kennen. Den Hauptreichtum des Bezirks erzeugen die Millionen Spindeln seiner Baumwollindustrie. Reichtum! Nirgends in England habe ich bis jetzt eine so bleiche, kranke, von Elend und Unglück angefressene Bevölkerung gesehen, wie sie hier aus den niederen, rauchigen Häusern herausgrinst oder auf den engen, staubigen Gassen der ärmeren Viertel herumliegt ...! Töricht wäre es trotzdem, der Industrie einen Vorwurf daraus zu machen. Sie ist und bleibt das einzige Mittel, die 500 000 Menschen hier, die Millionen in England auch nur auf dieser Stufe des Lebens zu erhalten. Nicht die Industrie hat das Hässliche geschaffen, das ihr anhaftet ...

1 *Sprecht über den Bericht von Max Eyth. – Was müsste sich nach eurer Meinung ändern, damit sich die Arbeiter „aus diesem Schmutz herausarbeiten" können? Wie denkt ihr über den letzten Satz von Q1?*
2 *Vergleicht diesen Bericht mit jenem von Friedrich Engels (S. 150, Q1).*

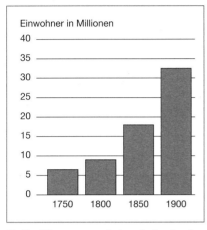

1 Bevölkerungswachstum in England und Wales 1750–1900. Säulendiagramm.

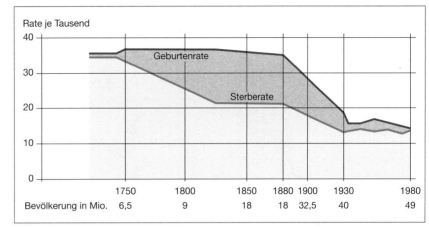

2 Geburten- und Sterberate in England und Wales 1750–1980. Kurvendiagramm.

Immer wieder arbeiten wir im Geschichtsunterricht mit Statistiken und Grafiken. Sie sollen uns helfen, historische Entwicklungen darzustellen und zu vergleichen. Wie das funktioniert und was dabei zu beachten ist, könnt ihr hier am Beispiel der Bevölkerungsentwicklung in Europa erarbeiten.

In Europa lebten um das Jahr 1750 etwa 140 Millionen Menschen; um 1900 waren es bereits 450 Millionen, d. h. in nur 150 Jahren hatte sich die Bevölkerung Europas mehr als verdreifacht. Ein derartig rasches Bevölkerungswachstum war etwas völlig Neues. Wir sprechen daher von einer Bevölkerungsexplosion.

Das erste Land, in dem sich dieser Bevölkerungswandel vollzog, war England (vgl. Grafik 1). Es gab für diese Entwicklung vor allem zwei Ursachen:

– Infolge der verbesserten medizinischen Versorgung und der höheren Ernteerträge durch den Einsatz von Landmaschinen ging in England seit 1750 die Sterblichkeit stark zurück.

– Die Geburtenrate aber blieb weiterhin gleich hoch (vgl. Grafik 2). Man kann diese Entwicklung in England und Wales aufzeigen, indem man für jedes Jahr seit 1750 genaue Angaben macht über die Geburten- und Todesfälle sowie die Bevölkerungszahl insgesamt; das wäre dann eine Statistik. Besonders übersichtlich wäre dies aber nicht. Viel anschaulicher ist eine zeichnerische Darstellung, eine Grafik. Es gibt ganz unterschiedliche Grafiken.

Das **Säulendiagramm** (Grafik 1) zeigt uns einen ganz bestimmten Zustand zu einem bestimmten Zeitpunkt.

Das **Kurvendiagramm** (Grafik 2) gibt hingegen eine Entwicklung wieder. Das ist z. B. wichtig, wenn man die Entwicklung in England mit jener in Deutschland vergleichen möchte (siehe Tabelle 3).

Seit 1800 ging die Sterblichkeit in Deutschland fast gleichmäßig von 28 pro 1000 Einwohner auf 16 pro 1000 Einwohner im Jahr 1900 zurück. Die Geburtenrate sank im gleichen Zeitraum von 40 auf 27 je Jahr und 1000 Einwohner.

Jahr	Bevölkerungszahl
1750	20 Millionen
1800	23 Millionen
1850	35 Millionen
1900	56 Millionen

3 Bevölkerungsentwicklung in Deutschland 1750–1900. Statistik.

1 Tragt die Angaben zur Bevölkerungsentwicklung in Deutschland in ein Säulendiagramm ein.

2 Fertigt mithilfe der Angaben zu der Geburtenrate und der Sterberate ein Kurvendiagramm an.

3 Vergleicht euer Ergebnis mit den Grafiken 1 und 2. Gibt es Unterschiede? Wie sind sie zu erklären?

4 Versucht selbst eine Grafik zu erstellen. Ein Beispiel: Die Bevölkerungsentwicklung in eurem Wohn- oder Schulbezirk zwischen 1750 und 1900. Besorgt euch die entsprechenden Angaben im Rathaus und erstellt mit ihrer Hilfe ein Säulendiagramm und ein Kurvendiagramm.

– Welchen Unterschied stellt ihr zur Entwicklung in England fest?

– Welche Fragen ergeben sich daraus?

Industrielle Revolution in Deutschland

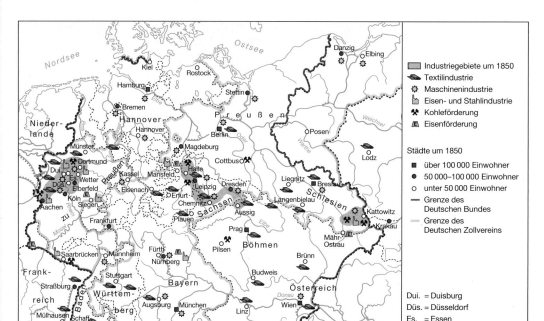

1 Industrialisierung in Deutschland um 1850.

1833/34:
Gründung des Deutschen Zollvereins.

Um 1840:
Beginn der Industriellen Revolution in Deutschland.

*Der Wirtschaftswissenschaftler **Friedrich List** (1789–1846) war ein wichtiger Vorkämpfer der deutschen Eisenbahnen und des Zollvereins.*

Deutschland – ein rückständiges Land?

Die Industrielle Revolution begann in Deutschland erst spät. Es besaß im Unterschied zu England keine Kolonien, die billig Rohstoffe liefern konnten. Es fehlten ihm damit auch lohnende Absatzmärkte. Im Deutschen Bund selber verhinderten die zahllosen Zölle, die unterschiedlichen Währungen und Gewichte in den Einzelstaaten die Entstehung eines großen einheitlichen Wirtschaftsraums.

Im Jahr 1819 klagte der Wirtschaftswissenschaftler Friedrich List:

Q1 … Um von Hamburg nach Österreich, von Berlin in die Schweiz zu handeln, hat man zehn Staaten zu durchschneiden, zehn Zollordnungen zu studieren, zehnmal Durchgangszoll zu bezahlen. Trostlos ist dieser Zustand für Männer, welche wirken und handeln möchten …

Nur 15 Jahre später waren diese Hindernisse beseitigt: In der Nacht zum 1. Januar 1834 fielen in fast allen deutschen Staaten die Zollschranken. Um Mitternacht setzten sich die wartenden Wagen der Kaufleute unter dem Jubel der Bevölkerung in Bewegung. Diesen Fortschritt für die Kaufleute und Reisenden hatte die Regierung von Preußen in langen Verhandlungen mit den anderen deutschen Staaten erreicht. Unter preußischer Führung schlossen sich in den Jahren 1833/34 fast alle deutschen Länder zu einem „Deutschen Zollverein" zusammen. Der Vertrag enthielt zwei weitere wichtige Bestimmungen:

– Die Regierungen führten ein gleiches Münz-, Maß- und Gewichtssystem in ihren Ländern ein.
– Jeder Einwohner des Gebietes des Deutschen Zollvereins durfte sich in jedem Staat des Zollvereins Arbeit suchen.

1 *Erklärt die Behauptung: „Die wirtschaftlichen Erfordernisse förderten die deutsche Einheit."*

Die Eisenbahn – Motor der Industrialisierung

Nur knapp zwei Jahre nach der Gründung des Deutschen Zollvereins fuhr „Deutschlands erste Eisenbahn mit Dampf" am 7. Dezember 1835 die sechs Kilometer lange Strecke von

„Mit Volldampf hinterher"

2 **Die erste Eisen-bahn in Deutschland: Abfahrt des Eröff-nungszuges von Nürnberg nach Fürth am 7. Dezember 1835.** Lithografie.

„Elektrische Eisen-bahn" bei Lichter-felde. Konstruiert von Siemens. Holz-stich nach einer Zeichnung von H. Lüders, 1881.

Nürnberg nach Fürth. Drei Jahre später wurde die Linie Potsdam–Berlin in Betrieb genommen.

Etwas unwillig meinte der preußische König Friedrich Wilhelm III. dazu:

Q2 ... Die Ruhe und Gemütlichkeit leidet darunter. Kann mir keine große Seligkeit davon versprechen, ein paar Stunden früher von Berlin in Potsdam zu sein. Zeit wird's lehren ...

Im Jahr 1836 begann die „Leipzig-Dresdner Eisenbahn-Compagnie" mit dem Bau einer 115 Kilometer langen Fernstrecke zwischen Leipzig und Dresden. So wie hier wurde in vielen deutschen Staaten der Ausbau des Schienennetzes zügig vorangetrieben, von etwa 550 Kilometer im Jahr 1840 auf knapp 34 000 Kilometer im Jahr 1880. Die Bahn diente zunächst hauptsächlich dem Personenverkehr und führte zu erheblich verkürzten Reisezeiten.

Der erste Frachtbrief stammt aus dem Jahr 1836 für den Transport von zwei Bierfässern von Nürnberg nach Fürth. In den nächsten Jahren und Jahrzehnten gewann der Transport von Gütern jedoch immer größere Bedeutung. Vor allem die Kohle- und Erzvorkommen in Oberschlesien, im Ruhrgebiet oder Saarland konnten jetzt schnell zu den großen Industriestandorten gebracht werden. Dies erst ermöglichte den raschen Ausbau des Kohle-

bergbaus und der Eisen- und Stahlindustrie, die in Deutschland zu den wichtigsten Industriezweigen wurden. Durch das Knüpfen eines engmaschigen Schienennetzes wurde aber auch die Bahn selber zur vielleicht wichtigsten Triebkraft bei der Industrialisierung.

In einer heutigen Darstellung heißt es:

M1 ... Mit der Vielzahl seiner technischen Bereiche, wie Lokomotiven- und Wagenbau, Oberbau (Bettung und Gleis), Tunnel- und Brückenbau, Hochbau (Bahnhöfe, Lokomotiven- und Wagenhallen, Wasserstationen u. a.), Signalsicherungs- und Nachrichtenwesen, entwickelte sich der Eisenbahnbau innerhalb weniger Jahre zu einem führenden Wirtschaftszweig ...

Voller Bewunderung meinte Friedrich List: „Der Zollverein und das Eisenbahnsystem sind siamesische Zwillinge", denn beide strebten gemeinsam danach, „die deutschen Stämme zu einer reichen und mächtigen Nation zu machen".

2 *Erläutert den Satz von Friedrich List mit eigenen Worten.*

3 *Erklärt den Zusammenhang zwischen dem Eisenbahnbau und der Industrialisierung in Deutschland. Vergleicht mit der Entwicklung in England.*

4 *Findet mithilfe der Karte (Abbildung 1) heraus, wo Deutschlands wichtigste Industriegebiete lagen.*

Eisenbahnnetz in Deutschland
(in Kilometern):

Jahr	km
1835	6
1840	549
1850	5822
1860	11 026
1870	18 560
1880	33 865
1890	41 818
1900	49 878
1910	61 209

Der preußische Weg

1 Borsigs Maschinenbauanstalt und Eisengießerei in Berlin. Gemälde von Karl Biermann, 1847.

Peter Wilhelm Christian Beuth (1781–1853).
Als Finanzminister und Gründer des „königlichen Gewerbeinstituts" förderte er Preußens Industrialisierung.
Nach ihm benannte auch August Borsig seine erste 1841 gebaute Lokomotive „Beuth". Er sah in dem preußischen Finanzminister den eigentlichen „Motor" der wirtschaftlichen Entwicklung Preußens und Berlins.

Der Staat ergreift die Initiative

Preußen brachte für eine schnelle Industrialisierung die besten Voraussetzungen mit: Arbeitskräfte gab es seit der Bauernbefreiung im Überfluss und Bodenschätze wie Kohle und Eisen gab es ebenfalls. Außerdem verfügte Preußen schon 1830 über ein gut ausgebautes Verkehrsnetz von über 6000 Kilometer.

Um den technischen Fortschritt voranzutreiben, förderte der Staat auch die jungen Unternehmer. Risikobereitschaft und private Initiativen galten jetzt als lobenswerte Tugenden. Bei Fabrikbauten oder der Anschaffung von Maschinen gewährte der Staat großzügige Unterstützung. In seinem Auftrag gingen sogar zahlreiche „Spione" nach England, um sich dort in den Fabriken ein Bild von den neuesten technischen Entwicklungen zu machen. Ausländische Spezialisten wurden heimlich abgeworben, Maschinenteile nach Preußen gebracht.

Besondere Aufmerksamkeit schenkte der Staat ferner dem Ausbau der technischen Bildung. So wurde in Berlin das Königliche Gewerbeinstitut gegründet. Aufgabe dieses Instituts war es, den Schülern die „moderne Technologie" zu vermitteln, für die es ja nicht mal Lehrbücher gab. Auf diese Weise bildete der preußische Staat junge Unternehmer heran, die die Industrialisierung Preußens in kurzer Zeit bewerkstelligen sollten. Zu den Schülern dieses Instituts gehörte auch der „Lokomotivkönig" August Borsig (1804–1854).

1 *Nennt die Unterschiede zwischen dem englischen und dem preußischen Weg zur Industrialisierung.*

August Borsig – vom Handwerker zum Lokomotivkönig

Voller Interesse für die neue Technik kam Borsig, ein gelernter Zimmermann aus Breslau, 1823 nach Berlin, trat in das königliche Gewerbeinstitut in Berlin ein und ließ sich 1825 im Maschinenbau ausbilden. 1836 gründete er – ohne Eigenkapital – eine eigene Maschinenfabrik. Sein erster Auftrag bestand in der Lieferung von 116 000 Schrauben für die Verlegung der Gleise der Strecke Berlin–Potsdam. Da er sich die notwendigen Maschinen noch nicht leisten konnte, beschäftigte er Grenadiere aus der benachbarten Kaserne, die den Blasebalg treten mussten. Die erste Lokomotive ließ er 1841 in Handarbeit bauen. Sie war bei einer Wettbewerbsfahrt wesentlich

Borsig und die Eisenbahn

2 **Lokomotivmontage bei Borsig im Jahr 1865.** Foto.

Werbeplakat der Firma Borsig.

schneller als die Lokomotive aus England. Das war der Durchbruch. Borsig erhielt fast alle Aufträge der preußischen Bahnen. 1854, in seinem Todesjahr, lieferte seine Firma bereits die 500. Lokomotive aus. Fast 2000 Arbeiter verdienten zu dieser Zeit in seinen Fabriken ihren Lebensunterhalt und die von Borsig gegründete Maschinenbauanstalt zählte zu den größten Fabriken Europas.

Der Schriftsteller Heinrich Seidel beschrieb, wie diese Fabriken das Gebiet vor dem Oranienburger Tor bestimmten:

Q1 … Von dem Oranienburger Tor aus reihte sich an ihrer rechten Seite eine große Maschinenfabrik an die andere in fast ununterbrochener Reihenfolge. Den Reigen eröffnete die weltberühmte Lokomotivenfabrik von Borsig. … In den Straßenlärm hinein tönte überall schallendes Geräusch, und das dumpfe Pochen mächtiger Dampfhämmer erschütterte weithin den Boden, dass in den Wohnhäusern gegenüber die Fußböden zitterten, die Gläser klirrten und die Lampenkuppeln klapperten. Zu gewissen Stunden war die Straße ein Flussbett mächtiger Ströme von schwärzlichen Arbeitern, die aus all den Fabriktoren einmündeten. …

3 **Im Hammerwerk erfolgte das Ausschmieden großer Eisenteile mithilfe von Dampfhämmern.** Foto.

*Durch **Johann Friedrich August Borsig** (1804–1854) wurde Berlin zu einem führenden industriellen Standort in Mitteleuropa. Porträt, um 1850.*

2 *Bekannte Unternehmer dieser Zeit waren auch Friedrich Harkort, Alfred Krupp, Werner von Siemens und Emil Rathenau. – Informiert euch über das Leben dieser Unternehmer und berichtet davon in der Klasse.*

Industrialisierung der Landwirtschaft

1 **Landarbeiterinnen auf Rübenfeldern.** Zum Schutz vor der Sonne tragen sie Hauben, die so genannten „Helgoländer". Foto, Ende des 19. Jahrhunderts.

Die Zuckerrübe wird entdeckt

Es war im November 1747, als der Apotheker Sigismund Andreas Marggraf von seinen Versuchen berichtete, aus der einheimischen Runkelrübe Zucker zu gewinnen. Es dauerte dann allerdings weitere dreißig Jahre, bis Franz Carl Achard, ein „Schüler" dieses Apothekers, den endgültigen Nachweis erbringen konnte, dass die Runkelrübe sich für die Zuckergewinnung durchaus eigne. Überzeugt von diesem Ansatz, befahl der preußische König Friedrich Wilhelm III., in allen preußischen Provinzen Großversuche mit den Rüben durchzuführen. So sollte Preußen den Zucker im Land erzeugen, statt ihn teuer aus den Kolonien in anderen Erdteilen einzuführen und im Ausland einzukaufen.

Achard selbst gründete schon 1802 in Schlesien die erste Rübenzuckerfabrik. Wegen ihrer guten Qualität ließ er die dafür benötigten Zuckerrüben aus Halberstadt und der Magdeburger Börde kommen. Hier gediehen die Rüben besonders gut, weil der Boden sehr fruchtbar war und das Klima relativ mild. Dennoch brauchten auch hier die Zuckerrüben noch eine intensive Pflege: Der Boden musste zunächst tief aufgelockert werden. Auf den Feldern sah man jedes Jahr Landarbeiterinnen und Landarbeiter, die sich in langen Reihen mit dem Spaten in der Hand langsam vorarbeiteten. Wenn nach der Einsaat die Pflanzen allmählich aufgingen, musste der Boden immer wieder neu aufgelockert werden. „Der Zucker" – so hieß es – „muss in die Rübe gehackt werden."

1 *Betrachtet Bild 1. Überlegt, woher die vielen Landarbeiterinnen/Landarbeiter kamen.*

Die Mechanisierung der Landwirtschaft

Um die Lohnkosten für die Landarbeiter einzusparen, wurden schon bald Maschinen für die Auflockerung des Bodens, die Aussaat und die Ernte eingesetzt. Damit sich der Kauf dieser landwirtschaftlichen Maschinen auch lohnte, wurden immer mehr Anbauflächen für die Zuckerrübe hinzugekauft. Dieser intensive Zuckerrübenanbau und auch die Herstellung des Zuckers selbst führten schließlich dazu, dass sich in Halle und Magdeburg eine große Landwirtschaftsmaschinen-Industrie entwickelte.

Industrialisierung der Landwirtschaft

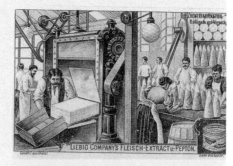

2 Die Bilder zeigen verschiedene Arbeitsschritte bei der Rübenzuckerproduktion: Zerreiben der Rüben; Kochen, um den Zucker aus den Rüben zu lösen; Einkochen des Dünnsaftes zu Dicksaft; Raffinade und Verpackung. – Sammelbilder der Firma „Liebigs Fleischextract", 1898.

Die Industrialisierung der Landwirtschaft

Seit 1840 wurden in der Provinz Sachsen derart viele Zuckerrübenfabriken errichtet, dass ein Beamter des Bergbaureviers in Halle meinte:

Q1 Der Bergbau hängt auf das Innigste mit der übrigen Industrie und hier in der Provinz so eng mit der Zuckerfabrikation zusammen, dass von dem Gedeihen der Zuckerfabriken das des [hiesigen] Bergbaus vorzugsweise abhängig bleibt …

2 *Erkärt folgende Behauptung: Die Zuckerrübe wurde zum Motor für die Verschmelzung von Landwirtschaft und Industrie.*

Die „Rübenbarone"

Der Anbau und die Verarbeitung der Zuckerrübe warfen hohe Gewinne ab. Die Besitzer der Rübenzuckerfabriken waren daher bemüht, möglichst viele Ländereien aufzukaufen und für den Rübenanbau zu verpachten. Für die Verarbeitung mussten immer neue Fabriken gegründet werden. Neben den Fabrikbesitzern gab es noch einige so genannte Mittel- und Großbauern, die den größten Teil der landwirtschaftlichen Anbaufläche besaßen. „Rübenbarone" nannte man sie. Wie viel Reichtum sie erwerben konnten, zeigt das Beispiel von Carl Wentzel Teutschenthal, des „reichsten Landwirts Europas". Er besaß im Raum Halle nicht nur 21 landwirtschaftliche Betriebe, sondern auch Bergwerke, Steinbrüche, Sägewerke, Mühlen und vieles andere mehr.

Als der Verband der Zuckerindustrie im Jahr 1900 sein fünfzigjähriges Jubiläum feierte, erschien dazu folgendes Gedicht:

Q2 Wachse, wachse, liebe Rübe,
wachse, wachse, werde groß!
Und, o tu es mir zuliebe,
werde reiner Zucker bloß.
Schlage durch gleich ins Papier
und mein Name steh auf dir!
Dann brauch ich mich nicht zu quälen,
habe bloß das Geld zu zählen.

Industriemuseen in Berlin und Brandenburg

In Industriemuseen werden Gegenstände aus der Zeit der Industrialisierung gesammelt und ausgestellt, wie z. B. Webstühle, Dampfmaschinen oder ganze Eisenbahnen. Häufig finden sich auch Gegenstände und Dokumente aus dem Alltag der Menschen: vom Waschbrett bis zum Fahrrad, vom Lohnbuch bis zur Kücheneinrichtung. Auch ganze Industrieanlagen und Fabriken werden als technische Denkmäler erhalten oder wiederhergestellt. Solche Industriemuseen und technische Denkmäler gibt es auch in Brandenburg und Berlin, so z. B.:

– in der Stadt Forst das Brandenburgische Textilmuseum und in der Stadt selbst Fabriken, Fabrikantenvillen und Mietshäuser aus dem 19. Jahrhundert,
– in Rüdersdorf der Museumspark zur Geschichte des Kalkbergbaus,
– in Brandenburg a. d. Havel das Industriemuseum auf dem Gelände des ehemaligen Stahl- und Walzwerks.

Viele Kreis- oder Heimatmuseen bieten zudem Abteilungen, die sich mit dem 19. Jahrhundert beschäftigen, so verfügt z. B. das Rathenower Kreismuseum über eine eigene Abteilung zur Entwicklung der optischen Industrie.

Museen zum Mitmachen

Industriemuseen haben oft einen entscheidenden Vorteil gegenüber anderen Museen, denn hier kann der Besucher selbst an Nachbildungen und Modellen ausprobieren, wie z. B. die Weber an einem mechanischen Webstuhl gearbeitet haben oder wie eine Dampfmaschine funktioniert. Wie spannend ein Museumsbesuch wird, hängt aber auch von einer guten Vorbereitung ab.

Einen Museumsbesuch vorbereiten

– Eine Arbeitsgruppe in eurer Klasse kümmert sich um die Organisation: Wann hat das Museum geöffnet? Wie viel kostet der Eintritt für Schulklassen? Gibt es einen Museumsplan? Welche Themen werden angeboten? Viele Museen bieten zudem Führungen oder Vorführungen an, die vorab vereinbart werden müssen, oder auch weiteres Material wie z. B. Arbeits- oder Bastelbögen.

– Ihr könnt in einem großen Museum nicht alles gründlich besichtigen. Deshalb müsst ihr euch zunächst gemeinsam für bestimmte „Themen" entscheiden. Themen können z. B. sein:

a) Womit wurde produziert? Was wurde hergestellt (Maschinen, technische Einrichtungen, Erfindungen und Produkte)
b) Arbeitsbedingungen im Betrieb (Unfallgefahren, Arbeitszeit)
c) Veränderungen in eurer (Kreis-) Stadt durch die Industrialisierung (Einwohnerzahl, Wohnbedingungen, Verkehr, Umweltbelastungen)

Wenn ihr euch für ein Thema entschieden habt, solltet ihr für eure Erkundung einen Fragebogen erstellen. Ihr könnt euch auch in Gruppen vorbereiten und im Museum in Gruppen arbeiten. Bei dem Thema „Eisen und Stahl – Grundbedingungen der Industrialisierung" könntet ihr z. B. neben Fragen zur technischen Entwicklung folgende Punkte bearbeiten:

– Wozu benötigte man Stahl? Warum war die industrielle Stahlgewinnung und -weiterverarbeitung so ein großer Fortschritt?
– An welchen Standorten entstanden eisenverarbeitende Industrien und warum? Tipp: Denkt an die Rohstoffe und den Transport.

Festlegen solltet ihr schon zu Beginn eurer Planung, auch vorab, wie ihr eure Erkundungsergebnisse festhalten wollt (Schreibblock, Foto, Video). Erkundigt euch vorher, ob Fotografieren – auch mit Blitzlicht – erlaubt ist.

2 Der Hochofen im Industriemuseum Brandenburg. Mithilfe dieses Ofens konnte Roheisen zu Stahl verarbeitet werden.

Im Museum

Sicher spricht nichts dagegen, wenn ihr zunächst einmal in Kürze durch das gesamte Museum streift, um euch einen ersten groben Überblick zu verschaffen. Aber bei größeren Museen wird man durch die Fülle der Ausstellungsstücke eher verwirrt oder verliert sogar die Lust an einer weiteren Besichtigung. Man muss sich deshalb auf bestimmte Bereiche konzentrieren. Museen sind entweder zeitlich oder nach bestimmten Themen aufgebaut. Einen Gesamtüberblick findet ihr zumeist im Eingangsbereich. Nach dem Gesamtüberblick geht es ins Detail.

Versucht, nicht nur die Fragen von eurem Erkundungsbogen zu erforschen; notiert auch unerwartete Informationen und Beobachtungen zu eurem Thema.

Und danach? – Die Auswertung

Zurück in der Schule, solltet ihr zunächst eure Ergebnisse zusammentragen.
– Habt ihr etwas Neues oder Spezielles über euer Bundesland oder auch über euren Heimatbereich erfahren?
– Hat sich der Weg ins Museum eurer Meinung nach gelohnt? War die Vorbereitung ausreichend?

Was würdet ihr beim nächsten Mal anders machen?
Falls ihr mit eurem Ergebnis zufrieden seid, könnt ihr eine Fotoausstellung für die ganze Schule aufbauen, z. B. zu dem Thema „Die Entwicklung von Eisen- und Stahlgewinnung in unserer Heimat". Zeichnet dazu auch eine große Karte und verfasst erklärende Texte.

Die Gesellschaft ändert sich

1 **Ein Fabrikbesitzer besichtigt mit Gästen einen Betrieb.** Foto, um 1900.

Fabrikbesitzer – die neuen Fürsten?

Innerhalb weniger Jahrzehnte veränderte die Industrialisierung die Machtverhältnisse in der Gesellschaft. In der Ständegesellschaft besaß der Adel durch sein Eigentum an Grund und Boden eine Führungsstellung. In der entstehenden Industriegesellschaft wurde der Besitz von Kapital* wichtiger. Eine neue gesellschaftliche Schicht entstand neben der alten: das Wirtschaftsbürgertum.

Deutlich wird dieser Wandel auch in einem Nachruf der „Schlesischen Zeitung" auf August Borsig:

Q1 … Der Tod Borsigs, des Fürsten der Berliner Industrie, gehört nicht zu den leichtesten Schicksalsschlägen dieser verhängnisvollen Zeit. … sein Tod erschreckt die gedankenlose Menge ebenso sehr als der Tod bekannter Heerführer und Staatsmänner. … Wenn Borsigs Tod Berlin in eine allgemeine Aufregung versetzte, so verbreitete er in Moabit, dem eigentlichen Fürstentum dieses großen Industriellen, geradezu Entsetzen. …

1 *Erklärt die Bezeichnung Borsigs als „Fürst" und von Moabit als „Fürstentum".*
2 *Sprecht über folgende Aussage: „Der Geldadel ersetzte im 19. Jahrhundert den Geburtsadel."*

Die Arbeiter – eine neue Klasse?

Die großen Fabriken zogen immer mehr Arbeitskräfte an. Zu Hunderttausenden ver-

ließen Landarbeiter und Bauern, die nicht genügend Land besaßen, mit ihren Familien die Dörfer. Sie zogen in die Städte in der Hoffnung, Arbeit zu finden. Schon 1882 stellten die über 10 Millionen Arbeiter die Hälfte der Erwerbstätigen in Deutschland. Die Arbeiter

2 **Mächtige Familie.** August Borsig, sein Sohn Albert und dessen drei Söhne auf einer Postkarte.

Unternehmer – Angestellte – Proletarier

3 Arbeiter der AEG. Foto, um 1900.

und Arbeiterinnen in der Industrie bildeten nach ihrer Herkunft und Ausbildung keine einheitliche Gruppe. Da gab es zunächst die gelernten Arbeiter. Sie hatten entweder ein Handwerk bei einem Handwerksmeister oder in der Fabrik einen Beruf wie Schlosser oder Dreher oder Stahlkocher gelernt. Die ungelernten Arbeiter besaßen keine Berufsausbildung. Oft hatten sie vorher als Tagelöhner in der Landwirtschaft gearbeitet. Neben den ungelernten und den gelernten Arbeitern entstand im Laufe der Industrialisierung die Gruppe der angelernten Arbeiter. Zu ihnen zählten die meist weiblichen Arbeitskräfte im Textilgewerbe, die besonders schlecht bezahlt wurden. Trotz dieser Unterschiede hatten alle Arbeiter eines gemeinsam: Sie besaßen zunächst nichts weiter als ihre Arbeitskraft, die sie gegen Lohn dem Fabrikherrn zur Verfügung stellten. „Proletarier*" wurde zur geläufigen Bezeichnung für diese Menschen. Auch die Arbeiter selbst entwickelten allmählich das Bewusstsein, aufgrund des gemeinsamen Schicksals als Klasse* zusammenzugehören.

3 *Tragt die Merkmale der verschiedenen Arbeitergruppen zusammen. Unterscheidet dabei zwischen Männern und Frauen. Überlegt, welche Auswirkungen es auf die Bezahlung gab.*

Mit Anzug und weißem Hemd – die Angestellten

In jeder größeren Fabrik fiel z. B. Verwaltungsarbeit an, die von Buchhaltern, Schreibern

4 Angestellte. Foto, um 1906.

und Kassierern erledigt wurde. Und für die Produktion brauchte man neben Arbeitern auch Ingenieure, Werkmeister und Zeichner. Sie alle wurden „Angestellte" genannt. Ihre hervorgehobene Stellung konnte man schon an ihrer Kleidung – Anzug und weißes Hemd – ablesen.

Gegenüber den Arbeitern und Arbeiterinnen genossen die Angestellten Vergünstigungen, wie z. B. kürzere Arbeitszeiten, bezahlten Urlaub oder Gewinnbeteiligungen.

4 *Beschreibt mithilfe der Abbildungen 1–4 die Merkmale und die Unterschiede der neuen Schichten. Bestehen diese Unterschiede heute noch?*

Proletarier*:
(lat. proles = Nachkommenschaft). Im 19. Jahrhundert Bezeichnung für die Lohnarbeiter, die nichts als ihre Arbeitskraft besitzen.

Klasse*:
Bezeichnung für die Angehörigen einer Gruppe mit gleichen wirtschaftlichen Verhältnissen, insbesondere in Bezug auf den Besitz von Produktionsmitteln (Fabriken, Maschinen usw.).

Der Wandel der Arbeitswelt

1 Französische Karikatur über die Industriearbeit. Um 1910.

*Strenge **Fabrikordnungen, Arbeitsbücher und ständige Kontrollen** sollten die Arbeiter an die neuen Arbeitsbedingungen gewöhnen. Die Lohnauszahlung fand in den Großbetrieben am Freitagabend vor Arbeitsschluss statt. Aus dem Lohnbüro kam ein Angestellter mit weißem Kragen und Krawatte und brachte das Geld. Der Meister oder Vorarbeiter bezahlte dann jedem Arbeiter die errechnete Lohnsumme aus.*

Der Fabrikant als Herr im Haus

Der „Berliner Volkskalender" schrieb nach dem Tod des Fabrikanten Borsig:

Q1 … Er [Borsig] übte ein Regiment unerbittlicher Strenge, wo es sich um Rechtlichkeit und Pflichterfüllung handelte. Pünktlichkeit, Fleiß und Redlichkeit waren die einzigen Fürsprecher bei ihm. Das Gegenteil hatte die augenblickliche Entlassung ohne Ansehen der Person zur Folge. …

So wie Borsig forderten alle Fabrikanten von den Arbeitern und Arbeiterinnen harte Disziplin und die Unterordnung unter eine strenge Fabrikordnung. Das war ihrer Meinung nach notwendig, um die Arbeiter an die neuen Arbeitsbedingungen zu gewöhnen. Anders z. B. als in den kleinen Handwerksbetrieben bestimmten jetzt die Maschinen den Arbeitsablauf. Wurden sie frühmorgens angestellt, mussten alle Arbeiter an ihrem Arbeitsplatz sein. Kontrolliert wurde die Arbeitszeit vom Pförtner, bei dem alle Arbeiter eine Marke abzugeben hatten. Bei Strafe verboten waren „unnötiges Herumlaufen" in den Werkstätten, Rauchen und Alkohol. Widerspruch gegen die Anordnung des Meisters konnte die

sofortige Entlassung nach sich ziehen. Die Arbeit an den Maschinen erforderte ständige Aufmerksamkeit und war oft eintönig. Früher hatte ein Handwerker sein Produkt völlig selbstständig herzustellen. Jetzt aber musste ein Fabrikarbeiter bei der Herstellung eines Produktes oft nur wenige oder sogar nur einen einzigen Handgriff ausführen. Die Fließbandarbeit entstand.

1 *Beschreibt die Karikatur. Überlegt, was der Zeichner wohl mit dieser Darstellung von industrieller Arbeit aussagen wollte.*

2 *Besprecht, worin die Vorteile und die Nachteile der Fabrikarbeit lagen.*

Arbeiten ohne Ende …

Gegessen wurde gemeinsam in der werkseigenen Kantine oder auch nur schnell in den Pausen zwischendurch. Die Licht- und Luftverhältnisse in den schmutzigen und engen Fabrikhallen waren schlecht. Von allen Seiten dröhnte der Maschinenlärm und die Arbeiter konnten sich oft nur schreiend verständigen. Die Zahl der Unfälle in den Fabriken war hoch. Überall gab es offene Getriebe oder frei laufende Treibriemen, aber keine der Maschinen hatte Schutzbleche oder Sicherheitsbremsen.

Der Wandel der Arbeitswelt

2 Mittag bei der Firma Borsig. Gemälde, um 1911.

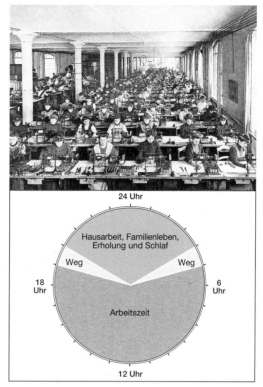

3 Tagesablauf eines Arbeiters.

Entwicklung der durchschnittlichen Wochenarbeitszeit (ungefähr) in Deutschland.

1800	70 Stunden
1820	78 Stunden
1840	96 Stunden
1870	73 Stunden
1900	70 Stunden
1919	48 Stunden
1998	37 Stunden

Einen eindrücklichen Bericht von den Arbeitsbedingungen gibt Ernst Abbe, der Mitinhaber der Zeiss-Werke in Jena.
Er erzählte von seinem Vater aus der Zeit um 1850:

Q2 … Die Arbeitszeit währte 14 bis 16 Stunden. Mittagspause gab es nicht. An eine Maschine gelehnt oder auf eine Kiste gekauert, verzehrte mein Vater sein Mittagessen aus dem Henkeltopf mit aller Hast, um mir dann den Topf geleert zurückzugeben und sofort wieder an die Arbeit zu gehen.
Mein Vater war eine Hünengestalt von unerschöpflicher Robustheit, aber mit 48 Jahren in Haltung und Aussehen ein Greis, seine weniger starken Kollegen waren aber mit 38 Jahren Greise. …

Und selbst über die Borsigwerke, die bessere Löhne zahlten und bessere Arbeitsbedingungen boten als viele andere Unternehmen,
kursierte in der Berliner Arbeiterschaft um 1900 folgendes Gedicht:

M1 … „Wer nie bei Siemens-Schuckert war,
Bei AEG und Borsig,
Der kennt des Lebens Jammer nicht,
Der hat ihn erst noch vor sich."…

Kein Auskommen mit dem Einkommen

Doch trotz der langen Arbeitszeiten reichte der Lohn häufig kaum aus, um die Familien vor dem Verhungern zu bewahren. Da sehr viele Menschen Arbeit suchten, konnten die Unternehmer niedrige Löhne zahlen. Wer arbeitslos oder arbeitsunfähig wurde, erhielt keinerlei Unterstützung. Kinder und Frauen der meisten Familien mussten ebenfalls arbeiten, um die kümmerliche Existenz zu sichern.

3 *Seht euch Abbildung 3 an. – Was hat sich im Vergleich dazu bis heute geändert. – Zeichnet ein eigenes Schema mit euren Arbeits- und Freizeiten.*

Kinder arbeiten in der Fabrik und im Bergbau

Kinderarbeit unter Tage, 20. Jahrhundert: *Goldmine Vaal-Roofs bei Johannesburg in Südafrika, 1981. Foto.*

1 Kinderarbeit in einer Baumwollspinnerei, 1910.

2 Kinderarbeit im Bergbau, 1908.

Aus einem Gedicht von Thomas Scherr über Kinderarbeit um 1850:

Noch zählte ich acht
  Sommer kaum,
Musst' ich verdienen
  geh'n,
Musst' dort in dem
  Maschinenhaus
Stets auf die Spindeln
  seh'n,
Stand da gebannet
  Jahr und Tag,
Und Tag und Nächte
  gleich:
Drum welkten mir
  die Lippen blau
Und meine Wangen
  bleich.

Lesetipp:
Simone van der Vlugt: Emma. Die Zeit des schwarzen Schnees. Bertelsmann, München 2004.

Billige Arbeitskräfte

Besonders in der Textilindustrie, aber auch im Bergbau, arbeiteten Kinder, teilweise schon ab dem 6. Lebensjahr. Für die Unternehmer waren Kinder und Jugendliche vor allem billige Arbeitskräfte.

In einem Bericht über das Leben eines Fabrikkindes von 1853 heißt es:

Q1 … Jetzt (im Winter) kommt wieder die Zeit, wo jener arme Junge früh um 4, um 5 Uhr von dem Lager sich erheben und eine Stunde weit durch nasskaltes Gestöber in seine Fabrik eilen muss. Dort, mit kurzer Rast für ein karges Mahl, ist er beschäftigt den ganzen, ganzen langen Tag. Er arbeitet an einer Maschine, welche, Wellen von Staub aufjagend, mit rasenden Schlägen die Baumwolle zerklopft, auflockert … den ganzen lieben langen Tag muss unser Junge in dieser mit dichtem Staub erfüllten Atmosphäre ausharren, sie einatmen, dieses bis in die Nacht hinein, bis 9–10 Uhr abends. Dann endlich heißt es „Stopp" und er eilt seine Stunde Weges nach Hause …

1 *Stellt fest, wie lange der Junge täglich von zu Hause weg ist.*

Kinderarbeit wird eingeschränkt

Kritiker der Kinderarbeit verwiesen darauf, dass viele Kinder dauerhaft in ihrer Gesundheit geschädigt wurden und männliche Jugendliche nicht mehr für den Militärdienst tauglich waren. Gegen eine Einschränkung der Kinderarbeit wehrten sich hingegen die Fabrikanten. Nur durch die billige Arbeit der Kinder könnten sie mit ihren Waren auf dem Weltmarkt konkurrenzfähig bleiben. So dauerte es bis 1839, ehe die preußische Regierung durch ein Gesetz die Kinderarbeit einschränkte. Allerdings durften Kinder weiterhin ab dem 10. Lebensjahr in Fabriken, Berg- und Hüttenwerken beschäftigt werden. Sie mussten lediglich eine dreijährige Schulzeit nachweisen sowie Grundkenntnisse im Lesen und Schreiben.

2 *Ein Fabrikant und ein Regierungsvertreter sprechen über Pläne zur Einschränkung der Kinderarbeit. – Was könnten die beiden gesagt haben?*

Mutter – Hausfrau – Arbeiterin

3 Arbeiterfamilie in ihrer Berliner Wohnung, 1907. Der Mann und das älteste Mädchen (14 Jahre) fehlen bei dieser Aufnahme, die Großmutter ist anwesend. Foto.

3 *Sammelt Material über Kinderarbeit bei uns und in den Entwicklungsländern und erstellt eine Wandzeitung. Kontaktadresse: terre des hommes, Ruppenkampstraße 11a, 49084 Osnabrück (Homepage: www.tdh.de).*
4 *Versetzt euch in die Lage des südafrikanischen Jungen (siehe Randspalte S. 170) und schreibt aus seiner Sicht einen Tagebucheintrag.*

Doppelbelastung der Frauen

Nur wenige Arbeiterfrauen konnten sich ausschließlich dem Haushalt und ihren Kindern widmen. Durch das geringe Einkommen ihrer Männer waren sie zur Heim- oder Fabrikarbeit gezwungen.

So hieß es in einem Bericht der Gewerbeaufsicht aus dem Jahr 1899 über den Tagesablauf einer verheirateten Fabrikarbeiterin:

Q2 ... Je nach der Entfernung der Wohnung von der Fabrik, nach dem Beginn der Fabrikarbeit und je nach dem Arbeitsbeginn des Mannes steht die Frau um 3 1/2, 4, 4 1/2 oder 5 Uhr auf ... Dann wird das Frühstück zubereitet ..., das abends schon vorbereitete und angekochte Essen aufs Feuer gebracht ... und in Blechtöpfe gefüllt ... Die Kinder werden dann angekleidet, zur Schule geschickt oder zur Hütefrau oder Kinderkrippe gebracht. Von da geht es zur Fabrik ... Es gibt viele Arbeiterinnen, die täglich zehn bis zwölf Kilometer zu Fuß zur Fabrik zurücklegen müssen. Ist die Entfernung zur Fabrik nicht so weit, eilt sie in der Mittagspause im Schnellschritt heim, macht Feuer, setzt die in Scheiben geschnittenen Kartoffeln auf, wärmt das vorher fertiggestellte Essen auf und isst mit den Angehörigen ... Abends dasselbe, Abendessen, Schularbeiten der Kinder, Flicken und Waschen der Kleider und Wäsche. Vorbereitung des Essens für den anderen Tag. Vor 9 Uhr abends endet der Arbeitstag nie, vor 10 Uhr selten und oft erst nach 11 Uhr ...

5 *Listet die Tätigkeiten der Fabrikarbeiterin in Q2 auf und nehmt zu ihrer Belastung Stellung.*
6 *Überlegt, wie ein Unternehmer die geringere Bezahlung von Frauen gerechtfertigt haben könnte (siehe die Tabelle in der Randspalte). – Was würdet ihr ihm antworten?*

Gleicher Lohn für gleiche Arbeit?
Bei gleicher Arbeit erhielten die Fabrikarbeiterinnen einen geringeren Lohn als die Männer. In einer Baumwollspinnerei wurden z. B. 1888 folgende Schichtlöhne gezahlt:

gelernter Arbeiter 1,34 Mark

ungelernter Arbeiter 1,09 Mark

eine Arbeiterin 0,63 Mark

Städteboom und Wohnungselend

1 **Elendsquartiere vor den Toren Berlins.** Holzstich, um 1872.

*Spendenpostkarte
zur Minderung der
Wohnungsnot in Ber-
lin. Gezeichnet von
Käthe Kollwitz, 1912.*

Auf engstem Raum:
Sechs Personen in einem Zimmer

Bedrückend für viele Arbeiterfamilien waren neben der Arbeitsbelastung und der ständigen Geldnot die engen und ärmlichen Wohnungen, in denen sie leben mussten.

Werner Sombart, ein Volkswirtschaftler, schrieb 1906 über die Wohnverhältnisse des Proletariats:

Q1 … In den meisten deutschen Großstädten wohnt annähernd die Hälfte aller Menschen in Wohnungen, die nicht mehr als ein Zimmer umfassen. Überbevölkert nennt die Statistik eine Wohnung, wenn sechs Personen und mehr in einem Zimmer, elf Personen und mehr in zwei Zimmern hausen. Und selbst davon gibt es eine recht erkleckliche Anzahl. In Berlin nahezu 30000, in Breslau 7000, in Chemnitz 50000 …

Bedingt durch die Landflucht der Landarbeiter und Bauern, die nicht genügend Land besaßen und mit ihren Familien die Dörfer verließen, wuchsen die Städte rapide an. Die Bevölkerung Berlins nahm allein in der Zeit zwischen 1800 und 1850 von 153000 auf 430000 Einwohner zu. Schon 20 Jahre später war die Millionengrenze erreicht. In der Stadt – so hofften viele – würden sie Arbeit und Brot finden. Doch eine Arbeitsstelle garantierte noch längst keine Wohnung. Und mit dem explosionsartigen Städtewachstum konnte die Bauwirtschaft nicht Schritt halten. Angesichts der Wohnungsnot zimmerten sich kinderreiche Arbeiterfamilien am Stadtrand Berlins Hütten mit undichten Fenstern oder sie suchten in Kellern, Ställen und auf Dachböden Unterschlupf. Wer konnte, zog mit seiner Familie in eine der großen „Mietskasernen". Das waren Wohnblöcke, die von wohlhabenden Bürgern errichtet wurden, weil sie sich davon hohe Einnahmen versprachen. Diese Arbeiterwohnungen bestanden meist aus zwei Zimmern, in denen Familien von sechs bis zehn Personen lebten. In den Betten schliefen oft vier Kinder, zwei am Kopf- und zwei am Fußende.

Die Ausstattung der Wohnungen war dürftig. Der einzige beheizbare Raum war die Küche, die zugleich Wohnzimmer war. Wasserleitungen in den Wohnungen gab es noch nicht. Von 1000 Wohnungen in Berlin verfügten noch 1880 nur 36 über ein Bad. Dennoch waren die Mieten unverhältnismäßig hoch.

Städteboom und Wohnungselend

2 Mietskasernen um 1900. Foto.

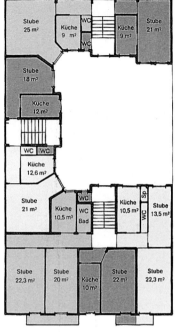

3 Grundriss einer Berliner Mietskaserne.

Bevölkerungs-
entwicklung in
Deutschland
1800–1910
(in Mio.):

1800	24,4
1810	25,5
1820	26,3
1830	29,5
1840	32,8
1850	35,4
1860	37,8
1870	40,8
1880	45,3
1890	49,5
1900	56,4
1910	64,9

Da eine Wohnung mit Zimmer und Küche im Schnitt den Wochenlohn eines Arbeiters kostete, vermieteten viele Familien ein Bett oder einen Teil eines Bettes an einen allein stehenden jungen Mann oder eine junge Frau. Diese Personen wurden „Schlafgänger" genannt. In einem Zimmer wurden oft drei oder vier von ihnen untergebracht. Reiche Städter dagegen wollten nicht in der verschmutzten Innenstadt leben und so bauten sie sich schöne Häuser in den Vororten der Städte.

1 Beschreibt die Wohnverhältnisse mithilfe des Textes und der Abbildung 3 auf S. 171. Vergleicht das Mobiliar mit heutigen Wohnungseinrichtungen.

2 Zeichnet einen Grundriss eurer Wohnung und vergleicht ihn mit dem in Abbildung 3.

3 Überlegt, welche Folgen sich aus der Wohnsituation für das Familienleben ergaben.

Familienleben und Fabrikindustrie

Über Auswirkungen der Fabrikindustrie auf das Familienleben berichtete Robert von Mohl 1835:

Q2 … Nicht nur der Familienvater ist den ganzen Tag vom Hause entfernt, ohne sich der Erziehung und Beaufsichtigung seiner Kinder … irgend widmen zu können, sondern häufig ist auch die Mutter ihrerseits ebenso lange täglich in derselben oder einer anderen Manufaktur beschäftigt. Sobald die Kinder irgend verwendbar sind …, so werden auch sie aus dem Hause gestoßen; bis zu diesem Zeitpunkt aber sind sie ohne alle Aufsicht oder unter einer um eine Kleinigkeit gemieteten, welche schlimmer ist als gar keine. Nicht einmal zu dem gemeinschaftlichen Mahl versammelt sich die Familie immer. Die Entfernung des Fabrikgebäudes … hält davon ab … Häufig dient die armselige und unwohnliche Hütte nur zum gemeinschaftlichen Ausschlafen …

4 Stellt fest, worin Robert von Mohl Gefahren für das Familienleben sah. Überlegt, ob es auch Vorteile gab.

Schilder an der
Haustür einer
Bürgervilla in
Berlin. Um 1900.

Wer löst die soziale Frage?

1 **Werkstatt des Rauhen Hauses, das 1823 gegründet wurde.** Darstellung von 1845.

Die Kirche greift ein

Angesichts des Elends, in dem die Arbeiter, ihre Frauen und Kinder leben mussten, stellte sich immer dringender die Frage: Was muss geschehen, um die menschenunwürdigen Lebensverhältnisse der Arbeiter zu beseitigen? Auf diese Frage, die man als „Arbeiterfrage" oder „soziale Frage*" bezeichnete, gab es im 19. Jahrhundert ganz unterschiedliche Antworten:

Schon in der ersten Hälfte des 19. Jahrhunderts setzten sich evangelische und katholische Geistliche mit diesem Problem auseinander. So gründete Heinrich Wichern (1808–1881) bereits 1833 in Hamburg das „Rauhe Haus", in das er verwaiste und obdachlose Kinder aufnahm.

1848 sagte er beim ersten „Deutschen Evangelischen Kirchentag" in einer Rede:

Q1 … Ihr Männer der Kirche, denkt auch an die Not der Menschen außerhalb der Kirchenmauern! Überall, wo die Armen vor Not keine Kraft mehr haben, die Botschaft Christi zu hören, da müsst ihr eingreifen. Alles Predigen wird nichts helfen, wenn nicht zugleich für das leibliche Wohl unserer Brüder gesorgt wird. …

Großes Aufsehen erregte auch ein Rundschreiben von Papst Leo XIII. im Jahr 1891.
Er ermahnte darin nicht nur die Arbeiter zur treuen Pflichterfüllung, sondern auch die Arbeitgeber:

Q2 … Unehrenhaft und unmenschlich ist es, Menschen wie eine Ware nur zum eigenen Gewinn auszubeuten. … Zu den wichtigsten Pflichten der Arbeitsherren gehört es, jedem das Seine zu geben. … Dem Arbeiter den verdienten Lohn vorzuenthalten, ist ein großes Verbrechen, das um Rache zum Himmel ruft. …

Besonders erfolgreich wirkte der Gründer der katholischen Gesellvereine, Adolf Kolping (1813–1865). Es gelang ihm in wenigen Jahren, überall im Deutschen Reich „Kolpinghäuser" gründen zu lassen, in denen wandernde Handwerksgesellen Unterkunft und Verpflegung fanden.

1 *Welche Voraussetzungen mussten nach Wichern für eine wirksame Verkündigung des christlichen Glaubens gegeben sein?*
2 *Überlegt, wie Unternehmer oder Arbeiter auf den Satz in dem päpstlichen Rundschreiben „Jedem das Seine" reagierten?*

soziale Frage:*
Bezeichnung für die Notlage und die ungelösten sozialen Probleme der Arbeiterinnen und Arbeiter im 19. Jahrhundert, die mit der Industrialisierung entstanden waren. Dazu zählten das Wohnungselend, unzumutbare Arbeitsbedingungen, Verelendung aufgrund niedriger Löhne und hoher Arbeitslosigkeit.

Lösungsversuche von Kirchen und Unternehmern

2 Lokmontage. August Borsig hatte dieses Gemälde zur Verschönerung seiner Villa in Berlin-Moabit in Auftrag gegeben. Gemälde von Paul Meyerheim, 1876.

3 Gartenlaube in der ehemaligen Arbeitersiedlung „Borsigwalde". Mit dem Entschluss der Firmenleitung, ihr neues Werk am Stadtrand Berlins zu errichten, war auch der Bau einer Werkssiedlung für 4800 Arbeiter und 500 Angestellte der Borsigwerke verbunden. Foto, um 1900.

*Schnitt durch ein um die Jahrhundertwende in Borsigwalde errichtetes Haus. Trotz des Neubaus blieben die **Wohnverhältnisse** eng. In jeder Etage lebte eine mindestens vierköpfige Familie. Von Vorteil waren der kurze Weg zur Arbeit und der kleine Garten hinter dem Haus, der zum Anbau von Gemüse vorgesehen war.*

Dachgeschoss

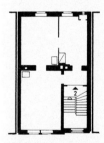

1. Obergeschoss

Fürsorge der Unternehmer

Einzelne Unternehmer versuchten wenigstens in ihren Betrieben das Elend der Arbeiter zu mildern. Zu ihnen gehörte auch August Borsig, dessen Fürsorgeleistungen in der damaligen Zeit als sehr fortschrittlich galten. Borsig zahlte seinen Arbeitern höhere Löhne als viele andere, er richtete für sie eine Kranken- und Sterbekasse ein zur Versorgung Hinterbliebener und senkte allmählich die Arbeitszeit auf zwölf Stunden täglich. Diese Verbesserungen sollten, so sagte Borsig 1848, „nicht allein das Wohl der Arbeiter fördern, sondern auch das Fortbestehen der Fabrik sichern". Ähnlich wie Borsig handelte auch der Unternehmer Alfred Krupp, der für seine Beschäftigten Arbeitersiedlungen bauen ließ, Schulen gründete und Läden einrichtete, in denen die Werksangehörigen Lebensmittel günstig einkaufen konnten. Die Zeitung „Der Social-Demokrat" schrieb hierzu 1865:

Q3 … Humanität einzelner Fabrikanten gegen ihre Arbeiter ist ohne Zweifel eine höchst nennenswerte Sache, aber mit der Sozialen Frage haben diese Dinge nichts zu tun. Hierfür ist es ganz gleichgültig, ob es edle Fabrikanten gibt oder nicht, denn es handelt sich nicht darum, im Kleinen, sondern im Großen andere Zustände herzustellen, und nicht darum, die Gnade oder den guten Willen einzelner Fabrikanten in Anspruch zu nehmen, sondern die Rechte – man verstehe wohl! –, die Rechte der Arbeiter zu erkämpfen. …

3 *Welche Ziele verfolgte Borsig mit seinen Maßnahmen?*
4 *Sprecht über den Eindruck, den die Darstellung von Borsig in der Abbildung 2 machen soll.*
5 *Spielt ein Gespräch zwischen Borsig oder Krupp und dem Verfasser des Zeitungsartikels.*

Streik und sozialer Protest

1 Arbeiter beim Fabrikanten. Ölgemälde von Stanislaw Lenz, 1895.

Alle Räder stehen still ...

1 Beschreibt die Abbildungen 1 und 2. Achtet auf die Bekleidung und die Haltung der Personen.

2 Vermutet, was die Arbeiter sagen könnten.

3 Überlegt, welche Möglichkeiten die Arbeiter damals hatten, um ihre Forderungen gegenüber dem Fabrikanten durchzusetzen.

Solidarität*:
Das Eintreten füreinander; Zusammengehörigkeitsgefühl.

Gewerkschaften*:
Mitte des 19. Jahrhunderts schlossen sich zuerst in England Arbeiter zu Organisationen zusammen (Trade Unions), die bessere Arbeitsbedingungen und Löhne anstrebten. Wichtigstes Druckmittel der Gewerkschaften war der Streik, d. h. die zeitweise Niederlegung der Arbeit. Als erste Gewerkschaftsverbände in Deutschland entstanden die der Tabakarbeiter (1865) und die der Buchdrucker (1866).

Die Maßnahmen von Unternehmern und Kirchen reichten nicht aus, um die Notlage der Arbeiter entscheidend zu verbessern. Deshalb kam es immer wieder zu Arbeitsniederlegungen. Mit Streiks versuchten die Arbeiter, ihre Forderungen gegenüber den Unternehmern durchzusetzen. Sie richteten sich vor allem gegen zu lange Arbeitszeiten, zu starke Belastung durch die Maschinenarbeit, zu niedrige Löhne und zu strenge Befehlsgewalt durch die Fabrikherren.

Die Streiks zeigten den Arbeitern, dass sie nur zusammen stark genug waren, um ihre Forderungen zu verwirklichen. Solidarität* war die Grundvoraussetzung für die Verbesserung ihrer Lebensbedingungen. Schon 1824 schlossen sich deshalb Arbeiter in England zu sogenannten „Gewerkschaften"* zusammen, um gemeinsam für bessere Arbeitsbedin-

gungen zu kämpfen. Obwohl die Gewerkschaften 1825 zugelassen wurden, mussten viele Gewerkschaftsführer um ihr Leben fürchten. Noch 1834 verbannte man acht Landarbeiter wegen Gewerkschaftsgründung aus der englischen Grafschaft Dorset nach Australien.

4 Betrachtet die Abbildung 3. Erläutert, was mit dem Text gemeint ist.

Gewerkschaften

Auch in Deutschland entstanden ab 1848 Gewerkschaften, in denen die Arbeiter Erfahrungen austauschten und gemeinsame Aktionen vorbereiteten. Sie forderten vor allem
– höhere Löhne,
– Beschränkung der täglichen Arbeitszeit auf zehn Stunden, bei Schwerarbeit auf acht Stunden,
– Schutz bei Krankheit, Unfall oder Arbeitslosigkeit.

Außerdem richteten die Gewerkschaften Streikkassen ein, aus denen Arbeiter und Familien bei längerfristigen Streiks unterstützt wurden. Derartige Zusammenschlüsse wurden in einzelnen deutschen Staaten erst ab 1861 zugelassen, in ganz Deutschland erst im Jahr 1872.

Die Proletarier organisieren sich

2 **Ein Streik bricht aus.** Gemälde von Robert Köhler, 1886.

Ein Arbeiter erinnerte sich an die Schwierigkeiten, die mit der Gründung seines Gewerkschaftsvereins verbunden waren:

Q1 ... Mein Plan, einen Fachverein für meinen Beruf zu gründen, war schneller gedacht als ausgeführt. Die Polizei witterte hinter jeder Arbeitervereinigung revolutionäre Verbindungen. Auch war es nicht so einfach, meine Formerkollegen für den Plan zu begeistern; die Furcht vor Entlassung hielt viele zurück. Im Lauf der Jahre gelang es aber, eine Anzahl tüchtiger und treuer Kollegen zu gewinnen ... Um die Statuten unseres Vereins von der Polizei genehmigt zu erhalten, musste alles vermieden werden, was bei den Behörden Anstoß erregen konnte. Von Streik oder Lohnbewegung durfte im Statut* nicht die Rede sein. Deshalb hieß es: „Der Zweck des Vereins ist, die Ehre und das Interesse der Former* und verwandter Berufsgenossen zu wahren." ...

5 *Beschreibt die Schwierigkeiten der Arbeiter, die sich in Gewerkschaften organisierten.*
6 *Nennt die Ziele der Gewerkschaften im 19. Jahrhundert.*
7 *Erkundigt euch, welche Gewerkschaften es heute gibt und wofür sie sich einsetzen.*

Mann der Arbeit, aufgewacht!
Und erkenne deine Macht!
Alle Räder stehen still,
Wenn dein starker Arm es will.

3 Bildpostkarte der Gewerkschaften, um 1910.

Zahl der Arbeitskämpfe in Deutschland:

1848:	49
1869:	152
1871:	158
1872:	352
1881:	15
1884:	60
1890:	390
1891:	226

Statut*:
Vereinssatzung.

Former*:
Bezeichnung für einen damaligen Beruf in der Metallverarbeitung.

Auf dem Weg zur Arbeiterpartei

Ferdinand Lassalle (1825–1864) war Mitarbeiter der „Neuen Rheinischen Zeitung".

August Bebel (1840 bis 1913), Vorsitzender der 1869 gegründeten Sozialdemokratischen Arbeiterpartei; 1872 wegen Hochverrats, 1886 wegen Majestätsbeleidigung zu Festungshaft verurteilt. Unter seinem Vorsitz entwickelte sich die SPD zur stärksten Partei.

1875: Gründung der Sozialistischen Arbeiterpartei Deutschlands, die ab 1890 Sozialdemokratische Partei Deutschlands hieß.

Produktionsmittel: Güter, mit denen produziert werden kann (z. B. Maschinen).*

1 Postkarte zum Wahlrecht, um 1912.

Entwicklung der SPD

Die Gewerkschaften wollten die Arbeitsbedingungen der Arbeiter verbessern, höhere Löhne und kürzere Arbeitszeiten erreichen. Das war dem Journalisten Ferdinand Lassalle zu wenig. Er gründete 1863 den Allgemeinen Deutschen Arbeiterverein (ADAV). Sein Ziel war das Wahlrecht für alle Arbeiter; diese sollten dann Abgeordnete wählen, die ihre Interessen im Parlament vertreten würden. Die Lösung der sozialen Frage erwartete Lassalle also vom Staat. Zudem forderte die Partei die Verwaltung der Fabriken durch die Arbeiter.

Eine zweite Arbeiterpartei wurde 1869 in Eisenach von dem Drechslermeister August Bebel und dem Zeitungsredakteur Wilhelm Liebknecht gegründet. Anders als Lassalle setzte diese Partei ihre Hoffnungen zunächst auf eine Revolution. 1875 schlossen sich beide Parteien zur „Sozialistischen Arbeiterpartei Deutschlands" zusammen, die ab 1890 „Sozialdemokratische Partei Deutschlands" (SPD) hieß. Das Parteiprogramm der SPD enthielt unter anderem folgende Ziele:
– allgemeines Wahlrecht für alle Staatsangehörigen vom 20. Lebensjahr an,
– direkte Gesetzgebung durch das Volk,
– Verwandlung der Produktionsmittel*.in gesellschaftliches Gemeingut,
– Abschaffung sozialer Ungleichheit, Verbot der Kinderarbeit und Schutzgesetze für das Leben und die Gesundheit der Arbeiter.

1 *Nehmt aus der Sicht eines Arbeiters und eines Unternehmers Stellung zu den Forderungen der SPD.*

Trotz Verbot und Verfolgung durch die Regierung wurde die SPD schnell stärkste Partei in Deutschland. Strittig blieb in der SPD jedoch bis ins 20. Jahrhundert die Frage, wie die Ziele des Parteiprogramms erreicht werden sollten. War es möglich, eine sozialistische Gesellschaft auf friedlichem Weg und durch Reformen durchzusetzen, oder konnte dies nur durch einen revolutionären Umsturz gelingen?

2 *Bildet Arbeitsgruppen und sammelt mithilfe von Lexikon und Internet z. B. Informationen zu Ferdinand Lasalle, August Bebel und der SPD im Kaiserreich (Tipp: www.dhm.de/lemo/html/kaiserreich/innenpolitik/spd2/index.html).*

Zum Weiterlesen: Ein schlimmer Verdacht

Basel um 1850. Lisa, ein 16-jähriges Mädchen, ist neu in der Stadt. Als Arbeiterin in einer Seidenbandfabrik lernt sie die ausweglose Lage vieler Arbeiterinnen kennen: geringe Löhne, harte Fabrikordnungen, Heiratsbeschränkungen und Gesetzesdruck. Elsa, eine ihrer Kolleginnen, gerät in einen schlimmen Verdacht.

In der engen, verrußten Küche herrschte gespannte Stille. Frau Grabers Kostgängerinnen hatten sich wie jeden Abend auf die schmalen Holzbänke gezwängt. Die Frauen hielten ihre Köpfe tief über die weißen oder geblümten Teller gebeugt. Schweigsam löffelten sie ihre wässrige Kartoffelsuppe. Keine sagte ein einziges Wort. Nur das Klappern der Teller und Bestecke war zu hören. Lisa rührte lustlos in der gelblichen Brühe. Obwohl sie den ganzen Tag kaum etwas gegessen hatte, brachte sie keinen Bissen hinunter. Ihre Kehle war wie zugeschnürt. Trotz der körperlichen Nähe der anderen Frauen fühlte sie sich vollkommen allein. Beklommen schielte sie über ihren Teller hinweg zu Bettina und Anna. Auch sie schwiegen. Gedankenverloren bissen sie in das harte, dunkle Brot.

Kurz zuvor war es unter den Frauen zu einem heftigen Streit gekommen. Es ging um Elsa. Schon während des ganzen Tages war hinter vorgehaltener Hand über Elsa geflüstert worden. Die unglaublichsten Vermutungen hatten kursiert: Elsa habe ihr Kind zuerst mit ihren eigenen Händen erwürgt und erst dann in den Abtritt geworfen; oder sie habe mit wildem Lachen und den Worten „Ich hasse dich, du Wurm!" das kleine, hilflose Wesen in der Waschschüssel ertränkt. Und plötzlich wollten es viele schon immer

gewusst haben: In Elsas scheuem Blick lag etwas Unehrliches. Was hatte sie sonst zu verbergen? Immer fassungsloser hatte Lisa Bruchstücke dieser blutrünstigen Geschichte aufgeschnappt. Innerhalb eines Nachmittags war Elsa in den Erzählungen der Fabrikarbeiterinnen zu einer skrupellosen und gemeingefährlichen Person geworden. Diese Elsa besaß keine Ähnlichkeit mehr mit der unauffälligen Zettlerin[1] von früher. Und dennoch – hatten diese Schauergeschichten nicht einen wahren Kern? Wie wäre es sonst zu erklären, dass sie ihr Kind getötet hatte? Gab es ein schlimmeres Verbrechen? …

Plötzlich platzte Frau Graber in die Küche, den nassen Scheuerlappen in den Händen.
„Besuch für Lisa", sagte sie und deutete kurz mit dem Kopf auf den Flur. Lisa schrak hoch. Wer mochte das sein? …

Wie es mit Lisa weitergeht, könnt ihr nachlesen in dem Buch von Karin Grütter und Annemarie Ryter: Stärker, als ihr denkt. Ein Kapitel verschwiegener Geschichte. Carlsen Verlag, Hamburg 2000.

1 Eine Zettlerin verknüpft Seidenfäden.

Frauen kämpfen um ihre Rechte

1 Bei einer Arbeiterinnenversammlung treffen sich sozialdemokratische Frauen, um ihre Interessen zu diskutieren. Holzstich von Carl Koch. Leipziger „Illustrierte Zeitung", 1890.

Clara Zetkin wurde 1857 in Wiederau bei Rochlitz geboren. Seit ihrer Ausbildung am Lehrerinneninstitut in Leipzig betätigte sie sich in der sozialistischen Bewegung. Sie leitete die Frauenzeitschrift „Die Gleichheit" und zählte zu den Führungsfiguren der proletarischen Frauenbewegung.

„Frau und Arbeiter haben gemein, Unterdrückte zu sein"

Mit diesem Satz begann August Bebel sein Buch „Die Frau und der Sozialismus", das 1879 veröffentlicht wurde. Bebel forderte darin die Frauen auf, die Gleichberechtigung im Berufsleben und in der Politik „Hand in Hand mit der proletarischen Männerwelt" durchzusetzen. Arbeiterinnen und Arbeiterfrauen sollten sich deshalb der Sozialdemokratie anschließen. Tatsächlich setzte sich die SPD als einzige Partei für das Frauenwahlrecht ein. Viele Frauen folgten daher dem Aufruf Bebels, wurden aber zunächst enttäuscht.

So schrieb die Fabrikarbeiterin Adelheid Popp (1869–1939), die der Partei 1885 beitrat:

Q1 … Nie hörte oder las ich von Frauen in Versammlungen und auch alle Aufforderungen meiner Parteizeitung waren immer nur an die Arbeiter, an die Männer gerichtet … Auch wurde in den Versammlungen nur für Männer gesprochen. Keiner der Redner wendete sich auch an die Frauen. Es schien alles nur Männerleid und Männerelend zu sein …

Die sozialdemokratische Frauenbewegung engagierte sich für die Interessen der Arbeiterinnen, indem sie neben dem Frauenwahlrecht auch kürzere Arbeitszeiten und gleiche Löhne für Männer und Frauen forderte. Seit Mitte der 1890er-Jahre nahmen die Frauen verstärkt an Arbeitskämpfen teil. In Berlin gab

es den ersten großen Arbeitskampf im Februar 1896. Etwa 20 000 Beschäftigte der Konfektionsindustrie, unter ihnen eine große Anzahl von Frauen, streikten für höhere Löhne und für die Anerkennung von Lohntarifen. Der Streik griff auch auf andere Städte über – nach Cottbus, Dresden, Erfurt, Halle und Stettin. Die Arbeiter und Arbeiterinnen erreichten in Berlin eine Lohnerhöhung bis zu 30 Prozent und die proletarische Frauenbewegung erlebte dadurch einen gewaltigen Aufschwung.

1 *Spielt ein Streitgespräch zwischen einem Arbeiter und einer Arbeiterin über die Forderung nach gleichem Lohn für Männer und Frauen.*

Dürfen Mädchen auf eine weiterführende Schule?

Andere Ziele hatte der bürgerliche „Allgemeine Deutsche Frauenverein", der 1865 in Leipzig gegründet worden war. Seine zentralen Forderungen waren das Recht auf Arbeit und die Erweiterung der Erwerbstätigkeit für Frauen.

Eine Frau, die aus einem begüterten Elternhaus kam, schrieb im Jahr 1863:

Q2 … Während man es für einen jungen Mann als eine Sache der Ehre ansieht, sich sein Brot zu erwerben, betrachtet man es als eine Art von Schande, die Töchter ein Gleiches tun zu lassen. Nimmt eine Kaufmannstochter, eine Professorentochter eine Stelle als Lehrerin, als

Bürgerliche und proletarische Frauenbewegung

2   Auszug aus dem preußischen Vereinsgesetz
von 1851. Leipziger „Illustrierte Zeitung", 1890.

3   Aufruf zum 4. Internationalen Frauentag, 1914.
Der Berliner Polizeipräsident hielt die Schlagzeile für
eine Beleidigung der Obrigkeit und verbot die Plaka-
tierung.

Gesellschafterin oder als Kindergärtnerin an,
so wird dieses Ereignis irgendwie beschönigt.
Es heißt, sie haben eine so große Vorliebe für
den Verkehr mit Kindern …

2   *Listet mithilfe von Q2 die Berufe auf, in denen bürgerliche Frauen arbeiten konnten.*

Während die Frauen aus proletarischen Familien gezwungen waren, für den kargen
Lebensunterhalt der Familie mitzuarbeiten,
durften Frauen aus bürgerlichen Verhältnissen ohne die Zustimmung ihrer Ehemänner
keinem Gewerbe nachgehen. Bis zum Ende
des 19. Jahrhunderts war es Mädchen und
Frauen verboten, eine weiterführende Schule
zu besuchen oder zu studieren.
Viele Männer und Frauen teilten die Meinung,
die Max Planck, Direktor eines Universitäts-
instituts in Berlin, um 1900 äußerte:
Q3   … Man kann doch nicht stark genug betonen, dass die Natur selbst der Frau ihren Beruf als Mutter und Hausfrau vorgeschrieben
hat und Naturgesetze unter keinen Umstän-
den ohne schwere Schädigungen umgangen
werden können …

3   *Bewertet die Argumente Plancks zur Ablehnung des Frauenstudiums (Q3). Was könntet
ihr ihm entgegnen?*

Erfolge der Frauenbewegung

Die Möglichkeiten der Frauenbewegung, ihre
Forderungen durchzusetzen, wurden durch
die preußische Regierung stark eingeschränkt.
Das Vereinsgesetz von 1850 (siehe Abbildung 2) untersagte es den Frauen, sich in den
Vereinen mit Politik zu beschäftigen. Doch die
Frauen gründeten die von der Polizei verbote-
nen Vereine immer wieder neu. Allein der bürgerliche „Bund deutscher Frauenvereine"
zählte um 1900 über 70 000 Mitglieder. Als
das preußische Vereinsgesetz 1908 aufgehoben wurde, durften Frauen sich zwar versammeln und Mitglied in einer Partei oder Gewerkschaft werden. Das Frauenwahlrecht
wurde aber erst im Jahr 1918 eingeführt.

4   *Überlegt, wie die Frauen die Vereinsgesetze
umgehen konnten.*
5   *Stellt die Unterschiede zwischen proleta-
rischer und bürgerlicher Frauenbewegung gegenüber und benennt Ursachen für die Unterschiede.*

*Nirgendwo erreichte
die Frauenbewegung
ein vergleichbar
großes Ausmaß wie
in England. „Suffra-
getten" nannte man
hier die Frauen, die
in England für das
Frauenwahlrecht
kämpften. Einige von
ihnen bewiesen
große Unerschro-
ckenheit. Sie ließen
sich an Palastgitter
fesseln (siehe oben)
oder traten in den
Hungerstreik.* **Emily
Davidson** *opferte der
Sache der Frauen ihr
Leben und warf sich
vor das Pferd des Kö-
nigs.*

Ein Generalstreik wird zum „Tag der Arbeit"

1 Titelblatt aus der Maifestnummer einer Zeitschrift, 1894.

2 „Auf, zum Feste All' herbei, Feiern wir den ersten Mai!". „Der wahre Jakob" (Satirische Zeitschrift), 25. April 1899.

1. Mai 1890:
Erste Maimanifestationen der Arbeiterbewegung.

Der 1. Mai

1889 als einmaliger internationaler Kampftag für den Achtstundentag geplant, entwickelte sich der 1. Mai zum „Tag der Arbeit" und zum traditionellen Festtag der Arbeiter in aller Welt. So fanden am 1. Mai 1890 die ersten Maimanifestationen der Arbeiterbewegung in Argentinien, in den USA und in 18 europäischen Ländern statt. Allein in London demonstrierten etwa 300 000 Menschen und auch in Deutschland folgten Zehntausende von Arbeitern dem Aufruf zu den Kundgebungen. Da Festumzüge von der Polizei genehmigt werden mussten, was nur selten vorkam, verabredeten sich Arbeiter und Arbeiterinnen zu einem gemeinsamen „Ausflug ins Grüne".

Ottilie Bader (1847–1925), Fabrikarbeiterin, berichtete von der ersten Maifeier:

Q1 … Es war am Donnerstag, dem 1. Mai 1890. Man sah bereits in den frühen Vormittagsstunden sonntäglich gekleidete Gruppen von Arbeiterfamilien hinausziehen ins Freie. Wie war das nur möglich? An einem Arbeitstage wagten die Proletarierscharen nicht zu arbeiten, dem Unternehmer damit den Profit zu kürzen? Sie wagten zu feiern an einem Tage, der nicht von Staat oder Kirche als Feiertag festgelegt war? Es war (in Paris) vereinbart worden, dass in allen Ländern an die Regierungen Forderungen zum Schutz der Arbeiter gestellt und mit Nachdruck vertreten werden müssen. Die Arbeitszeit sollte verkürzt, Kinderarbeit verboten werden und anderes mehr. Dann erst würde der Arbeiter sich seiner Familie widmen können und dann endlich einmal auch Zeit finden, an seiner geistigen Fortbildung zu arbeiten …

Bis nach dem Ersten Weltkrieg galt die Arbeitsruhe am 1. Mai meist als Streik. Später wurde der Tag der Arbeit zum Feiertag erklärt.

1 *Diskutiert über die Ansicht Ottilie Baders (Q1) zum Mai-Feiertag.*

2 *Sammelt Informationen (Plakate, Berichte, Informationsmaterial der Gewerkschaften), wie heute der 1. Mai begangen wird.*

3 *Fragt eure Eltern und Großeltern, wie der 1. Mai in der DDR gefeiert wurde.*

4 *Gestaltet zum Thema „1. Mai – Tag der Arbeit in Geschichte und Gegenwart" eine Wandzeitung.*

Zusammenfassung

Technische Neuerungen

Die Industrialisierung begann im 18. Jahrhundert in England. Technische Erfindungen wie z. B. Spinnmaschinen führten zu einem radikalen Wandel in der Textilindustrie: Wenige Menschen konnten mithilfe der neuen Maschinen jetzt schnell, preiswert und in großen Mengen Waren produzieren. Durch die Erfindung der Dampfmaschine und der Lokomotiven konnten die Waren in kurzer Zeit überallhin befördert werden. Die erste deutsche Eisenbahn fuhr 1835 von Nürnberg nach Fürth. Unter Führung Preußens hatten sich die deutschen Kleinstaaten schon ein Jahr zuvor zum Deutschen Zollverein zusammengeschlossen, d. h. es gab innerhalb des Deutschen Zollvereins keine Grenzen mehr, die den Warenverkehr behinderten.

Soziale Folgen der Industrialisierung

Mit der fortschreitenden Industrialisierung verlor die alte ständische Ordnung immer mehr an Bedeutung. An die Stelle des „Geburtsadels" trat der „Geldadel". Dazu gehörten vor allem die Unternehmer, die in ihren Fabriken oft mehrere Tausend Menschen beschäftigten. Eine angesehene Stellung in der Gesellschaft besaßen auch die Angestellten, also Ingenieure, Buchhalter usw. Für die Arbeiterinnen und Arbeiter wurde die Bezeichnung „Proletarier" gebräuchlich. Ihre Arbeits- und Lebensbedingungen waren äußerst schlecht: Verelendung aufgrund niedriger Löhne und hoher Arbeitslosigkeit, unzumutbare Arbeitsbedingungen und menschenunwürdige Wohnverhältnisse zählten zu den ungelösten sozialen Problemen der Arbeiter.

Lösungsversuche der sozialen Frage

Angesichts des Elends, in dem Arbeiterfamilien leben mussten, fühlten sich die Kirchen und verantwortungsbewusste Unternehmer aufgerufen, Verbesserungen anzustreben. Mit der Durchführung von Streiks, der Gründung von Gewerkschaften und schließlich von Arbeiterparteien durch Lassalle sowie Bebel und Liebknecht konnten die Arbeiterinnen und Arbeiter ihre Situation schrittweise verbessern und auch das Wahlrecht erkämpfen. Frauenbewegungen, die für die Gleichstellung der Geschlechter kämpften, mussten sich mit vielen Widerständen auseinandersetzen. Das Frauenwahlrecht wurde erst 1918 in Deutschland eingeführt.

18. Jahrhundert

England wird zum Mutterland der Industriellen Revolution.

Um 1840

Beginn der Industrialisierung in Mitteleuropa und Deutschland.

Seit 1850

Die Landflucht lässt in den wachsenden Industriestädten Elendsquartiere entstehen.

1875

Gründung der Sozialdemokratischen Partei in Gotha.

Arbeitsbegriffe

- ✓ Deutscher Bund
- ✓ Bevölkerungswachstum
- ✓ Landflucht
- ✓ Erfindungen
- ✓ Bürgertum
- ✓ Unternehmen
- ✓ Mietskasernen
- ✓ Arbeitervereine
- ✓ Gewerkschaften
- ✓ Kinderarbeit
- ✓ Sozialgesetze
- ✓ kirchliche und private Initiativen
- ✓ Frauenbewegung

Was wisst ihr noch?

1 Wo begann die industrielle Revolution?

2 Warum spricht man von einer „Revolution"?

3 Welche Voraussetzungen machten die Industrialisierung möglich?

4 Zählt Erfindungen auf, die im 18. und 19. Jahrhundert gemacht wurden.

5 Warum war die Gründung des Deutschen Zollvereins 1833/34 so wichtig für die Industrialisierung Deutschlands?

6 Welche Arbeits- und Wohnbedingungen trafen die Menschen an, die im 19. Jahrhundert vom Land in die Städte zogen?

7 Wie versuchten die Kirche, einzelne Unternehmer und der Staat, die soziale Lage der Arbeiter zu verbessern?

Tipps zum Weiterlesen

Charles Dickens: David Copperfield.
　　Ueberreuter, Wien 2002

Els Pelgrom: Umsonst geht nur die Sonne auf.
　　dtv, München 1992

Michel Pierre: Die Industrialisierung.
　　Union, Stuttgart 1995

Ulrich Schefold: Die Welt der Eisenbahn.
　　Südwest, München 1989

1 Erstellt eine Mind-Map zur industriellen Revolution.

Voraussetzungen

Erfindungen und Entdeckungen

Industrielle Revolution

Ergebnisse

Folgen

2 Formuliert einen Lexikonartikel zur industriellen Revolution.

3 Friedrich List – ein Wirtschaftswissenschaftler: Inwiefern kann er als Motor der industriellen Revolution in Deutschland gelten?

4 Schreibt den folgenden Text in euer Heft ab und ergänzt die Lücken mit den folgenden Wörtern:

✎ = Angestellten – Berufsausbildung – bezahlten Urlaub – Buchhaltern – Frauen – Handwerk – Industrie – Ingenieure – Kassierern – kürzere Arbeitszeiten – Land – niedrige – Schreibern – Tagelöhner – Unternehmer – Werkmeister – Wirtschaftsbürgertum – Zeichner

In der neu entstandenen ✎-gesellschaft entwickelte sich eine neue gesellschaftliche Schicht: das ✎. Die ✎ gaben in den Fabriken den Ton an. Viele Menschen zogen vom ✎ in die Stadt, um Arbeit zu finden. Einige hatten ein ✎ oder einen Beruf gelernt, viele besaßen aber keine ✎. Sie hatten vorher als ✎ in der Landwirtschaft gearbeitet. Im Textilgewerbe arbeiteten meist ✎, die besonders ✎ Löhne erhielten.
In jeder Fabrik musste auch Verwaltungsarbeit geleistet werden, die von ✎, ✎ und ✎ erledigt wurde. In der Produktion wurden ✎, ✎ und ✎ beschäftigt. Hier entstand eine neue Gruppe von Beschäftigten, die ✎. Sie genossen zahlreiche Vergünstigungen, z. B. ✎ und ✎.

7. Kaiserreich und Erster Weltkrieg

1871

1888–1918

BEGINN EUROPÄISCHER
KOLONIALPOLITIK

GRÜNDUNG DES
DEUTSCHEN REICHES

WILHELM II.

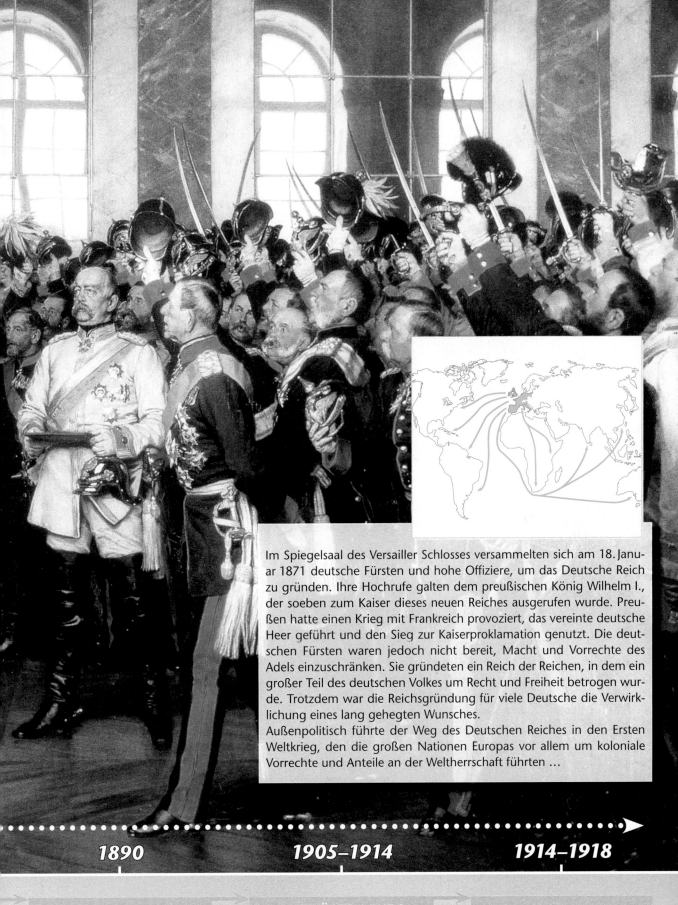

Im Spiegelsaal des Versailler Schlosses versammelten sich am 18. Januar 1871 deutsche Fürsten und hohe Offiziere, um das Deutsche Reich zu gründen. Ihre Hochrufe galten dem preußischen König Wilhelm I., der soeben zum Kaiser dieses neuen Reiches ausgerufen wurde. Preußen hatte einen Krieg mit Frankreich provoziert, das vereinte deutsche Heer geführt und den Sieg zur Kaiserproklamation genutzt. Die deutschen Fürsten waren jedoch nicht bereit, Macht und Vorrechte des Adels einzuschränken. Sie gründeten ein Reich der Reichen, in dem ein großer Teil des deutschen Volkes um Recht und Freiheit betrogen wurde. Trotzdem war die Reichsgründung für viele Deutsche die Verwirklichung eines lang gehegten Wunsches.

Außenpolitisch führte der Weg des Deutschen Reiches in den Ersten Weltkrieg, den die großen Nationen Europas vor allem um koloniale Vorrechte und Anteile an der Weltherrschaft führten …

1890

1905–1914

1914–1918

ENTLASSUNG BISMARCKS

WETTRÜSTEN EUROPÄISCHER MÄCHTE

ERSTER WELTKRIEG

Kaiserreich und nationale Idee

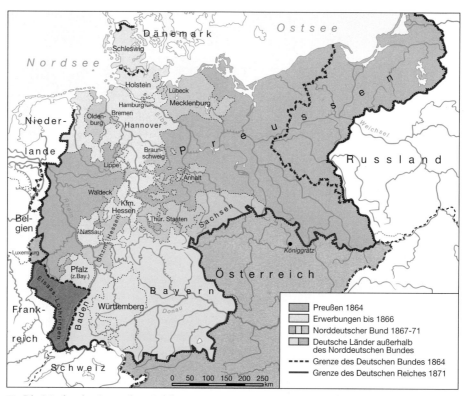

1 **Die Länder des Deutschen Reiches.**

Legende:
- Preußen 1864
- Erwerbungen bis 1866
- Norddeutscher Bund 1867-71
- Deutsche Länder außerhalb des Norddeutschen Bundes
- Grenze des Deutschen Bundes 1864
- Grenze des Deutschen Reiches 1871

0 50 100 150 200 250 km

1866:
Niederlage Österreichs gegen Preußen in der Schlacht bei Königgrätz.

Preußen und Österreich kämpfen um die Vorherrschaft

Im Jahre 1815 hatten sich 35 Fürstentümer und vier freie Reichsstädte zum „Deutschen Bund" zusammengeschlossen. In diesem Bund waren zwei große Einzelstaaten vertreten: Preußen und Österreich. Beide Staaten versuchten seitdem ständig die alleinige Vorherrschaft im Deutschen Bund zu erreichen. Besonders Preußen drängte darauf, die Machtfrage endgültig zu entscheiden. Preußen war dabei vor allem daran interessiert, sich die Staaten in Norddeutschland einzuverleiben, die noch zu Österreich und Dänemark gehörten, um so ein zusammenhängendes Staatsgebiet zu erhalten.

Der Mann, der diese Bestrebungen besonders förderte, war der preußische Ministerpräsident Otto von Bismarck. Er war 1863 von König Wilhelm I. (1797–1888) zum preußischen Ministerpräsidenten ernannt worden. Ein Jahr zuvor hatte er als Abgeordneter in einer Rede vor dem Parlament gesagt:

Q1 … Preußens Grenzen … sind für ein gesundes Staatsleben nicht günstig. Nicht durch Reden und Mehrheitsbeschlüsse werden die großen Fragen der Zeit entschieden – das ist der große Fehler von 1848 und 1849 –, sondern durch Eisen und Blut. …

Durch immer neue Forderungen brachte Bismarck Österreich dazu, im Jahre 1866 Preußen den Krieg zu erklären. Schon nach wenigen Wochen wurden die österreichischen Truppen in der Schlacht von Königgrätz vernichtend geschlagen. Österreich schied aus dem Deutschen Bund aus.

1 *Wie würdet ihr Bismarck nach dieser Rede (Q1) charakterisieren? Sammelt entsprechende Adjektive wie z. B. zielstrebig oder kaltblütig. – Begründet eure Entscheidung.*

2 *Beschreibt Bismarcks Einstellung zum Parlament und zur Revolution von 1848/49.*

3 *Seht euch die Abbildung 1 an. Welche Vorteile brachte die Gebietserweiterung für Preußen?*

Gründung des Deutschen Reiches

2 **Karikatur auf Preußens Annexionen und die Gründung des Norddeutschen Bundes.**

3 **Otto von Bismarck (1815–1898), preußischer Ministerpräsident.** Gemälde, um 1870.

Otto v. Bismarck, geb. am 1. April 1815 in Schönhausen bei Magdeburg, gest. am 30. 7. 1898 in Friedrichsruh bei Hamburg. Bismarck war Angehöriger einer der ältesten Familien des preußischen Landadels und in der Revolution von 1848 ein entschiedener Gegner der demokratischen Bewegung. Seit 1862 preußischer Ministerpräsident, seit 1871 Reichskanzler des Deutschen Reiches. Er prägte bis zu seiner Entlassung als Reichskanzler, 1890, die Innen- und Außenpolitik des Deutschen Kaiserreichs.

Preußen wird Führungsmacht

Bismarck hatte durch den Sieg bei Königgrätz den Machtkampf mit Österreich zugunsten Preußens entschieden.

Während der preußische König Wilhelm I. die vollständige Niederwerfung Österreichs wünschte, drängte Bismarck auf einen maßvollen Frieden:

Q2 … Österreich darf nicht gedemütigt werden. Man muss für die Zukunft seine Freundschaft gewinnen, sonst wird es der Bundesgenosse Frankreichs … Wir wollen nicht Richter über Österreich spielen …, sondern die Anbahnung der deutschen Einheit unter dem König von Preußen ins Auge fassen. …

Die „Anbahnung der deutschen Einheit" begann nur ein Jahr später mit der Gründung des „Norddeutschen Bundes"; ihm gehörten alle Staaten nördlich des Mains an. An der Spitze des Bundes stand der preußische König, dem alle Truppen unterstellt wurden. Bundeskanzler wurde Bismarck. Sein Ziel war es, auch die vier süddeutschen Staaten, nämlich Bayern, Baden, Württemberg und Hessen in den Bund einzugliedern. Dagegen allerdings wehrte sich Frankreich ganz entschie-

den. Ein Deutsches Reich unter der Führung Preußens schien ihm eine zu große Gefahr zu sein. Bismarck schloss daher mit den süddeutschen Staaten zunächst nur geheime „Schutz- und Trutzbündnisse"; die süddeutschen Staaten verpflichteten sich darin, im Kriegsfall ihre Truppen dem Oberbefehl des preußischen Königs zu unterstellen. Die vollständige Einheit Deutschlands schien nur noch eine Frage der Zeit zu sein.

Voller Bewunderung schrieb ein Professor, der zunächst für die Machtpolitik Bismarcks nur Verachtung gezeigt hatte:

Q3 … Ich beuge mich vor dem Genie eines Bismarck … Was uns Uneingeweihten als Übermut erschien, es hat sich hinterher herausgestellt als unerlässliches Mittel zum Ziel (der deutschen Einheit). Ich gebe für einen solchen Mann der Tat 100 Männer … der machtlosen Ehrlichkeit. …

4 *Wie begründet der Professor in Q3 seinen Sinneswandel? Sprecht über den Satz: „In der Politik heiligt der Erfolg die Mittel."*
5 *Vergleicht die Einschätzung der Außenpolitik Bismarcks in Q2 mit der Aussage der Karikatur (Abbildung 2).*

1867:
Gründung des Norddeutschen Bundes unter Führung Preußens.

189

Durch Krieg zum deutschen Nationalstaat

1 „Unsere Fahne – trotz alledem." Straßenszene in Straßburg von 1871. Gemälde von A. Lemercie.

1870/71:
*Deutsch-Franzö-
sischer Krieg.*

Ein „notwendiger Krieg" mit Frankreich?

Die Spannungen zwischen Preußen und dem um seine Sicherheit besorgten Frankreich nahmen immer mehr zu.

Im Jahr 1868 meinte Bismarck in einem Gespräch:

Q1 … Ich sehe einen baldigen Krieg mit Frankreich als eine unabweisliche Notwendigkeit an … Mit Rücksicht auf die süddeutschen Staaten liegt es in unserem Interesse, nicht den Anlass zu einem Krieg zu geben. Aufgrund der mit ihnen geschlossenen Schutzverträge können wir mit voller Bestimmtheit auf ihre Hilfe rechnen, wenn der Krieg von Frankreich erklärt wird. …

Zum äußeren Anlass für den Krieg wurde die Frage nach der Thronfolge in Spanien. Prinz Leopold von Hohenzollern-Sigmaringen, ein Verwandter des preußischen Königs, bewarb sich um die spanische Königskrone. Bismarck unterstützte diese Bewerbung. Frankreich aber protestierte mit Nachdruck gegen diese „Einkreisung" durch die Hohenzollern. Prinz Leopold verzichtete daraufhin sofort auf seine Kandidatur. Das aber genügte der französischen Regierung nicht. In einem Schreiben an Wilhelm I. forderte sie einen Verzicht auf den spanischen Thron für alle Zeiten.

Wilhelm I. wies diese Forderung entschieden zurück. Am 19. Juli 1870 erklärte Frankreich daraufhin den Krieg. Die süddeutschen Staaten schlossen sich sofort dem Norddeutschen Bund an, eine Welle der Kriegsbegeisterung erfasste ganz Deutschland.

Wenige Wochen später musste die französische Armee am 2. September 1870 bei Sedan kapitulieren. Mit fast 100 000 Soldaten geriet auch der französische Kaiser Napoleon III. in Gefangenschaft, doch der Krieg ging weiter. Erst im Januar 1871 kapitulierte Frankreich. Im Friedensvertrag wurde es zu einer hohen Entschädigungssumme verpflichtet; außerdem musste es das Elsass und Teile Lothringens abtreten. Viele Stimmen, auch Bismarck, warnten mit dem Hinweis, dass mit allzu harten Bedingungen schon der Grundstock zum nächsten Krieg gelegt würde. Doch dieses Mal konnte sich Bismarck gegen die Militärführung nicht durchsetzen. Eine tiefe Feindschaft trennte nun beide Völker.

1 *Gibt es eurer Meinung nach „notwendige" oder gerechtfertigte Kriege? Begründet eure Ansicht.*

2 *Nennt Gefahren, die aus den harten Friedensbedingungen entstehen konnten.*

3 *Erklärt Titel und Motiv von Bild 1.*

4 *Berichtet, was ihr über das deutsch-französische Verhältnis heute wisst.*

Einheit oder Freiheit?

2 Die Kaiserproklamation in Versailles vom Januar 1871. Originalfassung eines später zerstörten Gemäldes von Anton von Werner, 1877. Das Bild auf Seite 186/187 zeigt eine spätere Fassung, die der Maler zu Bismarcks 75. Geburtstag anfertigte.

Wilhelm I. wird deutscher Kaiser

Schon während des Krieges mit Frankreich notierte der preußische Kronprinz in sein Tagebuch:

Q2 … Wohl aber drängt die deutsche Geschichte jetzt auf eine baldige Wiederherstellung von Kaiser und Reich durch unser königliches Haus. Dieses Ereignis kann in keinem günstigeren Momente eintreten als in jenem Augenblick, an dem unser König an der Spitze des deutschen Heeres als Sieger über Frankreich auf französischem Boden steht. …

Mit dieser Einschätzung traf der Prinz die Stimmung im deutschen Volk. Viele hofften auf ein einheitliches Deutsches Reich. Bismarck hatte schon während des Krieges Verhandlungen über die Reichsgründung geführt. Dabei musste geklärt werden, welche Rechte der deutsche Kaiser haben sollte und auf welche Rechte die Fürsten verzichten mussten.

Am 18. Januar war es so weit: Der preußische König Wilhelm I. wurde im Spiegelsaal des Schlosses in Versailles zum deutschen Kaiser ausgerufen.

Mit großer Freude wurde die Reichsgründung in Deutschland aufgenommen, obwohl viele Demokraten von der Verfassung enttäuscht waren, in der z. B. die Grundrechte fehlten, die die Verfassung der Frankfurter Nationalversammlung von 1849 enthielt. Große Verbitterung herrschte hingegen in Frankreich über die Ausrufung des Deutschen Reiches in der Residenz der französischen Könige.

5 Beschreibt Bild 2 (Arbeitsschritte S. 260).

6 Beschreibt auch das Bild auf Seite 186/187 (Arbeitsschritte S. 260) und vergleicht die Ergebnisse. Welche Wirkung will der Maler mit diesem Bild erzielen?

7 Überlegt, warum die Ausrufung Wilhelms I. zum deutschen Kaiser in Versailles und z. B. nicht in Berlin vorgenommen wurde.

1871:
Gründung des Deutschen Reiches. Wilhelm I. (1797–1788) wird deutscher Kaiser. Im Volksmund wurde er „Kartätschenprinz" genannt, weil er 1849 als Oberbefehlshaber der preußischen Truppen und im Auftrag seines Bruders – Friedrich Wilhelms IV. – die Revolution blutig niederschlug. „Kartätschen" waren mit klein gehacktem Blei gefüllte, gefährliche Artilleriegeschosse, die die preußischen Truppen gegen die Barrikadenkämpfer einsetzten.

Das Kaiserreich und seine Verfassung

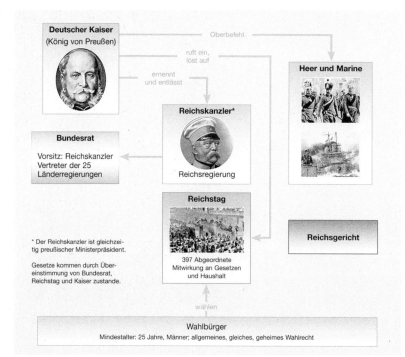

Deutscher Kaiser (König von Preußen)

Oberbefehl

ruft ein, löst auf

ernennt und entlässt

Heer und Marine

Reichskanzler*

Reichsregierung

Bundesrat Vorsitz: Reichskanzler Vertreter der 25 Länderregierungen

Reichstag

Reichsgericht

* Der Reichskanzler ist gleichzeitig preußischer Ministerpräsident.

Gesetze kommen durch Übereinstimmung von Bundesrat, Reichstag und Kaiser zustande.

397 Abgeordnete Mitwirkung an Gesetzen und Haushalt

wählen

Wahlbürger Mindestalter: 25 Jahre, Männer; allgemeines, gleiches, geheimes Wahlrecht

1 Die Reichsverfassung von 1871.

*Die neue **Nationalflagge** bestand aus den Farben Preußens (Schwarz-Weiß) und den Farben der alten Hansestädte (Rot-Weiß).*

Der Kaiser an der Spitze

Die herausragende Stellung von Kaiser und Adel in der Gesellschaft fand sich auch in der Verfassung von 1871 wieder.

Sie begann mit folgenden Worten:

Q1 … Seine Majestät der König von Preußen im Namen des Norddeutschen Bundes, Seine Majestät der König von Bayern, Seine Majestät der König von Württemberg, Seine Königliche Hoheit der Großherzog von Baden und Seine Königliche Hoheit der Großherzog von Hessen … schließen einen ewigen Bund zum Schutze des Bundesgebietes und des innerhalb desselben gültigen Rechtes sowie zur Pflege der Wohlfahrt des deutschen Volkes. Dieser Bund wird den Namen Deutsches Reich führen. …

1 *Lest den Beginn der Verfassung und stellt fest, wer das Deutsche Reich gründete.*
2 *Schaut euch das Verfassungsschema an und stellt fest, wer den Reichskanzler ernennt.*
3 *Erkundigt euch, auf welche Weise heute bei uns der Bundeskanzler bestimmt wird.*
4 *Schreibt aus dem Verfassungsschema die Rechte des Reichstages heraus.*

Eine Verfassung ohne Grundrechte

Im Unterschied zu der Verfassung der Frankfurter Paulskirche von 1849 enthielt die Reichsverfassung keinen Katalog von Grundrechten.

Die oberste Gewalt im Reich ging nicht vom Volk aus, sondern von den Fürsten. Alle Gesetze, die die Abgeordneten des Volkes im Reichstag verabschiedeten, mussten auch von den Vertretern der Fürsten im Bundesrat beschlossen werden.

Das Recht, über Krieg oder Frieden zu entscheiden, lag beim Kaiser. Er war unabhängiger und unkontrollierter Oberbefehlshaber der Armee. Er ernannte den Reichskanzler, der nur von ihm und nicht vom Reichstag abhängig war. Der Reichskanzler hatte damit gegenüber dem Reichstag eine starke Stellung. Er war nicht von den Vertretern des Volkes, sondern nur vom Vertrauen des Kaisers abhängig. Wenn der Reichskanzler das Vertrauen des Kaisers verlor, konnte er sich aber dann auch nicht auf die Abgeordneten des Reichstages stützen.

Ein Parlament ohne Rechte?

2 **Wie der zukünftige Reichstag aussehen wird.**
Karikatur aus dem „Kladderadatsch", 1878.

3 **Bismarck und der Reichstag.**
Karikatur aus Ungarn, 1879.

Der Reichstag und die Parteien

In den Jahren vor und nach der Reichsgründung waren verschiedene Parteien entstanden, wie z. B. die Nationalliberale Partei (1866) und das Zentrum (1870). Alle drei Jahre – ab 1893 alle fünf Jahre – wurden nun Vertreter der Parteien neu in den Reichstag gewählt, um dort die Interessen ihrer Wählerschaft zu vertreten:

– Die Wähler der Nationalliberalen kamen aus dem Bürgertum und der Wirtschaft.
– Die Konservativen wurden meist von den Gutsbesitzern und Offizieren gewählt.
– Das Zentrum vertrat überwiegend die Interessen der Katholiken.
– Hinter den Sozialdemokraten standen hauptsächlich die Arbeiter. Die Partei band immer mehr Wähler an sich. Aber auch 1912, als sie die meisten Abgeordneten stellte, blieb die Partei von der Macht ausgeschlossen.

Der Einfluss des Reichstages auf die Reichsregierung vergrößerte sich im Lauf der Zeit. Immer häufiger bat die Reichsregierung um die Bewilligung neuer Steuern und Ausgaben für die Verwaltung und das Militär. Zunächst unterstützten die Nationalliberalen, später die Konservativen und das Zentrum die Regierung.

5 *Fasst die wesentlichen Inhalte des Schaubildes 4 mit eigenen Worten zusammen.*
6 *Sammelt aus Zeitungen und dem Internet Informationen über die Parteien, die heute im Deutschen Bundestag vertreten sind. Stellt sie in Kurzreferaten der Klasse vor.*

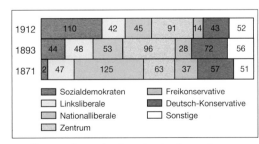

4 **Sitzverteilung der Parteien im Deutschen Reichstag 1871–1912** (Auswahl).

Mehrheitswahlrecht
Durch das allgemeine Mehrheitswahlrecht zum Deutschen Reichstag waren Männer aller Bevölkerungsschichten ab 25 Jahre stimmberechtigt. Frauen hatten kein Wahlrecht. Gewählt wurde nach dem Mehrheitswahlrecht. In jedem einzelnen Wahlkreis galt der Kandidat mit der relativen Mehrheit der abgegebenen Stimmen als gewählt. Im Parlament vertreten waren so nur die Stimmen für die Kandidaten, die in den jeweiligen Wahlkreisen die Mehrheit darstellten. Alle anderen Stimmen verfielen praktisch. Die Einteilung der Wahlkreise, die bis 1918 unverändert blieb, benachteiligte die Arbeiterparteien. 1871 lebten rund 64 Prozent der Menschen auf dem Land, 1913 waren es nur noch 38 Prozent. Die konservativen Parteien mit ihrer ländlichen Anhängerschaft hatten dadurch Vorteile gegenüber den Arbeiterparteien mit vorwiegend städtischer Wählerschaft. Jeder Wahlkreis entsandte nämlich nur einen Abgeordneten in den Reichstag.

1 So könnte es gewesen sein: Bürger einer Kleinstadt erwarten auf ihrem Bahnhof den Besuch des Kaisers. Foto aus dem Spielfilm „Der Stolz der dritten Kompanie" von 1931.

Kaiserkult und Nationalismus

Innerhalb weniger Jahrzehnte war das Deutsche Reich zu einer der führenden Industrienationen aufgestiegen. Mit der Reichsgründung und der Ausrufung des preußischen Königs zum Kaiser im Jahr 1871 war zudem ein lang gehegter Wunsch vieler Deutscher in Erfüllung gegangen. Endlich gab es wieder ein einiges Deutsches Reich, erkämpft durch einen Sieg über Frankreich. Alle Deutschen sollten sich mit diesem Reich identifizieren können. In der Schule, beim Militär und von den Kanzeln herab wurde der Bevölkerung bewusst gemacht, dass dieser Staat mit dem Kaiser an der Spitze für das Wohl aller seiner Untertanen sorge. In vielen Städten und Dörfern wurden Kriegerdenkmäler, Denkmäler von ruhmreichen Feldherren oder Majestäten errichtet, die sich um das Vaterland verdient gemacht hatten. Bei den jährlichen Feiern zum Kaisergeburtstag und zum Andenken an die Schlacht von Sedan ließen die Festredner das Deutschtum hochleben; sie erinnerten an die Größe des Reiches, auf die man stolz zu sein hatte und die es zu verteidigen galt. Viele Menschen teilten diesen Stolz und als gute Patrioten betonten sie ihre Vaterlandsliebe. Auch in zahlreichen Arbeiterwohnungen hingen neben Porträts von Bebel, Marx oder Lassalle auch Porträts des Kaisers oder Bismarcks.

Deutscher Anspruch auf Weltgeltung

Aus diesem Stolz auf das Deutsche Reich entwickelte sich mit der Zeit ein Überlegenheitsgefühl. Hatten nicht deutsche Truppen den Gegner vernichtend geschlagen? Hatte nicht Gott selber dem deutschen Volk geholfen (vgl. Abb. 4)? War die deutsche Nation dadurch nicht hervorgehoben vor allen anderen Völkern? Mit diesem wachsenden Überlegenheitsgefühl verbunden war eine wachsende Feindschaft gegen alle, die man als Gegner

2 Zeitschriftenreklame aus dem Jahr 1889.

Deutschland über alles?

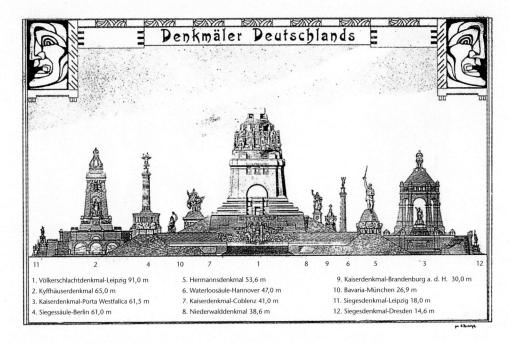

3 **Denkmäler Deutschlands.** Postkarte, um 1900.

1. Völkerschlachtdenkmal-Leipzig 91,0 m
2. Kyffhäuserdenkmal 65,0 m
3. Kaiserdenkmal-Porta Westfalica 61,5 m
4. Siegessäule-Berlin 61,0 m
5. Hermannsdenkmal 53,6 m
6. Waterloosäule-Hannover 47,0 m
7. Kaiserdenkmal-Coblenz 41,0 m
8. Niederwalddenkmal 38,6 m
9. Kaiserdenkmal-Brandenburg a. d. H. 30,0 m
10. Bavaria-München 26,9 m
11. Siegesdenkmal-Leipzig 18,0 m
12. Siegesdenkmal-Dresden 14,6 m

*Die **Siegessäule auf dem Königsplatz in Berlin** wurde 1873 zur Erinnerung an die Siege von 1864, 1866 und 1870 errichtet.*
Neben allem nationalen Hochgefühl gab es zuweilen aber auch ein bisschen Selbstironie: Die goldene Viktoria-Statue auf der Spitze der Säule wurde von den Berlinern von Beginn an flapsig als „Gold-Else" bezeichnet.

dieses Staates ansah. Als Feinde galten jetzt die Sozialdemokraten. Feinde waren auch alle „Nicht-Deutschen", die im Reich lebten, wie Polen und Juden. Und Feinde waren natürlich auch die „neidischen" Nachbarvölker, insbesondere Frankreich, das angeblich nur auf Rache sann. Germania, Sinnbild für das Deutsche Reich, wurde daher jetzt nur noch mit erhobenem Schwert dargestellt. In dieser Gesinnung sang man jetzt auch das Deutschland-Lied und dessen erste Zeilen: „Deutschland, Deutschland über alles, über alles in der Welt". Das Lied war ursprünglich ein Bekenntnis zur deutschen Einheit; jetzt aber wollten viele Deutsche damit zum Ausdruck bringen, dass dem Deutschen Reich die Weltherrschaft zustehe. Solch übersteigerte nationale Gesinnung fand sich auch in anderen europäischen Staaten. Die Gefahr einer kriegerischen Auseinandersetzung trat immer offener zutage.

1 *Informiert euch über die in Abbildung 3 genannten Denkmäler.*
– *Findet heraus, welchen Ereignisses oder welcher Person hier gedacht wird.*
– *Stellt fest, warum diese Denkmäler errichtet wurden (zur Mahnung, als Aufforderung zur Nachahmung, zur Verherrlichung usw.).*
2 *Sprecht über eure Einstellung zum Staat und auch über die Gefahren eines Nationalismus.*

4 **Fahne mit dem Bild der Germania aus der Zeit der Reichsgründung.** Der Text der Aufschrift lautet: „Gott war mit uns – ihm sei die Ehre."

Der Soldat – der schönste Mann im ganzen Staat?

Der Soldat ist der schönste Mann im ganzen Staat.

1 **Der Soldat ist der schönste Mann im ganzen Staat.** Postkarte, um 1900.

Schule im Kaiser-reich. Karikatur von Th. Heine. 1910.

Der „höhere Mensch" in Uniform

Der Kaiser, der Adel und hohe Militärs waren das Vorbild für das Bürgertum. Für die Adligen hingegen waren selbst erfolgreiche Fabrikanten, berühmte Wissenschaftler oder angesehene Künstler nur Menschen zweiter Klasse, mit denen man nichts zu tun haben wollte. Fast alle wichtigen Ämter in der Verwaltung und vor allem beim Militär wurden mit Adligen besetzt. In den Lebenserinnerungen eines Arztes heißt es über das Ansehen der Offiziere:

Q1 … Der Offizier bildete ganz unbestritten den ersten Stand … Ich glaube nicht, dass sich die heutige Generation noch einen Begriff von der damals fast überall herrschenden Militärfrömmigkeit machen kann. Der Uniform kam jeder entgegen, macht jeder Platz, es war nahezu undenkbar, dass ein Leutnant sich bei irgendeinem Mädchen einen Korb holen konnte. „Mein Gott, wie kann man nur einen Leutnant töten", rief ein junges Mädchen, als es hörte, dass ein solcher im Krieg gefallen war. …

Die Armee sollte nach dem Willen des Kaisers eine Schule der Nation sein und den Wehr-pflichtigen neben militärischen Fertigkeiten vor allem Kaisertreue, Patriotismus, Disziplin und Gehorsam vermitteln. Wie das Militär, so traten auch die Beamten, vor allem wenn sie eine Uniform trugen, den Zivilisten gegenüber hochmütig und überheblich auf. Schutzleute z. B. wollten nicht „Freund und Helfer" sein, sondern Respektspersonen, denen man sich sofort unterordnete.

Schulen als Kasernen?

Orden und Uniformen prägten das Straßenbild im Kaiserreich und Unterordnung wurde schon den Kindern in der Schule beigebracht. Der Schriftsteller Erich Kästner schrieb:

M1 … In jener Zeit sahen alle Schulen düster aus, dunkelrot oder schwärzlich-grau, steif und unheimlich. Wahrscheinlich waren sie von denselben Baumeistern gebaut worden, die auch die Kasernen gebaut hatten. Die Schulen sahen aus wie Kinderkasernen. Warum den Baumeistern keine fröhlicheren Schulen eingefallen waren, weiß ich nicht. Vielleicht sollten uns die Fassaden, Treppen und Korridore denselben Respekt einflößen wie der Rohrstock auf dem Katheder. Man wollte wohl schon die Kinder durch Furcht zu

Der Soldat – der schönste Mann im ganzen Staat?

2   **Schule im Kaiserreich. Das Holzschulschiff Iltis im Berliner Grunewald.** Spielattrappen wie diese waren den Originalen der Marine nachgebildet und sollten die Begeisterung für die deutsche Marine ebenso steigern wie die damals beliebten Matrosenanzüge und -kleider für Kinder. Foto, 1910.

folgsamen Staatsbürgern erziehen. Durch Furcht und Angst, und das war freilich ganz verkehrt. …

Befehl und Gehorsam galten auch im Privatleben als hohe Tugenden.
So heißt es in einer heutigen Darstellung über die bürgerliche Familie im Kaiserreich:
M2 … In der „guten alten Zeit" ist … der Vater noch fast überall der Mittelpunkt, die Frau in erster Linie Hausfrau und Mutter, die sich, wie die Kinder, diesem Mann unterordnete, wie sie es vor dem Traualtar geschworen hat, die ihn umsorgt, ihm alle Wünsche von den Augen abliest, „nur für ihn da ist". … Die Erziehung der Kinder war streng und autoritär. Den Anweisungen und Wünschen des Vaters müssen alle widerspruchslos Folge leisten. Zweifel an dieser Familienordnung gibt es kaum. Wie im Staat der Kaiser, so ist in der Familie der Vater das unbestrittene Oberhaupt. …

1   *Beschreibt mithilfe der Abbildungen 1–3 die Bedeutung des Militärs im Kaiserreich. Vergleicht mit der heutigen Bedeutung des Militärs in Deutschland.*

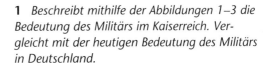

3   **Erinnerungsbild an die Militärdienstzeit.** 1905.

Gendarmen und Schutzmänner waren häufig ehemalige gediente Unteroffiziere. Sie fühlten sich als das strenge Auge des Gesetzes, verlangten Respekt und behandelten oft jeden wie einen Rekruten auf dem Kasernenhof.

Berlin wird Reichshauptstadt

1 Das preußische Abgeordnetenhaus am Dönhoffplatz. Hier tagte der erste Reichstag des Deutschen Reiches. Foto, 1877.

2 Das ehemalige KPM-Gebäude in der Leipziger Straße 4. Hier hatte der Reichstag bis 1894 seinen Sitz. Zeichnung von Eduard Gärtner, 1818.

Nationaldenkmal auf dem Kreuzberg in Berlin. Es wurde 1818–21 nach Entwürfen von Karl Friedrich Schinkel errichtet und erinnert an die Freiheitskriege 1813–15. Foto, um 1871.

1870:
In Berlin werden die ersten Volksschulen eingerichtet, in denen alle Kinder kostenlos unterrichtet werden.

1871:
In Berlin bricht eine Pockenepidemie aus. Die Stadt hat 827 000 Einwohner.

Berlin – die Hauptstadt des neuen Reiches

Berlin rückte seit dem 21. März 1871 ins Zentrum der Politik: Nach der Parlamentseröffnung im Stadtschloss durch den Kaiser kam der neu gewählte erste deutsche Reichstag im Abgeordnetenhaus am Dönhoffplatz zu seiner ersten Sitzung zusammen. Der „Reichsgründer", Preußens Ministerpräsident Otto von Bismarck, war nun zugleich Reichskanzler. Bis 1890 gab er in Berlin den Ton der Reichspolitik an.

Doch dieses „Reich" war ein kompliziertes Gebilde, das aus vier Königreichen, 18 Großherzog-, Herzog- und Fürstentümern, drei Hansestädten und dem „Reichsland" Elsass-Lothringen bestand.

Berlin hatte also innerhalb Deutschlands immer noch einige Konkurrenz. Es hatte außerdem den Vergleich mit der alten Kaiserstadt Wien zu bestehen und musste sich an europäischen Metropolen wie Paris, London, Rom oder Madrid messen lassen. Die in dieser „Gründerzeit" rasant wachsende Stadt wurde in ihrer damaligen Modernität aber auch immer wieder mit New York und Chicago verglichen.

Politik, Parteien und Wahlen in Berlin

Obwohl Berlin Hauptstadt des Deutschen Reiches geworden war, blieb das Verhältnis zwischen der Stadt und der Regierung gespannt. Grund war vor allem die politische Ausrichtung der Berliner Wähler – Berlin war

eine Hochburg der „Linken". Bismarcks Hoffnung, das Reichstagswahlrecht werde die Massen der Wähler den konservativen Parteien zuführen, erfüllte sich nur bedingt. Vor allem in den ländlichen Provinzen Preußens erhielten konservative Kandidaten tatsächlich hohe Stimmenanteile. In Preußens neuen Provinzen und im übrigen Reich war die regierungstreue neue Nationalliberale Partei erfolgreich.

Berlin aber blieb auch bei Reichstagswahlen fest in der Hand der „Linken". Nicht zufällig spielte Bismarck mit dem Gedanken, den Reichstag an einen anderen Ort als Berlin zu verlegen.

1 *Überlegt, warum Berlin zur Hauptstadt des neuen Kaiserreiches erhoben wurde.*

2 *Vermutet, warum ausgerechnet Berlin eine „Hochburg der Linken" gewesen sein mag.*

Stadt der Regierungen und Parlamente

Schon als Hauptstadt Preußens, als Mittelpunkt der Provinz Brandenburg und als Stadtgemeinde war Berlin ein wichtiges Zentrum gewesen. Mit der Gründung des Deutschen Reiches fielen der Stadt nun aber erweiterte Hauptstadtfunktionen zu. Jetzt hatten in Berlin auch der Reichstag und die obersten Reichsbehörden ihren Sitz. Der Reichstag fand zunächst eine „provisorische" Bleibe in dem Gebäude der Königlichen Porzellanmanufaktur (KPM) in der Leipziger Straße. Erst 1894 bezogen die Abgeordneten ihr neues Haus

Das wilhelminische Berlin

3 Einweihung der Siegessäule auf dem Königsplatz 1873. Hinter der Säule ist die so genannte Kroll-Oper zu erkennen, die ab 1938 Sitz des Reichstages war. Foto, 2. September 1873.

4 Das Reichstagsgebäude am Spreeufer, erbaut 1884–1894. Foto, 1895.

5 Die Tauentzienstraße mit der Kaiser-Wilhelm-Gedächtniskirche. Die Kirche wurde 1891–95 erbaut und im Zweiten Weltkrieg schwer beschädigt. Foto, um 1910.

Im Zusammenhang mit der nationalen Begeisterung nach der Reichsgründung entstanden auch viele **Denkmäler** in anderen deutschen Städten. Zahlreiche Monumente wurden zum Beispiel historischen Persönlichkeiten gewidmet, die man als „Väter der nationalen Geschichte" betrachtete oder deren Werke man zum „nationalen Erbe" rechnete. Erwähnt seien neben den vielen Denkmälern für Kaiser Wilhelm I. oder seinen Reichskanzler Bismarck beispielsweise die Denkmäler für den Naturwissenschaftler und Politiker Otto von Guericke (1602–1686) in Magdeburg oder für Kaiser Karl IV. (1316–1378) in Tangermünde.

am Königsplatz, dem heutigen Platz der Republik. Über dem Hauptportal stand die Widmung „Dem deutschen Volke". Keine zehn Jahre später waren auch für Preußens Herren- und Abgeordnetenhaus zwischen der Leipziger Straße 3/4 und der neu angelegten Prinz-Albrecht-Straße Neubauten in ähnlich „monumentalem" Stil entstanden. Im Roten Rathaus hatte neben dem Magistrat und der Stadtverwaltung auch die Stadtverordnetenversammlung ihren Sitz. Außerdem residierten in der Hauptstadt der Brandenburgische Provinzialverband mit dem Provinziallandtag und die Verwaltungen der beiden an Berlin grenzenden Kreise Niederbarnim und Teltow.

3 Sprecht mit eurer Lehrerin oder eurem Lehrer ab, den nächsten Wandertag zur Erkundung der alten Berliner Innenstadt zu nutzen.

4 Versucht die auf dieser Doppelseite abgebildeten Bauten zu finden. Macht Fotos und vergleicht sie mit denen des Buches.

5 Sucht weitere Gebäude im Stadtzentrum, die aus der wilhelminischen Zeit stammen. Stadtführer erleichtern euch die Suche.

6 Tragt Stilmerkmale zusammen, die diese Gebäude als „wilhelminisch" kenntlich machen. Hierbei kann euch vielleicht auch euer Kunstlehrer bzw. eure Kunstlehrerin helfen.

Berlin – ein Zentrum der Moderne

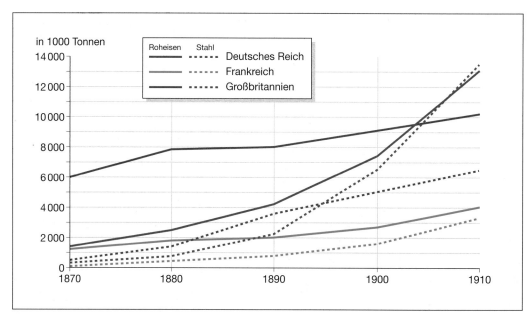

1 Roheisen- und Stahlproduktion 1870–1910.

Wettlauf der Industrialisierung

Um 1890 wetteiferten die drei großen Staaten Europas, Großbritannien, Frankreich und Deutschland, auf fast jedem Gebiet miteinander. Alle drei Staaten hatten in unterschiedlichem Tempo ihre Wirtschaft industrialisiert. In Deutschland war dieser Prozess besonders schnell und heftig abgelaufen. In wichtigen Bereichen holte Deutschland das Vorbild aller Staaten, Großbritannien, ein oder überflügelte es sogar. Dies galt besonders für die Leitsektoren Kohle und Stahl, die das Bild der Industrialisierung damals prägten. Auf den Gebieten der Chemie und der Elektrowirtschaft war Deutschland 1890 führend.

Großbritannien blieb bis 1914 die führende Handelsnation, die überall in der Welt ihre Waren anbot und Rohstoffe kaufte. Aber der Abstand zu Deutschland und Frankreich verringerte sich, die USA holten im Wettlauf mit Europa auf. Mit dem größer werdenden Weltmarkt setzten europäische Unternehmer ihr Kapital auch weltweit ein. Sie bauten Fabriken, gründeten Banken oder kauften Unternehmen. Sie investierten* Kapital im Ausland.

1 *Untersucht zunächst mithilfe des Schaubildes 1 die Entwicklung in Großbritannien und beschreibt sie mit einem Stichwort. Betrachtet dann die deutsche Entwicklung.*

Von 100 Personen leben 1891 von der Landwirtschaft	
Großbritannien	10
Frankreich	42
Deutschland	39

2 Einkommen aus der Tätigkeit in der Landwirtschaft 1891.

	1800	1850	1900
Berlin	172	419	1889
Köln	50	97	373
Paris	547	1053	2888
London	1117	2685	6586
Wien	247	444	1675

3 Bevölkerungszahlen europäischer Städte (in Tausend).

Berlin – die neue Großstadt

Ähnlich wie das Ruhrgebiet zog Berlin sehr viele Menschen an, die sich in Berlin ein neues Leben, vor allem aber Arbeit erhofften. Alle Zukunftsindustrien, damals der Lokomotivenbau bei Borsig, die Elektro- und Telekommunikationsfirmen AEG und Siemens, waren in Berlin.

investieren:
Geld in einem Geschäft anlegen, z. B. eine neue Produktionsanlage (Fabrik) errichten.

Die neue Großstadt

4 **Bahnhof Friedrichstraße.** Foto, um 1910.

5 **In den Berliner Werken der AEG.** Foto, um 1900.

1907 arbeiteten 70 000 Arbeiter in Betrieben mit mehr als 150 Beschäftigten, im Handel und der Bekleidungsindustrie waren etwa 100 000 Arbeiterinnen in Heim- und Werkarbeit tätig.

Über die Entwicklung Berlins schrieb 1999 ein Historiker:

M1 … Berlin führte bis weit in die zweite Hälfte des 19. Jahrhunderts hinein ein eher provinzielles und im Vergleich zu Europa bescheidenes Dasein.

Noch 1828 schrieb der Schriftsteller Ludwig Börne (1786–1837): „Wie ein Zwerg, der sich auf die Zehen stellt und doch dem Riesen neben ihm nicht bis an den Bauch geht, so nimmt sich Berlin neben Paris aus."

Erst mit der Gründung des kleindeutschen Reiches 1871 begann der rasante Aufstieg der Stadt an der Spree.

Nahezu alle zentralen Institutionen des Reiches wurden in Berlin konzentriert. Menschen und Kapital, Ideen und Talente strömten in die neue Metropole. War Berlin 1871 mit 827 000 Einwohnern bereits die drittgrößte Stadt Europas, so wurde 1876 die Millionengrenze und 1905 die Zweimillionengrenze überschritten. …

2 *Beschreibt mit euren Worten die Entwicklung Berlins und vergleicht mit dem Gedicht Q1.*

Jedes Ich ertrinkt in dunklen Massen
Über seine Ankunft in der Stadt seiner Sehnsucht dichtete der 23-jährige Julius Hart, der aus Münster 1877 nach Berlin gegangen war, fünf Jahre später:

Q1 Auf der Fahrt nach Berlin

… Vorbei, vorüber! und ein greller Pfiff!
Weiß fliegt der Dampf,
… ein Knirschen an den Schienen!
Die Bremse stöhnt laut unter starkem Griff …
Langsamer nun! … Es glänzt in allen Mienen.
Glashallen über uns und lautes Menschenwirrn, …
Halt! Und „Berlin"! Hinaus aus engen Wagen.
„Berlin"! „Berlin"! Nun hoch die junge Stirn,
ins wilde Leben lass dich mächtig tragen.

Berlin! Berlin! Die Menge drängt und wallt,
und wälzt sich tosend durch die staub'gen Gassen,
vorüber brandet sie stumpf, tot und kalt,
und jedes Ich ertrinkt in dunklen Massen.
Du aber suchst in dieser bleichen Flut
nach Rosen und nach grünen Lorbeerkronen, …
Schau dort hinaus! … Die Luft durchquillt's wie Blut,
es brennt die Schlacht, und niemand wird dich
schonen. …

Berlin: Ein neues Lebensgefühl

1 Potsdamer Platz. Foto, 1901.

Großstadtleben

Der Schriftsteller Ernst Wilhelm Lotz (1890 bis 1914) schrieb um 1913:

Q1 Die Nächte explodieren in den Städten

> Die Nächte explodieren in den Städten,
> Wir sind zerfetzt vom wilden, heißen Licht,
> Und unsere Nerven flattern, irre Fäden,
> Im Pflasterwind, der aus den Rädern bricht.
>
> In Kaffeehäusern brannten jähe Stimmen
> Auf unsre Stirn und heizten jung das Blut.
> Wir flammten schon.
> Und suchen leise zu verglimmen,
> weil wir noch furchtsam sind vor eigner Glut.
>
> Wir schweben müßig durch die Tageszeiten,
> An hellen Ecken sprechen wir die Mädchen an.
> Wir fühlen noch zu viel die greisen Köstlichkeiten
> Der Liebe, die man leicht bezahlen kann.
>
> Wir haben uns dem Tage übergeben
> Und treiben arglos spielend vor dem Wind,
> Wir sind sehr sicher, dorthin zu entschweben,
> Wo man uns braucht, wenn wir geworden sind.

Die Baronin Spitzemberg notierte 1895 in ihrem Tagebuch über den Verkehr in Berlin:

Q2 ... Das Getriebe in den Hauptverkehrsstraßen wie Leipziger- und Friedrichstraße ist förmlich betäubend; die elektrischen Wagen und die Trams bilden eine ununterbrochene Linie, Wagen aller Art, Droschken, Drei- und Zweiräder zu Hunderten fahren neben-, vor-, hinter- und oft aufeinander, das Läuten aller dieser Vehikel, das Rasseln der Räder ist ohrenzerreißend, der Übergang der Straßen ein Kunststück für den Großstädter, eine Pein für den Provinzler. Behauptete doch Frau von Beulwitz, sie hätten sich anfangs gerührt umarmt, wenn sie nach solchem Übergange des Potsdamer Platzes sich gesund auf der Insel wieder fanden! ...

1 *Fasst die Aussagen des Gedichtes (Q1) in eigene Worte.*
2 *Vergleicht die drei Abbildungen miteinander und prüft, in welchen Bildern sich die Stimmung des Gedichtes wiederfindet.*
3 *Versucht für die Abbildungen 2 und 3 eigene Unterschriften zu finden.*

Berlin: Ein neues Lebensgefühl

Neue Mobilität

Über eine weitere technische Neuerung, die das Leben der Berliner veränderte, berichtete ein Historiker 1998:

M1 ... Mit der Elektrifizierung entstand dann auch die elektrische Straßenbahn. Voraussetzung für deren Einsatz war die Verfügbarkeit einer praktisch nutzbaren Stromquelle sowie ein sicheres Leitungssystem. 1870 wurde der elektrische Generator erfunden, auf seiner Basis konstruierte Werner von Siemens die erste halbwegs funktionsfähige elektrische Straßenbahn. ...

Die elektrische Straßenbahn war das erste wirklich moderne Massentransportmittel. Die hohen Eingangsinvestitionen sowie die notwendigen technischen Vereinheitlichungen führten zur Entstehung großer Verkehrsgesellschaften. Zu den vielen weiteren Veränderungen, die die elektrische Straßenbahn mit sich brachte, gehörten höhere Zugfrequenz, größere Lasten, niedrigere Fahrpreise und eine durchschnittliche Reisegeschwindigkeit von etwa 20 km/h. Diese einzigartige Kombination war die Voraussetzung dafür, dass sich die Städte noch weiter ausbreiten konnten und die Mobilität in ihnen zunahm. ...

2 **Ernst Ludwig Kirchner: Potsdamer Platz.** Gemälde, 1914.

Grammofon nach 1900. Foto.

Fernsprechapparat 1903. Foto.

Rastlos

Anfang der 1920er-Jahre schrieb der Dichter Kurt Tucholsky ironisch über die Berliner:

Q3 ... Der Berliner hat keine Zeit. Der Berliner ist meist aus Posen oder Breslau und hat keine Zeit. Er hat immer etwas vor, er telefoniert und verabredet sich, kommt abgehetzt zu einer Verabredung und etwas zu spät – und hat sehr viel zu tun.

In dieser Stadt wird nicht gearbeitet – hier wird geschuftet. Auch das Vergnügen ist hier eine Arbeit, zu der man sich vorher in die Hände spuckt und von dem man etwas haben will. Der Berliner ist nicht fleißig, er ist immer aufgezogen. ...

4 *Beschreibt mit euren Worten das neue Lebensgefühl und was davon bis heute weiterwirkt.*

3 **George Grosz: Die Großstadt.** Gemälde, 1916/17.

Wandel durch Technik: Die Verbreitung von technischen Erfindungen – wie Telefon, Radio, Fotografie oder die Erfindung und Weiterentwicklung von Auto und Flugzeug veränderten das alltägliche Leben der Menschen und ihre jahrhundertealten Gewohnheiten.

Das Zeitalter des Imperialismus

1 Der Lotse geht von Bord. Karikatur auf die Entlassung Bismarcks in der englischen Zeitschrift „Punch". 1890.

2 Kaiser Wilhelm II. Gemälde von 1890.

„Der Lotse geht von Bord" – Bismarcks Entlassung

Im Frühjahr 1888 starb Kaiser Wilhelm I. Für nur 99 Tage folgte ihm sein todkranker Sohn, Friedrich III. Danach bestieg sein Enkel, der erst 29-jährige Wilhelm II. (1888–1918), den Thron. Sehr schnell kam es zwischen dem jungen Kaiser und dem alten, erfahrenen Reichskanzler Bismarck zu Auseinandersetzungen über den richtigen Kurs in der Innen- und Außenpolitik. Wilhelm II. wollte sich nicht ständig von Bismarck bevormunden lassen. Er wollte sein „eigener Kanzler" sein. Jung, ehrgeizig und voll stolzer Ideen, entließ er im März 1890 Bismarck aus allen Ämtern.

In seinen „Gedanken und Erinnerungen" berichtete Bismarck davon:

Q1 … Am 26. März (1890) verabschiedete ich mich bei dem Kaiser. Seine Majestät sagte, „nur die Sorge für meine Gesundheit" habe ihn bewogen, mir den Abschied zu erteilen. Ich erwiderte, meine Gesundheit sei in den letzten Jahren selten so gut gewesen wie in dem vergangenen Winter… Am 29. März verließ ich Berlin unter dem Zwange übereilter Räumung meiner Wohnung und unter den vom Kaiser im Bahnhof angeordneten militärischen Ehrenbezeigungen, die ich ein Leichenbegräbnis erster Klasse mit Recht nennen konnte. …

Als Bismarck seinen Amtssitz verließ, begleitete ihn die Bevölkerung spontan an den Lehrter Bahnhof, von wo er mit dem Zug nach Friedrichsruh bei Hamburg fuhr. Hier verlebte er seine letzten Lebensjahre, voller Sorge den „neuen Kurs" des Kaisers verfolgend. Bismarck starb am 30. Juni 1898.

1 *Beschreibt Abbildung 2. – Wie möchte der junge Kaiser gerne erscheinen?*

2 *Abbildung 1 zeigt die Entlassung Bismarcks. Sprecht über diese Darstellung. Beachtet dabei Größe, Haltung und Gesichtsausdruck Bismarcks und des Kaisers. – Wie ist das Verhältnis zwischen dem Kaiser und Bismarck?*

3 *„Bismarck schied nur auf Drängen des Kaisers aus seinem Amt." – Erklärt diese Behauptung anhand der Quelle.*

1888:
Thronbesteigung durch Kaiser Wilhelm II.

1890:
Entlassung Bismarcks als Reichskanzler und preußischer Ministerpräsident.

Internettipp:
Auf der Homepage: www.bismarckstiftung.de findet ihr viele Informationen zu Bismarck.

Wilhelm II. betreibt deutsche Weltpolitik

3 „Das erste Kaiserwort im neuen Jahrhundert". Postkarte zum Flottenbauprogramm, 1900.

Ein Platz an der Sonne?

Der Amtsantritt Wilhelms II. fiel in die Zeit des aufstrebenden Imperialismus* (siehe S. 28). Die Konkurrenz der Weltmächte um Kolonien* bestimmte die internationale Politik.

Bismarck hatte sich nur zögernd an der imperialistischen Politik der übrigen europäischen Nationen beteiligt. Gegenüber dem Afrikaforscher Wolf hatte er noch 1888 geäußert:

Q2 ... Ihre Karte von Afrika ist ja sehr schön, aber meine Karte von Afrika liegt in Europa. Hier liegt Russland, und hier liegt Frankreich, und wir sind in der Mitte, das ist meine Karte von Afrika. ...

Der junge Kaiser aber wollte keine Beschränkung auf Deutschland und Europa. Er wollte Weltpolitik betreiben. In einer viel beachteten Rede vor dem Reichstag forderte sein Staatssekretär im Auswärtigen Amt von Bülow:

Q3 ... Die Zeiten, wo der Deutsche dem einen seiner Nachbarn die Erde überließ, dem anderen das Meer und sich selbst den Himmel reservierte, ... diese Zeiten sind vorüber ... Wir müssen verlangen, dass der deutsche Missionar und der deutsche Unternehmer, die deutschen Waren, die deutsche Flagge und das deutsche Schiff in China genauso gut geachtet werden wie diejenigen anderer Mächte.

Mit einem Wort: Wir wollen niemanden in den Schatten stellen, aber wir verlangen auch unseren Platz an der Sonne. ...

Seit 1871 war das Deutsche Reich bereits die stärkste Landmacht in Europa. Jetzt sollte auch noch eine mächtige Kriegsflotte gebaut werden, um Weltmachtpolitik betreiben zu können. Bei einem Festessen rief Kaiser Wilhelm II. aus, dass ohne Deutschland und ohne den deutschen Kaiser keine große Entscheidung mehr in der Welt fallen dürfe.

4 *Seht euch Abbildung 3 an und überlegt, wie dieses Bild und die Rede des Staatssekretärs auf die übrigen europäischen Mächte gewirkt haben könnte.*

Imperialismus*:
(lat. imperium = sehr großer Herrschafts- und Machtbereich). Bezeichnung für das Streben eines Staates nach größtmöglicher Macht und Einflussnahme auf andere Länder, oft verbunden mit dem Sendungsbewusstsein, der übrigen Welt die Überlegenheit der eigenen Kultur und Nation zu beweisen.

Kolonien*:
Bezeichnung für ein Gebiet oder ein Land, das von einer fremden Macht abhängig ist.

Europäische Staaten und ihre Kolonien

Siegel und Münze der „Deutsch-Ostafrikanischen Gesellschaft", die 1885 von Carl Peters gegründet wurde. In der Satzung der Gesellschaft werden als Ziele genannt: „Erwerb, Besitz, Verwaltung und Verwertung von Ländereien, Ausbeutung von Handel und Schifffahrt sowie deutsche Kolonisation im Osten Afrikas."

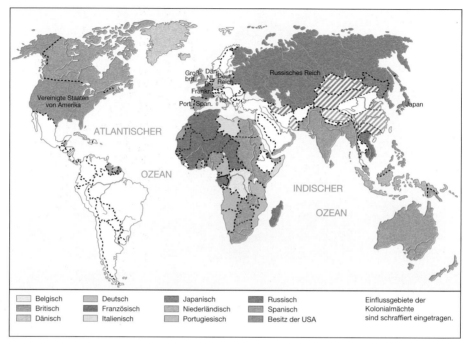

1 Die koloniale Aufteilung der Welt 1914.

Zu viele Waren, zu wenige Käufer

Das Deutsche Reich gehörte neben England und Frankreich zu den wichtigsten europäischen Industrienationen im 19. Jahrhundert. Seit seiner Gründung im Jahre 1871 am Ende des Deutsch-Französischen Krieges hatte die deutsche Industrie einen ungeheuren Aufschwung genommen. Der Zusammenschluss der vielen deutschen Einzelstaaten zu einem einheitlichen Wirtschafts- und Währungsgebiet brachte dem Handel große Vorteile. In dieser Zeit des Wirtschaftswachstums entstanden zahlreiche Fabriken und Firmen, die allerdings bald mehr erzeugten, als sie verkaufen konnten. Wohin mit dem überzähligen Warenangebot? Die deutsche Wirtschaft brauchte dringend neue Absatzmärkte, die man in Europa allein nicht mehr finden konnte. Der Ruf nach deutschen Kolonien wurde laut. Zur Lösung dieser „nationalen Frage" wurde im Jahr 1882 der Deutsche Kolonialverein gegründet.

In seinem Aufruf hieß es:

Q1 … Die Frage der deutschen Colonisation wird von Tag zu Tag dringender. Die Notwendigkeit der Erweiterung unseres Absatzgebietes, die steigende Bedeutung des überseeischen Handels … auf unser soziales und wirtschaftliches Leben haben in immer größerem Umfang die allgemeine Aufmerksamkeit auf diese Frage gelenkt.

Durch den rastlosen Eifer anderer Nationen und die fortschreitende Ausdehnung ihres Machtgebietes wird es mit jedem Jahr, ja mit jedem Tag schwieriger, den geeigneten Boden für deutsche Colonisation zu finden. Unter dem Gewicht dieser Erwägung ist am 6. Dezember 1882 der „Deutsche Colonialverein" ins Leben gerufen worden. Männer aller Parteien und Stände haben sich zur Lösung einer nationalen Aufgabe verbunden, welche hoch über den Zeit- und Tagesfragen steht. …

1 *Benennt mithilfe der Karte (Abbildung 1) die Kolonialmächte.*

2 *Stellt fest, wer die meisten Kolonien besaß. Wo liegen die Schwerpunkte der kolonialen Expansion?*

3 *Nennt die Argumente, mit denen für den Erwerb deutscher Kolonien geworben wurde (Q1).*

4 *Überlegt, welche Länder mit „den anderen Nationen" (Q1) gemeint sein können.*

Die Welt wird aufgeteilt

2 Die SPD-Politiker Liebknecht und Ledebour (hinten links in blauen Kitteln und mit übergezogener Sozialisten-Mütze) hindern Deutschland (in Gestalt Kaiser Wilhelms II.) am Erwerb von Kolonien. Propagandapostkarte der Zentrumspartei, 1912.

Das Deutsche Reich – ein neues Weltreich?

Eine koloniale Bewegung gab es nicht nur in Deutschland, sondern in allen Industriestaaten. Durch die industrielle Entwicklung waren die Europäer stolz und selbstbewusst geworden. Sie waren der Überzeugung, dass das eigene Volk bedeutender sei als die Völker in den Kolonien. Diese Überheblichkeit führte zu der Ansicht, dass das eigene Land auch auf Kosten anderer Länder zu einer Weltmacht werden müsse. Viele europäische Staaten nahmen daher ohne Weiteres Gebiete in Besitz, die ihnen als Rohstofflieferanten oder Absatzmärkte wichtig erschienen. Als Vorbild diente Großbritannien mit seinem riesigen Kolonialbesitz; auch Frankreich, Deutschland und Russland wollten nun Weltreiche bilden.

Europäische Kolonisten – überheblich und arrogant

Die Europäer hielten es für selbstverständlich, dass sich die Menschen in Afrika und Asien den Weißen unterzuordnen hätten.
In der Zeitung „Usambara Post" war z.B. zu lesen:
Q2 … Der Afrikaner muss zu dem Weißen aufsehen mit Achtung und Vertrauen als zu einem höher Stehenden. Er soll und darf den Europäer nicht betrachten, als sei er seinesgleichen. Denn das ist er nicht. Und daran ändert auch keine Mission etwas. …

Dieser Rassismus* schlug sich auch in beleidigenden Bezeichnungen für die einheimische Bevölkerung als „Wilde" oder „Kaffern"* nieder. Die Nama im deutschen Kolonialgebiet z.B. wurden abfällig als Hottentotten* bezeichnet. Die Europäer rechtfertigten ihr Verhalten damit, dass sie den „rückständigen" Völkern „Kultur" brächten.
In einem 1911 erschienenen Buch hieß es freilich auch:
Q3 … Seien wir doch ehrlich und lassen die schönen Lügen fallen, wir gingen nach Afrika, um den Neger zu beglücken. „Zivilisatorische Mission" und wie die Schlagworte alle heißen sind nichts anderes als ein Mäntelchen für die einfache brutale Anwendung des brutalen Naturgesetzes vom Recht des Stärkeren … Wir brauchen uns dieser nackten Tatsache nicht zu schämen, wir treiben einfach Realpolitik. …

Entschiedene Gegner dieser „Realpolitik*" waren die Sozialdemokraten. Sie fürchteten, dass aus dem Streben nach Kolonien ein Krieg um die Weltherrschaft werden könne.
5 *Sprecht über das „Recht zur Realpolitik".*
Welche Argumente sprechen dagegen?

Rassismus*:
Wenn bestimmte körperliche Merkmale von Menschen (z.B. die Hautfarbe) mit bestimmten Eigenschaften gekoppelt werden (z.B. geistige Fähigkeiten) und damit eine Bewertung einhergeht (z.B. die Einschätzung des eigenen Volkes als grundsätzlich höherwertig gegenüber anderen, fremden Völkern), spricht man von Rassismus.

Kaffern*:
abgeleitet aus dem Arabischen = abfällig für „Ungläubige".

Hottentotten*:
Von den niederländischen Buren in Südafrika eingeführter Name für die afrikanische Volksgruppe Khoi-Khoin („Menschen der Menschen"), zu der auch die Nama zählen. Das Wort aus der Kolonisten-Sprache Afrikaans bedeutet „Stammler, Stotterer".

Realpolitik*:-
im übertragenen Sinn Bezeichnung für Machtpolitik, wörtlich eine Politik, die sich an der Sache orientiert.

Ein Beispiel: Deutsch-Südwestafrika

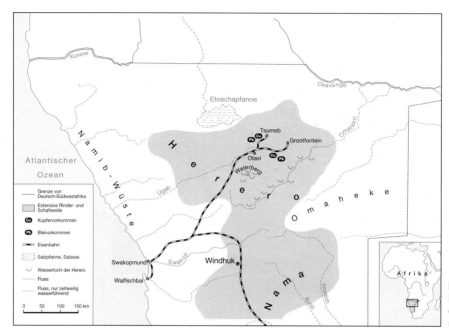

„Deutsch-Südwestafrika"

Im Jahre 1883 erwarb der Bremer Tabak- und Waffenhändler Lüderitz durch betrügerische Verträge mit afrikanischen Häuptlingen Gebiete des späteren Deutsch-Südwestafrika. Nur ein Jahr später übernahm auf seinen Antrag das Deutsche Reich den Schutz über diese erste deutsche Kolonie. Zu den größeren Stämmen in diesem Gebiet gehörten die Hereros mit etwa 80 000 und die Nama mit etwa 20 000 Angehörigen. Es waren stolze, freiheitsliebende Stämme, deren Friedfertigkeit deutsche Missionare später besonders betonten. Herero und Nama lebten vor allem von der Viehzucht. Ihr Leben veränderte sich jetzt fast schlagartig. Geldgierige Händler betrogen sie um Land und Vieh. Für kleinste Vergehen, z. B. „unverschämte Antworten", gab es die erniedrigende Prügelstrafe mit der Nilpferdpeitsche. Raub, Mord und Vergewaltigung durch die deutschen „Schutztruppen" waren an der Tagesordnung und wurden kaum bestraft. Völlig hoffnungslos wurde die Lage für die Hereros, als man mit dem Bau einer Bahnlinie begann, die den Hafen Swakopmund mit den Kupfererzminen im Norden des Landes verbinden sollte. Wieder kam es zu großflächigen Enteignungen, die den Lebensraum der Hereros immer weiter einengten. Zudem wurden die Viehherden der Hereros durch die Eisenbahnlinie von den Wasserlöchern getrennt. In dieser verzweifelten Lage erklärten die Hereros und später auch die Nama den Deutschen im Jahre 1904 den Krieg. Männer, Frauen und Kinder der Hereros zogen mit all ihrer Habe von Kriegsschauplatz zu Kriegsschauplatz. „Wem gehört Hereroland? Uns gehört Hereroland!", riefen die Frauen, um ihre Männer im Kampf zu unterstützen.

Über die Kriegsführung berichtete Daniel Kariko, ein Unterhäuptling:

Q1 … Auf unseren geheimen Zusammenkünften beschlossen unsere Häuptlinge, das Leben aller deutschen Frauen und Kinder zu schonen. Auch die Missionare sollten geschont werden … Nur deutsche Männer wurden als unsere Feinde betrachtet. …

1 *Stellt mithilfe der Abbildung 1 fest, warum die Hereros über die Streckenführung der Eisenbahnlinie empört waren.*

2 *Spielt eine Versammlung, auf der Herero-Häuptlinge ihr Vorgehen gegen die deutschen Schutztruppen beraten.*

3 *Informiert euch in einem Atlas, in welchem heutigen Staat die erste deutsche Kolonie lag.*

Der Völkermord an den Hereros

2 Deutsche Kolonialsoldaten im Kampf mit Kriegern der Hereros. Französische Lithografie, 1904.

3 Halb verhungerte Hereros, die vor den deutschen Truppen geflüchtet sind. 1907.

Hereros und Nama wehren sich

Die Kolonialtruppen unter der Führung des preußischen Generals Lothar von Trotha (1848–1920) schlugen unbarmherzig zurück. Über die Kriegsführung von Trothas hieß es in einem zeitgenössischen Bericht:

Q2 … Ich war dabei, als die Hereros bei Hamakiri, in der Nähe des Waterberges, in einer Schlacht besiegt wurden. Nach der Schlacht wurden alle Männer, Frauen und Kinder ohne Gnade getötet, die den Deutschen in die Hände fielen. Dann verfolgten die Deutschen die übrigen Hereros, und alle Nachzügler am Wegesrand und im Sandfeld wurden niedergeschossen oder mit dem Bajonett niedergemacht. Die große Masse der Hereromänner war unbewaffnet und konnte sich nicht wehren. Sie versuchten nur, mit ihrem Vieh davonzukommen. …

Die deutschen Truppen, die aus dem Deutschen Reich zahlreiche Verstärkungen erhielten, konnten den ungleichen Kampf schon nach wenigen Monaten siegreich beenden. Nach der Schlacht am Waterberg (s. Karte) im August 1904 wurden die Hereros in der wasserlosen Halbwüste Omaheke eingekesselt und ihrem Schicksal überlassen. Zehntausende verhungerten und verdursteten hier.

Voller Stolz vermeldete der deutsche Generalstab:

Q3 … Diese kühne Unternehmung zeigt die rücksichtslose Energie der deutschen Führung bei der Verfolgung des geschlagenen Feindes in glänzendem Licht. Keine Mühen, keine Entbehrungen wurden gescheut, um dem Feinde den letzten Rest seiner Widerstandsfähigkeit zu rauben: Wie ein halb zu Tode gehetztes Wild war er von Wasserstelle zu Wasserstelle gescheucht, bis er schließlich willenlos ein Opfer der Natur seines eigenen Landes wurde. …

Von den etwa 80000 Hereros lebten 1905 nur noch etwa 16000. Die Überlebenden wurden in Reservate verbracht, wo sie unter erbärmlichen Bedingungen ihr Leben fristeten. Im Jahr 2004 bat eine Vertreterin der deutschen Regierung die Nachkommen der Überlebenden um Vergebung.

4 *August Bebel sagte am 30. Januar 1905 im Reichstag: „Das Recht zum Aufstand hat jedes Volk und jede Völkerschaft, die sich in ihren Menschenrechten aufs Alleräußerste bedrückt fühlt." Manche hielten ihn deshalb für einen Vaterlandsverräter. Was meint ihr dazu?*

5 *Vergleicht die Kriegsführung der Hereros mit jener der deutschen Truppen. Verfasst dazu einen kurzen Bericht und vergleicht ihn mit dem des deutschen Generalstabs.*

1904–1907:
Krieg zwischen Hereros, Namas und Deutschen.

Ohne Skrupel
Die deutschen Truppen bedienten sich im Kampf gegen die nur ungenügend bewaffneten Hereros der neuesten Vernichtungswaffen: Maschinengewehre, leichte Artillerie und erstmals sogar Kampfgas. Die Heeresleitung betrachtete vor allem den Einsatz des Gases als einen „geeigneten Test" für spätere „Ernstfälle". Erklärtes Ziel des Waffeneinsatzes war „die Vernichtung des Hererovolkes". Der Krieg gegen die Hereros war der erste „Vernichtungskrieg", in dem der Gegner nicht mehr gefangen und besiegt werden sollte, sondern getötet, auch aufgrund von rassistischen Vorurteilen. An dieses Vorgehen knüpften die Nationalsozialisten ohne Skrupel im Zweiten Weltkrieg an.

1 Ein deutscher Kolonialherr in Togo lässt sich von einheimischen Trägern in einer Hängematte transportieren. Foto, um 1885.

2 Reisende in Afrika. Foto, 2005.

3 Touristenexpedition in Tansania, Afrika. Foto, 2006.

Begegnung in Afrika

1 Beschreibt die Abbildungen und schreibt auf, was ihnen gemeinsam ist und worin sie sich unterscheiden.

2 Versucht euch in die gezeigten Personen hineinzuversetzen und erzählt, was ihr dabei empfindet oder denkt.

3 Sammelt aktuelle Berichte über Reisen nach Afrika in Zeitungen, Zeitschriften und Reisekatalogen. Untersucht dabei kritisch das Verhältnis zwischen Touristen und Einheimischen. Wie treten die Touristen auf, wie verhalten sich die Einheimischen? Diskutiert: Reisen nach Afrika: Probleme – Chancen.

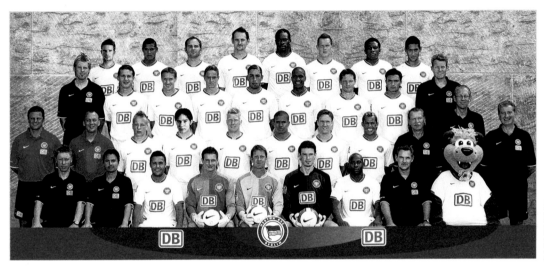

4 Die Profi-Mannschaft von Hertha BSC Berlin 2006/07. Foto, 2006.

Weiß über Schwarz

Von der Kolonialzeit bis heute ist unsere Vorstellung von Afrika geprägt von Überheblichkeit. Viele Vorurteile und Abwertungen fallen uns gar nicht auf, weil sie zum Alltag gehören. Ein süßer kleiner Diener wurde zum Markenzeichen für braune Schokolade: der Sarotti-Mohr. Leckere Naschereien nennen wir „Negerküsse" und „Mohrenköpfe". Essen wir etwa Menschen? Stellen wir uns das Umgekehrte vor: „Weißenköpfe" in den Läden Afrikas.

Was hier noch harmlos erscheint, verwandelt sich bei anderen Gelegenheiten in völlige Ablehnung, ja Hass, wenn Farbige und Weiße bei uns in Kontakt kommen. Gerade in deutschen Fußballstadien kommt es immer häufiger zu fremdenfeindlichen Angriffen.

Ein Bericht vom 3. Oktober 2006 über Erfahrungen des Fußballnationalspielers Gerald Asamoah:

Q1 … Asamoah hat von mehreren rassistischen Beleidigungen … berichtet und im Falle solcher Ausfälle während eines Länderspiels seinen Rücktritt aus der deutschen Natio-nalmannschaft nicht ausgeschlossen. „Macht es dann noch Sinn, für Deutschland zu spielen? …", fragte der dunkelhäutige Profi vom FC Schalke 04 … Der … Angreifer war Anfang September im Pokalspiel bei Hansa Rostocks Amateuren von den Heimfans wegen seiner Hautfarbe mit Schmährufen massiv beleidigt worden. „… Es hat unfassbar weh getan", sagte Asamoah … Asamoah begrüßte konsequentes Vorgehen gegen Rassismus. Man müsse das Thema hoch hängen, „um auch Idioten immer wieder zu zeigen, dass wir Farbige Menschen sind". Die Aktionen gegen ihn hätten dem Deutschland-Bild geschadet und den während der WM erworbenen guten Eindruck des Landes revidiert. In seinem Geburtsland Ghana sei man „entsetzt" gewesen. „Das Affengebrüll hat dazu geführt, dass einige in Afrika wieder das Bild von Deutschland haben, das vor der WM 2006 galt. …"

4 Sprecht über das Verhalten der Zuschauer. Gibt es Gründe für dieses Verhalten?

5 „Macht es denn noch Sinn, für Deutschland zu spielen?" – Diskutiert diesen Satz von Gerald Asamoah vor dem Hintergrund seiner Erfahrungen.

Rassismus bei uns?

Es gibt überall in Deutschland Gruppen und Parteien, die mit menschenverachtenden Parolen gegen Ausländer und andere Minderheiten vorgehen. Sie schrecken auch vor tödlicher Gewalt nicht zurück, wie etwa die Ermordung des Mozambikaners Alberto Adriano in Dessau im Juni 2000 vor Augen führt.

Immer wieder kommt es zu gewalttätigen Übergriffen und Anschlägen auf Wohnheime von Ausländern und Flüchtlingen, die als Sündenböcke für unsere hausgemachten Probleme wie Arbeitslosigkeit oder Wohnungsnot missbraucht werden. Dagegen wehren sich nicht nur die betroffenen Ausländer, sondern auch Deutsche.

6 Sammelt Informationen über ausländerfeindliche Vorfälle. Fertigt daraus eine Wandzeitung.

7 Habt ihr selbst auch schon Beispiele von Fremdenfeindlichkeit erlebt oder beobachtet? Berichtet darüber.

Der Weg in den Ersten Weltkrieg

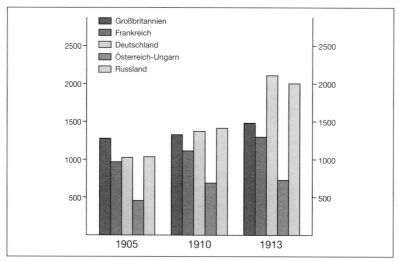

1 Rüstungsausgaben 1905–1913 (in Mio. Mark).

Chart legend:
- Großbritannien
- Frankreich
- Deutschland
- Österreich-Ungarn
- Russland

Militarismus*:
Als Militarismus bezeichnet man eine Politik der Hochrüstung eines Staates, z. B. Deutschlands, bei der alle anderen staatlichen Aufgaben zugunsten der Rüstungsausgaben zurückgestellt werden. Das militärische Denken bestimmt dann auch weitgehend die zivile Gesellschaftsordnung.

Großbritannien

5	1913
5	1912
5	1911
5	1910
10	1909
2	1908
3	1907
3	1906

38

Deutschland

3	1913
2	1912
4	1911
4	1910
4	1909
4	1908
3	1907
2	1906

26

Bau von Kampfschiffen 1906–1913.

Rüstungs- und Flottenpolitik

Die Rivalität beim Erwerb von Kolonien hatte dazu geführt, dass die europäischen Mächte untereinander verfeindet waren und sich misstrauisch beobachteten. Jeder Versuch, die eigene Machtstellung weiter auszubauen, konnte in dieser Situation leicht als Bedrohung empfunden werden und einen Krieg auslösen. Die deutsche Politik unter Kaiser Wilhelm II. nahm darauf allerdings keine Rücksicht. So forderte Admiral Tirpitz im Jahre 1900 eine starke deutsche Flotte zum Schutz des Handels und der Kolonien.

Während der Debatte im Reichstag über den Flottenbau meinte der Abgeordnete Oertel:

Q1 … Meine Herren, das kann nicht in Abrede gestellt werden, dass wir mit dieser Flottenverstärkung wieder ein Stück weiter hinausfahren in das Meer der Weltpolitik. Davor scheuen wir nicht zurück; unsere Stellung gebietet uns das. Wir müssen teilnehmen an der Weltpolitik, wenn wir unseren geschichtlichen Beruf erfüllen wollen. …

Ganz anderer Ansicht war Wilhelm Liebknecht (1828–1900), Abgeordneter der Sozialdemokratischen Partei:

Q2 … Wir wissen gar wohl, welche Ziele die Flottenvorlage hat: die Stärkung des Militarismus* und des Kapitalismus. Wir hatten gestern eine denkwürdige (Reichstags-)Sitzung und es wird wohl mancher sich tief geschämt haben, als wir jene entsetzlichen Schilderungen der Hospitalzustände in Berlin, der Hauptstadt des Reiches, anhörten, als wir erfuhren, wie es hier in einem Hospital aussieht und hergeht. So ist es nicht bloß hier, sondern überall und vielfach noch schlimmer. Und woran fehlt es? Was antwortet man den Leuten, wenn sie sich erkundigen? „Wir haben kein Geld." 5000 Millionen werfen wir ins Wasser für die Flotte, nach diesem Gespenst der Weltmachtspolitik und der Weltherrschaft, aber für das Elend vor unseren Türen haben wir kein Geld. …

2 „Wie sollen wir uns da die Hand geben?" Karikatur aus dem Simplicissimus von 1912.

Wettrüsten und Krisen in Europa

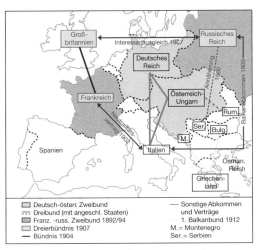

3 Das europäische Bündnissystem vor dem Ersten Weltkrieg.

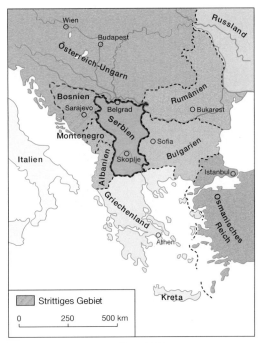

Strittiges Gebiet

0   250   500 km

4 Staaten auf dem Balkan 1913.

Durch die Flottenpolitik des Deutschen Reiches fühlte sich vor allem Großbritannien bedroht. Sein Ziel war es, eine Kriegsflotte zu bauen, die so groß war wie die beiden nächstgrößeren Flotten zusammen. Damit begann in Europa ein allgemeines Hochrüsten. Von Jahr zu Jahr wurde in allen europäischen Staaten mehr Geld für die Rüstung ausgegeben. Mit der Hochrüstung stieg die Kriegsgefahr.

1 *Nennt die Argumente, die in Q1 und Q2 für und gegen die deutsche Flottenrüstung vorgebracht werden. Sprecht darüber, welche Argumente für euch überzeugend wären.*

Auf der Suche nach Verbündeten

Die Großmachtpolitik des Deutschen Reiches löste in England bei vielen Menschen Angst aus. Mehrmals versuchten englische Politiker mit Deutschland zu einer Verständigung zu kommen. Der Kaiser und seine Berater widersetzten sich jedoch allen Bemühungen. Daraufhin näherte sich Großbritannien zunächst seinem „Erbfeind" Frankreich an. Im Jahre 1904 verständigten sich diese beiden Mächte über ihre Interessengebiete in Afrika. Nur drei Jahre später wurde auch mit Russland ein Vertrag abgeschlossen. Damit war in Europa ein neues Bündnissystem entstanden. Deutschland hatte jetzt nur noch einen Bündnisvertrag mit Österreich-Ungarn und Italien. Allerdings hatte Italien schon 1902 einen geheimen Nichtangriffspakt mit Frankreich geschlossen.

2 *Überlegt mithilfe der Karte (Abbildung 3), in welcher Lage sich das Deutsche Reich im Falle eines Krieges befinden würde.*

Pulverfass Balkan

Im Laufe des 19. Jahrhunderts hatten sich die Völker des Balkans von der türkischen Herrschaft befreit. Griechenland, Serbien, Rumänien und Bulgarien waren selbstständige Staaten geworden. Diesen Staaten gelang es 1912/13, die Türken ganz vom Balkan zu vertreiben. Doch der Balkan blieb ein Unruheherd, da sich die Staaten jetzt untereinander stritten. Interesse am Balkan zeigten aber auch Russland und Österreich-Ungarn. Bereits 1908 hatte Österreich das hauptsächlich von Slawen bewohnte Bosnien besetzt. Auch Serbien hatte Ansprüche auf dieses Gebiet erhoben, um so einen Zugang zum Meer zu gewinnen. Ein Krieg zwischen Österreich und Serbien konnte nur mit Mühe vermieden werden. Unterstützt wurde Serbien von Russland, das sich als Führungsmacht aller Slawen verstand; Deutschland hingegen stand hinter seinem Verbündeten Österreich.

3 *Beschreibt mithilfe der Abbildung 4 und des Textes die Veränderungen auf dem Balkan.*

1912/13: Balkankriege. Sie waren ein Vorspiel des Ersten Weltkrieges. Zum Krisenherd wurde der Balkan nach dem Zusammenbruch der türkischen Herrschaft.

Ist der Frieden noch zu retten?

Alfred Nobel (1833–1896), schwedischer Chemiker und Industrieller, erfand das Dynamit und gründete 1864 bei Stockholm und 1865 bei Hamburg eine Nitroglyzerinfabrik, erwarb zahlreiche Patente, unter anderem auf Dynamit und Sprenggelantine, hinterließ sein Vermögen einer Stiftung, aus der seit 1901 die Nobelpreise finanziert werden.

1 **Friedenskundgebung der SPD.** Foto, 1911.

Alfred Nobel und Bertha von Suttner

Alfred Nobel (1833–1896), einer der reichsten Männer Europas, schrieb im Jahre 1893 an die österreichische Baronin Bertha von Suttner, dass er einen großen Teil seines Vermögens für die Stiftung eines Preises einsetzen wolle. „Dieser Preis soll demjenigen oder derjenigen zuerkannt werden, der oder die Europa am weitesten vorangebracht hat auf dem Wege zur Befriedung der Welt."

Nobel verdankte seinen Reichtum vor allem seinen Geschäften mit „Dynamit oder Nobels Sicherheitspulver", für das er 1866 in Schweden das Patent erhalten hatte. Abschreckung durch Aufrüstung – dies schien ihm die einzig mögliche Garantie für einen dauerhaften Frieden zu sein. „Ich möchte" – so äußerte er 1876 – „einen Sprengstoff oder eine Maschine schaffen können von so fürchterlicher, massenhaft verheerender Wirkung, dass Kriege dadurch überhaupt unmöglich werden."

Ganz anderer Ansicht war die Baronin: Frieden schaffen ohne Waffen – das war ihr Ziel. Im Jahre 1889 erschien ihr Buch „Die Waffen nieder!"; es wurde in fast alle Weltsprachen übersetzt. Als Präsidentin der österreichischen Friedensgesellschaft schrieb sie an Nobel: „Es wäre schön, wenn der Erfinder des Kriegssprengstoffes einer der Förderer der Friedens-

bewegung wäre." Nobel antwortete ihr: „Die Abrüstung fordern bedeutet so viel wie sich lächerlich machen, ohne jemandem zu nützen", und ferner: „Meine Fabriken werden dem Krieg vielleicht noch früher ein Ende machen als Ihre Kongresse"; gleichzeitig überwies er allerdings eine Spende für die Friedensbewegung. Bertha von Suttner ließ sich von solchen Hinweisen nicht entmutigen. Unermüdlich hielt sie Vorträge, schrieb an die europäischen Regierungen, um vor einem kommenden Krieg zu warnen.

Ebenfalls für Abrüstung und Frieden kämpften die Sozialdemokraten in ganz Europa. Der Krieg könne nur verhindert werden, so hofften sie, wenn sich in allen Staaten die Arbeiter und Arbeiterinnen dagegen wehren würden. In großen Demonstrationen versuchten sie, ihren Forderungen öffentlich Nachdruck zu verleihen. Doch weder die führenden Politiker noch die Militärs wollten diesen Krieg ernsthaft verhindern, denn jeder glaubte an einen schnellen Sieg seines Landes. Sie waren davon überzeugt, dass schon die nächste Krise nicht mehr friedlich ausgehen und ein Krieg in Europa auf Dauer unvermeidlich sei.

1 *Diskutiert über die unterschiedlichen Positionen von Alfred Nobel und Bertha von Suttner. Begründet eure Meinungen.*

Bertha von Suttner (1843–1914). Die Baronin aus Österreich gehörte zu den führenden Köpfen der Friedensbewegung. Ihr Buch „Die Waffen nieder!" wurde in über 40 Auflagen gedruckt und in zahlreiche Sprachen übersetzt.

Von der Juli-Krise zum Ausbruch des Krieges

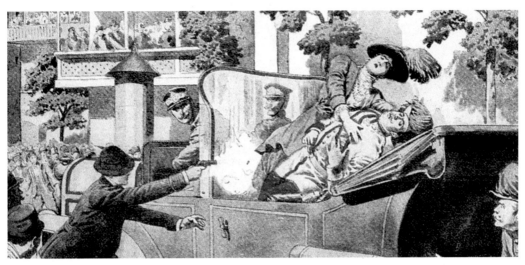

2 Das Attentat auf den österreichischen Erzherzog Franz Ferdinand und seine Ehefrau. Lithografie vom Juni 1914.

Das Attentat von Sarajevo

Anlass des Krieges war die Ermordung des österreichischen Thronfolgers Franz Ferdinand und seiner Frau Sophie durch serbische Nationalisten in Sarajevo. Diese hatten es sich zum Ziel gesetzt, die Vereinigung aller Serben mit allen Mitteln herbeizuführen. Nachdem Serbien sich weigerte, österreichische Beamte an dem Ermittlungsverfahren zu beteiligen, erklärte Österreich-Ungarn – von seinem Bündnispartner Deutschland bedingungslos unterstützt – Serbien am 28. Juli 1914 den Krieg. Dass Russland im Falle eines militärischen Vorgehens Österreichs gegen Serbien nicht tatenlos zusehen würde, war zu erwarten. Noch am gleichen Tag erfolgte in Russland die Teilmobilmachung. Und nun gab es kein Halten mehr: Am 1. August erklärte Deutschland Russland den Krieg, am 3. August Frankreich. Aus dem begrenzten Krieg war ein europäischer Krieg geworden. Als am 3. August deutsche Truppen durch Belgien marschierten, erklärte die britische Regierung Deutschland den Krieg.

2 Erklärt mit euren Worten, warum es zum Ausbruch des Krieges kam. Unterscheidet dabei zwischen Anlass und Ursache des Kriegsausbruchs.

28. 6.	Ermordung des österreichisch-ungarischen Thronfolgers Franz Ferdinand in Sarajevo.
6. 7.	Berlin sichert Wien die volle Unterstützung zu (Blankoscheck).
23. 7.	Österreichs Ultimatum an Serbien, absichtlich unannehmbar formuliert.
25. 7.	Serbiens Antwort nimmt die Bedingungen des Ultimatums größtenteils an; serbische Teilmobilmachung*; Russland beschließt Unterstützung Serbiens.
28. 7.	Österreich-Ungarn erklärt Serbien den Krieg. Teilmobilmachung Russlands.
30. 7.	Russische und österreichisch-ungarische Gesamtmobilmachung.
1. 8.	16.55 Uhr französische Mobilmachung. 17.00 Uhr deutsche Mobilmachung. 19.00 Uhr deutsche Kriegserklärung an Russland. Mobilmachung der englischen Flotte.
3. 8.	Deutsche Kriegserklärung an Frankreich. Deutscher Einmarsch in das neutrale Belgien (nach Luxemburg bereits am 2. 8.). Neutralitätserklärung Italiens.
4. 8.	Britische Kriegserklärung an Deutschland.
6. 8.	Österreichisch-ungarische Kriegserklärung an Russland, serbische Kriegserklärung an Deutschland.
11./12. 8.	Kriegserklärung Frankreichs und Englands an Österreich-Ungarn.

3 Vom Attentat in Sarajevo zum Ersten Weltkrieg. Wichtige Ereignisse in Schlagzeilen.

Mobilmachung*: (frz. mobile = beweglich, marschbereit): Maßnahmen, durch die die Streitkräfte eines Landes für den Kriegseinsatz bereitgestellt werden, z. B. durch die Einberufung aller Wehrpflichtigen.

Verlauf und Ergebnis des Krieges

„Der verlauste Pelz von Zar Nikolaus wird verdroschen." Deutsche Postkarte von 1915.

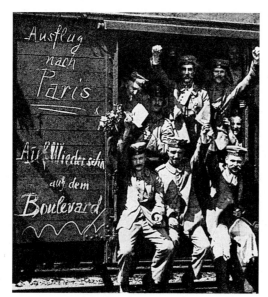

1 Deutsche Kriegsfreiwillige bei der Abfahrt zur Westfront. Foto, 1914.

2 Britische Kriegsfreiwillige nach ihrer Einkleidung. Foto, 1914.

Kriegskredite*:
Zur Finanzierung des Krieges musste der Reichstag die Auf-nahme von Krediten bewilligen. Man hoff-te, diese Kredite nach einem Sieg zurück-zahlen zu können.

„Nun danket alle Gott"

Zum 1. August 1914 meldeten die Berliner Zeitungen:

Q1 … Auf Befehl des Kaisers trat kurz nach 5 Uhr aus dem Portal des Schlosses ein Schutzmann und teilte der harrenden Menge mit, dass die Mobilisation beschlossen sei. Die tief ergriffene Menge stimmte unter den Klängen der Domglocken den Choral an: Nun danket alle Gott. …

Die Nachricht von der Mobilmachung erfüllte die Menschen mit überschäumender Freude. Wie in Berlin, so auch in London und Paris. Kaum einer konnte sich vorstellen, dass es ei-nen langen Krieg geben würde. Junge Män-ner in ganz Europa meldeten sich freiwillig, um „ihr Vaterland" zu verteidigen.

Ganz enttäuscht berichtete z. B. ein junger Kriegsfreiwilliger von den ersten Tagen des August im Jahre 1914:

Q2 … Ausdauer muss man haben und Geduld muss einem verliehen sein, will man den heiß begehrten Rang „Kriegsfreiwilliger" er-reichen. Ich wandere von Kaserne zu Kaser-ne, von Regiment zu Regiment: „Wann stel-len Sie Kriegsfreiwillige ein?" – „Überfüllt!" – „Vorläufig keine mehr"– „Später, nicht vor dem 12.!" – Überall abgewiesen. …

1 *Seht euch Abbildung 1 an. Wie stellen sich die deutschen Soldaten den Krieg vor?*
2 *Überlegt gemeinsam, was die britischen Sol-daten empfunden haben mögen (Abbildung 2).*

„Patrioten oder vaterlandslose Gesellen?" – Die Sozialdemokratie und der Krieg

Im Deutschen Reichstag stimmten alle Par-teien, die SPD allerdings erst nach heftigen Kämpfen, geschlossen für die vom Kaiser ge-forderten Kriegskredite*.

Noch am 25. Juli 1914 hatte die SPD erklärt:

Q3 … Wir wollen keinen Krieg. Nieder mit dem Krieg. Es lebe die internationale Völker-verbrüderung. …

Aber bereits am 31. Juli 1914 schrieb die Par-teizeitung „Der Vorwärts":

Q4 … Wenn die verhängnisvolle Stunde schlägt, werden die vaterlandslosen Gesellen ihre Pflicht erfüllen und sich darin von den Patrioten in keiner Weise übertreffen las-sen. …

3 *Vermutet, wieso die Sozialdemokraten ihre Meinung zum Krieg änderten.*

Kriegsgegner und Kriegsziele

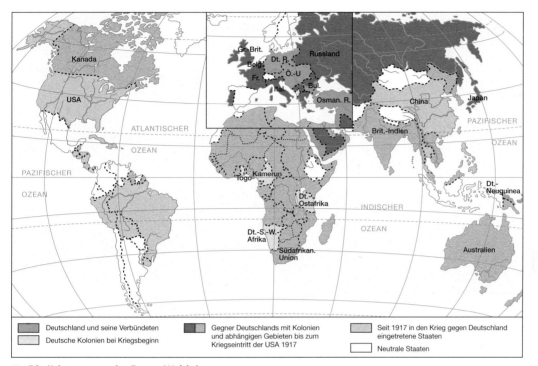

Deutschland und seine Verbündeten

Deutsche Kolonien bei Kriegsbeginn

Gegner Deutschlands mit Kolonien und abhängigen Gebieten bis zum Kriegseintritt der USA 1917

Seit 1917 in den Krieg gegen Deutschland eingetretene Staaten

Neutrale Staaten

3 Die Kriegsgegner im Ersten Weltkrieg.

Russische Spottkarte auf Wilhelm II. 1915.

Kriegsziele als Friedensprogramme?

Am 6. August 1914 wandte sich der Kaiser an das deutsche Volk mit den Worten:

Q5 ... Man verlangt, dass wir mit verschränkten Armen zusehen, wie unsere Feinde sich zu tückischem Überfall rüsten. Mitten im Frieden überfällt uns der Feind. ...

Nach den Worten Wilhelms II. ging es in diesem Krieg für Deutschland nur um die Verteidigung des Vaterlandes. Nur wenige Wochen später wurden die deutschen Kriegsziele offen ausgesprochen:

– Frankreich darf als Großmacht nie wieder entstehen; die nordfranzösischen Industriegebiete werden daher dem Deutschen Reich angegliedert. Zusätzliche hohe Zahlungen Frankreichs an Deutschland.

– Angliederung der belgischen Industriegebiete an das Deutsche Reich. Zollverband unter deutscher Oberhoheit von Frankreich bis Polen und von Norwegen bis Italien.

– Beendigung der russischen Herrschaft über seine Vasallenvölker. Größerer Anteil Deutschlands an den Kolonien auf Kosten der anderen Mächte.

Auch die anderen Länder entwickelten Kriegszielprogramme:

– Frankreichs Ziel bestand darin, die Macht des Deutschen Reiches zu brechen und Elsass-Lothringen zurückzugewinnen.

– England forderte die Abschaffung der deutschen Kriegsflotte und die Aufteilung der deutschen Kolonien.

– Russland schließlich strebte die Herrschaft über Istanbul und die Meeresengen der Dardanellen an.

Jedes Land bezeichnete diese Kriegsziele als „Friedensprogramme", da nur so der Frieden in Europa dauerhaft gesichert werden könne.

4 *Schlagt eine Europakarte auf und versucht, die deutschen Kriegsziele in einer Faustskizze festzuhalten.*

5 *Vergleicht die Worte des deutschen Kaisers (Q5) mit den im Text genannten Kriegszielen.*

6 *Alle beteiligten Regierungen bezeichneten diesen Krieg als „Verteidigungskrieg". Wie würdet ihr ihn bezeichnen?*

Das Gesicht des Krieges

Filmtipp:
„Merry Christmas",
2005

1 **Kriegsalltag an der Front.** Foto, 1916.

Der Gaskrieg. *Die Deutschen setzten Giftgas zum ersten Mal im April 1915 ein. Um sich gegen das Gas zu schützen, musste man sofort Gasmasken aufsetzen. Sie wurden ein Symbol der Unmenschlichkeit des Krieges.*

Schlieffenplan:
Deutsche Kriegsstrategie, die General Schlieffen schon 1905 entworfen hatte. Um den befürchteten Zweifrontenkrieg gegen Russland und Frankreich zu vermeiden, sollte zunächst Frankreich in einem raschen Kriegszug niedergeworfen werden. Danach wollte man alle Truppen gegen Russland einsetzen.

Vom Bewegungskrieg zum Stellungskrieg

Schnelligkeit sollte das Geheimnis eines deutschen Sieges sein. Schon am 4. August 1914 fielen die deutschen Truppen frühmorgens in das neutrale Belgien ein. In einem Sturmlauf stießen fünf deutsche Armeen durch Belgien, Nord- und Ostfrankreich in Richtung Paris vor. Doch an der Marne, wo die französischen Armeen eine starke Verteidigungslinie aufgebaut hatten, blieb der Angriff stecken. Damit war der deutsche Feldzugsplan gescheitert. Es war nicht möglich gewesen, Frankreich in einem schnellen Bewegungskrieg zu besiegen. Aber auch Frankreich fehlte die Kraft zu einem entscheidenden Durchbruch. Der Krieg erstarrte an allen Fronten zum Stellungskrieg. Beide Seiten versuchten durch ungeheuren Einsatz von Material und stundenlanges Granatfeuer die gegnerischen Stellungen aufzureißen.

Materialschlachten:
die Industrialisierung des Tötens

Den Gegner ausbluten und zermürben: So lautete die Strategie des Stellungskrieges. Stabil ausgebaute Gräben und Gefechtslinien bildeten die Verteidigungslinien. Mit neuartigen Waffen versuchten die Soldaten, die gegnerischen Linien zu überwinden oder die eigenen Stellungen zu verteidigen.

Bisher noch nie gesehene Materialschlachten mit neuen Waffen, Maschinengewehren, Handgranaten, Giftgasgranaten, Minen, Panzern und Flugzeugen fanden statt. Granatwerfer schossen tagelang rund um die Uhr ihre Munition auf die gegnerischen Stellungen. Die Gewalt der Explosionen zerfetzte in Minuten ganze Wälder, stampfte Betonbunker zusammen und zerriss Hunderttausende von Menschen. So kostete der Stellungskrieg Millionen von Soldaten das Leben. Allein in der Schlacht von Verdun im Herbst 1916 fielen 240 000 Deutsche und 270 000 Engländer und Franzosen.

1 *Vergleicht die Zahl der vor Verdun Gefallenen mit der Einwohnerzahl eures Stadtbezirkes.*

2 *Begründet mit eigenen Worten, wodurch sich dieser Krieg von vorangegangenen unterschied.*

Mangel an der „Heimatfront"

Der alltägliche Hunger

Entsetzlich traf die gesamte Bevölkerung in Deutschland der Mangel an Lebensmitteln. Durch die britische Seeblockade, die Kriegswirtschaft und Missernten verknappten sich die Lebensmittel immer mehr. Die Nahrungsmittel wurden vom Staat rationiert, d. h. man bekam sie nur noch auf Lebensmittelkarten.

Im Herbst 1914 schrieb die 14-jährige Elfriede Kuhr in ihr Tagebuch:

Q1 ... Wenn wir bloß ein bisschen mehr zu essen hätten! Aber Brot und Mehl sind so knapp und mit den anderen Lebensmitteln steht es nicht besser. Augenblicklich haben wir pro Person in einer ganzen Woche 1/2 Pfund Kaffee-Ersatz und 1/2 Pfund Margarine; Butter für Erwachsene pro Woche 125 g. Manchmal gibt es Bezugsscheine für 1/2 Pfund Haferflocken, 1/2 Pfund Graupen und 1/2 Pfund Grieß, aber wenn die Vorräte ausverkauft sind, hat man ganz umsonst stundenlang vor den Läden Schlange gestanden. ...

Unter dem Hunger litten fast alle: Die Alten, Kranken und Gebrechlichen, die Kinder und die Mütter, die mit 48 Wochenstunden in der Kriegswirtschaft eingesetzt waren. Nur wer Geld besaß, konnte sich auf dem Schwarzmarkt* zu weit überhöhten Preisen noch zusätzliche Lebensmittel beschaffen.

Besonders schlimm war der „Steckrübenwinter" 1917/18, als es nicht einmal mehr Kartoffeln gab. Mit Steckrüben versuchte man, dem Hungertod zu entkommen. Die mangelnde Versorgung führte bei Erwachsenen zu einer Gewichtsabnahme von etwa 10 bis 15 kg, etwa 20 Prozent ihres Normalgewichts. Insgesamt starben im Deutschen Reich während des Krieges über 750 000 Menschen den Hungertod.

3 *Erklärt, warum man während des Ersten Weltkrieges von der „Heimatfront" sprach.*

4 *Beschreibt anhand der Materialien auf dieser Seite die Lebensbedingungen an der Front und in der deutschen Heimat. Stellt möglichst viele Stichpunkte zusammen.*

2 **Frauen übernehmen im Krieg schwere körperliche Arbeit (Reinigen und Schleifen der Straßenbahnschienen).** Foto, 1916.

3 **Frauen arbeiten in der Rüstungsindustrie.** Foto, 1917.

4 **Frauen sortieren aus Fallobst verwertbare Früchte aus.** Foto, 1917.

Kohlrüben-Karte
— Stadt Erfurt —

2 Pfund Kohlrüben 31. Woche 18.–24. Februar 1917	2 Pfund Kohlrüben 32. Woche 25.–31. März 1917
2 Pfund Kohlrüben 29. Woche 4.–10. März 1917	2 Pfund Kohlrüben 30. Woche 11.–17. März 1917
2 Pfund Kohlrüben 27. Woche 18.–24. März 1917	2 Pfund Kohlrüben 28. Woche 25. Febr.–3. März 1917
2 Pfund Kohlrüben 25. Woche 4.–10. Februar 1917	2 Pfund Kohlrüben 26. Woche 11.–17. Februar 1917

Bezugskarte für Kohlrüben aus dem Jahr 1917.

Schwarzmarkt*: *Bezeichnung für den unerlaubten Handel mit Waren aller Art. In Krisenzeiten – wie z. B. im Ersten Weltkrieg – durften knappe Waren wie beispielsweise Lebensmittel nur auf Bezugskarten abgegeben werden. Weil daneben verbotener Handel im Dunkeln oder im Verborgenen stattfand, sprach man von Schwarzmarkt.*

Wende und Ende des Krieges

US-Waffenexporte *an Krieg führende Staaten (in US-Dollar; Veränderungen der Zahlen von 1916 in % gegenüber denen von 1914):*

Großbritannien

1914	594 271 863
1916	1 526 685 102
	257 %

Frankreich

1914	159 818 924
1916	628 851 988
	393 %

Italien

1914	74 235 012
1916	269 246 105
	364 %

Deutschland

1914	344 794 276
1916	288 899
	0,88 %

1 Versenkung der „Lusitania" am 7. Mai 1915. Zeitgenössischer Stich.

Der deutsche U-Boot-Krieg

Auch im Seekrieg wurden neue Waffen eingesetzt, vor allem die U-Boote. Als die britische Marine eine Seeblockade verhängte, die Deutschland von allen Einfuhren abschnitt, beantwortete das Reich dies mit dem Einsatz der U-Boote, die ohne Warnung Kriegs- und sogar Handelsschiffe angriffen.

Am 7. Mai 1915 versenkte ein deutsches U-Boot den britischen Passagierdampfer „Lusitania", weil dieser auch Munition transportierte. Dabei starben 1198 Menschen, unter ihnen 128 Amerikaner. Nach dem energischen Protest der amerikanischen Regierung schränkte Deutschland den U-Boot-Krieg vorerst ein.

Trotz amerikanischer Warnungen eröffnete Deutschland am 1. Februar 1917 den uneingeschränkten U-Boot-Krieg. Zahlreiche Handelsschiffe wurden durch die U-Boote versenkt.

Dazu äußerte sich der amerikanische Präsident Wilson am 2. April 1917:

Q1 … Der derzeitige deutsche U-Boot-Krieg gegen den Handelsverkehr ist ein Krieg gegen die Menschheit, … gegen alle Nationen. Es sind keine Unterschiede gemacht worden, die Herausforderung hat der ganzen Menschheit gegolten. …

Der uneingeschränkte U-Boot-Krieg war 1917 der letzte Anstoß für den Kriegseintritt der USA gegen Deutschland. Diesem Schritt schlossen sich fast alle Staaten Südamerikas an. Mit dem Kriegseintritt der USA war der Krieg zum Weltkrieg geworden.

Der Kriegseintritt der USA

Am 2. April 1917 erklärte der amerikanische Präsident Thomas Woodrow Wilson:

Q2 … Es ist eine fürchterliche Sache, dieses große, friedfertige Volk in den Krieg zu führen. … Aber das Recht ist wertvoller als der Friede, und wir werden für Dinge kämpfen, die wir stets in unserem Herzen getragen haben: für die Demokratie, für die Rechte und Freiheiten kleiner Nationen, für eine allgemeine Herrschaft des Rechts durch ein Zusammenspiel der freien Völker, das allen Nationen Sicherheit bringen und die Welt selbst endlich frei machen wird. …

1 *Diskutiert die militärische und die moralische Seite des U-Boot-Krieges.*
2 *Erläutert die Ziele, für die die USA in den Krieg zogen.*

Wilsons 14 Punkte

Im Januar 1918, noch vor Ende des Ersten Weltkriegs, verkündete Präsident Wilson in 14 Punkten ein Friedensprogramm für Europa und die ganze Welt nach Kriegsende. Die USA beanspruchten für sich das Recht, über diese Friedensordnung zu wachen.

Im Programm hieß es:

Q3 … Unser Programm ist also ein Programm des Weltfriedens …

1. Alle Friedensverträge sind öffentlich und werden öffentlich geschlossen …
2. Vollkommene Freiheit der Schifffahrt auf den Meeren …
3. Beseitigung aller wirtschaftlichen Schranken …
4. Angemessene Beschränkungen der Rüstungen eines jeden Landes …
5. Eine freie, weitherzige und unbedingt unparteiische Beilegung aller kolonialen Ansprüche … unter Beachtung der Interessen der betroffenen Völker …
14. Eine allgemeine Gesellschaft der Nationen muss gebildet werden zur gegenseitigen Sicherheit, für die politische Unabhängigkeit der … Nationen …

Wende und Ende des Krieges

3 *Erläutert die einzelnen Punkte. Wer hätte welche Vorteile von ihrer Verwirklichung?*

Die USA entscheiden den Krieg

Bis zum Oktober 1918 entsandten die USA 1,8 Millionen gut ausgerüstete Soldaten auf den europäischen Kriegsschauplatz. Zusätzlich unterstützten sie Frankreich und England mit Krediten und Kriegsmaterial. Im August 1918 erlitt die deutsche Armee eine schwere Niederlage in Frankreich. Obwohl durch die russische Oktoberrevolution die Ostfront weggefallen war, löste sich nun die deutsche Front im Westen auf. Nach den Jahren des verlustreichen Stellungskriegs waren beide Seiten völlig entkräftet. Mit den Truppen der Amerikaner und ihrem reichen Materialnachschub waren die besser ausgerüsteten alliierten Soldaten von den deutschen Truppen nicht mehr aufzuhalten.

Niederlage im Westen

Am 29. September 1918 erklärte Generalfeldmarschall von Hindenburg im großen Hauptquartier, dass Deutschland den Krieg nicht mehr gewinnen könne. Er forderte die Reichsregierung auf, sofort Waffenstillstandsverhandlungen aufzunehmen.
In einem Telegramm der Heeresleitung vom 3. Oktober 1918 hieß es:

Q4 … General Ludendorff bat … seine dringende Botschaft zu übermitteln, dass unser Friedensangebot sofort hinausgehe. Heute halte die Truppe; was morgen geschehen könne, sei nicht vorauszusehen. …

Waffenstillstandsverhandlungen

Am 4. Oktober ging das Friedensangebot an den amerikanischen Präsidenten Wilson ab. Bei den Waffenstillstandsverhandlungen in einem Eisenbahnwagen im Wald von Compiègne diktierten die Alliierten unter französischer Federführung unter anderem folgende Bedingungen: sofortige Räumung Frankreichs, Belgiens und Luxemburgs, Übergabe von Elsass-Lothringen an Frankreich, Räumung der linksrheinischen Gebiete, Besetzung dieser Gebiete durch alliierte Truppen binnen 25 Tagen, Auslieferung eines großen Teils des deutschen Kriegsmaterials, darunter aller U-Boote

2 **Die Delegation der Alliierten vor der Unterzeichnung des Waffenstillstandsvertrags bei Compiègne.** Foto, 11. November 1918.

und der Hochseeflotte, außerdem von 5000 Lokomotiven und 150 000 Eisenbahnwaggons, Beibehaltung der alliierten Blockade.
Es fiel der deutschen Seite schwer, diese harten Bedingungen anzunehmen. Daher zogen sich die Verhandlungen trotz der Dringlichkeit eines Waffenstillstands noch über fast zwei Monate hin.
In dieser Zeit brach in Deutschland das bisherige Regierungssystem zusammen. Ganz Deutschland wurde von einer revolutionären Bewegung erfasst. Am 9. November 1918 wurde in Berlin die Republik ausgerufen.
Die neue demokratisch orientierte Regierung war gezwungen, als Erstes die von den Alliierten diktierten Waffenstillstandsbedingungen anzunehmen und umzusetzen.

4 *Bald nach dem Krieg wurde behauptet, die Revolution habe zur Niederlage geführt und die Sozialisten seien dem Heer quasi „in den Rücken gefallen". Prüft, wer die Waffenstillstandsverhandlungen forderte, und diskutiert, wer die Niederlage zu verantworten hatte.*

Statistik der im Ersten Weltkrieg gefallenen Soldaten (in Mio.):

Deutsches Reich	*1,808*
Österreich-Ungarn	*1,2*
Russland	*1,7*
Frankreich	*1,385*
Großbritannien	*0,947*
Italien	*0,46*
USA	*0,115*

Insgesamt waren darüber hinaus etwa 19,536 Mio. Verwundete zu beklagen.

1 **Gefallenendenkmal der Berliner Universität von 1926.** Foto, um 1930.

Gedenken an die Gefallenen

Bis zum Ende des Ersten Weltkriegs waren fast neun Millionen Soldaten auf den Schlachtfeldern gefallen. In Frankreich kamen z. B. auf 1000 Einwohner 34 Gefallene. Ein Ausdruck des ungeheuren Schocks, den der Erste Weltkrieg für alle Beteiligten bedeutete, ist die große Zahl der Totendenkmäler, die in allen Ländern nach Kriegsende errichtet wurden. Allein in Frankreich wurden 30 000 Kriegerdenkmäler errichtet. Neben großen Gedenkstätten wie z. B. in Verdun, wo eine der schrecklichsten Schlachten stattfand, sind es vor allem kleinere dörfliche Erinnerungsstätten, die zumeist auf Initiative der Gemeindevertretungen errichtet wurden. Auch in Berlin – wie in ganz Deutschland – gibt es zahlreiche Kriegerdenkmäler, die an die Opfer erinnern sollen und die einiges über das Leid sagen, das damals über viele Familien hereingebrochen ist.

Fragen zu Kriegerdenkmälern in eurer Stadt

– Informiert euch, ob es in eurem Stadtbezirk oder den Nachbarbezirken noch Kriegerdenkmäler zum Ersten Weltkrieg gibt.

– Stellt fest, warum das Denkmal errichtet wurde: zur Mahnung, als Aufforderung zur Nachahmung, zur Verherrlichung der „Kriegshelden".

– Schreibt ab oder fotografiert dazu die Inschriften auf dem Denkmal. Beachtet auch, welche Symbole verwendet wurden: Adler, Stahlhelme, Waffen, Ölzweig, Taube usw.

– Beachtet ferner, wie die Figuren dargestellt wurden: sterbend, in aufrechter und trotziger Haltung usw.

Häufig findet sich auf diesen Denkmälern auch ein Verzeichnis aller Gefallenen dieses Ortes oder Stadtteils. Dann könnt ihr zusätzlich noch folgende Frage beantworten:

– Wie viele Männer dieses Ortes starben als Soldat im Krieg?

– Wie alt war der Jüngste, wie alt der Älteste?

– Wenn auf dem Denkmal angegeben ist, wo die Soldaten gefallen sind, dann fertigt eine Karte an und tragt die Orte ein.

2 **Kriegerdenkmal für die gefallenen jüdischen Soldaten auf dem Jüdischen Friedhof Berlin-Weißensee.** Foto, 1999.

222

Zusammenfassung

Politik und Alltag im Kaiserreich

In der Verfassung des 1871 in Versailles gegründeten Deutschen Reiches hatte der Reichstag eine schwache Stellung gegenüber der Regierung. Er konnte seinen Einfluss nur geltend machen über das Haushaltsrecht und die Mitwirkung an der Gesetzgebung. Der Reichskanzler war allein vom Vertrauen des Kaisers abhängig. Der starke Einfluss des Militärs prägte die Gesellschaft des Kaiserreiches, eine demokratische Gesellschaftsordnung konnte sich in dem Obrigkeitsstaat nur schwer entwickeln.

Imperialismus und Wettrüsten

Am Ende des 19. Jahrhunderts versuchten vor allem die europäischen Industrienationen, die Welt unter sich aufzuteilen und in anderen Erdteilen, beispielsweise Afrika, Kolonien zu errichten. Neben den wirtschaftlichen Interessen – dem Bedarf an Rohstoffen und Absatzmärkten für die heimische Industrieproduktion – waren viele Europäer davon überzeugt, dass es nicht nur ihr Recht, sondern auch ihre Pflicht sei, die Welt zu regieren („Sendungsbewusstsein"). Die ungerechte, oft willkürliche Behandlung der einheimischen Bevölkerung führte in vielen Kolonien zu Aufständen.

Nach 1900 verstärkte sich der Kampf der europäischen Mächte um wirtschaftlichen und politischen Einfluss überall auf der Welt. Es kam zu einem Wettrüsten.

Das Misstrauen der Mächte nahm ständig zu und führte zu neuen Bündnissystemen. Eine wichtige Krisenregion war der Balkan, an dem sowohl Russland als auch Österreich großes Interesse zeigten. Mit der Ermordung des österreichischen Thronfolgers und seiner Frau durch serbische Attentäter war der Anlass zum Ersten Weltkrieg gegeben.

Erster Weltkrieg

Überall in Europa jubelten die Massen, als sie von der Mobilmachung der Armeen erfuhren. In Scharen meldeten sich Freiwillige zum Kriegsdienst. Jede Nation betonte, dass dieser Krieg ein Verteidigungskrieg sei, aber jede Nation hatte auch konkrete Kriegsziele, die auf eine dauerhafte Schwächung des Gegners hinzielten.

In wenigen Monaten wurde aus dem Bewegungskrieg ein Stellungskrieg, der schließlich Millionen Menschen das Leben kostete. Ganze Landstriche, vor allem in Frankreich, wurden während der Materialschlachten verwüstet. Schwer belastet durch den Krieg war auch die Zivilbevölkerung durch den Mangel an Lebensmitteln und Hungersnöte.

1871

1871 rufen die deutschen Fürsten in Versailles das Deutsche Reich aus.

1912/13

Balkankriege. Sie gingen dem Ersten Weltkrieg voraus.

28. Juli 1914

Beginn des Ersten Weltkriegs.

Anfang 1915

Vom Bewegungskrieg zum Stellungskrieg.

Arbeitsbegriffe

- ✓ 1870/71
- ✓ Kaiser Wilhelm II.
- ✓ Deutsches Reich
- ✓ Reichstag
- ✓ Nationalismus
- ✓ Imperialismus
- ✓ Bündnissysteme
- ✓ Militarismus
- ✓ Hochrüstung
- ✓ Friedensinitiativen
- ✓ Zusammenbruch
- ✓ Waffenstillstand
- ✓ 1914–1918
- ✓ Völkerbund

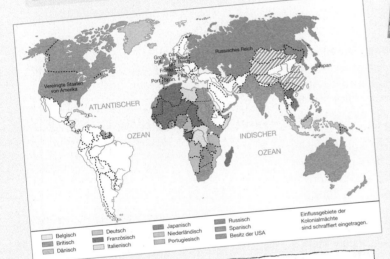

Was wisst ihr noch?

1 Erklärt, wie es zur Gründung des Deutschen Reiches kam und welche Rolle Otto von Bismarck dabei spielte.

2 Warum waren viele Demokraten enttäuscht von der Verfassung von 1871?

3 Wie äußerte sich der Nationalismus im Deutschen Reich? Nennt Beispiele.

4 Welche Ziele verfolgten europäische Staaten in der Zeit des Imperialismus?

5 Nennt Umfang und Ursachen der Hochrüstung.

6 Einige Menschen stellten sich gegen die Vorstellung, ein Krieg sei nicht zu verhindern. Nennt sie und berichtet über ihre Forderungen.

Tipps zum Weiterlesen

Simon Adams: Der Erste Weltkrieg. Gerstenberg Verlag, Hildesheim 2003

Lotte Betke: Herbstwind. Klopp Verlag, München 1991

Gabriele Beyerlein: In Berlin vielleicht. Thienemann Verlag, Stuttgart 2005

Willi Fährmann: Es geschah im Nachbarhaus. Geschichte eines Verdachtes. Arena Verlag, Würzburg 1988

Rudolf Frank: Der Junge, der seinen Geburtstag vergaß. Ein Roman gegen den Krieg. Beltz Verlag, Weinheim 2004

Erich Kästner: Als ich ein kleiner Junge war. Hellerau Verlag, Dresden 1969

Iain Lawrence: Der Herr der Nussknacker. Verlag Freies Geistesleben, Stuttgart 2004

Michael Morpurgo, Francois Place: Schicksalsgefährten. Carlsen Verlag, Hamburg 2004

1 Verfasst eine Übersicht über den Ersten Weltkrieg in eurem Heft. Schreibt zu jedem der Stichpunkte, was ihr noch darüber wisst:

a) Ursachen

b) Kriegsausbruch

c) Kriegsgegner

d) Kriegsziele Deutschlands, Frankreichs, Großbritanniens und Russlands.

e) „Gesicht des Krieges" auf den Schlachtfeldern

f) Kriegsalltag in Deutschland

g) Ende des Krieges

2 Schreibt aus der Sicht eines deutschen Soldaten an der Front eine Feldpostkarte an eure Mutter.

Geschrieben, den —————————— 19 —

Liebe Mutter,

Artillerie in Beobachtung des Feindes. Feldpostkarte, 1916.

„Des Kriegers Herz wird hoch beglückt
Vom Brief, den zarte Hand ihm schickt."
Feldpostkarte, 1915.

8. Natur und Umwelt in der Geschichte – ein Längsschnitt

Jungsteinzeit

Antike

MENSCHEN BEGINNEN MIT DER
VERÄNDERUNG IHRER UMWELT

ABHOLZUNG DER WÄLDER
IM MITTELMEERRAUM

Natur und Umwelt – das ist die Welt, in der wir leben. Alles, was uns umgibt, gehört dazu: Städte, Dörfer, Landschaften, Wälder, Seen, Bäche und Flüsse, das Meer und vieles mehr. Menschen und Tiere sind Teile davon.

Auch die Natur und unsere Umwelt haben Geschichte. Sie haben nicht immer so ausgesehen wie jetzt. Menschen haben ihren Lebensraum, ihre Umwelt und damit auch die Natur verändert.

Das folgende Kapitel führt euch in die Steinzeit, über das antike Griechenland nach Rom, dann in das Mittelalter und in unsere Zeit, in der die drohenden Veränderungen auf der Erde durch den Klimawandel die Menschheit vor neue Herausforderungen stellen.

Mittelalter

Seit 1980

WALDRODUNGEN IN EUROPA

VOM MENSCHEN VERURSACHTE GLOBALE KLIMAERWÄRMUNG

Menschen beginnen ...

1 **Landschaft am Bodensee am Ende der Altsteinzeit, vor etwa 10 000 Jahren.** Rekonstruktion.

Erntemesser und Mahlstein. Rekonstruktionszeichnung. *Zwei wichtige Geräte für die Menschen der Jungsteinzeit.*

2 **Landschaft am Bodensee in der Jungsteinzeit, vor etwa 6000 Jahren.** Rekonstruktion.

... ihre Umwelt zu verändern

Landwirtschaft in der Industriegesellschaft. Fotos.

3 Landschaft am Bodensee heute. Luftaufnahme.

Menschen verändern die Landschaft

1 *Beschreibt die Veränderungen der Landschaft auf den Abbildungen 1–3. Beachtet dabei die Ausbreitung der Siedlungsfläche und die Bodennutzung.*

Viele hunderttausend Jahre lebten die Menschen in und von der Natur. Mammuts und Rentiere wurden gejagt, Kräuter und Beeren gesammelt. Man nutzte einfach das, was die Natur bot. Mit der Jungsteinzeit, als die Menschen sesshaft wurden, veränderte sich das Verhältnis des Menschen zur Natur. Seit dieser Zeit versucht der Mensch, die Natur zu beherrschen: Tiere wurden jetzt gezüchtet, Pflanzen planmäßig angebaut. Die Folgen zeigten sich sehr schnell:
Ackerland z. B. gewann man in der Jungsteinzeit meistens durch Brandrodung. Dazu wurde ein kleines Feuer rings um die Baumstämme entfacht, damit diese angekohlt wurden. Die verkohlte Stelle wurde dann so lange mit einer Steinaxt bearbeitet, bis man die Baumstämme fällen konnte. Die Stämme verwendete man als Bauholz für die Häuser.

Die gesamte Fläche wurde anschließend noch durch ein Feuer von Gebüschen und Sträuchern befreit.
Nach wenigen Jahrzehnten war der Boden durch den ständigen Getreideanbau so ausgelaugt, dass man neue Ackerflächen benötigte. Dann wurde das ganze Dorf verlagert und die Brandrodungen begannen erneut.
Ganz allmählich entstanden auf diese Weise immer größere Lichtungen. Der Urwald aus Eichen, Buchen, Ulmen und Linden wurde zurückgedrängt (vgl. Abb. 2). Wie hier am Bodensee, so haben die Menschen im Laufe der Zeit überall, wo sie siedelten, die Landschaft verändert. „Naturlandschaften", also unberührte Landschaften, die von den Menschen nicht verändert wurden, gibt es heute in Europa kaum noch.

2 *Die Zeitungen berichten immer wieder von gewaltsamen Eingriffen des Menschen in die Natur, wie z. B. beim Tagebau im Bergwerk oder im Urwald von Brasilien. Informiert euch darüber mithilfe des Internets und diskutiert über die Folgen.*

Umweltzerstörung in der Antike

1 Landschaft auf der südgriechischen Halbinsel Peloponnes. Foto, 1993.

*Der griechische Gelehrte **Platon** (427–347 v. Chr.).*

„Das Land, ein mageres Gerippe" – Umweltzerstörung in Attika

Platon, ein bedeutender griechischer Gelehrter, schrieb in einem seiner Werke:

Q1 … Ringsum ist aller fette und weiche Boden weggeschwemmt worden und nur das magere Gerippe des Landes ist übrig geblieben. Aber früher war dieses Land noch unversehrt, mit hohen, von Erde bedeckten Bergen, und die Ebenen, die man heute als rau und steinig bezeichnet, hatten fetten Boden in reichem Maße und auf den Höhen gab es weite Wälder, von denen heute noch deutliche Spuren sichtbar sind.

Einige von diesen Bergen bieten jetzt einzig den Bienen noch Nahrung; es ist aber noch gar nicht so lange her, dass die Bedachung der großen Häuser, die man aus den Bäumen der Berge hergestellt hatte, noch wohlerhalten war. Und auch sonst trug das Land hohe Fruchtbäume in großer Zahl und den Herden bot es unbeschreiblich reiche Weideplätze. Und vor allem bekam es von Zeus jedes Jahr sein Wasser, und dieses ging nicht wie heute verloren, wo es aus dem kärglichen Boden ins Meer fließt, sondern weil das Land reichlich Erde hatte und das Wasser damit auftrank und es in dem lehmhaltigen Boden bewahrte, ließ es das Nass von den Höhen herab in die Talgründe fließen und bot allerorten den Brunnen und Bächen reichlich Bewässerung. …

Wie man das bei den kleinen Inseln sehen kann, ist also, wenn man den heutigen Zustand mit dem damaligen vergleicht, gleichsam noch das Knochengerüst eines Leibes übrig, der von einer Krankheit verzehrt wurde. …

1 *Erläutert mithilfe von Q1 die Abbildung 1.*

230

Umweltzerstörung in der Antike

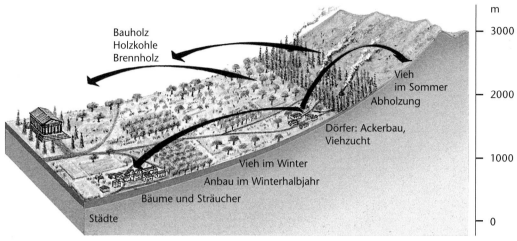

Bauholz
Holzkohle
Brennholz

Vieh im Sommer
Abholzung

Dörfer: Ackerbau, Viehzucht

Vieh im Winter
Anbau im Winterhalbjahr
Bäume und Sträucher
Städte

m
3000
2000
1000
0

2 Landschaftsveränderungen um 500 v. Chr. im antiken Griechenland. Schaubild.

Athenisches Kriegsschiff. Rekonstruktionszeichnung.

Gründe für die Umweltzerstörung in Attika

Mit dem Aufstieg Athens zum wirtschaftlichen und kulturellen Zentrum Griechenlands wuchs auch die Bevölkerungszahl auf der Halbinsel Attika. Athen war zu einer großen Stadt mit prächtigen Bauten herangewachsen. Es verfügte über eine Flotte von über 200 Kriegsschiffen und trieb Handel über das Mittelmeer. Dies hatte erhebliche Folgen für die hügelige Umgebung:

– Größerer Bedarf an Ackerland für die steigende Bevölkerungszahl.
– Wachsende Nachfrage nach Holz als Bau- und Brennmaterial.
– Verwendung von teurem Holz für prächtige öffentliche Bauten und Luxusbauten der Reichen zur Steigerung des Ansehens.
– Stetig anwachsender Bedarf an Holz für den Bau von Kriegs- und Handelsschiffen.

Bäume wurden gefällt und ganze Wälder abgeholzt. Vor der Abholzung hatte der mit Baumwurzeln durchzogene Boden das Regenwasser wie ein Schwamm aufgesaugt und gespeichert. Nun spülte der Regen die Erde, die nicht mehr von Wurzeln festgehalten wurde, die Hügel hinunter. Diesen Vorgang nennt man „Erosion". Zurück blieb ein trockener, karger, zum Teil felsiger Boden, wie wir ihn heute noch auf Attika und in anderen Gegenden Griechenlands vorfinden.

2 Beschreibt das Schaubild und stellt einen Zusammenhang mit Abbildung 1 her.
3 Nennt anhand der Zusammenstellung in der Textspalte links und der Abbildung 2 die Gründe für die Umweltzerstörung.
4 Diskutiert mithilfe der Informationen, die ihr durch diese Doppelseite erhalten habt, die beiden folgenden Aussagen:
– „Die Sünden einer früheren Generation treffen diejenigen, die heute auf demselben Boden leben, mit voller Wucht."
– „Schon für die Menschen der Antike war die Natur ein Selbstbedienungsladen."
5 Sammelt Fotos und Berichte über weitere Beispiele von Umweltzerstörungen.
6 In Zeitungen, Zeitschriften oder auch im Internet wird häufig über Umweltschäden berichtet. Sammelt eine Woche lang entsprechende Berichte und Fotos und erstellt damit eine Wandzeitung.

Wasserversorgung und -entsorgung in Rom ...

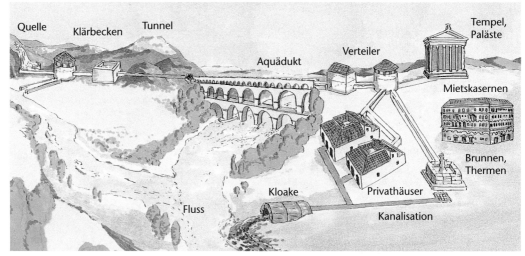

1 **Funktionsweise der römischen Wasserversorgung und -entsorgung.** Schaubild.

Aquäduktbrücke* in der römischen Stadt Segovia (Spanien), 1. Jh. n. Chr. Das Wasser kam aus einer 16 km entfernten Quelle und floss durch einen mit Steinplatten abgedeckten Kanal auf dem obersten Brückenbogen. Foto.

Aquädukt*: brückenartiges Bauwerk aus Stein mit einer Rinne, in der das Wasser für die Bevölkerung weitergeleitet wurde.

Öffentliche Toilette in Pompeji. Foto.

Kloake (lat.): Abwasserkanal

Der Stolz auf die römische Technik ...

1 *Beschreibt anhand des Schaubildes die Wasserversorgung und -entsorgung in Rom.*

Frontinus, der um 100 n. Chr. Direktor der Wasserbehörde der Stadt Rom war, äußerte sich über die römische Wassertechnik:

Q1 ... Mit dieser Reihe unentbehrlicher Bauwerke, die so große Mengen Wasser führen, vergleiche die unnützen Pyramiden oder die unbrauchbaren Bauwerke der Griechen, mögen die Leute auch noch viel von ihnen schwärmen. ...

An anderer Stelle berichtete er über die Folgen, die der Ausbau der römischen Wasserversorgung hatte:

Q2 ... Die Ursachen des ungesunden Klimas werden fortgespült, der Anblick der Straßen ist sauber, reiner die Atemluft, beseitigt ist die Atmosphäre, die bei unseren Vorfahren der Stadt immer schlechten Ruf eintrug. ...

... und die Wirklichkeit

Der Geschichtswissenschaftler Karl-Wilhelm Weeber beschrieb 1990 die Probleme, die infolge der Einleitung des Brauchwassers in den Tiber auftraten:

M1 ... Der Tiber dürfte angesichts der hohen Konzentration von Abfällen und Schmutzwasser, das über die Kanäle in ihn gelangte, im Stadtgebiet Roms schon damals eher eine trübe, dreckige Brühe gewesen sein. Unentwegte mochten zwar nach wie vor im Tiber baden, die große Mehrzahl der Schwimmer zog es indes wohl auch aus hygienischen Gründen vor, die verlockenden Badeangebote der großen Thermen zu nutzen.

Unangenehm – und unhygienisch wurde es, wenn der Tiber Hochwasser führte. Dann überschwemmten die Fluten des Stroms nicht nur die niedrig gelegenen Stadtgebiete, sondern es bestand auch große Rückstau-Gefahr: Vieles von dem, was zuvor in die Kanalisation gelangt war, wurde dann auf die Straßen zurückgeschwemmt; keine schöne Vorstellung, wenn man sich klar macht, dass außer Latrinenrückständen auch Tierhäute, Aas und ähnlich eklige Abfälle wieder auftauchten. ...

2 *Stellt die Einschätzung des Frontinus dem Materialtext gegenüber. Erörtert, welches Bewusstsein von Umweltproblemen Frontinus vermutlich gehabt haben wird.*

3 *Erkundet bei den Stadtwerken von Berlin, wie die Entsorgung der Abwässer heute funktioniert und welche Umweltprobleme es dabei gibt.*

... und im Mittelalter

2 **Brunnenverschmutzung.** Rekonstruktionszeichnung.

3 **Bearbeitung einer Tierhaut am Flusslauf.** Holzschnitt, um 1470.

Ausbreitung von Epidemien* im Mittelalter

Etwa 1000 Jahre später in einer englischen Stadt: Die Menschen versorgten sich mit Wasser aus dem Brunnen. Manchmal holte man das Wasser auch aus den Flüssen. Nur äußerst selten gab es Wasserleitungen und Abwasserkanäle wie in den römischen Städten. Hier könnt ihr erfahren, welche Folgen mangelnde Sauberkeit und Hygiene* beim Umgang mit Wasser mit sich brachten.

Krankheiten durch die Wasserverunreinigung

Toiletten und Brunnen lagen oft sehr nahe beieinander. Das Trinkwasser wurde aus der gleichen Tiefe geholt, in der auch die Toiletten mit ihren Senkgruben mündeten. Dadurch wurde das Wasser in den Brunnen- und Quellschächten immer wieder verschmutzt. Diese Versickerung bedeutete oft den Anstoß zu einem verhängnisvollen Kreislauf: Mensch – Toilette – Senkgrube – Trinkwasserbrunnen – Mensch. Dieser Zusammenhang war den Menschen des Mittelalters teilweise bekannt, es fehlte aber an wirksamen Kontrollen der Toiletten. Infektionen* und Lepra* waren häufige Folgeerscheinungen der Wasserverunreinigung.

4 *Erklärt mithilfe der Abbildung 2, wie die Verschmutzung des Brunnenwassers entstand. Was kann dagegen getan werden?*

Mangelndes Hygienebewusstsein

Abfälle und Unrat wurden oft einfach auf die Straße geworfen. Da die Bewohner einer Stadt zur eigenen Versorgung auch Tiere hielten, waren Misthaufen in den Gassen nichts Ungewöhnliches. Bei Regen weichte der Boden auf und man stand fußhoch im Dreck. Sorge bereitete in den Städten die Beseitigung der Fäkalien*. Nachbarschaftsstreit ergab sich gelegentlich, wenn man sein „Nachtwasser" einfach auf die Straße goss.

Klagen über die Verschmutzung des Flusses

Im Mittelalter waren verschiedene Handwerkszweige auf Flüsse angewiesen, die die Städte durchzogen. In vielen Städten gab es Gerbereien, Färbereien und Schlachtereien, die direkt am Ufer lagen. Oft wurden hier Abfälle wie Säuren, Blut, Fett und Teile toter Tiere in die Flüsse eingeleitet. Aber auch Brauereien entnahmen den Flüssen ihr benötigtes Wasser.

5 *Fasst zusammen, welche Folgen die Ansiedlung der verschiedenen Handwerksbetriebe für das Flusswasser hatte (Abb. 3).*

6 *Vergleicht, wie die Menschen im alten Rom und im Mittelalter mit Wasser umgegangen sind. Welche Gemeinsamkeiten und Unterschiede stellt ihr fest?*

Mittelalterliche Rodungen

1 **Bauer beim Pflügen.** Im Hintergrund beginnt ein zweiter Bauer mit dem Säen. Malerei, 14. Jahrhundert.

Die Bevölkerungszahl wächst – neues Ackerland muss her

Seit dem 8. Jahrhundert n. Chr. gab es in der Landwirtschaft zahlreiche Fortschritte (siehe S. 18/19). Die höheren Ernten konnten zunächst mehr Menschen ernähren. Die Bevölkerungszahl wuchs stetig an. Aber das vorhandene Ackerland reichte schließlich nicht mehr für die Ernährung der Bevölkerung aus. Viele Menschen gerieten in große Not. Was konnte man tun?

Klöster, adlige Grundherren und Städte besaßen große, meist bewaldete oder sumpfige Gebiete. Hier sollten neue Dörfer und Ackerland entstehen. Menschen, die bereit waren, Wälder zu roden, d. h. in mühsamer Arbeit Sträucher aus dem Boden zu reißen, Bäume zu fällen, das Wurzelwerk aus der Erde zu entfernen und Sümpfe trockenzulegen, wurden mit vorteilhaften Verträgen gelockt: Pferde und Werkzeug stellte man ihnen frei zur Verfügung.

In den ersten Jahren wurden die „Rodungsbauern" mit Lebensmitteln unterstützt, bis sie die ersten Ernten einfahren konnten. Die Menschen bauten Häuser, Straßen, Windmühlen, Kornspeicher und Kirchen. Von dem neu gewonnenen Ackerland erhielten die „Rodungsbauern" einen Teil als Eigentum. Nun konnten sie sich selbst ernähren. Im Vergleich zu ihren Vorfahren mussten sie nur einen geringen Teil der Ernte abliefern. So entstanden etwa seit dem 11. Jahrhundert in Deutschland, ebenso wie in Frankreich, Belgien und England, unzählige Dörfer. Große Gebiete wurden „entwaldet", oft blieb nur in rauen Gebirgsgegenden der Wald erhalten.

2 **Pflügender Bauer.** Buchmalerei aus der Salzburger Benediktinerabtei St. Peter, 809.

3 **Ein Wald wird gerodet.** Rekonstruktionszeichnung.

Mittelalterliche Rodungen

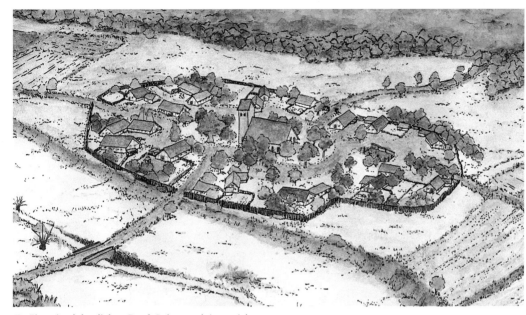

4　**Ein mittelalterliches Dorf.** Rekonstruktionszeichnung.

*Ein Bauer arbeitet
mit einer Sense.*
*Französische Hand-
schrift, um 1480.*

Ein Historiker schrieb über die Bedeutung des
Waldes für die Bauern:

M1 … Und der Wald ist der Rohstoffbringer.
Von ihm bezieht der Bauer Holz für Zäune,
Bretter und Schindeln, für Fässer, Wagen,
Räder, Licht und Wärme: Holzarbeit nimmt
mitunter des Bauern meiste Zeit in Anspruch. …
Man muss Wald besitzen und Land besitzen,
um im Dorf draußen gut über den Winter zu
kommen. …

1　*Erklärt anhand des Textes den Zusammenhang zwischen Bevölkerungswachstum und
mittelalterlichen Rodungen.*
2　*Beschreibt die Abbildungen 1, 2 und 3.*
3　*Vermutet, wie sich Bevölkerungswachstum
und Rodungen auf den Zustand der Umwelt im
Mittelalter auswirkten.*
4　*Informiert euch über Rodungen heute (Stichworte: Regenwald, Urwald, Abholzung). Listet
deren Folgen auf.*
5　*Beschafft euch auch Foto- und Kartenmateri-
al für eine Wandzeitung zum Thema „Waldver-
nichtung". Vielleicht kann euch eure Erdkunde-
lehrerin oder euer Erdkundelehrer unterstützen.*

*Ein Bauer drischt
das Getreide mit
einem Dreschflegel.*
*Französische Hand-
schrift, um 1480.*

5　**Waldrodungen in Mexiko heute.** Foto, 2005.

Der Klimawandel, seine Folgen ...

Treibhausgase:
Das sind Gase, die die Wärme in der Nähe der Erdoberfläche festhalten. Insgesamt gibt es ca. 30 Treibhausgase, von denen CO_2 (Kohlenstoffdioxid) die größte Bedeutung hat. Andere Treibhausgase sind: CH_4 (Methan), N_2O (Lachgas) oder FCKW (Chlorkohlenwasserstoff).

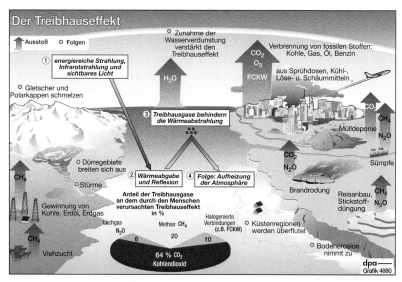

1 Der Treibhauseffekt. Schaubild.

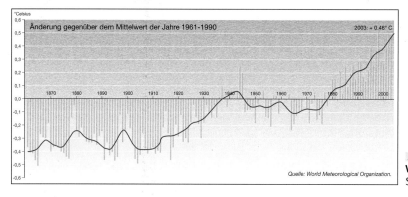

2 Entwicklung des Weltklimas 1861–2003. Schaubild.

*Gibt es **Eisbären** in nicht allzu ferner Zukunft nur noch im Zoo? Das Abschmelzen der Arktis durch die Erderwärmung bedroht den Lebensraum der Tiere. Auf der Homepage www. pm-magazin.de findet ihr unter dem Stichwort „Eisbären" mehr Informationen dazu. Foto.*

Ursachen des Klimawandels

Auch in unserer Zeit verursachen Menschen durch Eingriffe in die Natur tief greifende Veränderungen. Die Häufung extremer Wettersituationen wie die häufigen Hochwasser, das Abschmelzen der Gletscher in den Alpen, die vermehrte Anzahl von Hurrikanen in den USA und besonders warme und trockene Monate wie z.B. der April 2007 in Europa sind Anzeichen dafür, dass sich das Weltklima langsam, aber unaufhaltsam verändert.

Die Umweltorganisation Greenpeace schrieb am 12. Juni 2007 auf ihrer Website zu den Ursachen des Klimawandels:

M1 ... Frühere Klimaänderungen gingen aber so langsam vor sich, dass Tiere und Pflanzen genug Zeit hatten, sich an die neuen Bedingungen anzupassen. Heute sind wir mit einer sehr schnellen Erwärmung konfrontiert. Weltweit ist die Durchschnittstemperatur in den letzten 100 Jahren schon um etwa 0,74 Grad Celsius gestiegen und die UN-Klimaforscher halten einen Temperaturanstieg weltweit um bis zu 6,4 Grad Celsius bis 2100 für möglich. Verheerende Folgen sind absehbar. Der Grund für die Erwärmung ist unsere moderne Lebensweise in der Industriegesellschaft. Die Verbrennung von Kohle, Gas und Öl, die Abholzung von Wäldern und die Massentierhaltung verursachen hohe Treibhausgasemissionen und belasten das Klima. ...

1 *Erläutert mithilfe des Schaubildes 1 den Treibhauseffekt und erklärt, wieso es zu einer Erwärmung der Erde kommt.*

2 *Untersucht mit dem Schaubild 2, welche Folgen die Industrialisierung seit 1861 für das Weltklima hatte. Sucht in den Medien aktuelle Zahlen für die letzten Jahre.*

... und was zu tun ist

Temperaturanstieg muss begrenzt werden
Der Weltklimarat der UN (IPCC), in dem die führenden Klimaforscher der Welt zusammenarbeiten, hat in mehreren Berichten aufgezeigt, dass es möglich und nötig ist, die globale Erwärmung bis zum Jahre 2100 auf 2 Grad Celsius zu begrenzen. Eine stärkere Erwärmung würde mit hoher Wahrscheinlichkeit zu klimatischen Katastrophen führen. Um dieses Ziel – eine Begrenzung der Erwärmung auf 2 Grad Celsius – zu erreichen, muss der CO_2-Ausstoß bis 2050 um 50 bis 85 Prozent im Vergleich zu 1990 gesenkt werden, spätestens ab 2015 muss der Ausstoß verringert werden. Bisherige internationale Umweltabkommen, wie der Vertrag von Kyoto, bewirkten wenig, da die größten Verursacher der Treibhausgase, die USA und China, dem Vertrag nicht beitraten.

G8*-Treffen in Heiligendamm – ein Erfolg?
Im Juni 2007 verfolgten viele Menschen die Nachrichten über das Treffen der größten Industrienationen der Welt in dem deutschen Ostseeort Heiligendamm. Begleitet von Demonstrationen und Kundgebungen berieten die mächtigsten Politiker der Welt auch über die Frage, ob und wie die CO_2-Emissionen verringert werden können.
Über das Ergebnis sagte Bundeskanzlerin Angela Merkel am 7. Juni 2007 gegenüber Journalisten:

M2 ... Erstens ist es gelungen, dass alle G8-Staaten den internationalen Klimabericht, den IPCC-Bericht, mit seinen Auswirkungen und seinen Folgen anerkennen. Und es ist zum Zweiten gelungen, zu sagen, dass wir darin übereinstimmen, dass wir Reduktionsziele* brauchen, und zwar verpflichtende Reduktionsziele. Und es ist gemeinsam gesagt worden, dass das, was Japan, Kanada und vor allen Dingen die EU festgelegt haben, hier ernsthaft in Betracht gezogen wird, nämlich dass die Emissionen bis 2050 mindestens halbiert werden müssen, und, was für mich natürlich von allergrößter Bedeutung ist, dass gesagt worden ist, dass alles im Rahmen des UN-Prozesses geschehen wird und nicht irgendwann im Rahmen des UN-Prozesses, sondern mit einem klaren Beginn

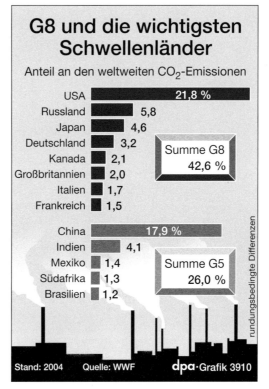

G8 und die wichtigsten Schwellenländer
Anteil an den weltweiten CO_2-Emissionen

USA	21,8 %
Russland	5,8
Japan	4,6
Deutschland	3,2
Kanada	2,1
Großbritannien	2,0
Italien	1,7
Frankreich	1,5

Summe G8 42,6 %

China	17,9 %
Indien	4,1
Mexiko	1,4
Südafrika	1,3
Brasilien	1,2

Summe G5 26,0 %

rundungsbedingte Differenzen

Stand: 2004   Quelle: WWF   dpa-Grafik 3910

3 **CO_2-Emissionen.** Schaubild.

bei der Konferenz in Bali am Ende diesen Jahres. ...

Erstmals sind nun auch die USA bereit, über die Reduzierung des CO_2-Ausstoßes zu verhandeln und dies im Rahmen einer verbindlichen Vereinbarung innerhalb der UNO. Auch China wird sich an diesen Verhandlungen beteiligen.
Im Unterschied zur Bundesregierung, die die Beschlüsse der G8-Staaten als Erfolg wertete, sahen die deutschen Umweltschutzverbände das Treffen in Heiligendamm als gescheitert an, da sich vor allem die USA nicht auf eine verbindliche Reduzierung der Treibhausgase festlegen lassen wollten.
3 *Diskutiert, ob in Heiligendamm etwas zur Verringerung der Treibhausgase erreicht worden ist.*
4 *Verfolgt in den Medien Berichte über den Stand der Verhandlungen zur Reduzierung der Treibhausgase.*

G8*:
Gruppe der Acht.

Reduktionsziele*:
Ziele für die Verringerung der Treibhausemissionen, von lat.: reducere: zurückführen

Internettipp:
Ein Vorschlag von Greenpeace, was man selber tun kann, um Treibhausgase zu verringern, findet ihr unter:
www.greenpeace.de.
Dort müsst ihr in die Suchfunktion den Satz „Wie Sie 1000 Kilogramm CO_2 einsparen" eingeben.

2011: Baden in der Spree?

1 **Berliner Flussbadeanstalt in Höhe der Mühlendammschleuse.** Bis 1925 konnte man in der Spree baden. Foto.

Badeverbot in der Spree

Auf der Website des Berliner Senats konnte man im Sommer 2007 lesen:

M1 … In keiner Metropole der Welt ist der Sommer so schön wie in Berlin. Und nirgendwo sonst gibt es eine Millionenstadt mit derart vielen und vielfältigen Möglichkeiten zum Baden an natürlichen Gewässern. … Am bekanntesten sind wohl der Große Wannsee oder der Große Müggelsee. Daneben gibt es eine Reihe von Landseen, z.B. die Seen der Grunewaldseenkette oder Orankesee und Weißer See. Idyllisch tief im Wald oder in Wiesen gelegen kann man an diesen Seen und Flussläufen im Sommer ein Badevergnügen ohne Ferienstau und ohne Kurtaxe genießen. …

Nur das Baden in der Spree ist seit 1925 wegen der starken Verschmutzung des Flusses durch Abwässer aus Industrie und Haushalten verboten. Heute gibt es keine Industriebetriebe mehr, die ihr Abwasser in die Spree einleiten.

Verschmutzung durch Mischkanalisation

Hauptverursacher der Verschmutzung der Spree ist heute die sogenannte Mischkanalisation. Dieses System gibt es im alten Stadtkern von Berlin. Im Mischkanalisationssystem werden Schmutz- und Regenwasser gemeinsam in einem Kanal abgeleitet. Wenn es stark regnet, läuft die Mischkanalisation über und ein Gemisch aus verschmutztem Regenwasser und Abwasser aus den Haushalten fließt in die Spree. Das passiert 5 bis 30 Mal pro Jahr.

Das Berliner Kanalsystem umfasst 4206 km Schmutzwasserkanäle, 3218 km Regenwasserkanäle und 1908 km Mischwasserkanäle. Etwa ein Viertel der kanalisierten Gebiete werden nach dem Mischverfahren und drei Viertel nach dem Trennverfahren entwässert. Beim Trennverfahren werden die Abwässer aus den Haushalten und das Regenwasser getrennt entsorgt. Doch auch hier wird die Umwelt belastet, denn durch das Regenwasser gelangen Schmutz und Verunreinigungen von Straßen und Dächern in die Spree.

Internettipp:
*Informationen zum aktuellen Zustand der Berliner Badegewässer findet ihr unter:
www.berlin.de/ badegewaesser/ index.html*

2011: Baden in der Spree?

2 Strandbad auf der Spree 2011: eine Utopie? Computergrafik.

1 *Beschreibt mit eigenen Worten, wie es zur Verschmutzung der Spree kommt.*

Pilotprojekt testet neues Verfahren

Mit einem großem Umweltschutzprojekt will man nun in Berlin die Verschmutzung der Spree und anderer öffentlicher Gewässer in den Griff bekommen. Das Bundesforschungsministerium hat 2007 für ein Pilotprojekt zur Reinigung des Spreewassers im Osthafen 2 Millionen Euro bereitgestellt.

Die Idee hört sich einfach an und soll auch noch Geld bringen:

M2 ... Dort, wo das Mischwasser* in den Fluss läuft, werden große Behälter unter Wasser installiert, die es aufnehmen. Lässt der Regen nach und sind die Rohre wieder frei, wird das Mischwasser aus den Speichern zurück in die Kanalisation und von dort zum Klärwerk gepumpt. Durch die Speicher entstehen Inseln mit nutzbaren und vermietbaren Flächen dort, wo es am schönsten ist: mitten auf der Spree. Auf dem Fluss schwimmt ein Freilichtkino, im Café „Spreeathen" hat man freien Blick auf die Oberbaumbrücke in der Abendsonne ...

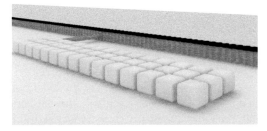

3 Eine komplette Anlage, bestehend aus Behältern, die das Abwasser aufnehmen. Computergrafik.

4 Baden in der Spree, wenn das Projekt funktioniert und verwirklicht wird. Computergrafik.

2 *Erkundigt euch in den Medien und im Internet über den Stand des Projektes.*

Mischwasser:*
Regenwasser aus den Starkregenfällen, das sich mit Abwasser aus den Haushalten und den Stoffen der Straße vermischt hat.

Internettipp:
Informationen zum Projekt SPREE2011 findet ihr unter:
www.spree2011.de

Katastrophe in der Sahelzone

Der Naturforscher und Klimahistoriker Tim Flannery untersucht die Ursachen und Folgen der globalen Klimaveränderung und erklärt, warum es in der afrikanischen Sahelzone nicht mehr regnet:

Die Temperaturen unserer Erde reichen von rund –40 °C an den Polen bis zu rund +40 °C am Äquator. Luft von +40 °C kann 470-mal so viel Wasserdampf aufnehmen wie solche von –40 °C. Dieser Umstand verdammt unsere Pole dazu, riesige gefrorene Wüsten zu sein. Und er bedeutet auch, dass wir für jedes Grad von uns verursachter Erwärmung global im Durchschnitt ein Prozent mehr Regen bekommen. Dieser zusätzliche Niederschlag ist aber nicht gleichmäßig verteilt. Stattdessen regnet es an einigen Orten zu ungewöhnlichen Zeiten, an anderen überhaupt nicht.

Über weiten Teilen der Welt nehmen die Regenfälle zu, aber mehr Regen ist nicht notwendigerweise gut. Infolge der globalen Erwärmung werden die hohen Breitengrade im Winter mehr Regen abbekommen, der sich in Eis und Matsch verwandelt, was für die Bewohner der Arktis sehr schlecht ist. Weiter im Süden führen vermehrte winterliche Niederschläge ebenfalls zu unwillkommenen Veränderungen: 2003 lösten sie in Kanada eine todbringende Lawinenserie aus, während in Großbritannien der Frühling 2004 so nass war, dass es in vielen Gegenden schwierig oder unmöglich war, Heu zu machen. Der Klimawandel wird einigen Regionen einen ständigen Regenmangel bescheren.

Manche Gegenden werden zu einer neuen Sahara oder zumindest zu Landstrichen, in denen Menschen nicht mehr leben können. Ausbleibende Niederschläge bezeichnet man oft als „Dürreperioden", doch „Perioden" sind etwas Vorübergehendes. In den hier angesprochenen Gegenden gibt es kaum Aussicht, dass der Regen zurückkehren wird. Was dort geschehen ist, ist vielmehr ein rascher Wechsel zu einem neuen, trockeneren Klima. Die ersten Anzeichen dafür gab es in den sechziger Jahren in der afrikanischen Sahelzone. Der betroffene Landstrich war riesig: ein großer Gürtel südlich der Sahara, der vom Atlantischen Ozean bis in den Sudan reicht. Er zieht sich durch mehrere Länder, darunter Senegal, Nigeria, Äthiopien, Eritrea und Somalia. Vier Jahrzehnte sind jetzt seit dem plötzlichen Rückgang der Niederschläge dort vergangen, und es gibt keinerlei Anzeichen, dass die lebenspendenden Monsunregen wiederkehren werden.

Schon vor dem Ausbleiben des Regens gab es im Sahel nur wenige Niederschläge und das Leben dort war hart. In Bereichen mit besseren Böden und mehr Regen konnten die Bauern von ihren Feldern leben. Im trockeneren Bachland zogen Kamelhirten auf der Suche nach Futter für ihre Herden ihre Runden.

Der Regenmangel hat das Leben für beide Gruppen schwierig gemacht: Die Hirten finden kaum noch Gras in den Bereichen, die jetzt eine echte Wüste sind, während die Bauern kaum noch genügend Regen bekommen, um ihren Feldern ein Minimum an Ernte zu entlocken. Ab und zu zeigen die Medien Bilder von den Folgen: hungernde Kamele und verzweifelte Familien, die sich durch ein staubiges Brachland kämpfen.

Ich kann mich noch erinnern, wie ich als Kind im Fernsehen Bilder sah und hörte, dass die Zunahme der Bevölkerung dieses menschliche Elend verursacht hätte. Jahrzehntelang hat sich die westliche Welt weisgemacht, die Katastrophe dort sei von den Afrikanern selbst hervorgerufen worden. Die Begründung lautete, die Überweidung durch Kamele, Ziegen, Rinder und auch das Sammeln von Feuerholz hätten die dünne Vegetationsschicht zerstört …

Der wahre Grund für die Katastrophe im Sahel kam ans Licht, als Klimaforscher in den USA eine äußerst sorgfältige Untersuchung veröffentlichten, bei der die Niederschlagsmuster der Region zwischen 1930 und 2000 mit Computermodellen simuliert worden waren. …

Das Modell zeigt auf, dass die von Menschen verursachten Schäden der Böden viel zu gering waren, um die drastische Klimaveränderung auszulösen. Stattdessen war eine einzige Veränderung für den Großteil des Niederschlagrückgangs verantwortlich: steigende Oberflächentemperaturen im Indischen Ozean, hervorgerufen durch die Zunahme der Treibhausgase.

Von allen Ozeanen der Erde erwärmt sich der Indische am schnellsten. Und durch diese Erwärmung werden die Bedingungen, unter denen sich der Monsunregen für die Sahelzone bildet, abgeschwächt. Das ist der Grund, warum der Sahel kaum noch Niederschläge bekommt.

Wenn du noch mehr über den Klimawandel, seine Ursachen und Folgen erfahren möchtest und auch, was du selbst dagegen tun kannst, dann lies nach in dem Buch von Tim Flannery: Wir Klimakiller – Wie wir die Erde retten können. Fischer Taschenbuch. Frankfurt 2007.

Zusammenfassung

Menschen verändern ihren Lebensraum

In der Jungsteinzeit wurden die Menschen sesshaft. Von da an begannen sie langsam ihre Umwelt um sich herum zu verändern. Durch Brandrodung gewannen sie Ackerland und neue Siedlungsflächen.

In der Antike kam es im Mittelmeerraum zu weitflächigen Abholzungen der Wälder. Athen – als wirtschaftliches und kulturelles Zentrum – benötigte Holz als Bau- und Brennmaterial und für den Bau von Kriegs- und Handelsschiffen. Auch der Bedarf an Ackerland für die wachsende Stadt und ihre Bevölkerung musste gedeckt werden. Die Folge waren Erosionen: Der Boden wurde trocken und felsig.

Im Mittelalter sorgten die durch Fortschritte in der Landwirtschaft gestiegenen Ernten für ein Bevölkerungswachstum. Durch Rodung der Wälder schufen die Menschen immer mehr Raum für Siedlungen und für Ackerland. So entstanden im Laufe der Jahrhunderte in Europa viele Dörfer und immer größere Städte.

Naturlandschaften, also vom Menschen unberührte Landschaften, gibt es heute in Europa kaum noch.

Wasserverschmutzung

Zur Verschmutzung der Flüsse kam es bereits in der Antike. Die Römer waren stolz auf ihre Wasserversorgung und -entsorgung, doch dadurch gelangten auch große Mengen an Schmutz, Abfällen und Abwässer in den Tiber. Hochwasser brachte diesen Schmutz zurück auf die Straßen der Stadt.

In mittelalterlichen Städten, in denen es kaum Abwasserkanäle gab, verursachte die mangelnde Sauberkeit und Hygiene beim Umgang mit dem Wasser Krankheiten und Epidemien.

In der heutigen Zeit, wo Flüsse und Seen durch Abwässer aus Industrie und Haushalten oft stark verschmutzt werden, versucht man mit Umweltschutzprojekten die Gewässer wieder zu säubern.

Klimawandel

In den vergangenen 100 Jahren hat sich das Klima auf der Erde verändert. Die Durchschnittstemperatur ist in diesem Zeitraum um 0,74 Grad Celsius angestiegen. Dies hat teilweise katastrophale Auswirkungen für Mensch und Natur. Der Grund für diese Entwicklung ist der Ausstoß der Treibhausgase (z. B. CO_2).

Wie erfolgreich die internationale Klimapolitik sein wird in dem Bestreben, den CO_2-Ausstoß zu verringern, wird sich in der Zukunft zeigen.

Seit 10 000 v. Chr.

Menschen verändern die Landschaft.

Seit 500 v. Chr.

Umweltzerstörung im antiken Griechenland.

Seit dem 11. Jh.

Durch Rodungen entstehen viele neue Siedlungen; große Gebiete werden „entwaldet".

Seit 1980

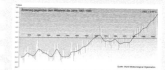

Die globale Erwärmung verändert das Klima.

Arbeitsbegriffe

- ✓ Landschaftsveränderung
- ✓ Naturlandschaften
- ✓ Umweltzerstörung
- ✓ Erosion
- ✓ Rodung
- ✓ Klimawandel
- ✓ Treibhausgase

Was wisst ihr noch?

1 Warum begannen die Menschen in der Jungsteinzeit ihre Umwelt zu verändern?

2 Nennt Gründe für die weitflächigen Abholzungen der Wälder im antiken Griechenland.

3 Wie kam es im antiken Rom und im Mittelalter zu Wasserverschmutzungen und welche Folgen hatten diese für die Menschen.

4 Erklärt den Begriff „Rodungsbauer".

5 Erläutert, warum es in Europa kaum noch von Menschen unberührte Naturlandschaften gibt.

6 Was sind „Treibhausgase"?

Tipps zum Weiterlesen

Volker W. Degener: Froschkönig soll leben! Eine Umweltgeschichte. Buch & Media, München 2001

Nicolas Roth: Ein Fall für die Greenteams 01. Das Solarkomplott. Bertelsmann, München 2004

Andreas Schlumberger: 33 einfache Dinge, die du tun kannst, um die Welt zu retten. Bertelsmann, München 2007

Tipps im Internet

www.bmu.de (Bundesumweltministerium)

www.umweltbundesamt.de

www.bund.net (BUND für Umwelt und Naturschutz e.V.)

www.umweltschulen.de

www.ufu.de (Unabhängiges Institut für Umweltfragen)

www.klimabuendnis.org

1 *Richtig* oder falsch? Prüft folgende Sätze und kreuzt die richtige Antwort an. Macht euch aber vorher eine Kopie von der Seite.

☐ ☐ a) In der Jungsteinzeit begannen die Menschen ihre Umwelt zu verändern.

☐ ☐ b) In Griechenland hatte das Abholzen der Wälder keine größeren Auswirkungen.

☐ ☐ c) Die Wasserversorgung und -entsorgung in Rom führte zur Verschmutzung des Tibers.

☐ ☐ d) Die Menschen im Mittelalter versorgten sich mit Wasser aus Wasserleitungen.

☐ ☐ e) Mit den abgeholzten Bäumen konnten die mittelalterlichen Rodungsbauern nicht viel anfangen.

☐ ☐ f) In den letzten hundert Jahren ist die Durchschnittstemperatur um 3 Grad Celsius gestiegen.

☐ ☐ g) Die USA und China haben den Vertrag von Kyoto zur Verringerung des CO_2-Ausstoßes unterzeichnet.

2 Bei den beiden Abbildungen fehlen die Bildunterschriften. Erinnerst du dich? Schreibe zu jedem Bild einen kurzen Bericht.

3 Malt ein Plakat zu den Folgen des Klimawandels.

9. Die Entstehung der Menschenrechte – ein Längsschnitt

1776

1789

AMERIKANISCHE
UNABHÄNGIGKEITSERKLÄRUNG

ERKLÄRUNG DER MENSCHEN- UND
BÜRGERRECHTE IN FRANKREICH

Im Jahr 1993 schuf der israelische Künstler Dani Karavan in Nürnberg die „Straße der Menschenrechte". Auf Steinsäulen stehen in verschiedenen Sprachen dreißig Artikel dieser Menschenrechte. So kann jeder, der an ihnen vorbeikommt, lesen, welche Rechte grundsätzlich jedem Menschen zustehen.

Der Kampf um die Anerkennung dieser Rechte dauert jetzt schon mehrere Jahrhunderte und es wird wohl noch lange dauern, bis sie überall auf der Welt anerkannt werden.

1791

1849

1989

ERKLÄRUNG DER RECHTE DER FRAU VON OLYMPE DE GOUGES

GRUNDRECHTE DES DEUTSCHEN VOLKES

ERKLÄRUNG DER RECHTE DES KINDES

Kinder ohne Rechte?

Kinder aus dem Kongo. Foto, 2006.

Ein Leben ohne Rechte

Sie heißen Pierre, Pascal oder Gilbert, Pauline oder Louise (Abb. 1). Es sind Kinder aus dem Kongo in Afrika, Kinder, von denen einige schon seit Jahren auf der Straße leben.

Ihre Eltern leben nicht mehr, sie sind umgekommen in dem schon seit Jahren währenden Krieg. Sie selber sind Kinder des Krieges, haben manchmal schon selber mitgekämpft, manche ihrer Freunde sind bereits getötet worden.

Das Vertrauen zu den Erwachsenen, die sie ausbeuten und missbrauchen, haben sie längst verloren und verloren auch die Hoffnung auf ein Leben in Sicherheit und Geborgenheit. Spricht man mit diesen Kindern über ihre Wünsche, so sind es vor allem diese drei:

– nicht mehr hungern zu müssen,
– keine Angst mehr haben zu müssen und
– eine Schule besuchen zu dürfen, in der man lernen kann für die Zukunft und wo man auch noch Kind sein darf.

So oder so ähnlich wie diesen Straßenkindern im Kongo geht es vielen Kindern auf der ganzen Welt. Viele Mädchen und Jungen können von einer geregelten Schulbildung nur träumen. Krieg, Vertreibung, Seuchen, Armut und Ausbeutung verhindern, dass sie etwas Sinnvolles lernen können.

Viele Kinder auf der ganzen Welt müssen täglich den ganzen Tag über hart arbeiten, um überhaupt überleben zu können; da bleibt keine Zeit für die Schule. Mädchen sind vielerorts noch zusätzlich benachteiligt, weil man ihre Ausbildung für überflüssig hält.

Kinderrechte sind Menschenrechte

Um Kindern auf der ganzen Welt zu ihrem Recht zu verhelfen, haben die Vereinten Nationen (UN) im Jahr 1989 ein „Übereinkommen über die Rechte des Kindes" getroffen, das seit 1992 auch für Deutschland gilt.

Die zentrale Botschaft dieses Übereinkommens lautet: Kinder sind Menschen, die von Geburt an Rechte haben, die ihnen niemand nehmen darf.

Zu diesen Rechten zählen u. a.:

Q1 … – Alle Kinder gelten gleich viel, unabhängig von Geschlecht, Hautfarbe, Sprache, Religion oder Herkunft.

– Alle Kinder haben das Recht auf persönliche Geheimnisse. Briefe und Tagebücher dürfen ohne ihre Erlaubnis nicht gelesen werden.

– Alle Kinder haben das Recht, zu beiden Elternteilen den Kontakt zu halten, wenn diese getrennt leben.

Kinder ohne Rechte?

2 Plakat des Kinderhilfswerks der Vereinten Nationen (UNICEF) zur Verbreitung der Inhalte der Kinderrechtserklärung.

- Alle Kinder müssen vor schlechter Behandlung, Ausbeutung und Misshandlung durch Eltern oder andere Erwachsene geschützt werden.
- Alle Kinder haben ein Recht auf Freizeit, Ruhe und Spiel sowie ihrem Alter angemessene Aktivitäten.
- Alle Kinder haben das Recht, in die Schule zu gehen.
- Kinder müssen bei Entscheidungen, die sie direkt betreffen, angehört werden. ...

1 *Berichtet, von welchen Verstößen gegen Kinderrechte ihr selber etwas gehört oder erfahren habt.*

3 Karikatur: Plantu.

Internettipp:
Mehr über Kinderrechte könnt ihr erfahren auf den Seiten von: www.kindersache.de/politik/default.htm

Menschenrechte in Amerika ...

Die Freiheitsstatue:
Die Inschrift auf dem Sockel der 95 m hohen Statue lautet: „Lasst zu mir kommen eure müden, armen, bedrängten Massen, die danach lechzen, in Freiheit zu atmen, den unglücklichen Haufen eurer Küsten. Schickt sie mir, die Heimatlosen, vom Sturm Getriebenen, Hoch halte ich mein Licht am goldenen Tor."

Sklaverei*:
Die aus Afrika als Sklaven nach Amerika gebrachten Schwarzen (siehe S. 108 ff.) lebten unter menschenunwürdigen Bedingungen. Ihre Besitzer behandelten sie wie eine Sache. Strafen – für die geringsten Vergehen oder aus Willkür – gehörten zum Alltag der Sklaven. Die Strafen reichten vom Essensentzug über das Markieren mit Brenneisen bis zum Auspeitschen. 1865 wurde die Sklaverei in den USA zwar abgeschafft, doch blieben die Schwarzen weiterhin unterdrückt.

Unabhängigkeitserklärung*:
Die Vertreter der 13 nordamerikanischen Kolonien erklärten am 4. Juli 1776 ihre Trennung von England.

1 **Menschenrechte nicht für alle?** Bildcollage.

Menschenrechte nur für weiße Männer?

1 *Beschreibt die Abbildung. – Für wen galten die Menschenrechte offensichtlich nicht?*

In der Hafeneinfahrt von New York steht die Freiheitsstatue, die 1886 als Geschenk des französischen Volkes hier errichtet wurde. Mit einem Fuß steht die Freiheitsgöttin auf den zerbrochenen Ketten der Sklaverei*. In der linken Hand hält sie eine Tafel mit der Inschrift: 4. Juli 1776. Dies ist das Datum der amerikanischen Unabhängigkeitserklärung*. Kurz vor der Unabhängigkeitserklärung schrieb Abigail Adams (1744–1818), verheiratet mit dem späteren Präsidenten John Adams, an ihren Mann:

Q1 ... Ich warte ganz ungeduldig auf die Nachricht, dass ihr die Unabhängigkeit ausgerufen habt. Ich wünsche mir, dass ihr in dem neuen Gesetzbuch, das jetzt wohl geschrieben werden muss, auch an die Frauen denkt. ... Seid ihnen gegenüber großzügiger und gefälliger, als eure Vorfahren es waren. Legt keine unbegrenzte Macht in die Hände der Ehemänner! Denkt daran, dass alle Männer Tyrannen wären, wenn sie nur könnten. Wenn den Frauen nicht besondere Aufmerksamkeit geschenkt wird, sind wir entschlossen, einen Aufstand anzuzetteln. Wir werden uns nicht gebunden fühlen an Gesetze, in denen wir keine Stimme oder Vertretung haben ...

Nur kurze Zeit später wurde die amerikanische Unabhängigkeitserklärung verkündet; sie beginnt mit den Menschenrechten:

Q2 ... Folgende Wahrheiten erachten wir als selbstverständlich: Alle Menschen sind gleich geschaffen. Sie sind von ihrem Schöpfer mit unveräußerlichen Rechten ausgestattet. Dazu gehören Leben, Freiheit und Streben nach Glück.
Zur Sicherung dieser Rechte sind unter den Menschen Regierungen eingesetzt, die ihre rechtmäßige Macht aus der Zustimmung der Regierten herleiten.
Wenn eine Regierungsform diese Zwecke gefährdet, ist es das Recht des Volkes, sie zu ändern oder abzuschaffen und eine neue Regierung einzusetzen ...

Die Rechte, die Frau Adams gefordert hatte, kamen in dieser Erklärung nicht vor.

2 *Erstellt eine Liste mit den in der Unabhängigkeitserklärung genannten grundlegenden Rechten. – Gelten diese Rechte auch heute noch?*

3 *Spielt folgende Situation: Frau Adams unterhält sich mit ihrem Mann über die Unabhängigkeitserklärung. – Was könnte sie sagen, wie könnte er ihr geantwortet haben?*

... und in Frankreich

Artikel 1
Frei und gleich an Rechten werden die Menschen geboren und bleiben es (...).

Artikel 2
Der Zweck jedes politischen Zusammenschlusses ist die Bewahrung der (...) Menschenrechte. Diese Rechte sind Freiheit, Eigentum, Sicherheit und Widerstand gegen Unterdrückung (...).

Artikel 4
Die Freiheit besteht darin, alles tun zu können, was anderen nicht schadet (...).

Artikel 10
Niemand darf wegen seiner Überzeugungen, auch nicht der religiösen, behelligt werden (...).

Artikel 11
Die freie Mitteilung seiner Gedanken und Meinungen ist eines der kostbarsten Rechte des Menschen. Jeder Bürger darf sich also durch Wort, Schrift und Druck frei äußern (...).

Artikel 17
Da das Eigentum ein unverletzliches und heiliges Recht ist, darf es niemandem genommen werden.

2 Die Erklärung der Menschen- und Bürgerrechte auf einer Bildtafel. Einige der insgesamt 17 Artikel wurden hier in deutscher Übersetzung eingesetzt. Um 1789.

Die „Erklärung der Menschen- und Bürgerrechte*" der Französischen Revolution

Nur wenige Jahre nach der amerikanischen Unabhängigkeitserklärung verkündete die französische Nationalversammlung am 26. August 1789 die Menschen- und Bürgerrechte (vgl. S. 104).

Freiheit, Gleichheit und Brüderlichkeit sollten die Grundlage für die neue Verfassung und für die neue Form des Zusammenlebens sein. Wie in Amerika, so war aber auch in Frankreich nicht an eine Gleichberechtigung der Frauen gedacht worden.

Die Schriftstellerin Olympe de Gouges (1748 bis 1793) veröffentlichte daher 1791 eine „Erklärung der Rechte der Frau und Bürgerin":

Q3 ... Artikel 1: Die Frau ist frei geboren und bleibt dem Manne gegenüber gleichberechtigt.

Artikel 2: Der Zweck jeder politischen Verbindung ist die Bewahrung der natürlichen und unverjährbaren Rechte der Frau und des Mannes. Diese Rechte sind Freiheit, Eigentum, Sicherheit und vor allem das Recht auf Widerstand gegen Unterdrückung. ...

Artikel 6: Das Gesetz soll Ausdruck des Willens aller sein. Alle Bürgerinnen und Bürger sollen persönlich oder über Vertreter zu seiner Entstehung beitragen, für alle sollen die gleichen Bedingungen gelten. ...

4 Seht euch Abbildung 2 an. Die Frau auf der linken Seite stellt die französische Nation dar. – Überlegt, warum sie mit Ketten dargestellt wird.

5 Lest euch die in Abbildung 2 dargestellten Artikel durch. – Wie hätte Olympe de Gouges diese Artikel vielleicht umgeschrieben?

Olympe de Gouges (vgl. S. 105) hatte in ihrer Erklärung der Rechte auch das Widerstandsrecht angeführt und sich wiederholt gegen die Revolutionsregierung gestellt. Das wurde ihr zum Verhängnis. Am 20. Juli 1793 wurde sie verhaftet und nur kurze Zeit später, nämlich am 3. November 1793, hingerichtet.

Menschenrechte, Bürgerrechte*: Menschenrechte und Bürgerrechte unterscheiden sich. Menschenrechte gelten für alle Menschen überall. Bürgerrechte sind Rechte, die ein Staat seinen Bürgern zugesteht, z. B. das Wahlrecht.

Menschenrechte in Deutschland

1 1848 verbrennen Aufständische in Paris den Königsthron. Kolorierte Lithographie.

Die „Grundrechte des deutschen Volkes" von 1849

Im Februar 1848 kam es in Paris zu Unruhen. Handwerker, Tagelöhner und Bürger, Studenten und Arbeiter erstürmten das Schloss des französischen Königs. Den königlichen Thron schleppten sie zu dem Platz, wo früher die Bastille gestanden hatte (vgl. S. 100), und verbrannten ihn (Abb. 1).

Der König musste gehen, die Republik wurde ausgerufen. Die Vorgänge in Paris wurden in ganz Europa aufmerksam verfolgt. Es dauerte nicht lange, bis es auch in vielen deutschen Staaten zu ähnlichen Aufständen kam. Noch im Februar 1848 fanden in ganz Deutschland Wahlen zu einer verfassunggebenden Versammlung statt. Nach langen und oft auch schwierigen Diskussionen beschlossen die Abgeordneten im Dezember 1848 einen Katalog mit den Grundrechten* des deutschen Volkes aufzustellen (vgl. S. 140). Am 28. Mai 1849 verabschiedete die Nationalversammlung die Reichsverfassung.

Darin wurden die Grundrechte festgelegt:

Q1 ... §144 Jeder Deutsche hat volle Glaubens- und Gewissensfreiheit. Niemand ist verpflichtet, seine religiöse Überzeugung zu offenbaren. ...
§162 Die Deutschen haben das Recht, Vereine zu bilden. ...
§164 Das Eigentum ist unverletzlich. Eine Enteignung kann nur aus Rücksichten des gemeinen Besten, nur aufgrund eines Gesetzes und gegen gerechte Entschädigung vorgenommen werden. ...

§175 Die richterliche Gewalt wird selbstständig von den Gerichten ausgeübt. ...
§178 Das Gerichtsverfahren soll öffentlich ... sein. ...
§181 Rechtspflege und Verwaltung sollen getrennt und voneinander unabhängig sein. ...

1 Beschreibt die Vorgänge in Abbildung 1.
2 Überlegt, warum die Aufständischen den Königsthron auf dem Platz der früheren Bastille verbrannten (vgl. S. 100).
3 Aus den Artikeln (Q1) kann man ersehen, was bis 1848 in den deutschen Ländern nicht erlaubt oder verboten war. Stellt dazu eine entsprechende Liste auf, z. B.: Es bestand keine Glaubens- und Gewissensfreiheit usw.

Die lang andauernden Beratungen des Parlaments nutzten die Fürsten, um ihre Heere aufzustellen. Mithilfe der Soldaten gelang es ihnen schon bald, die alte Ordnung wieder herzustellen. Ihre Rache war grausam: Hunderte Revolutionäre wanderten in Zuchthäuser, viele wurden hingerichtet. Bürgermeister und Beamte wurden entlassen, Vereine verboten. Zehntausende flohen in den nächsten Jahren aus ihrer Heimat vor allem in die Schweiz oder nach Amerika. Die Revolution war gescheitert. Der Deutsche Bund wurde wieder eingesetzt. Doch der Kampf um die Grundrechte wurde nie vergessen. Viele Artikel aus der Verfassung von 1849 finden sich heute im Grundgesetz der Bundesrepublik Deutschland, das fast genau 100 Jahre später, nämlich am 8. Mai 1949, beschlossen wurde.

Grundrechte*:
Die Menschenrechte und die grundlegenden Rechte der Bürgerinnen und Bürger werden als Grundrechte bezeichnet. In den Grundrechten sind einerseits die Pflichten des Staates, andererseits die individuellen Rechte und Freiheiten der Bürger festgelegt.

Die Anfänge der „Menschenrechte"

Der Weg von den Menschenrechten, die zum ersten Mal schon vor über 200 Jahren festgelegt wurden, bis zu den Kinderrechten war lang. Wir halten es für selbstverständlich, dass alle Menschen von Geburt an frei und gleich an Rechten sind. Doch was uns selbstverständlich erscheint, ist für viele Menschen auf dieser Welt nur eine Hoffnung, die sich vielleicht irgendwann einmal für sie erfüllen wird. Bis vor gut 200 Jahren war die Situation auch in Europa nicht viel anders. Im Mittelalter und auch zu Beginn der Neuzeit (siehe S. 8 f.) waren die Menschen nicht gleich. Bauern waren abhängig vom Adel, Bürger von ihrem Stadtherrn und beide zusammen vom Fürsten, König oder Kaiser. Diese Ungleichheit – so sagte man – sei von Gott so gewollt. Deshalb dürfe man sich dagegen auch nicht wehren.

Während der Französischen Revolution aber wurden die Zweifel an der „göttlichen Einrichtung des Adels" (siehe S. 97) immer lauter. Doch hier wie überall in Europa wehrte sich der Adel dagegen, seine Vorrechte aufzugeben. Daher mussten die

1 **Geschichte der Menschenrechte.**

Menschenrechte mühselig erkämpft werden.

1 *Untersucht zunächst die Menschenrechtserklärungen während der Französischen Revolution (siehe S. 104) und der Revolution von 1848 (siehe S. 140). – Wie werden die Forderungen begründet? Bearbeitet das Thema mithilfe des Arbeitsbogens (2).*
2 *Schreibt jene Formulierungen heraus, die euch ganz besonders wichtig erscheinen. – Begründet eure Auswahl.*
3 *Welche Menschenrechte für Kinder (siehe S. 247, Abb. 2) fehlen in diesen*

Menschenrechtserklärungen noch völlig?
4 *Sammelt 14 Tage lang Meldungen in Zeitungen oder im Internet, die von Menschenrechtsverletzungen berichten. – Gestaltet mithilfe dieses Materials eine Wandzeitung für euer Klassenzimmer.*
5 *Informiert euch im Internet über Organisationen und ihren Einsatz für die Menschenrechte und insbesondere für die Rechte der Kinder. Internettipps sind: www.unicef.de, www.tdh.de (terres des hommes), www.amnesty.de, www.kinderpolitik.de*

Aspekte:	Fragen:	Antworten:
Bezeichnung	Wie heißt die Menschenrechtserklärung?	
Zeit	Wann wurde die Erklärung verabschiedet?	
Epoche	In welcher Epoche wurde die Erklärung verabschiedet?	
Ort	Wo wurde die Erklärung verabschiedet?	
Institution	Wer verabschiedete die Erklärung?	
Geltungsbereich	Für welches Land galt bzw. gilt die Erklärung?	
Rechte	Welche konkreten Rechte wurden verabschiedet?	
Einschränkung	Für wen galten die Menschenrechte nicht?	

2 **Vorschlag für einen Arbeitsbogen**

Die Schülerin Mirella Roemer hat über ein Jahr lang Texte von Kindern und wenigen Erwachsenen gesammelt, die sich mit den Rechten der Kinder auseinandersetzen.

Egal wie

Sie nehmen, so wie sie aussehen,
schwarz oder weiß.
Sie nehmen, so wie sie glauben,
Christ oder Moslem.
Sie nehmen, so arm oder reich sie
auch sind,
Straßenfeger oder Bankdirektor.
Sie nehmen, wo sie auch her-
kommen,
Slums oder Nobelviertel,
das ist die Kunst.

Mirella Roemer, Schülerin

Irgendwo in Afrika

Weit, weit draußen, irgendwo in Afrika, sitzen Kinder, Kinder, die nichts wissen von den Rechten. „Rechte?", denken sie sich, „was ist das denn?" Sie haben noch nie etwas gehört – im Gegensatz zu dir – von einem Recht auf Gesundheit, auf Bildung und auf eine eigene Meinung. Rechte, die sie unterstützen, und Rechte, die vorschreiben, dass sie eine gewaltfreie Erziehung bekommen, dass sie etwas lernen dürfen, wenn sie wollen. Denn das ist für die meisten längst nicht selbstverständlich. Manche Kinder müssen … selber für das nötige Geld beziehungsweise die nötige Nahrung arbeiten. Hier in Europa ist es für uns Kinder ganz normal, dass unsere Eltern uns Geschenke zum Geburtstag machen …, dass wir jeden Tag zur Schule gehen dürfen. Wobei manche nicht so erfreut darüber sind. Aber denkt doch mal nach: Könnt ihr euch vorstellen, nie in der Schule gewesen zu sein oder nie mehr zur Schule zu gehen?

Jetzt sagst du: „Na klar könnte ich das!!!!!" Aber nach einiger Zeit würde dir auffallen, was du alles durch die Schule weißt, was andere Kinder nicht wissen können, weil sie nie in eine Schule gehen durften oder konnten. Sie würden liebend gerne mit uns tauschen. …

Victoria Kamp, Schülerin

Das Recht auf Bildung

Bin ich gerne zur Schule gegangen? Anfangs anscheinend nicht. Als Schulanfängerin bin ich aus meiner Grundschule regelmäßig geflüchtet, einfach wieder nach Hause gerannt.

… Warum ich nicht in die Schule wollte, weiß ich selbst nicht mehr. Aber irgendetwas in mir hat zunächst heftig rebelliert – vielleicht gegen die Aussicht, die nächsten Lebensjahre dazu verpflichtet zu werden, zu bestimmten Zeiten bestimmte Dinge tun zu müssen, also einen großen Teil meiner Freiheit abzugeben. … Dass ich trotzdem ein ziemlich anständiges Abitur gemacht habe, hatte zwei Gründe: Zum einen gab es eine Reihe von

Fächern, die mich wirklich interessiert haben. Zum anderen war mir klar, dass gute Noten einem die Tür zur Welt öffnen können. Ich wollte Journalistin werden … und mir war klar: Einen guten Studienplatz und gute Praktikumsplätze kriege ich nur, wenn ich vernünftige Zeugnisse vorweisen kann. Über eines habe ich mir während der ganzen Schulzeit aber nie Gedanken gemacht: dass meine Schulbildung nicht nur Pflicht ist und Mittel zum Zweck und vielleicht auch noch Spaß … – nein, dass die Schule mein ganz persönliches Recht sein könnte. Dass ich ein Anrecht darauf habe, morgens früh aufstehen und zum Unterricht gehen zu müssen. Dass dies ein einklagbares Recht ist, das über Jahrhunderte erkämpft wurde – und das in großen Teilen dieser Welt Kindern bis heute nicht zugestanden wird. Ganz ehrlich: Darüber habe ich, glaube ich, als Kind nie nachgedacht. Ähnlich geht es mir heute als Journalistin. In meinem Alltag finde ich das alles selbstverständlich: … zu schreiben, was ich will, eine unzensierte Nachrichtensendung zu moderieren, politische Kommentare abzugeben, ohne Angst, dass am nächsten Tag die Polizei vor der Tür steht. Doch manchmal, wenn ich darüber berichte, wie in anderen Ländern die Pressefreiheit und das Recht auf Information mit Füßen getreten wird, dann wird mir das wieder bewusst: Was für ein kostbares Privileg es ist, seine Rechte als etwas Selbstverständliches anzusehen. …

Marietta Slomka, Fernseh-Journalistin

Viele Geschichten zum Thema Kinderrechte könnt ihr nachlesen in: Mirella Roemer (Hg.): kids for kids. Kinder schreiben für Kinder, damit Erwachsene verstehen. Kinderrechte. Geest-Verlag, Vechta-Langförden 2007 (5. Aufl.)

Zusammenfassung

USA – „Leben, Freiheit und Streben nach Glück"

In der amerikanischen Unabhängigkeitserklärung vom 4. Juli 1776 wurden zum ersten Mal in einem offiziellen Dokument Rechte gefordert, die, weil „alle Menschen gleich geschaffen seien", auch für alle Menschen überall gelten sollten, wie Leben, Freiheit und Streben nach Glück. Genannt wurden diese Rechte „Menschenrechte". Diese Rechte wurden in den USA tatsächlich aber nur weißen Männern in vollem Umfang zugestanden, nicht aber Frauen und der schwarzen Bevölkerung, die aus Afrika als Sklaven in das Land gebracht worden war.

Frankreich – „Freiheit, Gleichheit, Brüderlichkeit"

Einige Jahre später, am 26. August 1789, kam es im Zuge der Französischen Revolution auch in Frankreich zur Verkündigung von Menschen- und Bürgerrechten. Freiheit, Gleichheit, Brüderlichkeit bildeten die Grundlage der neuen Verfassung. Aber ebenso wie in den USA vergaß man die Schwestern. Frauen wurde die Gleichberechtigung verwehrt. 1791 forderte die Schriftstellerin Olympe de Gouges (1748–1793) in ihrer „Erklärung der Rechte der Frau und Bürgerin" die vollständige Gleichberechtigung mit den Männern.

„Grundrechte des deutschen Volkes"

Bis in Deutschland solche Rechte beschlossen wurden, verging mehr als ein halbes Jahrhundert. 1849, nach erfolgreichen Aufständen gegen die deutschen Fürsten, verabschiedete die neu gewählte Nationalversammlung eine Verfassung, in der auch Grundrechte festgelegt wurden, wie beispielsweise die Glaubens- und Gewissensfreiheit. Doch die Fürsten erlangten ihre Macht zurück und die Verfassung mit den Grundrechten trat nicht in Kraft. Erst hundert Jahre später, am 8. Mai 1949, wurde das Grundgesetz der Bundesrepublik Deutschland beschlossen – mit vielen Artikeln aus der Verfassung von 1849.

UN – „Alle Kinder gelten gleich viel"

Viele Kinder auf der Welt leben unter schrecklichen Bedingungen. Sie leben in Ländern, in denen Krieg, Armut, Gewalt und Ausbeutung herrscht. Sie müssen hungern oder hart für ihren Lebensunterhalt arbeiten. Die meisten haben gar keine Möglichkeit, eine Schule zu besuchen. Um all diesen Kindern zu helfen, verabschiedeten im November 1989 die UN grundlegende Kinderrechte, d. h. Kinder haben von Geburt an Rechte, die ihnen niemand nehmen darf.

4. Juli 1776

Die 13 nordamerikanischen Kolonien erklären ihre Unabhängigkeit von England.

26. August 1789

Die französische Nationalversammlung verkündet die Menschen- und Bürgerrechte.

28. Mai 1849

Die deutsche Nationalversammlung verabschiedet die Reichsverfassung mit den Grundrechten.

20. November 1989

Die UN verkünden die Rechte des Kindes.

Arbeitsbegriffe

✓ Menschenrechte
✓ Bürgerrechte
✓ Grundrechte
✓ Kinderrechte
✓ 1776, 1789, 1849, 1989

'Am I not a Woman and a Sister?'

Was wisst ihr noch?

1 Erläutert, warum die UN 1989 ein „Übereinkommen über die Rechte des Kindes" verabschiedete.

2 In der amerikanischen Unabhängigkeitserklärung steht der Satz: „Alle Menschen sind gleich geschaffen. Sie sind vom Schöpfer mit unveräußerlichen Rechten ausgestattet. Dazu gehören: Leben, Freiheit und Streben nach Glück." Galt der Satz damals für alle Bevölkerungsgruppen in den USA?

3 Erklärt den Unterschied zwischen Menschenrechten und Bürgerrechten.

4 Warum veröffentlichte Olympe de Gouges die „Erklärung der Rechte der Frau"?

5 Beschreibt den Kampf um die Grundrechte in Deutschland 1848/1849.

Tipps im Internet

www.kinderschutzbund.de
www.unicef.de/kids/index.html
www.hrw.org/german (Human Rights Watch)

Tipps zum Weiterlesen

Sabine Christiansen, Janosch: Gibt es hitzefrei in Afrika? Heyne, München 2006

Dick van Dijk: Township Blues. Bertelsmann, München 2003

Reiner Engelmann, Urs. M. Fiechtner: Kinder ohne Kindheit. Ein Lesebuch über Kinderrechte. Sauerländer Verlag, Düsseldorf 2006

Xavier-Laurent Petit: Kriegskind. Fischer, Frankfurt 2005

Virginia Fr. Schwartz: Der Weg nach Norden. Ravensburger, 2003

Allan Stratton: Worüber keiner spricht. dtv, München 2005

Dolf Verroen: Wie schön weiß ich bin. Peter Hammer Verlag, 2005

1 In den folgenden Artikeln der Rechte des Kindes von 1989, die hier in die Bildtafel der Erklärung der Menschrechte von 1789 eingesetzt wurden, fehlen die unten stehenden Wörter. Schreibt den Text in euer Heft ab und ergänzt die Lücken mit dem richtigen Begriff.

Artikel 2,2:

Alle Kinder gelten 🖋 viel, unabhängig von 🖋, Hautfarbe, Sprache, Religion oder Herkunft.

Artikel 9:

Alle Kinder haben das Recht, zu beiden 🖋 Kontakt zu halten, wenn diese getrennt leben.

Artikel 16:

Alle Kinder haben das Recht auf persönliche 🖋. Briefe und 🖋 dürfen ohne ihre Erlaubnis nicht gelesen werden.

Artikel 19:

Alle Kinder müssen vor schlechter Behandlung, 🖋 und Misshandlung durch Eltern oder andere Erwachsene 🖋 werden.

Artikel 28:

Alle Kinder haben das Recht, in die 🖋 zu gehen.

Artikel 31:

Alle Kinder haben ein Recht auf 🖋, Ruhe und Spiel sowie ihrem Alter angemessene Aktivitäten.

🖋 = Freizeit – Ausbeutung – Schule – gleich – Elternteilen – Geheimnisse – Geschlecht – Tagebücher – geschützt

Kinder haben Rechte

2 Suche dir aus einem der oben genannten Artikel der Kinderrechte einen aus und verfasse dazu einen Text deiner Wahl (eine erfundene Geschichte, ein Gedicht, einen Bericht über etwas was, das du erlebt hast ...).

vor ca. 2 Mio. Jahren	Erste Menschen
vor ca. 600 000 Jahren	Ältester Menschenfund in Deutschland
vor ca. 300 000 Jahren	Frühmenschen in Bilzingsleben
vor ca. 35 000 Jahren	Cro-Magnon-Mensch

In der gesamten Altsteinzeit lebten die Menschen als Jäger und Sammler.

10 000 v. Chr.	Erster Getreideanbau und erste Viehzucht im Vorderen Orient
7000 v. Chr.	Erste stadtähnliche Siedlung in Jericho
4500 v. Chr.	Erste Siedlung der Bandkeramiker in Sachsen

Bronzezeit / Eisenzeit

um 3000 v. Chr.	Erste Bronzeverarbeitung im Vorderen Orient
um 2000 v. Chr.	Ausdehnung der Bronzetechnik bis Mitteleuropa
1500–1300 v. Chr.	Entstehung der Lausitzer Kultur
um 1300 v. Chr.	Erste Eisenverarbeitung in Kleinasien
um 500 v. Chr.	Jüngere Eisenzeit in ganz Deutschland

Ägypten

3000 v. Chr.	Staatsgründung in Ägypten
1900 v. Chr.	Ägypten wird Großmacht
1000 v. Chr.	Ägyptens Großreich zerfällt
30 v. Chr.	Ägypten wird römische Provinz

Griechenland

2600–1450 v. Chr.	Minoische Kultur auf Kreta
750–550 v. Chr.	Griechische Kolonisation
500 v. Chr.	Entstehung der Demokratie in Athen
477 v. Chr.	Gründung des Attischen Seebundes
356–336 v. Chr.	Philipp II. von Makedonien unterwirft Griechenland
300–30 v. Chr.	Hellenistische Staaten entstehen in Ägypten, Persien und Makedonien

Rom

753 v. Chr.	Gründung Roms (Sage)
500 v. Chr.	Beginn der römischen Republik
um 250 v. Chr.	Rom ist stärkste Landmacht im Mittelmeerraum
44 v. Chr.	Alleinherrschaft Caesars
31 v. Chr.–14 n. Chr.	Herrschaft des Kaisers Augustus
391 n. Chr.	Das Christentum wird Staatsreligion
395 n. Chr.	Teilung des Römischen Reiches
476 n. Chr.	Der letzte römische Kaiser wird von den Germanen abgesetzt

Frankenreich

482	Chlodwig wird König der Franken
719	Bonifatius wird mit der Missionierung der Germanen beauftragt
768	Karl der Große wird König der Franken
722–804	Sachsenkriege
800	Kaiserkrönung Karls des Großen in Rom
814	Tod Karls des Großen
919	Sachsenherzog Heinrich wird deutscher König

Ausbreitung des Islam

ca. 571	Geburt Mohammeds in Mekka
622	Mohammed flieht nach Medina
630	Mohammed erobert Mekka
632–715	Ausbreitung des Islam bis Indien und Europa
632	Tod Mohammeds
711	Araber dringen in Europa (Spanien) ein
1096	1. Kreuzzug; Vernichtung vieler jüdischer Gemeinden in Deutschland
1099	Eroberung Jerusalems
11. Jh.	Zerfall des islamischen Reiches in Spanien

Vom Mittelalter zur Neuzeit

14./15. Jh.	Beginn eines neuen Denkens: Humanismus und Renaissance
um 1450	Erfindung des Buchdrucks mit beweglichen Lettern
1492	Kolumbus sucht den Westweg nach Indien und entdeckt Amerika
1519	Cortez erobert Mexiko; die Europäer errichten ihre Herrschaft in den Kolonien

Leben im Mittelalter

seit dem 8. Jh.	Ausbreitung des Mönchtums; viele Orden, zahllose Klöster
800–1000	Aus der Mehrzahl der freien Bauern werden Unfreie
seit 1096	Ausgrenzung und Verfolgung der Juden
10.–12. Jh.	Entstehung des Ritterstandes
12. Jh.	Im Deutschen Reich gibt es 19000 Burgen
12.–15. Jh.	Städteboom in Europa
1200–1500	Gotische Kirchen werden in ganz Europa errichtet
1300–1400	Zünfte erkämpfen sich in zahlreichen Städten ein Mitspracherecht

257

Das Zeitalter des Absolutismus

1643–1715	Ludwig XIV., König von Frankreich
Seit dem 17. Jh.	Merkantilismus wird vorherrschende Wirtschaftsform
18. Jh.	Zeitalter der Aufklärung
1740–1786	Friedrich II., König von Preußen

Die Reformation und ihre Folgen

31. 10. 1517	Luther veröffentlicht die Wittenberger Thesen gegen den Missbrauch des Ablasses
1521	Reichstag zu Worms
1525	Bauernkrieg
1534	Gründung des Jesuitenordens
1618–1648	Dreißigjähriger Krieg

Französische Revolution/Napoleon

1789	Versammlung der Generalstände
1789	Sturm auf die Bastille
1789	Erklärung der Menschenrechte
1791	1. Verfassung
1793/94	Schreckensherrschaft
1799	Napoleon übernimmt die Herrschaft
1804	Kaiserkrönung Napoleons
1807	Preußische Reformen
1812	Napoleons Feldzug nach Russland

Industrialisierung

seit 1700	Beginn der Industrialisierung in England
1769	James Watt, Dampfmaschine
1804	1. Lokomotive in England
1848	K. Marx und F. Engels, Kommunistisches Manifest
1861	Erste Gewerkschaften in Deutschland
1863	„Allgemeiner Deutscher Arbeiterverein" gegründet
1865	„Allgemeiner Deutscher Frauenverein" gegründet
1875	Gründung der Sozialdemokratischen Partei in Gotha

Deutscher Bund

1814/15	Wiener Kongress
1815–1866	Deutscher Bund
1817	Wartburgfest
1832	Hambacher Fest
1834	Deutscher Zollverein

Deutsches Kaiserreich

1870/71	Deutsch-französischer Krieg
1871	Gründung des Deutschen Reiches Otto von Bismarck wird Reichskanzler
1878	Sozialistengesetz

Revolution 1848/49

1830	Julirevolution in Frankreich, Aufstände in Leipzig und Dresden
1848	Märzaufstand in Wien, Berlin, Paris
1848	Mai: Nationalversammlung in Frankfurt am Main
1849	Friedrich Wilhelm IV. von Preußen lehnt die Kaiserkrone ab Auflösung der Nationalversammlung, neue Aufstände werden durch das Militär niedergeschlagen

ab 1870	Eroberungspolitik europäischer Staaten in Afrika und Asien
1884	Deutschland wird Kolonialmacht in Afrika
seit 1900	450 Millionen Einwohner gehören zum „British Empire"
1904	Herero-Aufstand
28.6.1914	Attentat in Sarajewo
1.8.1914	Beginn des Ersten Weltkriegs

Gewusst wie ...

Eine Zeitleiste herstellen

Zeitabschnitte aus der Vergangenheit könnt ihr in einer Zeitleiste darstellen. So könnt ihr veranschaulichen, was früher, später oder auch gleichzeitig stattgefunden hat.

... und so wird's gemacht:

1. Bildmaterial sammeln und ordnen
Tragt Bilder, Fotos und Gegenstände zusammen und beschafft euch Informationen dazu. In Geschichtsbüchern, Lexika oder in alten Zeitungen könnt ihr euch informieren. Sortiert ähnliche Abbildungen aus. Macht Fotokopien von Bildern, die euch nicht gehören. Fotografiert Gegenstände, über die ihr nicht verfügen könnt. Notiert, aus welchem Jahr die Bilder oder Gegenstände stammen. Berechnet, wie viele Jahre seitdem vergangen sind.

2. Zeitleiste anlegen
Nehmt eine Tapetenbahn und zeichnet einen Zeitstrahl darauf. Überlegt, welchen Zeitraum ihr darstellen wollt.
Schreibt das Jahr, das am weitesten zurückliegt, an die linke Seite des Zeitstrahls. Der Zeitpunkt, der unserer Zeit am nächsten ist, wird an die rechte Seite geschrieben. Unterteilt dann den Zeitstrahl in sinnvolle Abschnitte.

3. Zeitleiste gestalten
Legt euer Bildmaterial auf und probiert verschiedene Gestaltungsmöglichkeiten aus. Klebt die Abbildungen auf und beschriftet sie.

Textquellenarbeit

Berichte geben uns ein Bild von der Vergangenheit. Doch ist dieses Bild richtig? Entspricht der Bericht der Wahrheit oder übertreibt er, ist einseitig oder gar falsch? Mithilfe verschiedener kritischer Fragen könnt ihr den Wahrheitsgehalt eines Textes überprüfen.

... und so wird's gemacht:

1. Fragen zum Text
– Wovon berichtet der Text? (W-Fragen: Wer? Wo? Wann? Was? Wie? Warum?)
– Wie ist der Text untergliedert? Welcher Gesichtspunkt steht im Mittelpunkt?
– Wie kann man den Inhalt kurz zusammenfassen?
– Welche Widersprüche, Übertreibungen oder Einseitigkeiten enthält der Text?

2. Fragen zum Verfasser (Autor)
– Welche Informationen besitzen wir über den Verfasser?
– Kannte der Schreiber die Ereignisse, über die er berichtete, aus eigener Anschauung?
– Welche Absichten verfolgte der Verfasser mit seinem Text?
– Versuchte der Autor möglichst neutral zu sein oder ergriff er Partei für bestimmte Personen?

Bilder interpretieren

Unser Wissen über die Vergangenheit gewinnen wir oft aus Bildern. An alten Fotos, Kirchenfenstern, Wand- oder Deckenmalereien, Zeichnungen, Statuen oder Gemälden können wir häufig erkennen, wie die Menschen früher gelebt haben, was sie dachten oder fühlten. Die folgenden Arbeitsschritte werden euch helfen, Bilder auszuwerten.

... und so wird's gemacht:

1. Bildelemente erfassen
– Welche Personen und Gegenstände sind dargestellt? Wie sind sie dargestellt (Gestaltung, Größe, Kleidung, Farben)?
– Wo befinden sich die Personen und Gegenstände?

2. Bildelemente zusammenfügen
– Lassen sich die Bildelemente in einen sinnvollen Zusammenhang bringen?
– Welche erste Deutung ergibt sich beim Zusammenfügen der Elemente?
– Welche Fragen bleiben offen?

3. Zusätzliche Informationen heranziehen
– Wo gibt es weitere Informationen (z. B. Bildunterschrift, weitere Abbildungen, schriftliche Quellen, wissenschaftliche Darstellungen)?
– Was lässt sich über den Künstler bzw. Auftraggeber und seine Absicht herausfinden?

4. Bild deuten
– Mithilfe der Bildelemente und Zusatzinformationen eine zusammenfassende Aussage formulieren.
– Bleiben Fragen in der Gesamtdeutung offen?

... arbeiten mit Methode

Herrscherbild entschlüsseln

Früher waren Gemälde die wichtigste Möglichkeit von Herrschern, sich dem Volk zu präsentieren. Um die Darstellung eines Herrschergemäldes und die Botschaft, die es vermittelt, zu verstehen, müssen wir es genau analysieren und interpretieren.

... und so wird's gemacht:

1. Gemälde betrachten
Schaut das Bild in Ruhe an und schildert dann den ersten Eindruck, den der Herrscher auf euch macht.

2. Gemälde analysieren
– Wer ist dargestellt? Wann wurde es angefertigt? Ist der Herrscher alleine auf dem Bild?
– Was ist dargestellt? Erstellt eine Liste mit den eurer Meinung nach wichtigsten Einzelheiten im Bild. Überlegt, warum der Maler sie darstellte?
– Wie ist der Herrscher dargestellt? Betrachtet genau die Kleidung, Frisur, Gestik und Mimik. Was sagen sie aus?
– An wen richtet sich die Darstellung? Immer waren es die Untertanen. Wie sehen sie ihren Herrscher? Schaut er sie an? Wie will er auf die Betrachter wirken?

3. Mit dem Gemälde kreativ arbeiten
– Versucht den Bildaufbau nachzuzeichnen: Klebt so viele Bogen Packpapier zusammen, bis ihr die Größe des Gemäldes erreicht habt. Befestigt diese Fläche an einer Wand und skizziert die Person des Herrschers.
– Fügt Sprech- und Denkblasen in das Bild ein. Welcher Ausspruch könnte zu dem Herrscher passen?

In Gruppen arbeiten

Immer wieder ist es günstiger, bestimmte Arbeitsgänge nicht mit der ganzen Klasse oder einzeln durchzuführen, sondern in Gruppen zu arbeiten.

... und so wird's gemacht:

1. Gruppen bilden
Gruppen können nach ganz unterschiedlichen Gesichtspunkten gebildet werden. Manchmal kommt es darauf an, wer sich für das Gruppenthema interessiert. Manchmal muss man aber auch darauf achten, wer die vorgesehenen Arbeiten besonders gut kann. Und manchmal müssen auch ganz unterschiedliche Interessen oder Fähigkeiten zusammenkommen, damit die Aufgabe gelöst werden kann.

2. Regeln verabreden und Entscheidungen treffen
Bestimmt zunächst in jeder Gruppe einen Sprecher oder eine Sprecherin. Sie sollen später die Gruppenergebnisse der Klasse vorstellen.

3. Ergebnisse in der Klasse vorstellen
Wenn die Arbeit fertig ist, muss das Ergebnis in der Klasse vorgestellt werden, denn die anderen haben sich ja mit ganz anderen Themen beschäftigt.

4. Nachbesprechung
Wenn alle Gruppen ihre Ergebnisse vorgestellt haben, könnt ihr in der Klasse ein Gesamturteil bilden.

Einen Experten befragen

Wenn man etwas genau wissen möchte, gibt es die Möglichkeit, sich an Experten zu wenden. Sie können uns mit ihrem Wissen helfen, schwierige Zusammenhänge besser zu verstehen. Wenn ihr bei der Vorgehensweise einige wichtige Dinge beachtet, dann steht einer erfolgreichen Befragung nichts mehr im Wege.

... und so wird's gemacht:

1. Fragen sammeln und ordnen
Beginnt im Unterricht mit einem „Brainstorming". Arbeitet Leitfragen heraus und schreibt die Fragen auf, die ihr dem Experten stellen wollt.

2. Einen Experten suchen
Überlegt euch, wen ihr einladen und befragen wollt. Nehmt mit den Personen Kontakt auf (Telefon, Brief, E-Mail), schildert ihnen euer Vorhaben und vereinbart einen Termin.

3. Befragung vorbereiten
Legt fest, wer an den Experten welche Fragen stellt und wer für die Gesprächsführung verantwortlich ist. Klärt ab, welche technischen Voraussetzungen erwünscht sind (Beamer, Flip-Chart …). Klärt vorher auch: Wo sitzt der Gast, wo die Zuhörer? Und denkt an Getränke und Gläser.

4. Durchführung der Befragung
Begrüßt den Gast und stellt ihn vor. Gebt einen kurzen Überblick über die Befragung. Bei Video- oder Kassettenaufzeichnungen vorher unbedingt um Erlaubnis fragen! Nach der Befragung: Dankt dem Gast und begleitet ihn nach draußen.

5. Befragung auswerten
Klärt in einem Klassengespräch ab, ob alle Fragen hinreichend beantwortet wurden. Überlegt, wie ihr eure Ergebnisse präsentieren wollt: Gestaltet z. B. eine Wandzeitung oder veröffentlicht einen Bericht in der Schülerzeitung.

Gewusst wie ...

Informationen beschaffen

Oft suchen wir uns zusätzliche Informationen in anderen Büchern. Wir finden sie in Büchereien oder Bibliotheken.

... und so wird's gemacht:

1. Im Katalog suchen
Wenn ihr nach den gewünschten Büchern suchen wollt, müsst ihr in den „Katalog" schauen. Der Autorenkatalog hilft euch, wenn ihr schon wisst, welches Buch von welchem Autor ihr haben wollt. Der Schlagwortkatalog ist für den Anfang besser. Hier könnt ihr unter einem Stichwort nachsehen.

2. Bücher ausleihen
Im Katalog findet ihr zu jedem Buch eine Buchstaben- und Zahlenkombination, Signatur genannt. Notiert die Signatur, den Namen des Autors und den Buchtitel und fragt nun die Angestellten, wie es weitergeht.

3. Eine Dokumentation anlegen
Wenn ihr wichtige Informationen behalten wollt, müsst ihr diese Informationen auswählen und festhalten. In einem Hefter sammelt ihr Fotokopien von Bildern und Texten aus den ausgeliehenen Büchern. Wichtige Informationen aus langen Texten lassen sich besser kurz mit eigenen Worten zusammenfassen. Auf jedem Blatt solltet ihr als Überschrift das Thema festhalten, um das es geht. Am besten nummeriert ihr die Seiten durch, wenn eure Dokumentation abgeschlossen ist.

Schaubild

Schaubilder stellen komplizierte Zusammenhänge vereinfacht dar.

... und so wird's gemacht:

1. Was ist dargestellt?
– Inhalt feststellen (Um was geht es?).
– Symbole entschlüsseln (Bedeutung von Farben, Form der Elemente, Pfeile ...).

2. Wie ist die Darstellung aufgebaut?
– Aufbau und Ablauf erkunden (Wo ist der „Einstieg", läuft alles in eine Richtung? Gibt es Verzweigungen, soll ein Kreislauf angedeutet werden?).
– Zusammenhänge herstellen (Wo sind z. B. Ursachen, wo ergeben sich Folgen?).

3. Auswertung
– Gesamtaussage erkennen (Wie könnte man die Aussage des Schaubildes mit wenigen Worten wiedergeben?).
– Kritisch überprüfen (Was fehlt, was wird zu einfach dargestellt oder übertrieben ...?).

Statistiken und Grafiken

Immer wieder arbeiten wir im Geschichtsunterricht mit Statistiken und Grafiken. Sie helfen uns, historische Entwicklungen anschaulich darzustellen und zu vergleichen.

... und so wird's gemacht:

1. Angaben zusammentragen
Tragt die Angaben zu dem Thema, das ihr bearbeitet, zusammen. Stellt eine Tabelle dazu auf mit einem Gesamtergebnis, das wäre dann eine Statistik. Diese Arbeit ist eine notwendige Vorarbeit für eine grafische, also zeichnerische Darstellung der Daten.

2. Art der Grafik wählen
Grafiken sollen übersichtlich und aussagekräftig sein. Der ausgewählte Typ, z. B. Säulen- oder Kurvendiagramm, muss zum Inhalt passen.

3. Grafik anlegen
Dafür ist es manchmal günstig, die absoluten Zahlenwerte in Prozente umzurechnen.

4. Interpretation
Hierzu werden die Grafiken „gelesen" und in Worte übersetzt.

5. Kritik
Ihr werdet schnell feststellen, dass man durch die Art der Darstellung Dinge übertreiben oder abschwächen kann. Da hilft bei fremden Statistiken nur ein kritischer Blick auf die zugrunde liegenden Zahlenwerte. Eine seriöse Statistik muss nämlich nachvollziehbar und damit überprüfbar sein.

... arbeiten mit Methode

Geschichtskarten

Im Geschichtsunterricht arbeitet ihr mit Geschichtskarten. Sie stellen ein Thema aus der Geschichte dar. Das kann eine bestimmte Situation sein. Es kann auch die Entwicklung über einen längeren Zeitraum hinweg sein. Bei der Arbeit mit Geschichtskarten helfen folgende Arbeitsschritte weiter.

... und so wird's gemacht:

1. Thema und Zeitraum bestimmen
Antwort gibt meist der Titel der Karte. Er ist in diesem Buch über den Karten abgedruckt. Wenn der Zeitraum im Titel nicht zu erkennen ist, muss man einen Blick in die Legende werfen oder auf der Karte eingetragene Jahreszahlen sammeln.

2. Das dargestellte Gebiet bestimmen
Sicher könnt ihr nur sein, wenn ihr euch am Kartenbild orientiert habt. In diesem Buch hilft euch oft der kleine Kartenausschnitt.

3. Farben und Zeichen erklären
Fast jede Karte hat eine Zeichenerklärung, die sogenannte Legende. Dort findet ihr die Erklärungen, die nicht in der Karte stehen.

4. Aussagen der Karte zusammenfassen
Wenn ihr Schwierigkeiten habt, versucht ihr am besten zu der Karte eine kurze Geschichte zu erzählen. Was passierte in welcher Reihenfolge?

Recherche im Internet

Um über ein Thema etwas in Erfahrung zu bringen, kann man das Internet nutzen. Wie eine riesige Bibliothek bietet es eine Fülle von Informationen.

... und so wird's gemacht:

1. Schlagwort finden
Überlegt euch zu einem Thema, über das ihr mehr erfahren wollt, passende Schlagwörter.

2. Suchmaschine benutzen
Im Internet gibt es mehrere Anbieter von Suchmaschinen, bei denen ihr euer Stichwort nur eingeben müsst, dann durchforstet sie alle Internetseiten. Ihr erhaltet eine Liste der passenden Internetseiten zu eurem Stichwort. Bekannte Suchmaschinen sind: *www.google.de*, *www.yahoo.de*, *www.lycos.de*.

3. Stichwort eingeben
Bei der Eingabe des Stichworts ist Folgendes zu beachten: Prüft die Rechtschreibung, ist ein Wort falsch geschrieben, kann die Suchmaschine nichts finden. Findet die Suchmaschine unter einem Stichwort nichts, dann müsst ihr euch ein anderes überlegen. Ist das Stichwort zu allgemein formuliert, dann bekommt ihr zu viele Einträge.

4. Ergebnisse sichten und auswählen
Die Einträge müsst ihr nun sichten und auswählen. Sortiert die Seiten aus, bei denen es nicht um die Informationen geht, die ihr gesucht habt. Aber Vorsicht: Achtet immer darauf, wer der Anbieter der Informationen ist. Bei anerkannten Institutionen (Ministerium, Universität, Museum) könnt ihr euch auf die Richtigkeit der Informationen verlassen. Bei privaten Anbietern müsst ihr die Information eventuell noch mal mithilfe eines Lexikons überprüfen.

Ein Referat halten

Referate sind eine der häufigsten Formen der Informationsvermittlung. Sie eignen sich vor allem dazu, Informationen eines Einzelnen an ein Publikum weiterzugeben.

... und so wird's gemacht:

1. Material sammeln und ordnen
Sucht in der Schul- und in der Stadtbibliothek unter bestimmten Stichwörtern nach Material zu eurem Thema. Notiert die Fundstellen und schreibt euch die Informationen auf oder kopiert die Seiten.

2. Materialien gliedern
Breitet euer Material auf einem großen Tisch aus; überlegt, welche Materialien zusammengehören, und ordnet sie nach Unterthemen. Erarbeitet daraus eine Gliederung für den Vortrag.

3. Eigene Texte formulieren
Verbindet nun die geordneten Materialien durch eigene Texte. Achtet darauf, dass eure Sätze klar und verständlich sind.

4. Vortrag zusammenstellen und Medien bereitstellen
Stellt dann euren Vortrag mit den Medien in der richtigen Reihenfolge zusammen. Sorgt für die technischen Medien, die ihr benötigt.

5. Vortrag üben
Übt das Referat laut und in freier Rede. Markiert im fertigen Text die wichtigen Stellen. Für den freien Vortrag schreibt euch Stichworte auf einen Merkzettel. Laut, langsam und deutlich sprechen.

6. Präsentation
Stellt als Erstes das Thema und die Planung vor. Haltet dann euer Referat. Haltet dabei Blickkontakt zu den Zuhörerinnen und Zuhörern. Plant noch Zeit für Fragen oder eine Diskussion ein.

Gewusst wie ...

Karikaturen deuten

Bei einer Karikatur geht es dem Zeichner darum, seine Meinung zu einer Sache darzustellen. Um die Karikatur zu deuten, müsst ihr die Stilmittel (Übertreibung, Symbole) herausfinden.

... und so wird's gemacht:

1. Beobachten
Karikatur genau betrachten und Eindrücke festhalten.

2. Beschreiben
Beschreibt so genau wie möglich, was abgebildet ist (Personen, Tiere, Gegenstände) und wie es abgebildet ist (Mimik, Gestik usw.). Was geschieht? Wird eine Handlung deutlich? Welche Texte gehören zum Bild?

3. Deuten
Welche Bedeutung haben die abgebildeten Personen, Tiere, Gegenstände? Welche Bedeutung hat die Handlung?

4. Einordnen
Auf welches Ereignis oder welche Situation beziehen sich die Aussagen der Karikatur?

5. Werten
Welche Position bezieht der Karikaturist zum Thema? Wie seht ihr das Problem?

Fotos analysieren

Außer Gegenständen und Textquellen können uns auch Fotos wichtige Informationen über die Geschichte geben. Zum Beispiel sind aus der Zeit der Industrialisierung oft noch Fotos erhalten, die in Firmenarchiven aufbewahrt sind. Mit ihrer Hilfe kann man mehr über die Geschichte der Industrie herausfinden, aber nicht immer können zu allen Fragen Antworten gefunden werden.

... und so wird's gemacht:

1. Fragen zum Foto
- Wann ist das Foto entstanden?
- Wer hat es aufgenommen?
- Warum ist das Foto aufgenommen worden?
- Gibt es eine Bilderklärung? Welche Informationen enthält sie?

2. Fragen zum Motiv
- Was ist dargestellt?
- Fallen euch wichtige Dinge ein, die mit dem Motiv zusammenhängen, aber nicht auf dem Bild zu erkennen sind?
- Welche weiteren Informationen wären zum besseren Verständnis nötig?

Texte sinnerfassend lesen

Wichtig für selbstständiges Lernen ist das Lesen und Verstehen von Texten. Dabei geht es darum, den inhaltlichen Aufbau eines Textes zu erfassen und Argumentationen nachzuvollziehen, damit ihr euch ein Urteil über einen bestimmten Sachverhalt bilden könnt.

... und so wird's gemacht:

1. Texte überfliegen, Thema erfassen
Lest den Text einmal ganz durch und klärt folgende Fragen:
- Um welches Thema geht es?
- Was wisst ihr schon darüber?
- Was möchtet ihr wissen?

2. Fragen stellen:
Um welche Textsorte handelt es sich? Stellt W-Fragen: Wer? – Was? – Wann? – Wo? – Wie? – Warum?

3. Text lesen, Schlüsselwörter unterstreichen
- Unterstreicht auf einer Kopie die wichtigsten Wörter im Text.
- Unterstreicht sparsam und verwendet verschiedenfarbige Stifte.
- Markiert schwierige bzw. unklare Textstellen.

4. Zwischenüberschriften finden
- Findet Überschriften für die einzelnen Abschnitte, die ihren Inhalt knapp zusammenfassen.
- Passt die Überschrift zum Inhalt des Abschnitts und zur Art des Textes?

5. Inhalt wiedergeben
- Gebt mithilfe der Zwischenüberschriften und unterstrichenen Wörter den Inhalt des Textes wieder (in Stichworten oder in wenigen kurzen Sätzen).
- Legt auch ein Cluster an.

... arbeiten mit Methode

Exkursion

Ihr könnt auch einen Schauplatz aufsuchen, an dem ihr Spuren der Geschichte findet. Das nennt man eine Exkursion.

... und so wird's gemacht:

1. Informationen beschaffen, Termin festlegen
Zuerst beschafft ihr euch per Internet, Post oder Telefon Informationen über euer Ziel. Legt einen Termin fest und erkundigt euch nach Fahrmöglichkeiten.

2. Vorbereitung in der Schule
Sichtet das Informationsmaterial, erarbeitet Fragen, einigt euch auf Schwerpunkte. Bildet Gruppen und teilt die Arbeit auf.

3. Gemeinsamer Rundgang am Ziel
Gemeinsam verschafft ihr euch einen ersten Überblick. Beim Rundgang informieren die einzelnen Gruppen als Experten die anderen.

4. Selbstständiges Entdecken und Erforschen
Jede Gruppe kann dann ihr Thema vertiefen. Sucht die eurem Schwerpunkt entsprechenden Spuren auf. Haltet alle Ergebnisse stichwortartig fest, fotografiert und zeichnet.

5. Vortrag der Arbeitsergebnisse in der Schule
Dies kann in Textform, mit Bildern und Postkarten geschehen. Unterstützt euren Vortrag mit Anschauungsmaterial und erzählt von persönlichen Erlebnissen. Die Ergebnisse sollten dokumentiert werden.

Museumsbesuch

Museen sammeln und bewahren Gegenstände aus der Vergangenheit, erforschen sie und stellen sie für die Öffentlichkeit aus. Damit ein Museumsbesuch auch spannend für euch ist, muss er gut vorbereitet sein.

... und so wird's gemacht:

1. Den Museumsbesuch vorbereiten
Klärt, welches Museum erkundet werden soll, vereinbart einen Termin und bereitet euch mit Fragen (Fragebogen), am besten in Gruppen, darauf vor. Vergesst nicht Notizblock, Schreibzeug, Fotoapparat (Videokamera).

2. Den Museumsbesuch durchführen
Stellt eure Fragen, macht Notizen, haltet auch Beobachtungen fest, die nicht in eurem Fragenkatalog stehen.

3. Die Ergebnisse auswerten und dokumentieren
Das gesammelte Material zunächst sichten, ordnen und durch weitere Informationen aus Büchern ergänzen. Entscheidet dann, wie ihr eure Ergebnisse darstellen wollt, z. B. in einer kleinen Ausstellung, einer Wandzeitung, einem Erkundungsbericht.

Informationsvermittlung: Beispiel Wandzeitung

Eine Wandzeitung schaut der Betrachter im Stehen oder im Vorbeigehen an. Also: wenige, überschaubare Texte, dazu einige, möglichst großformatige Abbildungen!

... und so wird's gemacht:

1. Informationen auswählen
Was ist wichtig, was kann weggelassen werden? Was soll als Text, was im Bild, Schaubild oder in einer Tabelle dargestellt werden?

2. Gestaltung
Wie soll die Schrift aussehen? Welche Bilder sind geeignet und wo werden sie angeordnet? Welche Zeichnungen, Tabellen oder Schaubilder sollen angefertigt werden und wohin sollen sie kommen?

3. Material
Welches Material wird benötigt (Tapete, Pappe, Stifte, Kleber, Heftzwecken, Stecknadeln, Scheren, Lineal usw.)? Wer besorgt es?

4. Arbeit verteilen und durchführen
Wer möchte Texte schreiben, Bilder ausschneiden und beschriften, Zeichnungen, Tabellen anfertigen usw.? Bilder, Texte usw. nicht sofort festkleben, sondern erst alles lose auflegen!

5. Präsentation
Wandzeitung aufhängen und den anderen Gruppen vorstellen (präsentieren).

Lösung von Seite 108/109: „Der Tod eines Königs"

Paris, 21. 1. 1793. Die Hinrichtung des französischen Königs Ludwig XVI.

1 Während der Revolution bietet diese Alarmanlage aus dem 20. Jahrhundert keinen Schutz.

2 John Logie Baird führt das Fernsehen erstmals 1926 vor und Fernsehkameras wie diese kommen noch später.

3 Elektrische Lautsprecher gibt es noch nicht. Die Stimme des Königs wird durch die Trommeln der Soldaten übertönt.

4 Diese Thermosflasche stammt aus dem 20. Jahrhundert.

5 Die Revolutionäre hatten einfache Gewehre, das Maschinengewehr ist ein Modell aus dem 20. Jahrhundert.

6 Zeitungen finden immer mehr Verbreitung, aber diese bunte Illustrierte „Femme" stammt aus dem Frankreich des 20. Jahrhunderts.

7 Die Revolutionäre demonstrieren zwar gegen mancherlei, aber diese Plakette für Atomabrüstung und Frieden ist ihrer Zeit voraus.

8 Mehr als 50 Jahre vor der Erfindung des Verbrennungsmotors gibt es für diesen Benzinkanister noch keine Verwendung.

9 Zwar gibt es in Paris viele eindrucksvolle Gebäude, aber Hochhäuser aus Beton und Glas entstehen erst im 20. Jahrhundert.

10 Ein Kran wie dieser ist seit der zweiten Hälfte des 20. Jahrhunderts ein vertrauter Anblick, hier aber fehl am Platz.

11 Den Minirock sieht man in den Straßen von Paris erst ab ungefähr 1960.

12 Die Parkuhr wird 1935 von dem Amerikaner C. C. Magee erfunden.

13 Lange vor der Erfindung des Tonbandgeräts hat sich dieser Rundfunkreporter um 150 Jahre in der Zeit geirrt.

14 Steelbandtrommeln werden aus Ölfässern erst hergestellt, nachdem Erdöl, weil es den Verbrennungsmotor gibt, zu einer bedeutenden Handelsware geworden ist.

15 Diese Verkehrsleitkegel („Lübecker Hütchen") aus Kunststoff sind erst seit dem 20. Jahrhundert ein vertrauter Anblick.

16 Baseball wird in den Vereinigten Staaten erstmals 1839 gespielt, aber diese Baseballmütze ist noch jünger.

17 Diese einziehbare Hundeleine ist eine Erfindung des 20. Jahrhunderts.

18 Hamburger und „Fast Food" in solchen Styroporschachteln werden erst im 20. Jahrhundert gebräuchlich.

19 Vor der Erfindung des Telefons gibt es auch diese Gegensprechanlage noch nicht.

20 So viele Jahre vor der Erfindung des Automobils werden auch Verkehrszeichen noch nicht gebraucht, obwohl sie auch für Kutschen nicht schlecht gewesen wären.

Jugend- und Sachbücher

Vom Mittelalter zur Neuzeit
- Baumann, Hans: *Der Sohn des Kolumbus.* dtv, München.
- Baumann, Hans: *Die Barke der Brüder.* Verlag Freies Geistesleben, Stuttgart.
- Kleberger, Ilse: *Pietro und die goldene Stadt.* Erika Klopp Verlag, Berlin 1993.
- Marc, Pierre: *Marco Polos wunderbare Reise.* Bohem Press, Zürich.
- Merino, José Maria: *Das Gold der Träume.* Arena Verlag, Würzburg 1994.
- Thadden, Wiebke von: *Thomas und die schwarze Kunst.* Beltz & Gelberg, Weinheim 2001.
- Wood, Tim: *Die Renaissance. Blick in die Geschichte.* Karl Müller Verlag, Erlangen 1993.

Reformation und Glaubenskriege
- Haß, Ulrike: *Teufelstanz.* Rowohlt, Hamburg 2002.
- Ott, Inge: *Verrat.* Verlag Freies Geistesleben, Stuttgart 1993.
- Pleticha, Heinrich: *Landsknecht, Bundschuh, Söldner.* Arena Verlag, Würzburg 1986.
- Selber, Martin: *Ich bin ein kleiner König. Heinrich und die Revolution.* Rowohlt, Hamburg 1988.

Europa im Zeitalter des Absolutismus
- Bartos-Höppner, Barbara: *Die Bonnins – Eine Familie in Preußen.* Verlag Niemeyer, Hameln 1995.
- Hamann, Brigitte: *Ein Herz und viele Kronen.* Ueberreuter Verlag, Wien 1998.
- Rauprich, Nina: *Wenzel oder der Weg in die Freiheit.* Bertelsmann, München 2001.
- Zitelmann, Arnulf: *Nur dass ich ein Mensch sei. Die Lebensgeschichte des Immanuel Kant.* Beltz & Gelberg, Weinheim 1996.

Die Französische Revolution
- Coppens, Bernard: *Napoleon. Geschichte schauen, lesen, wissen.* Union Verlag, Stuttgart 1992.
- Trease, Geoffrey: *Der Donner von Valmy.* Fischer TB, Frankfurt a. M. 2002.
- van der Vlugt, Simone: *Paris 1789. Das zweite Leben der Baronesse Sandrine.* Bertelsmann, München 2000.
- Wethekam, Cili: *Mamie 1780 bis 1794.* dtv, München 1995.
- Wethekam, Cili: *Tignasse.* dtv, München 1991.

Die Revolution von 1848/49
- Hetmann, Frederik: *Georg Büchner lief zweimal von Gießen nach Offenbach und zurück.* Beltz & Gelberg, Weinheim 1993.
- Honies, Heinz: *Ideen können nicht erschossen werden ...* Breitschopf, Wien/Stuttgart 1988.
- Reiche, Dietlof: *Zeit der Freiheit. Die Angst des Engelwirts vor den Preußen, Baden 1849.* Anrich Verlag, Weinheim 1997.
- Ross, Carlo: *Dunkle Wolken über Berlin. Wie Simon und Fritz anno 1848 auf die Barrikaden gingen.* Bertelsmann, München 2000.
- Sakowski, Helmut: *Die Schwäne von Klevenow.* Aufbau Verlag, Berlin 1997.

Industrielle Revolution
- Coupry, Patrice / Hoffmann, Ginette: *Zur Zeit der ersten Fabriken.* Union-Spectrum, München 1999.
- Popp, Adelheid: *Jugend einer Arbeiterin.* Dietz Verlag, Bonn 1991.
- Lewin, Waltraud: *Luise, Hinterhof Nord.* Ravensburger Verlag, Ravensburg 2001.
-

Kaiserreich – Imperialismus – Erster Weltkrieg
- Betge, Lotte: *Herbstwind.* Klopp Verlag, München 1992.
- Brandt, Heike: *Die Menschenrechte haben kein Geschlecht.* Beltz & Gelberg, Weinheim 1989.
- Lewin, Waltraud: *Samoa.* Gerstenberg, Hildesheim 2005.
- Merchand, Pierre (Hrsg.): *Kaiserreiche und Kolonien. Die Aufteilung der Welt.* Bertelsmann Lexikon Verlag, Gütersloh 1993.

Aus dem Grundgesetz der Bundesrepublik Deutschland

Auszüge aus der Fassung vom 26. 11. 2001

Artikel 1

(1) Die Würde des Menschen ist unantastbar. Sie zu achten und zu schützen ist Verpflichtung aller staatlichen Gewalt.

(2) Das deutsche Volk bekennt sich darum zu unverletzlichen und unveräußerlichen Menschenrechten als Grundlage jeder menschlichen Gemeinschaft, des Friedens und der Gerechtigkeit in der Welt. […]

Artikel 2

(1) Jeder hat das Recht auf die freie Entfaltung seiner Persönlichkeit, soweit er nicht die Rechte anderer verletzt und gegen die verfassungsmäßige Ordnung oder das Sittengesetz verstößt.

(2) Jeder hat das Recht auf Leben und körperliche Unversehrtheit. Die Freiheit der Person ist unverletzlich. In diese Rechte darf nur aufgrund eines Gesetzes eingegriffen werden.

Artikel 3

(1) Alle Menschen sind vor dem Gesetz gleich.

(2) Männer und Frauen sind gleichberechtigt. […]

(3) Niemand darf wegen seines Geschlechts, seiner Abstammung, seiner Rasse, seiner Sprache, seiner Heimat und Herkunft, seines Glaubens, seiner religiösen oder politischen Anschauungen benachteiligt oder bevorzugt werden. […]

Artikel 4

(1) Die Freiheit des Glaubens, des Gewissens und die Freiheit des religiösen und weltanschaulichen Bekenntnisses sind unverletzlich. […]

(3) Niemand darf gegen sein Gewissen zum Kriegsdienst mit der Waffe gezwungen werden …

Artikel 5

(1) Jeder hat das Recht, seine Meinung in Wort, Schrift und Bild frei zu äußern und zu verbreiten und sich aus allgemein zugänglichen Quellen ungehindert zu unterrichten. Die Pressefreiheit und die Freiheit der Berichterstattung … werden gewährleistet. Eine Zensur findet nicht statt. […]

Artikel 8

(1) Alle Deutschen haben das Recht, sich ohne Anmeldung oder Erlaubnis friedlich und ohne Waffen zu versammeln.

(2) Für Versammlungen unter freiem Himmel kann dieses Recht durch Gesetz … beschränkt werden.

Artikel 9

(1) Alle Deutschen haben das Recht, Vereine und Gesellschaften zu bilden.

(2) Vereinigungen, deren Zweck oder deren Tätigkeit den Strafgesetzen zuwiderläuft oder die sich gegen die verfassungsmäßige Ordnung oder gegen Gedanken der Völkerverständigung richten, sind verboten. […]

Artikel 10

(1) Das Briefgeheimnis sowie das Post- und Fernmeldegeheimnis sind unverletzlich.

(2) Beschränkungen dürfen nur aufgrund eines Gesetzes angeordnet werden. […]

Artikel 11

(1) Alle Deutschen genießen Freizügigkeit im ganzen Bundesgebiet. […]

Artikel 12

(1) Alle Deutschen haben das Recht, Beruf, Arbeitsplatz und Ausbildungsstätte frei zu wählen. Die Berufsausübung kann durch Gesetz … geregelt werden. […]

(3) Zwangsarbeit ist nur bei einer gerichtlich angeordneten Freiheitsentziehung zulässig.

Artikel 12a

(1) Männer können vom vollendeten achtzehnten Lebensjahr an zum Dienst in den Streitkräften, im Bundesgrenzschutz oder in einem Zivilschutzverband verpflichtet werden.

(2) Wer aus Gewissensgründen den Kriegsdienst mit der Waffe verweigert, kann zum Ersatzdienst verpflichtet werden. […]

Artikel 13

(1) Die Wohnung ist unverletzlich.

(2) Durchsuchungen dürfen nur durch den Richter, bei Gefahr im Verzuge auch durch die in den Gesetzen vorgesehenen anderen Organe angeordnet und nur in der dort vorgeschriebenen Form durchgeführt werden. […]

Aus dem Grundgesetz der Bundesrepublik Deutschland

Artikel 14

(1) Das Eigentum und das Erbrecht werden gewährleistet. Inhalt und Schranken werden durch die Gesetze bestimmt.

(2) Eigentum verpflichtet. Sein Gebrauch soll zugleich dem Wohle der Allgemeinheit dienen.

(3) Eine Enteignung ist nur zum Wohle der Allgemeinheit zulässig. [...]

Artikel 15

Grund und Boden, Naturschätze und Produktionsmittel können zum Zweck der Vergesellschaftung durch ein Gesetz, das Art und Ausmaß der Entschädigung regelt, in Gemeineigentum ... übergeführt werden. [...]

Artikel 16

(1) Die deutsche Staatsangehörigkeit darf nicht entzogen werden. [...]

(2) Kein Deutscher darf an das Ausland ausgeliefert werden. [...]

Artikel 16 a

(1) Politisch Verfolgte genießen Asylrecht.

(2) Auf Absatz 1 kann sich nicht berufen, wer aus einem Mitgliedstaat der Europäischen Gemeinschaften oder aus einem Drittstaat einreist, in dem die Anwendung des Abkommens über die Rechtsstellung der Flüchtlinge und der Konvention zum Schutze der Menschenrechte und Grundfreiheiten sichergestellt ist ...

Artikel 17

Jedermann hat das Recht, sich einzeln oder in Gemeinschaft mit anderen schriftlich mit Bitten oder Beschwerden an die zuständigen Stellen und an die Volksvertretung zu wenden.

Artikel 18

Wer die Freiheit der Meinungsäußerung, insbesondere die Pressefreiheit, die Lehrfreiheit, die Versammlungsfreiheit, die Vereinigungsfreiheit, das Brief-, Post- und Fernmeldegeheimnis, das Eigentum oder das Asylrecht zum Kampfe gegen die freiheitliche demokratische Grundordnung missbraucht, verwirkt diese Grundrechte. Die Verwirkung und ihr Ausmaß werden durch das Bundesverfassungsgericht ausgesprochen.

Artikel 19

(1) [...]

(2) In keinem Fall darf ein Grundrecht in seinem Wesensgehalt angetastet werden. [...]

Artikel 20

(1) Die Bundesrepublik Deutschland ist ein demokratischer und sozialer Bundesstaat.

(2) Alle Staatsgewalt geht vom Volk aus. Sie wird vom Volk in Wahlen und Abstimmungen und durch besondere Organe der Gesetzgebung, der vollziehenden Gewalt und der Rechtsprechung ausgeübt. [...]

(4) Gegen jeden, der es unternimmt, diese Ordnung zu beseitigen, haben alle Deutschen das Recht zum Widerstand, wenn andere Abhilfe nicht möglich ist.

Lexikon

Absolutismus Bezeichnung für die Epoche im 17. und 18. Jahrhundert, in der Ludwig XIV. und seine Regierungsform in Europa als Vorbild galten. Der Monarch besaß die uneingeschränkte Herrschaftsgewalt. Er regierte losgelöst von den Gesetzen und forderte von allen Untertanen unbedingten Gehorsam.

Abt Der von Mönchen gewählte Vorsteher eines Männerklosters. Die von Nonnen gewählte Vorsteherin eines Frauenklosters wird Äbtissin genannt.

Adlige Die Edlen – Angehörige einer in der Gesellschaft hervorgehobenen Gruppe, eines Standes, ausgestattet mit erblichen Vorrechten. Adliger konnte man von Geburt aus sein (Geburtsadel); Adliger konnte man aber auch werden, indem man im Dienst des Königs tätig war (Amts- oder Dienstadel).

Allah Das Wort kommt aus dem Arabischen und heißt Gott.

Antisemitismus Feindschaft gegenüber Juden. Der Begriff bezieht sich darauf, dass sich die Juden in ihrer geschichtlichen Abstammung von semitischen Stämmen des Nahen Ostens herleiten. Das Hebräische gehört zur semitischen Sprachgruppe.

Arbeiterbewegung Entstand als Folge der durch die Industrialisierung hervorgerufenen sozialen Missstände. Die zunehmende Verelendung der Arbeiter durch niedrige Löhne, lange Arbeitszeiten, schlechte Wohn- und Arbeitsverhältnisse usw. führte nach ersten spontanen Protestaktionen (1811/12 Maschinenstürmer in Großbritannien) zu einer organisierten Bewegung. Die abhängigen Lohnarbeiter schlossen sich in Gewerkschaften, Genossenschaften und Arbeiterparteien zusammen.

Aufklärung Reformbewegung, die im 18. Jahrhundert in fast allen Lebensbereichen zu neuen Ideen und Denkweisen führte. In der Politik richteten sich die Aufklärer gegen die uneingeschränkte Macht des Königs. Sie traten ein für Meinungsfreiheit, für Toleranz gegenüber anderen Religionen und ein von Vernunft geprägtes Handeln.

Azteken Indianervolk, das zur Zeit der spanischen Eroberung Gebiete Süd- und Zentralamerikas beherrschte. Mithilfe benachbarter Völker unterwarfen die Spanier unter der Führung Hernando Cortez' zwischen 1519 und 1521 das aztekische Reich.

Barock Der ursprünglich italienische Kunststil setzte sich gegen Ende des 17. Jahrhunderts in ganz Europa durch. Es entstanden zahlreiche barocke Schloss- und Kirchenbauten mit prunkvollen Verzierungen, die Kraft und Fülle ausdrücken sollten.

Benediktiner Mönche, die nach der Regel des heiligen Benedikt von Nursia leben. Die Benediktsregel war seit der Zeit der Karolinger die bestimmende Mönchsregel in Europa gewesen.

Bibel (griechisch = Buchstabe). Die heilige Schrift der Christen, gegliedert in das Alte und das Neue Testament.

Biedermeier Bezeichnung für den bürgerlichen Lebensstil zwischen 1815 und 1848. Enttäuscht von der Wiederherstellung der alten Ordnung, die die Bürger aus der Politik verdrängte, zogen sich die Menschen ins Privatleben zurück, um hier Erfüllung zu finden. Benannt wurde dieser Lebensstil nach einem schwäbischen Lehrer, der in Gedichten die Geborgenheit des häuslichen Glücks pries.

Bischof In der christlichen Kirche der leitende Geistliche eines größeren Bezirks.

Bistum Verwaltungsbezirk der katholischen Kirche, der von einem Bischof geleitet wird.

Bürgerrechte Rechte, die ein Staat seinen Bürgern zugesteht, z. B. das Wahlrecht.

Christianisierung Mönche aus Irland und Schottland verkündeten ab dem 7. Jahrhundert den heidnischen Germanen das Christentum. Bekanntester Vertreter war Bonifatius.

Code civil (franz. = bürgerliches Gesetzbuch). Begriff für das Gesetzbuch, mit dem Napoleon – daher auch Code Napoléon genannt – Frankreich ein einheitliches bürgerliches Recht gab, das Errungenschaften der Französischen Revolution festhielt. Nach seinem Vorbild wurden politische Freiheit und Gleichheit vor dem Gesetz in vielen europäischen Staaten gesichert.

Deportation zwangsweise Verschleppung, Verbannung.

Deutscher Bund 1815 schließen sich 34 deutsche Einzelstaaten und 4 freie Städte im Deutschen Bund zusammen.

Dritter Stand Er bildete zur Zeit des Absolutismus die Mehrzahl der Bevölkerung: Bauern, Kleinbürger, Großbürger. Vor allem die Bauern litten unter großen Lasten: Verbrauchssteuern, Kirchenzehnt, hohe Abgaben an Grundherrn und Staat.

Emanzipation (lat. Freilassung). Die Gleichberechtigung als Bürger und Bürgerin.

Enzyklopädie Ein Nachschlagewerk, das französische Gelehrte im 18. Jahrhundert herausgaben. Das gesammelte Wissen der Menschheit sollte hier umfassend dargestellt

Lexikon

werden. Viele führende Wissenschaftler arbeiteten an der Enzyklopädie mit, die zu einem Standardwerk der Aufklärung wurde.

Erosion Zerstörende Wirkung von fließendem Wasser, von Eis und Wind an der Erdoberfläche. Die Erde wird weggespült, der Boden bleibt karg und felsig zurück.

evangelisch/Evangelium Für Luthers Anhänger waren nicht der Papst und die Konzilien verpflichtend, sondern allein das Wort Christi in der Heiligen Schrift, dem Evangelium. Die Anhänger Luthers bezeichnete man daher als Evangelische.

Fabrik (lat. fabrica = Werkstätte). Großbetrieb mit oft mehreren Hundert Arbeitern und Arbeiterinnen und maschineller Fertigung von Erzeugnissen. Der Aufstieg der Fabriken begann mit der Industrialisierung zunächst in England. Die ehemaligen Heimarbeiter mussten sich nun als Lohnarbeiter bei den Fabrikbesitzern andienen.

Franken Westgermanischer Stamm zur Zeit Chlodwigs. In seiner Blütezeit ansässig in einem Gebiet zwischen dem Rhein und der Küste des Atlantischen Ozeans.

Frauenbewegung Bezeichnung für den organisierten Kampf um die rechtliche, politische und soziale Gleichstellung der Frau. 1865 wurde der Allgemeine Deutsche Frauenverein gegründet, 1894 der Bund deutscher Frauenvereine. Hauptforderungen waren u. a. gleiche Bildungschancen, das Wahlrecht für Frauen (seit 1918) und gleicher Lohn für gleiche Arbeit.

Frondienst (althochdeutsch: fron = Herr). Dienste, die hörige Bauern ihrem Grundherrn unentgeltlich leisten mussten, wie z. B. säen, ernten, pflügen usw.

Gegenreformation Bezeichnung für die Maßnahmen der katholischen Kirche, die für eine Zurückdrängung der Reformation sorgen sollten. Der Begriff ist erst später von der Geschichts- und Religionswissenschaft geprägt worden.

Generalstände Die Versammlung der Vertreter der drei Stände von ganz Frankreich seit dem Beginn des 14. Jahrhunderts. Die Generalstände hatten vor allem das Recht der Steuerbewilligung. Erst die schwere Finanzkrise des absolutistischen Staates zwang Ludwig XVI. dazu, die Ständeversammlung einzuberufen. Aus der Revolution der Abgeordneten des dritten Standes sollte sich die Französische Revolution entwickeln.

Getto Judenviertel. Der Name stammt aus dem Italienischen und war der Name des Judenviertels von Venedig.

Gewaltenteilung Eine in der Zeit der Aufklärung entwickelte Lehre. Ihr zufolge hat der Staat drei Hauptaufgaben: Gesetzgebung, Rechtsprechung und vollziehende Gewalt. Diese Aufgaben haben drei voneinander klar getrennte Einrichtungen wahrzunehmen: das Parlament, die Gerichte sowie die Regierung und Verwaltung. Die Gewaltenteilung ist eine Antwort auf den Absolutismus.

Gewerkschaft Organisation, die zur Veränderung der wirtschaftlichen und sozialen Lage von Arbeitnehmern begründet wurde. Die 1890 in der Generalkommission zusammengefassten „freien Gewerkschaften" (seit 1918 ADGB – Allgemeiner Deutscher Gewerkschaftsbund) kämpften für eine schrittweise Verbesserung der Arbeitsbedingungen und für die Korrektur der gesellschaftlichen Machtverhältnisse.

Gottesgnadentum Als Herrscher „von Gottes Gnaden", als von Gott eingesetzte und nur ihm verantwortliche Herrscher rechtfertigten die Könige und Fürsten ihren absoluten Herrschaftsanspruch.

Grundherrschaft Herrschaft über das Land und die Menschen, die auf ihm wohnten. Bauern erhielten vom Grundherrn Land, mussten dafür Abgaben entrichten und Dienste leisten (fronen).

Grundrechte Die Menschenrechte und grundlegende Bürgerrechte werden als Grundrechte bezeichnet. In den Grundrechten sind die Pflichten des Staates und die individuellen Rechte und Freiheiten der Bürger festgelegt.

Handelshaus Unternehmen zur Zeit des frühen Kapitalismus, die überregionale wirtschaftliche Bedeutung hatten, z. B. die Fugger. Meist verfügten sie in gewissen Gebieten über das Monopol in bestimmten Zweigen des Handels.

Hanse Kaufleute aus verschiedenen Städten, die sich zu ihrem Schutz ab dem 12. Jahrhundert zu Fahrtgenossenschaften zusammenschlossen.

Heiliges Römisches Reich Bezeichnung für das Deutsche Reich seit der Kaiserkrönung Ottos I. 962 in Rom bis 1806.

Höriger Ein von seinem Grundherrn abhängiger Bauer. Er erhielt vom Grundherrn Land zur Bewirtschaftung und musste dafür Abgaben und Dienste leisten. Hörige waren an das Land gebunden und konnten zusammen damit verkauft oder verschenkt werden.

Hugenotten Anhänger des evangelischen Glaubens in Frankreich. Die Protestanten gehörten in Frankreich zu einer verfolgten Minderheit. Die Bartholomäusnacht (Pariser Bluthochzeit 1572) stellte den Höhe-

Lexikon

punkt der blutigen Verfolgung dar. Erst durch die Verfassung der Französischen Revolution erlangten die Protestanten völlige Gleichberechtigung.

Humanismus Geistige Bewegung, die sich während der Renaissance von Italien in ganz Europa verbreitete. Die Humanisten waren überzeugt, dass die Menschen durch das Studium der antiken Vorbilder vollkommener würden.

Imperialismus (lat. imperium = Befehl, Herrschaft; sinngemäß auch: das Reich). Bezeichnung für das Streben von Großmächten nach wirtschaftlicher, politischer und militärischer Vorherrschaft.

Industrielle Revolution Umwälzung der Arbeitswelt und der Gesellschaft durch verbreitete Anwendung von Maschinen, die menschliche und tierische Kräfte in großem Ausmaß ersetzen (z.B. Dampfmaschine, später Verbrennungs- und Elektromotor). Die Industrielle Revolution begann im 18. Jahrhundert in England und breitete sich im 19. Jahrhundert auf dem Kontinent und in den USA aus. Sie änderte die Gesellschaftsstruktur und die Arbeitsbedingungen tief greifend.

Islam Im 7. Jahrhundert vom Propheten Mohammed gegründete Weltreligion.

Jakobiner Ein politischer Klub während der Französischen Revolution, dessen Mitglieder sich erstmals in dem ehemaligen Pariser Kloster St. Jacob trafen. Nach der Abspaltung der gemäßigten Gruppe der Girondisten wurde der Name nur noch für radikale Republikaner verwandt.

Jüngstes Gericht Biblischer Begriff für das Weltgericht Gottes. Es erfolgt am Ende der Welt mit der Auferstehung der Toten und der Vergeltung der guten und bösen Taten der Menschen.

Kaiser Herrschertitel für einen „König der Könige". Das Wort leitet sich ab vom Ehrentitel „Caesar" der römischen Kaiser der Antike.

Kapital Vermögen, das im Wirtschaftsprozess eingesetzt wird, damit es sich möglichst schnell und stark vermehrt. Unterschieden wird zwischen Geldkapital und Produktivkapital (Maschinen, Produktionsstätten).

Kapitalismus Wirtschaftsordnung, innerhalb derer sich die Industrialisierung in Europa und Nordamerika vollzog. In dieser Ordnung befinden sich die Produktionsmittel in den Händen von Privatbesitzern, der Kapitalisten und Unternehmer. Diese treffen wirtschaftliche Entscheidungen, z.B. Investitionen, in Hinblick auf den Markt und die zu erwirtschaftenden Gewinne. Den Eigentümern von Produktionsmitteln bzw. Kapital stehen die Lohnarbeiter gegenüber.

Ketzer Bezeichnung für jemanden, der von der Lehre der katholischen Kirche abweicht. Wer auf seiner abweichenden Meinung beharrte, wurde im Mittelalter als Ketzer angeklagt und meist auf einem Scheiterhaufen verbrannt. Die Entscheidung über die Richtigkeit der Lehre lag allein in der Hand der Kirche.

Kinderrechte Rechte von Kindern und Jugendlichen. Im November 1989 von der Vollversammlung der Vereinten Nationen festgeschrieben in dem „Übereinkommen über die Rechte des Kindes".

Kirchenbann Durch den Kirchenbann wurde eine Person aus der Kirche ausgeschlossen. Einem Gebannten war es z.B. verboten, eine Kirche zu betreten und er konnte auch nicht kirchlich bestattet werden. Kein Christ durfte mit einem Gebannten sprechen, Geschäfte betreiben usw. Nach abgeleisteter Buße konnte der Kirchenbann wieder aufgehoben werden.

Klasse Bezeichnung für die Angehörigen einer gesellschaftlichen Gruppe mit gleichen wirtschaftlichen Verhältnissen, insbesondere in Bezug auf den Besitz von Produktionsmitteln (Fabriken, Maschinen usw.).

Klerus Die katholische Geistlichkeit und Priesterschaft. Der höhere Klerus – Bischöfe, Äbte, Domkleriker u.a. – gehörte in der Regel dem Adel an. Angehörige des niederen Klerus – z.B. Dorfpfarrer oder einfache Mönche – stammten auch aus dem Bürgertum.

Klimawandel Eine grundsätzliche, lang anhaltende Veränderung des Klimas, z.B. aufgrund der globalen Erwärmung.

Kolonien/Kolonialismus Die Eroberung zumeist überseeischer Gebiete durch militärisch überlegene Staaten (vor allem Europas) seit dem Ende des 15. Jahrhunderts bezeichnet man als Kolonialismus. Die Kolonialmächte errichteten in den unterworfenen Ländern Handelsstützpunkte und Siedlungskolonien. Sie verfolgten vor allem wirtschaftliche und militärische Ziele.

Konfession Gruppe von Christen mit einem gemeinsamen Glaubensbekenntnis.

Konquistadoren Offiziere in spanischen Diensten. Sie unterwarfen im 16. Jahrhundert Mittel- und Südamerika. Mit der Eroberung ging eine weitgehende Vernichtung der Eingeborenen durch die Eroberer einher.

Lexikon

konstitutionelle Monarchie Bezeichnung für eine Herrschaftsform, bei der die Macht des absoluten Königs durch eine Verfassung (= Konstitution) eingeschränkt wird.

Konzil Versammlung hoher Geistlicher der christlichen, vor allem der katholischen Kirche. Auf den Konzilien wird über Glaubens- und Kirchenorganisationsfragen beraten.

Kreuzzüge Von der Kirche im Mittelalter geförderter Kriegszug gegen Andersgläubige. Es gab zwischen 1096 und 1270 insgesamt sieben Kreuzzüge.

Kronvasall Adlige, die vom König Grund und Boden erhielten als Gegenleistung für die Bereitstellung von bewaffneten Kriegern.

Lehen Im Mittelalter gab der Lehnsherr (z. B. König oder Fürst) seinem Lehnsmann ein Gut oder ein Amt für bestimmte Leistungen wie Kriegsdienst oder die Übernahme von Verwaltungsaufgaben. Das Lehen blieb Eigentum des Lehnsherrn. Es fiel nach dem Tod des Lehnsmannes an den Lehnsherrn zurück. Als das Karolingerreich zerfiel, setzten die großen Adelsgeschlechter durch, dass sie das Lehen in ihrer Familie weitervererben konnten.

Leibeigener Bauer, der in völliger Abhängigkeit von seinem Herrn lebte. Der Leibeigene durfte ohne Genehmigung des Lehnsherrn weder wegziehen noch heiraten.

Menschenrechte Unantastbare und unveräußerliche Freiheiten und Rechte jedes Menschen gegenüber den Mitmenschen und dem Staat. Dazu gehören das Recht auf Leben, auf freie Entfaltung der Persönlichkeit und das Recht auf Eigentum. Nach dem Vorbild der Unabhängig-keitserklärung der Vereinigten Staaten (1776) verkündete die französische Nationalversammlung 1789 die Erklärung der Menschen- und Bürgerrechte. Die Menschenrechte wurden seit dem 19. Jahrhundert in viele Verfassungen aufgenommen.

Merkantilismus Staatlich gelenkte Wirtschaftsform des Absolutismus. Durch intensiven Handel sollte möglichst viel Geld in das Land kommen, möglichst wenig Geld das Land verlassen. Die Regierung erhöhte daher die Ausfuhr von Fertigwaren und erschwerte die Einfuhr ausländischer Waren durch hohe Zölle.

Militarismus Bezeichnet eine Politik der Hochrüstung eines Staates, bei der alle anderen staatlichen Aufgaben zugunsten der Rüstungsaufgaben zurückgestellt werden. Das militärische Denken bestimmt dann auch weitgehend die zivile Gesellschaftsordnung.

Missionare (lat. missio = Auftrag, Sendung). Bezeichnung für Glaubensboten, die im Auftrag der Kirche den christlichen Glauben unter Nichtchristen verbreiten sollten.

Mittelalter Die Zeit zwischen Altertum und Neuzeit. Sie beginnt mit der Auflösung des Römischen Reiches (4. Jh.) und endet mit den Entdeckungen (um 1500).

Monopol (lat. monopolium = Alleinhandel). Wirtschaftliche Machtstellung eines Unternehmens, das den größten Teil eines Marktzweiges beherrscht. Es schaltet damit den Wettbewerb aus und kann die Preise diktieren.

Nationalversammlung Eine verfassunggebende Versammlung von Abgeordneten, die die ganze Nation repräsentiert. Während der Französischen Revolution erklärte sich der dritte Stand zur Nationalversammlung Frankreichs.

Orden Gemeinschaft von Männern oder Frauen, die sich feierlich durch ein Gelübde verpflichten, ihr Leben in den Dienst Gottes zu stellen. Sie geloben Armut, ein eheloses Leben und Gehorsam gegenüber dem Abt oder der Äbtissin. Mönche und Nonnen leben nach festen Regeln in einem Kloster. Es gibt Klöster für Männer (= Mönche) oder Frauen (= Nonnen). Bei den Ritterorden gehörte zum gottgeweihten Leben der Krieg gegen die Heiden.

Papst (lat. papa = Vater). Oberhaupt der katholischen Kirche.

Parlament (lat. parlamentum = Unterredung, Verhandlung). Seit dem Mittelalter übernahmen Ständevertretungen die Aufgaben, den Herrscher zu beraten und bei wichtigen Entscheidungen mitzubestimmen. Aus solch einer Versammlung von Beratern des Königs und einem Gerichtshof entwickelte sich das älteste Parlament: das englische. Die wichtigsten Aufgaben des Parlaments waren die Gesetzgebung und die Bewilligung von Steuern.

Partei Zusammenschluss von Menschen, die gleiche oder ähnliche politische Absichten haben. Ziel der Parteimitglieder ist es, die Staatsführung zu übernehmen oder zumindest zu beeinflussen.

Patrizier Wohlhabende Bürger einer Stadt mit besonderen Vorrechten bei der Stadtregierung.

Pogrom Ausschreitungen gegen nationale oder religiöse Minderheiten.

Privilegien Sonderrechte, Vorrechte

Proletarier Bezeichnung für Arbeiter und Arbeiterinnen, die nichts besitzen außer ihrer Arbeitskraft. Die

Lexikon

Klasse des Proletariats sollte die kapitalistische Eigentumsordnung beseitigen und eine klassenlose, kommunistische Gesellschaft herbeiführen.

Prophet Ein Mensch, der sich von Gott dazu berufen fühlt, den göttlichen Willen zu verkünden und zukünftige Ereignisse vorauszusagen. Propheten gibt es in allen Religionen.

Protektorat Ein unter Schutzherrschaft stehendes Gebiet.

Protestanten Seit dem Reichstag von Speyer im Jahr 1525 wurden die Anhänger Luthers auch als Protestanten bezeichnet. Unter dem Vorsitz des Kaisers wurde beschlossen, gegen die Reformation energisch vorzugehen. Dagegen „protestierten" fünf Landesherren und 14 Reichsstädte.

Reformation (lat. reformatio = Umgestaltung). Die durch den Thesenanschlag an der Wittenberger Schlosskirche 1517 von Martin Luther ausgelöste kritische Auseinandersetzung mit der katholischen Kirche. Sie führte zur Auflösung der religiösen Einheit des Abendlandes.

Reichsacht Bei schweren Verbrechen konnten der König oder ein königlicher Richter den Täter ächten. Dieser war damit aus der Gemeinschaft ausgestoßen und vogelfrei. Jeder hatte das Recht, einen Geächteten zu töten. Er verlor seinen Besitz, und wer ihn aufnahm, verfiel selbst der Reichsacht.

Renaissance (franz. = Wiedergeburt). Begriff für einen Zeitabschnitt (etwa 1380 bis 1600), in dem die Kenntnisse der alten griechischen und römischen Kultur in Europa wieder belebt wurden und ein neuer Kunststil sich herausbildete.

Republik (lat. res publica = die öffentliche Sache). Begriff für eine

Staatsform mit einer gewählten Regierung, in der das Volk oder ein Teil des Volkes die Macht ausübt.

Revolution Der meist gewaltsame Umsturz einer bestehenden politischen und gesellschaftlichen Ordnung.

Rheinbund Im Jahr 1806 traten 16 deutsche Reichsstädte und Fürstentümer aus dem Deutschen Reich aus. Sie gründeten den Rheinbund, dessen Schutzherr Napoleon war. Damit endete das Heilige Römische Reich Deutscher Nation.

Säkularisation (lat. saecularis = weltlich). Der Begriff bezeichnet die Überführung von Kirchengütern in weltlichen Besitz. Säkularisationen fanden z. B. während der Reformation, der Französischen Revolution und in Europa unter Napoleon statt.

Sansculotten (franz. = ohne Kniehosen). Bezeichnung für Pariser Revolutionäre, die aus den Unterschichten stammten. Sie trugen lange Hosen, um sich auch in der Kleidung vom Adel zu distanzieren.

Sklaven Unfreie Menschen, die zur Verrichtung von meist schweren Arbeiten eingesetzt wurden. Sie wurden von ihren Besitzern wie ein Sache behandelt.

soziale Frage Bezeichnung für die Notlage und die ungelösten sozialen Probleme der Arbeiterschaft im 19. Jahrhundert, die mit der Industrialisierung entstanden waren. Dazu zählten z. B. das Wohnungselend, unzumutbare Arbeitsbedingungen, die Kinderarbeit, Verelendung aufgrund niedriger Löhne und hoher Arbeitslosigkeit.

Sozialismus (lat. socius = Bundesgenosse; gemeinsam). Die Lehre vom Sozialismus entwickelte sich während der Phase der Industrialisierung im 19. Jahrhundert. Die Sozialisten forderten eine gerechte

Verteilung der materiellen Güter und eine Gesellschaftsordnung, die nicht vom Profitstreben des Einzelnen, sondern vom Wohl des Ganzen geprägt sein sollte. Um den Gegensatz zwischen Arm und Reich zu verringern, forderten die Sozialisten, das Privateigentum an den Produktionsmitteln aufzuheben. Es bildeten sich zwei Richtungen: eine revolutionäre (Marx) und eine reformistische (SPD).

SPD Sozialdemokratische Partei Deutschlands. Nachdem sich der 1863 in Leipzig gegründete Allgemeine Deutsche Arbeiterverein (ADAV) und die 1869 in Eisenach gegründete Sozialdemokratische Arbeiterpartei 1875 in Gotha zur Sozialistischen Arbeiterpartei (SAP) zusammengeschlossen hatten, wurde die Partei nach ersten Wahlerfolgen (1877: 9,1 % der Stimmen) unter Reichskanzler Bismarck 1878 durch das Sozialistengesetz verboten. Nach dessen Aufhebung 1890 wurde die Sozialdemokratische Partei (SPD) gegründet.

Stadt Größere Siedlung von Händlern und Handwerkern mit eigenen Stadtrechten, z. B. Markt- und Münzrecht, eigener Gerichtsbarkeit und Recht der Selbstverwaltung.

Stände Gesellschaftliche Gruppen, die sich voneinander durch Herkunft, Beruf und eigene Rechte abgrenzen. Man unterschied vier Stände: Geistlichkeit, Adel, Bauern und Bürger.

stehendes Heer Im Mittelalter wurden Heere nur für den Krieg aufgestellt. Söldner und Landsknechte wurden nach Kriegsende wieder entlassen. Seit dem 17. Jahrhundert aber schufen die absolutistischen Herrscher Armeen, die auch in Friedenszeiten einsatzbereit unter Waffen standen.

Lexikon

Treibhausgase Gase, die die Wärme in der Nähe der Erdoberfläche festhalten. Insgesamt gibt es ca. 30 Treibhausgase. Das bedeutendste ist CO_2 (Kohlenstoffdioxid).

UN (engl. United Nations = Vereinte Nationen). 1945 gegründete Weltorganisation. Bis 2003 sind ihr 191 Staaten beigetreten. Ihre wichtigsten Aufgaben: dauerhafte Sicherung des Friedens, Durchsetzung der Menschenrechte, Sicherung des sozialen Fortschritts, humanitäre und militärische Hilfe in Krisengebieten.

Vasall (keltisch = Knecht). Bezeichnung für einen Lehnsmann, der von einem Lehnsherrn abhängig ist. Es wird noch unterschieden zwischen Kron- und Untervasallen.

Verfassung Rechtsgrundsätze über die Staatsform, den Umfang und die Grenzen der Staatsgewalt, die Aufgaben und die Rechte der Staatsorgane sowie die Rechte und Pflichten der Bürger.

Wahl, Wahlrecht Recht des Volkes, in regelmäßigen Abständen durch die Wahl von Abgeordneten an der staatlichen Herrschaftsausübung teilzunehmen und diese zu kontrollieren. Der Kampf um die Ausweitung des Wahlrechts auf alle erwachsenen Bürger, unabhängig von Geschlecht, Rasse oder Einkommen, bestimmte das 19. Jahrhundert, da das Wahlrecht meist an eine bestimmte Steuerleistung gebunden und auf die Männer beschränkt war.

Zehnt Regelmäßige Abgabe der Bauern an die Grundherren. Ursprünglich musste ein Zehntel des landwirtschaftlichen Ertrages (Getreide, Vieh, Wein, Früchte) abgegeben werden.

Zünfte Zusammenschlüsse von Handwerkern einer Berufsrichtung in den mittelalterlichen Städten. Es galt der Zunftzwang, d. h. kein Meister durfte ohne Mitgliedschaft in einer Zunft seinen Beruf ausüben.

Register

Register

Register

Register

Register

Register

Register

Quellenverzeichnis

Textquellen

1. Aufbruch in eine neue Welt

S. 10: Peter G. Thielen, Der Mensch und seine Welt. Bardtenschlager, 1974, S. 105 – **S. 11:** Bertolt Brecht, Leben des Galilei. Suhrkamp, Frankfurt am Main 1998, 56. Aufl., S. 63 – Jostein Gaarder, Sofies Welt. Hanser, München 1993, o. S., übers. von Gabriele Haefs – **S. 13:** Leonardos Worte, übers. von Anna Maria Brizio. Belser, Stuttgart 1985, S. 133 – **S. 16:** Gottfried Guggenbühl/Otto Weiß (Hrsg.), Quellen zur allgemeinen Geschichte, Bd. 2. Schulthess, Zürich 1954, S. 264 – **S. 17:** Ingrid Kästner, Johannes Gutenberg. Teubner, Wiesbaden 1978, S. 58 – **S. 18:** Eberhard Schmitt (Hrsg.), Dokumente zur Geschichte der Europäischen Expansion, Bd. 2. C. H. Beck, München 1984, S. 113 – **S. 19:** Robert Grün (Hrsg.), Christoph Kolumbus, Das Bordbuch 1492. Erdmann, Tübingen 1978, S. 86, übers. von Robert Grün – **S. 24:** Hernando Cortez, Die Eroberung Mexikos. Erdmann, Tübingen 1975, S. 50, übers. von Hermann Homann – **S. 25:** Arne Eggebrecht, Glanz und Untergang des alten Mexiko. Die Azteken und ihre Vorläufer. Philipp von Zabern, Mainz 1986, S. 152 – **S. 26:** Georg Adolf Narciß (Hrsg.), Bernal Diaz del Castillo, Wahrhaftige Geschichte der Entdeckung und Eroberung Mexikos. Steingrüben, Stuttgart 1965, S. 240; Miguel Leon-Portilla, Rückkehr der Götter. Middelhauve, Köln 1962, S. 46, übers. von Renate Heuer – **S. 27:** Arne Eggebrecht, Glanz und Untergang des alten Mexiko, a. a. O., S. 120, 184 – **S. 28:** entn. aus: Geschichte für morgen, Bd. 7. Cornelsen, Berlin – **S. 29:** Urs Bitterli, Die Entdeckung und Eroberung der Welt, Bd. 1. C. H. Beck, München 1980, S. 94 – **S. 32:** Mariano Gomez Negocio, in: Geo Spezial, Dez./Jan. 2001, S. 52, übers. von Carmen Butta

2. Reformation und Glaubenskriege

S. 41: Helmar Junghans/Franz Lau (Hrsg.), Die Reformation in Augenzeugenberichten. Rauch, Düsseldorf 1973, S. 43; Hans Kühner (Hrsg.), Neues Papstlexikon. S. Fischer, Frankfurt am Main 1973, S. 43 – **S. 42:** ebda., S. 43 – **S. 43:** Heinrich Fausel, Martin Luther. Siebenstern, München 1967, S. 188 – **S. 44:** Helmar Junghans/Franz Lauf (Hrsg.), a. a. O., – **S. 45:** Helmar Junghans/Franz Lauf (Hrsg.), a. a. O. – **S. 47:** Geschichte in Quellen, Bd. 3. BSV, München 1970, S. 52, bearb. von Fritz Dickmann – **S. 48:** Helmar Junghans/Franz Lauf (Hrsg.), a. a. O., S. 269 – **S. 49:** GIQ, Bd. 3, a. a. O., S. 144, bearb. von Fritz Dickmann; Karin Bornkamm/Gerhard Ebeling (Hrsg.), Martin Luther. Ausgewählte Werke, Bd. 1. Insel, Frankfurt am Main 1982, S. 133 – **S. 50:** Herbert Gut-schera/Jörg Thierfelder (Hrsg.), Brennpunkte der Kirchengeschichte. Schöningh, Paderborn 1976, S. 147 – **S. 51:** Hans J. Hillerbrand/Gottfried Brakemeier (Hrsg.), Brennpunkte der Reformation. Vandenhoeck & Ruprecht, Göttingen 1967; Herbert Gutschera/Jörg Thierfelder (Hrsg.), Brennpunkte der Kirchengeschichte, a. a. O., S. 151 – **S. 54:** August Sach, Deutsches Leben in der Vergangenheit, 2 Bände. Verlag der Buchhandlung des Waisenhauses, Halle 1891

3. Europa im Zeitalter des Absolutismus

S. 62: Karl Heinrich Peter, Briefe zur Weltgeschichte. Klett-Cotta, 1962, S. 202 – **S. 63:** GIQ, Bd. 3, a. a. O., S. 429f., bearb. von Fritz Dickmann – **S. 64:** H. Kiesel (Hrsg.), Die Briefe der Lieselotte von der Pfalz. Insel, Frankfurt am Main 1960, S. 32 – **S. 65:** Theodor Steudel, Der Fürstenstaat. Teubner, Leipzig 1933; H. Kiesel (Hrsg.), Die Briefe der Lieselotte von der Pfalz, a. a. O., S. 144 – **S. 69:** Elisabeth Hort (Hrsg.), Der Hof Ludwig XIV in Augenzeugenberichten. Rauch, Düsseldorf 1969, S. 27 – **S. 71:** Adam Smith, Die industrielle Revolution. Christophorus, Freiburg 1974, S. 28, übers. von Hans Pfahlmann; entn. aus: Geschichtliches Quellenheft vom 01.02.1975 – **S. 74:** Wolfgang Kleinknecht/Herbert Krieger, Materialien für den Geschichtsunterricht. Diesterweg, Frankfurt am Main 1978; Hans Bentzien, Unterm roten und schwarzen Adler. Volk und Welt, Berlin 1992 – **S. 75:** ebda. – **S. 80:** Jacques-Bénigne Bossuet, Politique Tirée des Propres de l'ecriture, 1709, Buch 2–6. Schulthess, Zürich o. J., übers. von Hans C. Huber; Wolfgang Hug, Absolutismus und Aufklärung (Urtext von Denis Diderot). Langewiesche-Brandt, Ebenhausen 1982, S. 136, übers. von Erich Stahleder; Irmgard A. Hartig/Paul Hartig (Hrsg.), Die Französische Revolution. Klett, Stuttgart 1990 – **S. 82:** Heinrich Pleticha (Hrsg.), Deutsche Geschichte, Bd. 8. Bertelsmann (Ariola), Gütersloh 1983, S. 63; Hans-Joachim Schoeps, Preußen – Geschichte eines Staates. Ullstein, Berlin 1981, S. 330 – **S. 83:** Hans-Joachim Neumann, Friedrich II. – Die politischen Testamente. Quintessenz, Berlin 1922; Hans-Joachim Schoeps, Preußen – Geschichte eines Staates, a. a. O., S. 333; Friedrich Kabermann/Wolfgang Venohr (Hrsg.), Brennpunkte der deutschen Geschichte. Athenäum 1978, S. 116 – **S. 84:** Ulrich Bräker/Wolfgang Hug (Hrsg.), Geschichtliche Weltkunde, Bd. 2. Diesterweg, Frankfurt am Main 1980 – **S. 85:** Ingrid Mittenzwei, Friedrich II. von Preußen. Pahl-Rugenstein, Bonn 1983 – **S. 88:** Otto Bardong, Friedrich der Große. Ausgewählte Quellen. Wissenschaftliche Buchgesellschaft, Dortmund 1982 – **S. 89:** Horst Möller, Fürstenstaat und Bürgernation. Sied-

283

Quellenverzeichnis

ler, Berlin 1989 – **S. 90:** Gustav Berthold Volz (Hrsg.), Friedrich II. Memoiren von 1775, Bd. 5. Pahl-Rugenstein, Bonn 1913

4. Die Französische Revolution
S. 97: Robert R. Palmer, The age of democratic revolution. Aula, Wiesbaden 1959, S. 480, übers. von Herta Lazarus; Pierre Beaumarchais, Ein toller Tag oder Figaros Hochzeit. Ullstein, Berlin 1865, S. 109, übers. von Bernard Fay – **S. 99:** Walter Markov (Hrsg.), Revolution im Zeugenstand, Bd. 2. Reclam, Leipzig 1985, S. 71 – **S. 101:** Irmgard A. Hartig/Paul Hartig (Hrsg.), Die Französische Revolution, a. a. O. – **S. 104:** Geschichte in Quellen, Bd. 4. BSV, München 1981, S. 195, bearb. von Wolfgang Lautemann – **S. 106:** ebda., S. 252; Walter Markov/Albert Soboul (Hrsg.), 1789 – Die große Revolution. Akademie, Berlin 1975 – **S. 107:** Irmgard A. Hartig/Paul Hartig (Hrsg.), Die Französische Revolution, a. a. O., S. 11 – **S. 108:** Nicola Baxter/Mike Taylor, Auf Fehlerjagd quer durch die Geschichte. Christians-Verlag, München 1996 – **S. 110:** Walter Markov/Albert Soboul (Hrsg.), 1789 – Die große Revolution, a. a. O., S. 528 – **S. 111:** Martin Göhring (Hrsg.), Die Geschichte der großen Revolution, Bd. 2. Mohr/Siebeck, Tübingen 1951, S. 382 – **S. 113:** Enno Meyer, Polen und Deutschland. Klett, Stuttgart 1989, S. 7f. – **S. 114:** Eckart Kleßmann (Hrsg.), Die Französische Revolution in Augenzeugenberichten. Rauch, Düsseldorf 1973, S. 397; Friedrich M. Kircheisen (Hrsg.), Napoleon I., Bd. 1. Cotta, Leipzig 1927 – **S. 116:** M. Friedrich Kircheisen (Hrsg.), Gespräche Napoleons. Cotta, Leipzig 1912 – **S. 122:** G. Winter (Hrsg.), Karl August von Hardenberg. Die Reorganisation unter Stein und Hardenberg. Leipziger Universität, 1931 – **S. 124:** Eckart Kleßmann (Hrsg.), Die Französische Revolution in Augenzeugenberichten, a. a. O., S. 45 – **S. 126:** Bettina von Arnim (1785–1859)

5. Demokratischer Aufbruch in Deutschland
S. 133: Hans-Dieter Dyroff, Der Wiener Kongress 1814/1815. dtv, München 1966 – **S. 135:** Philipp Jakob Siebenpfeifer (1789–1845) – **S. 136:** Gottfried Kinkel (1815 bis 1882) – **S. 138:** Hans Jessen (Hrsg.), Die deutsche Revolution in Augenzeugenberichten. Rauch, Düsseldorf 1973, S. 40 – **S. 139:** Walter Grab, Die Revolution von 1848. Nymphenburger, München 1980 – **S. 141:** Friedrich Kabermann/Wolfgang Venohr (Hrsg.), Brennpunkte der deutschen Geschichte. Philo & Philo Fine Arts, Berlin 1978 – **S. 142:** Lothar Gall, 1848 – Aufbruch zur Freiheit. Nicolai, Berlin 1998, S. 327

6. Industrialisierung und gesellschaftlicher Wandel
S. 150: Friedrich Engels (1820–1895) – **S. 154/155:** Andrew Langley, Die Entwicklung der Industrie. Karl Müller Verlag, Erlangen 1994, übers. von Babette Kösling und Hannah Madrigal – **S. 156:** Max Eyth (1836–1906) – **S. 158:** Herbert Pönicke, Die wirtschaftliche und soziale Entwicklung Europas im 19. Jahrhundert. Schoeningh, Paderborn 1970 – **S. 159:** Friedrich Kabermann/Wolfgang Venohr (Hrsg.), Brennpunkte der deutschen Geschichte. a. a. O.; Hermann Heinz Wille, Sternstunden der Technik. Kreuz, Stuttgart 1987, S. 96 – **S. 161:** Heinrich Seidel, Leberecht Hühnchen, Jorinde und andere Geschichten, 1892 – **S. 166:** August Borsig. Stapp, Berlin 1987, bearb. von Ullan Galm – **S. 168:** ebda. – **S. 169:** entn. aus: Geschichte für morgen, Bd. 2. Cornelsen, Berlin – **S. 170:** Jürgen Kuczynski, Geschichte des Alltags des deutschen Volkes. Pahl-Rugenstein, Bonn 1981, S. 258 – **S. 171:** Heidi Rosenbaum, Formen der Familie. Suhrkamp, Frankfurt am Main 1982, S. 408 – **S. 172:** Werner Sombart, Das Proletariat. S. Fischer, Frankfurt am Main 1906, S. 23 – **S. 173:** Robert von Mohl, in: R. Regenbrecht/Hermann de Buhr, Industrielle Revolution und Industriegesellschaft. Hirschgraben, Frankfurt am Main 1983, S. 51 – **S. 174:** Heinrich Wichern (1808–1881); R. Regenbrecht/Hermann de Buhr, Industrielle Revolution und Industriegesellschaft, a. a. O. – **S. 175:** Joseph E. Jörg, Geschichte der sozialpolitischen Parteien. Herder, Freiburg 1967 – **S. 177:** Dieter Bradtke, Die industrielle Revolution in Deutschland. Klett, Stuttgart 1985, S. 323 – **S. 179:** Karin Grütter/Annemarie Tyter, Stärker, als ihr denkt. Ein Kapitel verschwiegener Geschichte. Carlsen, Hamburg 2000 – **S. 180:** Adelheid Popp, Die Arbeiter. C. H. Beck, München 1986, S. 438; Ute Frevert (Hrsg.), Frauengeschichte zwischen bürgerlicher Verbesserung und neuer Weiblichkeit. S. Fischer, Frankfurt am Main 1986, S. 121 – **S. 181:** ebda. (Max Planck) – **S. 182:** Wolfgang Emmerich (Hrsg.), Proletarische Lebensläufe, Bd. 1. Rowohlt, Reinbek 1975

7. Kaiserreich und Erster Weltkrieg
S. 188: Horst Kohl (Hrsg.), Die politischen Reden des Fürsten Bismarck. o. J. – **S. 189:** Bruno Walden (Hrsg.), Otto von Bismarck. Gesammelte Werke, Bd. 5/1942; Geschichte in Quellen, Bd. 5. BSV, München 1970, bearb. von Günter Schönbrunn – **S. 190:** Bruno Walden (Hrsg.), Otto von Bismarck. Gesammelte Werke, Bd. 7/1942 – **S. 191:** GiQ, Bd. 5, a. a. O., bearb. von Günter Schönbrunn – **S. 192:** ebda. – **S. 196:** Gerhard A. Ritter/Jürgen Kocka (Hrsg.), Deutsche Sozialgeschichte, Bd. II. C. H. Beck, München 1977; Erich Kästner, Die gute alte

Quellenverzeichnis

Zeit im Bild. Atrium, 1974, S.118 – **S.197:** Gert Richter, Die gute alte Zeit im Bild. Alltag im Kaiserreich 1871–1914 in Bildern und Zeugnissen. Bertelsmann, Gütersloh 1974 – **S.201:** Julius Hart (1859–1930), Triumph des Lebens. Gedichte, 1898 – **S.202:** Ernst Wilhelm Lotz (1890–1914), Die Nächte explodieren in den Städten. Gedicht, 1913; Rudolf Vierhaus (Hrsg.), Das Tagebuch der Baronin von Spitzemberg. Vandenhoeck & Ruprecht, Göttingen 1960 – **S.203:** Detlef Briesen, Stadt und Verkehr, 1998; Kurt Tucholsky. Gesammelte Werke. Rowohlt, Reinbek, o.J. – **S.205:** Harro Brack, Geschichte, Bd. 3. Buchners, 1986; Gerhard A. Ritter, Das Deutsche Kaiserreich 1871–1914. Vandenhoeck & Ruprecht, Göttingen 1977, S.136 – **S.206:** Helgard Patemann (Hrsg.), Lehrbuch Namibia. Peter Hammer, Wuppertal 1984, S.64 – **S.207:** aus: „Usambara Post", in: Imperialismus Arbeitsheft. Beltz, Weinheim 1978; entn. aus: Praxis Geschichte, 1991 – **S.208:** Daniel Kariko, in: Lernbuch Namibia. Deutsche Kolonie 1884–1915. Peter Hammer, Wuppertal 1985, S.41 – **S.209:** Horst Drechsler, Südwestafrika unter deutscher Kolonialherrschaft, Bd. 1. Akademie, Berlin 1986, 3. akt. Aufl. – **S.211:** *www.faz.net* (03.10.2006) – **S.212:** Abg. Oertel, in: Axel Kuhn (Hrsg.), Deutsche Parlamentsdebatten, D 1. S. Fischer, Frankfurt am Main 1970 – **S.216:** Ernst Johann (Hrsg.), Innenansicht eines Krieges. Deutsche Dokumente. Büchergilde, Frankfurt am Main 1973; Heinrich Potthoff/Susanne Miller (Hrsg.), Kleine Geschichte der SPD. Dietz, Bonn 1981; aus: „Der Vorwärts" vom 31.Juli 1914 – **S.219:** Elfriede Kuhr, Da gibts ein Wiedersehen (Tagebuch von 1914). Kerle, Freiburg 1964 – **S.220:** GiQ, Bd. 6, a.a.O., bearb. von Günter Schönbrunn; Erich Angermann (Hrsg.), Der Aufstieg der Vereinigten Staaten von Amerika. Klett, Stuttgart 1981 – **S.221:** Herbert Michaelis/Ernst Schraepler (Hrsg.), Ursachen und Folgen, Bd. II. Dokumenten Verlag, o.J.

8. Natur und Umwelt in der Geschichte – ein Längsschnitt
S.230: Karl Wilhelm Weeber, Smog über Attika. Artemis, München 1990, S.20 – **S.232:** Karl Wilhelm Weeber, Geschichte der Wasserversorgung, Bd. 2. Philipp von Zabern, Mainz 1987; Karl Wilhelm Weeber, Smog über Attika, a.a.O. – **S.235:** Otto Borst, Alltagsleben im Mittelalter. Insel, Frankfurt am Main 1965, S.134 – **S.236:** *www.greenpeace.de* (12.07.2007) – **S.237:** *www.g-8.de* (Angela Merkel, 06.07.2007) – **S.238:** *www.berlin.de/badegewaesser* (Senatskanzlei Berlin, 11.6.2007) – **S.239:** *www.spree2011.de* (Luri Watersystems GmbH, 11.6.2007) – **S.240:** Tim Flannery, Wir Klimakiller – Wie wir die Erde retten können. S. Fischer, Frankfurt am Main 2007, übers. von Birgit Brandau

9. Die Entstehung der Menschenrechte – ein Längsschnitt
S.246: Übereinkommen über die Rechte des Kindes. UNICEF Österreich, 1992 – **S.248:** Paul Lauter (Hrsg.), The Health Anthology of American Literature, Bd. 1. Boston 1998, S.905 (eigene Übersetzung); Alan Nevins, Geschichte der USA. Sammlung Dieterich 1965 (ehem. bei Schünemann), S.304, übers. von Ernst Betz – **S.249:** Olympe de Gouges, Schriften. Frankfurt am Main, Basel 1980, S.41 – **S.250:** Ferdinand Siebert, Von Frankfurt nach Bonn. 100 Jahre deutsche Verfassungen. Frankfurt 1982 – **S.252:** Mirella Römer (Hrsg.), kids for kids. Kinder schreiben für Kinder, damit Erwachsene verstehen. Kinderrechte. Geest-Verlag, Vechts-Landförden 2007, 5.Aufl., S.32, 86, 102

Quellenverzeichnis

Bildquellen

AISA Barcelona 11.3

American Museum of Natural History 37 l. u.

Archiv der sozialen Demokratie Bonn 178.1 (Wdh. 183), RS beide

Archiv für Kunst und Geschichte Berlin 13 alle, 14.2, 19.2 (Wdh. 35), 28.1, 36 l., 37 r., 42 RS, 44.1 (Wdh. 57, 258), 45.2 (Wdh. 57, 258), 46.1, 47.3, 50 RS, 51 RS, 52.1 (Wdh. 57), 53.3, 4, 56.1, 58 o., 62.1 (Wdh. 66, 91), 63.2, 64.1, 65.2, RS b, 71 RS, 74.1 (Wdh. 91), 82.1, 85.2, 87.2, 93.2, 3, 94/95 (Wdh. 5), 100.1, 110.1, RS a, b (Wdh. 128), 111 RS, 115.2, 117.2, 119.3, 4, 126.1, 127 RS a, c, 128 r., 129 l. m., 130/131 (Wdh. 5), 132 RS, 134.1 (Wdh. 145, 146), 135.2, 137.3, 139.2 (Wdh. 145), 155.1, 160.1 (Wdh. 183), 161.2, 3, 169.2, 170.1 (Wdh. 184), 2, 172.1 (Wdh. 183), 180.1, 182.2, 186/187 (Wdh. 6, 223), 189.2, 3 (Wdh. 192, 259), 193.2, 197.3, 198 alle, 199 alle, 203.2, 3, RS b, 209.2, 214 RS a, b (Wdh. 224), 220, 222.1, 225 o., 257 r. beide, l. u., 259 l. o.

Artothek Weilheim 12.1, 137.2

Behr, Falko, Erfurt 256 l. o.

Bibliotheque nationale Paris 105.3, 127 RS b, 233 RS

Bibliotheque publique et Universitaire Genf 57 RS c

Bildarchiv Preußischer Kulturbesitz Berlin 10 RS, 11 RS, 16 RS a, 19 RS, 27.2, 35 RS c, 42.2, 47 RS b, 49.2, 53.1, 2 (Wdh. 3), 72.1, RS, 73 RS, 74 RS, 75.2, 78.1, 83.2, 3 (Wdh. 92), 84.1, 88.1, 90.1, 91 RS d, 97.2, 113.2, 122.1, 142.1, 143.2, 148/149 (Wdh. 6), 159.2, 160 RS (Kupferstichkabinett/SMB/Jörg P. Anders), 161 RS b, 169.3, 174.1, 175.3, 191.2, RS (Wdh. 192), 193.3, 196.1, 197.2, 201.4, 204.1, 2 (Wdh. 224), 210.1 (Wdh. 259), 212.2, 230 RS, 232 RS a, 234.1, 248 (Wdh. 253), 256 r. u.

Bildarchiv Steffens 112.1

Bridgeman Giraudon 60/61 (Wdh. 4), 80.1 (Wdh. 91), 93.1, 96.1, 99.2, 101.2 (Wdh. 258), 103 alle, 105.2, 107.2, 114.1, 250 (Wdh. 253), 258 u. l.

British Library London 8/9 (Wdh. 4), 67.2

Castor Film Oberwesel 40.1

Corel Library 31.3

DB-Museum Nürnberg 185 l. o.

Deutsches Historisches Museum Berlin, Bildarchiv 54.1 (Wdh. 58), 177.2, 3 (Wdh. 184), 203 RS a

Deutsches Museum München 14.1 (Wdh. 36), 35 RS a

Deutsches Technikmuseum Berlin, Historisches Archiv, AEG-Archiv 161 RS a, 166.2, 167.3, 4 (Wdh. 185), 175.2, 201.5

dpa-infografik GmbH 236.1, 237.3

Erzbischof Bolslaw Pytak, Liblin, Muzeum Archiediecezjalne Sztuki Religijney 176.1

Friedrich-Schiller-Universität Jena, Bildarchiv 124.1

Gerken, Bernd, Borken 262

Germanisches Nationalmuseum Nürnberg 14.3, 48.1

Getty Images München 31.4, 106.1, 229 RS b, 230.1 (Wdh. 241)

Gothaer Kultur- und Fremdenverkehrsbetriebe/ Schlossmuseum 55.2

Graphische Sammlung Albertina Wien 41.2

Gruner + Jahr Hamburg 256 r. o.

Heinemann Educational Oxford 150.1, 151.2, 152.1 (Wdh. 183, 259), 153.2, 154, 155.2, 3

Henkelmann, Jürgen, Berlin 92 l.

Hertha BSC Berlin 211

Historisches Archiv der Friedrich Krupp GmbH Essen 166.1

Hoch Drei, Berlin 163

Imperial War Museum 223 RS d

Industriemuseum Brandenburg 164, 165 (© Hartmut Hilgenfeld)

Interfoto München Titelfoto (MCA)

Keitz, Christina, Berlin 232 RS b

Köster, Elisabeth, Bonn 265

Kunsthalle Hamburg 133.2

Laif Köln 21.2, 210.2, 3 (Glaescher, Reporters), 235.5 (Wdh. 242), 246

Landesmuseum für Technik und Arbeit Mannheim 185 l. m.

Langewiesche-Brandt KG Verlag, Anschläge 181.3

Le Monde 247.3 (© Plantu)

Les Musées de la ville Strasbourg 190

Liber-Verlag Fribourg 25.2

Librairie Hachette Paris 249 (Wdh. 253, 255)

LURI@Sven Flechsenhar 239.2, 3

LURI@Maja Timoschenko 239.4

Mairie de Paris 102.1

Mauritius Images Hamburg 229 RS a, 254 o., 260 u.

Müller, Karl-Heinz, Hamburg 228.1, 2 (Wdh. 241), 229.3

Murza, Maja, Berlin 38/39 (Wdh. 4)

Museum der bildenden Künste Leipzig 43.3

Museum für Deutsche Geschichte 100 RS

National Portrait Gallery London 152 RS

Neumann, Thomas, Stuttgart 236 RS, 243 r.

Österreichische Nationalbibliothek Wien 234.2, 235 RS a, b (Wdh. 242)

Oomen, Hans-Gert, Kirchentellinsfurt 3 o.

Quellenverzeichnis

Picture-Alliance Frankfurt/Main 46.2 (© akg-images), 50.1 (© akg-images), 140 RS (© dpa), 150 RS o. (© MP/Leemage), 158 RS (© akg-images, Wdh. 185), 159 RS (© akg-images), 226/227 (Oliver Berg, Wdh. 7), 257 l.m. (© dpa)

Puller, Rolf, Wuppertal 260 m. o.

Punctum Bildagentur Leipzig 76.1

Quill, Martina, Esslingen 33.3 (Wdh. 264)

Rheinisches Bildarchiv Köln 195.4

Rijkmuseum Stichting Amsterdam 51.3

Schleswig-Holsteinisches Landesmuseum Kiel 233.2

Seefahrtsmuseum Genua 24 alle (G. Costa/A. Stradella)

Sotheby's London 127 RS d

Staatliches Museum Schwerin 59.2

Stadt Nürnberg, Büro für Menschenrechte 244/245 (Wdh. 7)

Stadtgeschichtliches Museum Leipzig, Fotothek 117.3, 125.2

Stöckle, Wilhelm, Filderstadt 207

Süddeutsche Zeitung Photo, DIZ München GmbH 194.1, 216.1 (Wdh. 223), 2, 218.1, RS, 219.2, 4, 221

Südhoff, Rüdiger, Eisenhüttenstadt 77.2, 3

terre des hommes 254 u.

Tessloff Verlag Nürnberg 37 l. o.

Transparent Köln 32.1 (Herby Sachs)

Ullsteinbild Berlin 21.3, 42.1, 43 RS (Wdh. 258), 44 RS, 46 RS, 63 RS, 89.3 (Gerstenberg), 111.2 (Gerstenberg), 141.2 (Gerstenberg, Wdh. 145), 145 RS c, 146 u. (Gerstenberg, Wdh. 259), 170 RS, 171.3 (Gerstenberg), 173.2 (Gerstenberg), 202, 205 (Gerstenberg), 209.3 (Gerstenberg), 214.1 (Gerstenberg), 215, 219.3, 222.2, 238, 242 u., 260 r. o.

Unicef Köln 247.2 (Wdh. 253)

Version Köln 32.2 (Herby Sachs)

VG Bild-Kunst, Bonn 2008 38/39 (Wdh. 4), 172 RS, 203.2, 3, 225 o.

Weber-Kellermann, Marburg 260 o. l.

Züchtungsgesellschaft Kleinwanzleben 162

Übernahmen

26(1) „Der Spiegel" Nr. 22/2003, Seite 174, © Spiegel-Verlag Hamburg

27(3) „Geo-Epoche" Nr. 15, Seite 117, © Gruner + Jahr Hamburg

108.1 „Auf Fehlerjagd quer durch die Geschichte", Nicola Baxter/Mike Taylor, Christians-Verlag München, 1996 (Wdh. 266)

179 „Stärker als ihr denkt. Ein Kapitel verschwiegener Geschichten", Karin Grütter/Annemarie Ryter, Carlsen Verlag Hamburg, 2000

Zeichnungen

Klaus Becker, Oberursel; Rainer Fischer, Berlin; Michael Teßmer, Hamburg

Karten und Grafiken

Klaus Becker, Oberursel; Carlos Borrell, Berlin; Elisabeth Galas, Bad Neuenahr; Skip Langkafel, Berlin